PAPA FRANCISCO, PEPE MUJICA E A ADMINISTRAÇÃO PÚBLICA
SIMPLICIDADE, HUMILDADE, SOBRIEDADE E SUSTENTABILIDADE PARA UM DIREITO ADMINISTRATIVO HUMANIZADO

FÁBIO LINS DE LESSA CARVALHO

Irene Nohara
Prefácio

Vanice Valle
Apresentação

PAPA FRANCISCO, PEPE MUJICA E A ADMINISTRAÇÃO PÚBLICA
SIMPLICIDADE, HUMILDADE, SOBRIEDADE E SUSTENTABILIDADE PARA UM DIREITO ADMINISTRATIVO HUMANIZADO

Belo Horizonte
FÓRUM
CONHECIMENTO
2025

© 2025 Editora Fórum Ltda.

É proibida a reprodução total ou parcial desta obra, por qualquer meio eletrônico, inclusive por processos xerográficos, sem autorização expressa do Editor.

Conselho Editorial

Adilson Abreu Dallari
Alécia Paolucci Nogueira Bicalho
Alexandre Coutinho Pagliarini
André Ramos Tavares
Carlos Ayres Britto
Carlos Mário da Silva Velloso
Cármen Lúcia Antunes Rocha
Cesar Augusto Guimarães Pereira
Clovis Beznos
Cristiana Fortini
Dinorá Adelaide Musetti Grotti
Diogo de Figueiredo Moreira Neto (*in memoriam*)
Egon Bockmann Moreira
Emerson Gabardo
Fabrício Motta
Fernando Rossi
Flávio Henrique Unes Pereira

Floriano de Azevedo Marques Neto
Gustavo Justino de Oliveira
Inês Virgínia Prado Soares
Jorge Ulisses Jacoby Fernandes
Juarez Freitas
Luciano Ferraz
Lúcio Delfino
Marcia Carla Pereira Ribeiro
Márcio Cammarosano
Marcos Ehrhardt Jr.
Maria Sylvia Zanella Di Pietro
Ney José de Freitas
Oswaldo Othon de Pontes Saraiva Filho
Paulo Modesto
Romeu Felipe Bacellar Filho
Sérgio Guerra
Walber de Moura Agra

FÓRUM
CONHECIMENTO

Luís Cláudio Rodrigues Ferreira
Presidente e Editor

Coordenação editorial: Leonardo Eustáquio Siqueira Araújo / Thaynara Faleiro Malta
Revisão: Pauliane Coelho
Capa e projeto gráfico: Walter Santos
Diagramação: Derval Braga

Rua Paulo Ribeiro Bastos, 211 – Jardim Atlântico – CEP 31710-430
Belo Horizonte – Minas Gerais – Tel.: (31) 99412.0131
www.editoraforum.com.br – editoraforum@editoraforum.com.br

Técnica. Empenho. Zelo. Esses foram alguns dos cuidados aplicados na edição desta obra. No entanto, podem ocorrer erros de impressão, digitação ou mesmo restar alguma dúvida conceitual. Caso se constate algo assim, solicitamos a gentileza de nos comunicar através do *e-mail* editorial@editoraforum.com.br para que possamos esclarecer, no que couber. A sua contribuição é muito importante para mantermos a excelência editorial. A Editora Fórum agradece a sua contribuição.

Dados Internacionais de Catalogação na Publicação (CIP) de acordo com ISBD

C331p   Carvalho, Fábio Lins de Lessa

           Papa Francisco, Pepe Mujica e a Administração Pública: simplicidade, humildade, sobriedade e sustentabilidade para um direito administrativo humanizado / Fábio Lins de Lessa Carvalho. Belo Horizonte: Fórum, 2025.

           326p. 14,5x21,5cm
           ISBN impresso 978-85-450-0839-2
           ISBN digital 978-85-450-0844-6

           1. Administração Pública. 2. Papa Francisco. 3. Pepe Mujica. 4. Simplicidade. 5. Humildade. 6. Sobriedade. 7. Sustentabilidade. 8. Princípios. 9. Direito administrativo humanizado. I. Título.

                                                                     CDD 342
                                                                     CDU 342

Ficha catalográfica elaborada por Lissandra Ruas Lima – CRB/6 – 2851

Informação bibliográfica deste livro, conforme a NBR 6023:2018 da Associação Brasileira de Normas Técnicas (ABNT):

CARVALHO, Fábio Lins de Lessa. *Papa Francisco, Pepe Mujica e a Administração Pública*: simplicidade, humildade, sobriedade e sustentabilidade para um direito administrativo humanizado. Belo Horizonte: Fórum, 2025. 326p. ISBN 978-85-450-0839-2.

Ao Papa Francisco e ao Pepe Mujica, por renovarem minhas esperanças em um mundo mais solidário.

"Importa dar um lugar preponderante a uma política salutar, capaz de reformar as instituições, coordená-las e dotá-las de bons procedimentos, que permitam superar pressões e inércias viciosas. Todavia é preciso acrescentar que os melhores dispositivos acabam por sucumbir, quando faltam as grandes metas, os valores, uma compreensão humanista e rica de significado, capazes de conferir a cada sociedade uma orientação nobre e generosa."

(Papa Francisco, na Encíclica *Laudato Si'*, 2015)

"A nossa civilização montou um desafio mentiroso e, assim como vamos indo, não é possível para todos acumular esse sentido de desperdício que se deu à vida. A verdade é que isso está sendo massificado como uma cultura de nossa época, sempre dirigida pela acumulação e pelo mercado. Prometemos uma vida de esbanjamento e desperdício, e no fundo isso constitui uma conta regressiva contra a natureza, contra a humanidade como futuro. Civilização contra a simplicidade, contra a sobriedade, contra todos os ciclos naturais."

(Pepe Mujica, no Discurso à ONU, 2013)

SUMÁRIO

PREFÁCIO
O PAPA E O PEPE: Integridade, humildade e serviço
Irene Patrícia Nohara 13

APRESENTAÇÃO
Vanice Regina Lírio do Valle 21

PREÂMBULO 27
I – Por mais efeito especular e menos efeito espetacular na administração pública: novas inspirações 27
II – O Sermão das Bem-Aventuranças, a Oração de São Francisco e a administração pública 34
III – Da necessidade de superação de culturas prejudiciais à administração pública brasileira e seus antídotos 46

PARTE I
DOIS CASOS DE APLICAÇÃO DA SIMPLICIDADE, HUMILDADE, SOBRIEDADE E SUSTENTABILIDADE ADMINISTRATIVAS

CAPÍTULO 1
PAPA FRANCISCO E A ADMINISTRAÇÃO PÚBLICA 59
1.1 Um Papa vindo do "fim do mundo" 59
1.2 A gestão do Papa Francisco no Estado da Cidade do Vaticano 68
1.3 Papa Francisco e a simplicidade 74
1.3.1 Papa Francisco e a humildade 83
1.3.2 Papa Francisco e a sobriedade 98
1.3.3 Papa Francisco e a sustentabilidade 107

CAPÍTULO 2
PEPE MUJICA E A ADMINISTRAÇÃO PÚBLICA 117
2.1 "O Presidente mais pobre do mundo" 117
2.2 A gestão de Pepe Mujica na Presidência do Uruguai 130

2.3 Pepe Mujica e a simplicidade 139
2.4 Pepe Mujica e a humildade 143
2.5 Pepe Mujica e a sobriedade 146
2.6 Pepe Mujica e a sustentabilidade 151

PARTE II
TEORIA DE UM DIREITO ADMINISTRATIVO HUMANIZADO

CAPÍTULO 3
SIMPLICIDADE ADMINISTRATIVA 159
3.1 Conteúdo(s) do princípio da simplicidade administrativa 159
3.2 As frentes de luta do princípio da simplicidade administrativa 164
3.2.1 Cultura da burocracia excessiva 164
3.2.2 A cultura da complexidade 169
3.2.3 Culturas do legalismo e da hiper-regulamentação 172
3.2.4 Cultura da tecnocracia 176
3.2.5 Cultura do fetichismo tecnológico 179
3.2.6 Cultura do tecnicismo linguístico 183
3.2.7 Cultura do controle disfuncional 189
3.2.8 Cultura do processualismo estéril 194

CAPÍTULO 4
HUMILDADE ADMINISTRATIVA 197
4.1 Conteúdo(s) do princípio da humildade administrativa 197
4.2 As frentes de luta do princípio da humildade administrativa 203
4.2.1 Cultura do autoritarismo 204
4.2.2 Culturas da arrogância e infalibilidade 207
4.2.3 Culturas da opacidade e do sigilo 211
4.2.4 Cultura da verticalidade 215
4.2.5 Culturas da desconfiança e da impermeabilidade 218
4.2.6 Culturas da autorreferência e do descolamento realístico 221
4.2.7 Cultura do corporativismo 224
4.2.8 Cultura do messianismo administrativo 229

CAPÍTULO 5
SOBRIEDADE ADMINISTRATIVA 235
5.1 Conteúdo(s) do princípio da sobriedade administrativa 235
5.2 As frentes de luta do princípio da sobriedade administrativa 240
5.2.1 Culturas do apego ao poder e do patrimonialismo 241
5.2.2 Culturas do consumismo e da ostentação 247

5.2.3 Culturas da vaidade e do estrelismo 251
5.2.4 Culturas do sensacionalismo e da espetacularização 256
5.2.5 Culturas do antagonismo e da polarização 260
5.2.6 Culturas da intimidação e do revanchismo 263
5.2.7 Culturas do luxo e do lixo 265
5.2.8 Cultura da assimetria administrativa 268

CAPÍTULO 6
SUSTENTABILIDADE ADMINISTRATIVA 271
6.1 Conteúdo(s) do princípio da sustentabilidade administrativa 271
6.2 As frentes de luta do princípio da sustentabilidade administrativa ... 279
6.2.1 Culturas do imediatismo e da descontinuidade 281
6.2.2 Cultura do improviso 285
6.2.3 Cultura do amadorismo 288
6.2.4 Culturas da precariedade e da mediocridade 293
6.2.5 Culturas do negacionismo e da desinformação 296
6.2.6 Cultura do risco 299
6.2.7 Cultura do isolacionismo 303
6.2.8 Culturas da desigualdade, da discriminação e da exclusão 307

NOTAS FINAIS 313

REFERÊNCIAS 317

IMAGENS DOS ENCONTROS ENTRE PAPA FRANCISCO E PEPE
MUJICA 323

PREFÁCIO

O PAPA E O PEPE:
Integridade, humildade e serviço

No primeiro semestre de 2025, com uma diferença de menos de um mês, o mundo perdeu duas grandes lideranças: o Papa Francisco (17 de dezembro de 1936 – 21 de abril de 2025) e o Pepe Mujica (20 de maio de 1935 – 13 de maio de 2025). Como se costuma dizer, muitos admiram a beleza dos princípios, mas poucos estão dispostos a fazer os sacrifícios para efetivamente pautar uma vida em função deles, ou, como dizia Mujica, *tout court*, "me admiram, mas não me copiam"...

Assim, no caso desses dois seres humanos extraordinários, eles fizeram, com grande entrega, sacrifícios enormes e entraram para a história como líderes autênticos, íntegros, humildes e voltados a semear os valores e as práticas da justiça social, sendo, portanto, qualquer palavra que se pronuncie sobre eles sempre insuficiente em face do grande exemplo que legaram...

Com o trocadilho, Fábio Lins e eu, que tivemos a adolescência no Brasil dos anos 90, poderíamos, num primeiro momento, nos render e dizer que: Papa e Pepe "são Pop", em alusão à música que deu nome ao álbum *O Papa é Pop*, da banda nacional Engenheiros do Havaí. Na conhecida música, criada no contexto da globalização e em face da popularidade crescente do carismático Papa João Paulo II, há um refrão que é um verdadeiro "chiclete mental" de jogo de palavras; contudo, tanto Pepe, como Papa, são, por todo o contrário da crítica expressada na canção, exemplos de líderes autênticos que romperam com esse movimento da cultura POP da década de 1990, a qual transformava líderes religiosos e políticos em "produtos" a serem consumidos, sob a mesma espetacularização do showbiz, acompanhada pela superficialidade dos *best-sellers* de pílulas espirituais e/ou políticas expostas nas mesas das livrarias e de quinquilharias (estilo 'pegue e pague', na mais autêntica expressão de Raul Seixas) de saguões de aeroportos.

Não! O Pop 'nos poupou' da captura dessas duas grandes lideranças... Para esses dois ícones a autenticidade rompe com essa dinâmica alienante e seus exemplos de vida são o avesso das relações de troca que movimentam o uso e a distorção que grandes símbolos que iluminam um período histórico sofrem. Eles não podem ser transformados em 'mercadorias simbólicas' a aumentar o ciclo de consumo padronizado de produtos e/ou ideias, pois ambos são o avesso do consumismo... Ambos são o avesso do apego à materialidade, regada ao acúmulo e à ganância, dado que Francisco criticou o capitalismo desenfreado, chamando a atenção do mundo para o fato de que também "a economia" mata pessoas; e Mujica, por sua vez, se consagrou com a frase impactante no sentido de que: "pobre não é quem tem pouco, é quem quer muito"...

Aliás, essa icônica frase de Mujica merece contextualização, pois o então Presidente do Uruguai não se mudou para a residência presidencial, preferindo continuar a morar ao lado da esposa, Lucía Topolansky, vivendo em modesta casa de uma chácara nas proximidades de Montevidéu, sem ser servido por empregados domésticos e, ainda, abrindo mão de contratar seguranças. Dirigia seu fusca azul, de 1987, e doou grande parte de sua remuneração auferida no cargo de Presidente, atitude que fez a imprensa dizer que se tratava do "presidente mais pobre do mundo"...

Mas Pepe logo rejeitou essa alcunha e, em entrevista para BBC News, afirmou: "Dizem que sou um presidente pobre. Não, eu não sou um presidente pobre"... "Pobres são os que querem sempre mais, que não se satisfazem com nada", disse. "Esses são pobres, porque entram em uma corrida infinita. E não terão tempo suficiente na vida." Que lição..., ou, como se diria em tempos mais atuais, que 'lacração'... pois a ganância pelo acúmulo incessante leva pessoas a abrirem mão de viver uma vida com autenticidade, liberdade e felicidade...

Aliás, são riquíssimas as entrevistas dadas por Mujica, o sábio, sobretudo quando, mais próximo da "partida", começa a refletir sobre temas existenciais e, com sua profunda e sóbria reflexão, de cunho estoicista, faz lembrar uma frase que sempre cultivei, qual seja: - o que a gente leva da vida, é a vida que a gente leva... E Mujica levou a vida perto da terra, plantando, semeando ideias, praticando política, na melhor acepção da palavra, no convívio de sua companheira amada e de sua cachorrinha de três patas, Manuela, fiel escudeira, que faleceu com 22 anos em 2018. Mujica expressou, nos tempos finais de vida, o desejo de ser sepultado ao lado de sua querida cachorrinha Manuela – sua *"perrhija"*...

Tanto Pepe, como o Papa, foram autênticos exemplos, pois ambos tinham compromisso com o povo, preocupações sociais com os mais pobres e um estilo de vida marcado pela simplicidade, pela sobriedade (expressão usada por Fábio Lins), pela alteridade e, cada um à sua maneira, pela defesa dos direitos humanos.

Papa Francisco, de origem jesuíta, cultivava também uma humildade admirável. Apesar de ter sido o primeiro Papa Latino-Americano, afastou-se da postura dos poderosos, não se aferrou às liturgias ou à sofisticação do que lhe poderia ser acessível, também recusou a residência papal, não se vinculou, portanto, à ganância e/ou ao prestígio.

Jorge Mário Bergoglio escolheu o nome "Francisco" em alusão a São Francisco de Assis, selando assim o compromisso com os mais pobres, com a humildade e no cultivo de amor à natureza. Enfrentou polêmicas na Igreja, promovendo inclusão e respeito de distintos grupos sociais, outrora marginalizados. Ressoará eternamente a sua imorredoura frase "-quem sou eu para julgar?", quanto aos LGBTs, reflexão que não conseguimos desvincular simbolicamente do legado de Cristo, ao acolher e, exatamente, por isso mesmo, 'não julgar': pobres, doentes e distintos grupos sociais que sofriam (e sofrem) discriminação. Papa Francisco lavou os pés, seguindo o exemplo de Cristo, de distintos grupos incluindo refugiados, alguns dos quais muçulmanos, e mulheres.

O Papa representou uma tentativa de renovação da Igreja Católica, aproximando-a e acolhendo diversos grupos, apoiando as missões, sendo sua postura mais progressista uma sinalização de novos tempos para a Instituição. Todavia, foi um Papa que suscitou polêmicas tanto no lado mais conservador da Igreja, como também no lado mais progressista de uma sociedade do século XXI.

Tanto o Papa como Pepe foram nossos irmãos latino-americanos, provenientes, portanto, de realidades de desigualdades e conflitos sociais, que deram ao mundo peculiar exemplo de integridade e de extraordinária humildade. A palavra humildade, que tão bem expressa a atitude dessas duas personalidades, significa a qualidade de ser humilde, que advém de *humilis*, próximo da terra, com origem no termo *humus* (do latim). *Humus* designa terra fértil, apontando para aquela camada rica do solo, composta de matéria orgânica em decomposição, que justamente confere a fertilidade indispensável para que a vida se desenvolva.

A qualidade de ser humilde é, inclusive, valorizada e cultuada do ponto de vista cristão, pois é virtude transmitida por Jesus, como possibilidade de servir, com alteridade, de não querer, portanto, dominar as pessoas, em uma vida entre os pobres, na rejeição de um poder terreno e da consequente ostentação. A humildade não tem a ver com 'submissão', mas advém da força interna que acolhe e nutre o seu entorno com sua atitude de solidariedade.

Já o Pepe (Mujica), apesar das dúvidas filosóficas que cultivava sobre o fim e a origem dos homens no universo, respeitava a fé e a crença das pessoas, era amigo e admirador do Papa, reconhecendo que entre os frades franciscanos estavam localizados muitos acontecimentos emancipatórios latino-americanos. Via Papa Francisco como "formidável lutador social", na perspectiva estoica de que vencer na vida não significa acumular riqueza. Assim, considerava-se um amigo de ideologia do Papa, acompanhando-o em tudo o que pudesse...

Mujica fez parte do Movimento de Libertação Nacional-Tupamaros (MLN-T), contra a ditadura militar uruguaia. A adoção do nome Tupac Amaru pelo MLN-T, diz respeito ao líder peruano (José Gabrile Cordorcanqui Noguera, que adotou o nome Tupac Amaro II, em homenagem ao último imperador inca executado por espanhóis), o qual se tornou símbolo da resistência indígena e da luta contra a opressão colonial da América Latina, em 1780, na exploração e imposição de trabalhos forçados.

Apesar de Mujica não ter se envolvido diretamente com a morte de ninguém, os Tupamaros foram grupo guerrilheiro que seqüestrou o policial norte-americano Daniel Anthony Mitrione, conhecido como "Dan Mitrione", o qual ministrava aulas de tortura, não apenas no Uruguai, mas sobretudo no Brasil. Mitrione fora um ex-agente da USAID, que, no Brasil, ensinou as Forças Armadas de como usar técnicas avançadas de tortura, incluindo cassetete elétrico e o horripilante 'pau de arara'. As aulas ocorridas eram feitas com moradores de rua como cobaias, incorporando no Brasil terríveis e cruéis técnicas.

As aulas práticas de tortura, quando o Exército 'aprende a torturar', conforme se observa do Relatório *Brasil: Nunca Mais*,[1] utilizou, no Rio de Janeiro, por exemplo, um estudante de 24 anos que, sem roupas, foi espancado na frente de 20 oficiais, depois, em severa sessão de tortura, submetido a choques elétricos, pendurado de ponta cabeça, conforme o método chamado 'pau de arara' e assim que a aula demonstrativa termina, foi levado para uma cela e tratado por médicos, para que continuasse a ser útil para outras classes de demonstração. Este

---

[1] ARNS, Paulo Evaristo. *Brasil*: nunca mais. São Paulo: Vozes, 1985. p. 31.

relato, em dados de autos de processos coletados pelo Cardeal Evaristo Arns, busca enfatizar que a tortura na ditadura militar brasileira não foi o acidente de alguns 'militares sádicos de plantão', mas sim uma *política pública* planejada, sob a ideologia da Doutrina de Segurança Nacional de então, influenciada pela Guerra Fria e pela Escola Superior de Guerra.

Durante a Guerra Fria, os EUA exerceram forte influência sobre os países latino-americanos, apoiando golpes militares e regimes autoritários como forma de combater movimentos de esquerda, que poderiam se aproximar e receber apoio socialista. Antes da ditadura, o Uruguai era utilizado, por sua tradição democrática e acolhedora, como rota de fuga de militantes perseguidos no Brasil (como Betinho, Gabeira e Darcy Ribeiro, sendo que o próprio Presidente João Goulart se refugiou no Uruguai, após avaliar com o deputado federal Leonel Brizola a incapacidade de oferecer resistência à ação militar apoiada pelos EUA, em 1964, tendo permanecido no Uruguai até o golpe de 1973).

A Doutrina de Segurança Nacional e a Operação Condor foram articuladoras da cooperação militar entre regimes autoritários, apoiando golpes, como o do Uruguai, desferido em 1973. Agências norte-americanas, como a CIA e a USAID (via treinamento policial), forneceram apoio técnico e logístico, inclusive no combate à guerrilha dos Tupamaros, o que era feito com a articulação de integrantes da diplomacia brasileira.

Neste ponto, cumpre levantar uma polêmica, mas de relevante distinção: guerrilheiros, em um contexto de ditadura, são combatentes irregulares, que querem resgatar a ordem democrática, isto é, promover a libertação nacional, ao empregar táticas militares, como emboscadas, ataques e sabotagem, como fito de minar os que estão ilegitimamente no Poder, isto é, os que desferiram um golpe que rompeu com a democracia.

Do ponto de vista do Direito Internacional Humanitário, *guerrilheiros* não são equiparados a *terroristas*, pois estes últimos não evitam alvos civis, muito pelo contrário, terroristas escolhem intencionalmente a violência contra civis, para espalhar medo e desestabilizar uma sociedade. Assim, tão logo é resgatada a democracia, os que lutam contra o sistema imposto por golpe são os que devem ser beneficiados com a anistia.

Por conta do envolvimento de Mujica com o grupo dos Tupamaros, Pepe passou 13 anos encarcerado, em condições brutais, frequentemente em solitária, durante a ditadura militar uruguaia, que durou de 27 de junho de 1973 a 1º de março de 1985. Assim que fora resgatada a democracia no Uruguai, ele foi libertado. Deste bárbaro período, Mujica preferiu seguir adiante e reconciliar, procurando fundar a coligação de partidos denominada *Frente Amplio* e chegar, depois, à Presidência em 2010. Ele jamais relativizou a gravidade das torturas que sofreu, reconhecendo serem indesculpáveis, desumanas, apoiando, assim, investigações e julgamentos de crimes da ditadura no Uruguai, mas expressou que não guardava "ódio no coração", ao considerar que "o ódio é ruim para a alma"... Mujica foi um cultor do 'amor', para ele, o único vício saudável a ser cultivado seria justamente o 'amor'.

O governo de Pepe Mujica, de 2010 a 2015, apresentou avanços sociais, com resultados positivos como a redução da pobreza e da desigualdade, de 18%, em 2010, para 9,7%, em 2014, o enfrentamento do tráfico de drogas e da criminalidade associada à estratégia de legalização da maconha, o avanço nos direitos civis, o crescimento econômico e os investimentos em infraestrutura, estabelecendo boas relações com o Brasil, a Argentina e os Estados Unidos.

Como resultados positivos da passagem de Francisco pelo Papado, por sua vez, pode-se mencionar: o incremento da ação pastoral da Igreja, no acolhimento e na misericórdia, tentando flexibilizar os rigores de uma moralidade rígida; as reformas administrativas e financeiras, com objetivo de tornar a Igreja mais eficiente e transparente, melhorando a gestão do Vaticano ao incutir profissionalismo na apuração dos gastos; a abertura, por meio da encíclica *Laudato Si'*, de 2015, da Igreja aos temas sociais e ambientais, pautando a questão das mudanças climáticas; a aproximação com outras religiões, seja no mundo muçulmano, ortodoxo, judaico e protestante; o acolhimento do direito dos refugiados e imigrantes, o que intensificou a solidariedade social ameaçada pelas crises humanitárias vivenciadas e o combate aos abusos sexuais da Igreja, com pedidos de perdão às vítimas, o estabelecimento de novos protocolos, a criação de comissões e a promoção de processos mais rigorosos nessa temática, que não foi enfrentada pelo seu antecessor.

O que esses grandes ícones podem nos legar em termos de simplicidade, humildade, sobriedade e sustentabilidade? É o que nosso consagrado autor, o administrativista, humanista, dileto amigo, Fábio Lins nos traz nesta brilhante obra denominada: *Papa Francisco, Pepe Mujica e a Administração Pública*, na qual ele desdobra de forma criteriosa as contribuições dessas figuras extraordinárias para uma Administração Pública de fato humanizada...

Quero muito agradecer a Fábio Lins, por me permitir em inúmeros prefácios de suas mais consagradas obras me juntar ao coro dos que desejam render homenagem às personalidades do mundo que mais nos encantam, tendo sido sublime juntar o Papa e o Pepe nesta obra, apresentada pela ilustre Vanice Valle, para que, com base nas lições de vidas legadas por esses dois monumentais ícones, se abra uma obra que merece ser lida, como livro de cabeceira, de todos os que desejam colher as lições de vida desses exemplos de inspiração para que haja uma Administração Pública brasileira com efetivo humanismo, alteridade e, portanto, mais amor.

Irene Patrícia Nohara
Livre-Docente e Doutora em Direito do Estado (USP). Professora-Pesquisadora do Programa de Direito Político e Econômico da Universidade Presbiteriana Mackenzie. Apresentadora do Podcast *Fala, Nohara!*, veiculado no Spotify.

APRESENTAÇÃO

A ideia de que o Direito se destine a assegurar a convivência pacífica e ordenada dos seres humanos em sociedade é um clássico da Teoria Geral do Direito. O transcurso do tempo propôs a esse cânon o desafio representado pelo caráter multifacetado de que se revestem os grupamentos sociais nesta terceira década do século XXI. Mais do que ordenar o convívio em sentido mais estrito, o Direito é chamado a harmonizar interesses em diversos planos da vida social, política e econômica, que podem se contrapor, exigindo soluções distintas daquelas cunhadas nos velhos tempos das Ordenações Manuelinas ou Filipinas.

No campo do Direito Administrativo, o último quartil do século XX intensificou a provocação a novas bases. Isso porque a irradiação de ideias-força como democracia, proteção a minorias e preservação da dignidade da pessoa exigia do poder político organizado, mais do que a ação típica do Estado *gendarme*. O modelo de Estado Democrático Social orienta finalisticamente o poder, e reforça a preocupação não só com a legitimidade da ação estatal, mas também com a efetividade desse mesmo mover.

Não basta à República Federativa do Brasil, nos termos da Constituição de 1988, a observância aos compromissos valorativos que inauguram o seu texto. Do Estado se reclama mais do que os princípios insculpidos no art. 37, *caput* da Carta de 1988 – em diversas passagens se lhe apresenta o desafio de, junto com outros segmentos (a família, a sociedade etc.), promover comportamentos e valores que o constituinte originário reputou relevantes. Dessa mesma República se requer a um só tempo, o exercício do poder de polícia, mas também a promoção da inovação. A tarefa pode parecer a muitos, excessivamente onerosa, ou ainda, verdadeiramente inexequível.

A complexidade da tarefa posta ao Estado Brasileiro tem despertado perplexidade na comunidade do Direito Administrativo com a eclosão de dualidades que se reputa inconciliáveis, ou quando menos evidenciadoras de que os modelos clássicos da tradicional escola francesa não oferecem as respostas de que a realidade de hoje precisa. Assim, discute-se a inspiração distinta entre a chamada Administração dos clipes, dos cliques e aquela dos negócios;[1] ou ainda o irrealismo da proposição de um "administrador médio", expressão cujas vozes críticas sugerem melhor cunhada estaria se dissesse "administrador médium".[2]

O conjunto dos trabalhos já trazidos à luz por Fábio Lins – segundo o autor, fruto da aplicação do método do efeito especular – é vocacionado a desconstruir essa representação de que o modelo de Administração Pública proposto pela Carta de 1988 seja inalcançável. Essa é a intenção confessa do autor, o que por si só já justificaria a leitura do conjunto de obras por ele já publicadas, que compreende uma narrativa da interseção entre a Administração e personagens tão variados quanto Graciliano Ramos, Machado de Assis, Carlos Drummond de Andrade, Dias Gomes, Nise da Silveira, Raul Seixas e Pontes de Miranda.

Vislumbro, todavia, outra contribuição já trazida pelo autor neste percurso acadêmico-literário, a saber, a evidenciação de que os parâmetros valorativos hoje postos à Administração Pública não se constituem uma rasgada novidade, e tampouco se mostram contraintuitivos. Se personagens situados em pontos tão diversos no tempo e no espaço de atuação profissional junto ao Estado *lato sensu* manifestam preocupação com vetores como o respeito à dignidade da pessoa; a publicidade do agir administrativo; a geração de resultados harmônicos com as necessidades atuais da cidadania; a correção da gestão de recursos públicos; é porque esses pontos de atenção revelam-se verdadeiramente constitutivos do que hoje se chama de boas práticas, quando o objeto da ação é a coisa pública.

A obra que agora se oferece ao leitor – e que tive a honra de ser convidada a apresentar – constitui mais um passo na caminhada do estimado amigo Fábio Lins, no sentido de empreender a essa aproximação

---

[1] SUNDFELD, Carlos Ari. *Direito Administrativo para + céticos*. São Paulo: Editora Jus Podim/Malheiros Editores, 2025. p. 374.

[2] RIBEIRO, Leonardo Coelho. Vetos à LINDB, o erro grosseiro e o TCU dão boas-vindas ao "administrador médium". *CONJUR – Consultor Jurídico*. 8 ago. 2018. Disponível em: https://www.conjur.com.br/2018-ago-08/leonardo-coelho-vetos-lindb-tcu-erro-grosseiro/. Acesso em: 6 maio 2025.

entre um ideal de Administração Pública proposto por nosso Texto Fundamental, e a realidade das criaturas humanas. A inquietude intelectual do autor, todavia, lhe desafiou a extrapolar as fronteiras do território nacional, e a oferecer neste volume, não a apresentação de uma figura única de destaque – mas promover um encontro de traços pessoais e ideias entre dois homens de nosso tempo que deixaram, sem sombra de dúvida, sua marca entre nós: o Papa Francisco e o ex-Presidente Pepe Mujica.

A transposição do universo de atuação dos personagens examinados, da Administração Pública *stricto sensu* (ambiente da maioria das figuras apresentadas pelo autor em suas obras anteriores) para aquele da Igreja e da política reforça o argumento de Fábio, de que um núcleo central de valores pode e deve orientar as figuras que tem sob sua responsabilidade a promoção de valores sociais relevantes; o cuidado para com um segmento que seja da humanidade, tão desafiada nestes tempos do efêmero, do instantâneo, da solidão em público nas arenas artificiais das redes sociais.

A trajetória de cada qual das personagens retratadas pelo autor se preocupa menos em indicar a origem de suas visões de mundo; e mais em evidenciar que o sucesso de cada qual deles em suas respectivas áreas de atuação não os desviou de suas convicções originais. Ao contrário, Francisco e Pepe fizeram de seus postos de poder, plataforma para divulgar a mensagem da empatia, da coerência, e especialmente, observado o destaque do autor, da simplicidade, da humildade, da sobriedade e da sustentabilidade. Nesta porção da obra, tem-se uma narrativa com forte poder de inspiração, em especial para aqueles que no início ainda de suas trajetórias pessoais e profissionais, tem à sua frente, o potencial de alcançar postos públicos, em que o alinhamento com esses mesmos valores se revelaria, na visão do autor, mais do que desejável – verdadeira imposição constitucional.

A Administração Pública almejada pelo constituinte é tarefa árdua – mas Francisco e Mujica podem se apresentar como verdadeiras lanternas de proa nesta missão. Tem-se nos personagens eleitos para esta obra, uma autoridade que nasce da coerência entre discurso e conduta; ilustração perfeita do que possa significar o poder do exemplo.

Mas neste livro, Fábio Lins, alma inquieta, faz mais do que a apresentação inspiradora de personagens exemplares destes nossos tempos. Ele se dedica à proposição de uma teoria de um Direito Administrativo Humanizado, que incorporaria na ação estatal, os traços de conduta que antes destacara como marcantes dos homenageados. O exercício teórico é relevante, eis que em grande medida, a recepção pelo Direito Administrativo da nova realidade em que vivemos tem se dado de maneira pragmática e assistemática,[3] normalmente orientada à solução pontual de um problema concreto, sem a reflexão quanto aos parâmetros constituintes de um ramo do conhecimento que instrumentalizam a sua aplicação numa perspectiva orgânica, sistemática.

Destaco que em especial no campo do Direito Administrativo, o investimento intelectual na identificação de vetores valorativos estruturantes é particularmente relevante, dado ao dinamismo que é inerente à ação estatal na sua função executiva. Na minha prática pessoal do ensino desta mesma matéria, costumo referir aos alunos que a primeira porta onde os problemas batem é aquela da Administração Pública, que frequentemente se vê chamada a agir com conhecimento parcial do problema público que se lhe apresenta, e sem um quadro normativo aplicável àquilo que se mostra novo.

É neste contexto que um Direito Administrativo subsidiado por uma teoria mais substantiva como a que decorre de contribuições como a de Fábio Lins nesta obra se revelará mais apto a oferecer resposta às demandas sociais, sem perder de vista qual seja seu papel na concretização do projeto que a Constituição de 1988 propõe. Afinal, "a vida da Administração deve ser considerada como produto do contemporâneo desenvolvimento de várias tendências, correspondentes a exigências reais da sociedade".[4]

Não gostaria de privar o leitor da apresentação pelo próprio autor, dos cânones do Direito Administrativo Humanizado que ele sistematiza a partir do exemplo de seus personagens inspiradores – por isso me dispenso de, sobre eles discorrer nessas breves linhas. Cabe-me, contudo, assinalar que em especial, simplicidade, humildade e sobriedade são atributos que dialogam profundamente com os pontos de tensão trazidos pela transição da Modernidade para a Pós-Modernidade, a saber, "o individualismo, o impacto das incertezas, e a perda da organização social tradicional".[5] Afinal, o exercício da alteridade em sociedades individualistas; o encontro de um estado de equilíbrio em cenários de profunda indeterminação e a abertura para

---

[3] MENDONÇA, José Vicente Santos de. A verdadeira mudança de paradigmas do direito administrativo brasileiro: do estilo tradicional ao novo estilo. *Revista de Direito Administrativo*, v. 265, p. 179-198, 2014.

[4] MEDAUAR, Odete. *O Direito Administrativo em evolução*. São Paulo: Editora Revista dos Tribunais, 1992. p. 141.

[5] MOREIRA NETO, Diogo de Figueiredo. *O Direito Administrativo no Século XXI*. Posfácio Jessé Torres Pereira Junior / Flávio Amaral Garcia, Belo Horizonte: Editora Fórum, 2018. p. 167.

novos modelos de organização social num ambiente de pluralismo exigem as qualidades que Fábio Lins identificou em Francisco e Mujica, traduzindo-as em critérios orientadores factíveis para a atuação e mesmo para o controle da Administração Pública do século XXI.

"As instituições devem servir às pessoas, e não o contrário", diz Fabio Lins na conclusão de sua obra. Mas a internalização desta ideia, em estruturas inclinadas à tecnocracia como o é a Administração Pública – especialmente a federal – é alguma coisa que não se alcançará sem o influxo das ideias e do exemplo ofertado por Francisco e Mujica, como verificará o leitor a partir das próximas páginas. Sobrevalorizar um normativo dissociado da dimensão humanística é a contradição absoluta para com o compromisso constitucional de assentar no centro da ordem jurídica, a dignidade da pessoa.

Peço só mais um minutinho de atenção, para também eu me dedicar ao exercício do método do efeito especular, e falar um pouco do autor.

Fábio Lins reúne muitos personagens numa mesma figura: o advogado, o Procurador do Estado, o professor universitário, o marido de Waninha, o pai de Leonardo e Manuela, o pesquisador entusiasmado, o observador de humor fino, o interlocutor de olhar atento àquele com quem conversa. Todos eles convivem harmonicamente nesta mesma pessoa.

Em recente encontro que tivemos em evento acadêmico, dizia ele de sua alegria em funcionar, na Procuradoria do Estado de Alagoas, na consultoria na área de pessoal, onde podia, com total aplicação do Direito Administrativo Humanizado, buscar a solução possível para uma dificuldade qualquer que se tivesse posto na vida funcional de um único servidor – que restaria anônimo em suas dificuldades, não fosse a sensibilidade do Fábio parecerista. Digo isso para que o leitor, dedicando-se ao contato com a vida e o exemplo dos biografados, e com a teorização ofertada na obra, saiba que o autor fala também a partir de um acervo de experiências próprias – algo que seu próprio exercício de simplicidade e humildade lhe impediria de dizer.

Fosse eu tentar acrescentar um cânon a este Direito Administrativo Humanizado a partir de Fábio Lins, proporia o entusiasmo. Pelo caráter transformador do Direito, pela abertura a outras experiências e saberes, pela experimentação do novo, do diferente. À Administração Pública, é de se dizer, não faria mal algum uma contaminação de entusiasmo, onde ela supere a crítica permanente; o apontamento recorrente de seus limites, mas também reconheça o seu próprio potencial transformador, abrindo-se a modelos novos como os que propõe Fábio Lins.

Agora é hora de me recolher e deixar o leitor sob a condução competente – e entusiasmada – do autor. Boa jornada!

Rio de Janeiro, maio de 2025

Vanice Regina Lírio do Valle
Professora Permanente do PPGDP/UFG

PREÂMBULO

I – Por mais efeito especular e menos efeito espetacular na administração pública: novas inspirações

A presente obra científica e biográfica sobre os legados do Papa Francisco e de Pepe Mujica representa um importante passo em minha linha de pesquisa que explora a relação entre personalidades notáveis e a administração pública.

Este novo trabalho se insere organicamente na série de livros que comecei a escrever em 2017 com "Graciliano Ramos e a administração pública", seguido por obras dedicadas a Pontes de Miranda (2020), Raul Seixas (2022), Nise da Silveira (2023), Machado de Assis (2024), e Carlos Drummond de Andrade (2025), todos publicados pela editora Fórum.

Desta vez, minha escolha recaiu sobre Jorge Mario Bergoglio (Papa Francisco) e José Alberto Mujica Cordano (Pepe Mujica) por algumas razões que preciso explicar ao leitor. Primeira e primordialmente, porque efetivamente considero que são figuras fundamentais para repensar a administração pública.

A seleção destas duas personalidades contemporâneas, falecidas neste ano de 2025 em meio a muita comoção popular[1], apresenta-se como deliberadamente paradoxal: um líder religioso e um político declaradamente ateu; um argentino que comandou uma das instituições mais antigas e hierarquizadas do mundo e um uruguaio que emergiu

---

[1] O Papa Francisco morreu no dia 21 de abril, e Pepe Mujica faleceu no dia 13 de maio de 2025.

da guerrilha para liderar de forma pacífica um pequeno país sul-americano. Estes contrastes evidentes tornam ainda mais significativas suas profundas convergências éticas e comportamentais.

A segunda razão que justifica a presente investigação ocorre porque Papa Francisco e Pepe Mujica foram os gestores públicos que, em minha opinião, melhor souberam verbalizar e praticar os princípios jurídico-administrativos da simplicidade, humildade, sobriedade e sustentabilidade. A partir da análise das trajetórias dos citados líderes, veremos (se e) como tais valores podem se manifestar em contextos institucionais diversos, revelando seu caráter verdadeiramente universal e as condições e desafios de sua aplicabilidade.

Outra justificativa para este livro reside na circunstância de que, após uma trajetória de pesquisa dedicada a personalidades brasileiras, optei pela escolha de Papa Francisco e José "Pepe" Mujica como objetos de estudo para realizar uma expansão geográfica de meu olhar investigativo, aprofundando as possibilidades de diálogos interdisciplinares sobre a administração pública em um contexto global.

Diferentemente dos estudos anteriores, que se debruçaram sobre figuras históricas do contexto brasileiro (dos séculos XIX e XX), esta pesquisa se volta para personalidades contemporâneas e bem atuantes, permitindo analisar a aplicação dos mencionados princípios em confronto direto com os desafios do presente. Tanto Francisco quanto Mujica lidaram com questões prementes da atualidade – da crise ambiental à desigualdade econômica, da polarização política à revolução tecnológica – demonstrando a viabilidade de abordagens alternativas ao paradigma dominante.

A projeção global de ambos amplia o alcance potencial desta reflexão. Se um presidente de um pequeno país sul-americano como o Uruguai e um Papa argentino conseguiram repercussão mundial por suas posturas de simplicidade e sobriedade, isto sugere uma ressonância universal destes valores, que transcende fronteiras nacionais e culturais. Ademais, em um momento histórico dominado pela lógica neoliberal, pelo consumismo exacerbado e pela financeirização da vida, Francisco e Mujica representam contrapontos vivos e eloquentes. Suas críticas não eram meras abstrações teóricas, mas posicionamentos encarnados em práticas cotidianas consistentes, que desafiam a naturalização da desigualdade e do individualismo competitivo.

Para além da teoria, o que torna estas duas figuras particularmente relevantes para o campo da administração pública é o fato de terem exercido funções de alta responsabilidade institucional. Assim, não eram teóricos ou críticos externos, mas praticantes que enfrentaram os desafios concretos da gestão pública.

Francisco assumiu a liderança de uma instituição milenar marcada por escândalos, resistências internas e desafios de credibilidade. Sua abordagem administrativa baseada na simplicidade, transparência e foco nos mais vulneráveis representa um estudo de caso valioso sobre transformação institucional a partir de valores. Por sua vez, Mujica esteve à frente de uma gestão pública orientada por valores de sobriedade e com foco nas necessidades básicas da população. Tais legados são inestimáveis contribuições à renovação do pensamento jurídico-administrativo.

Estudar estas figuras no contexto da administração pública permite enriquecer o campo com perspectivas que usualmente não fazem parte do cânone do Direito Administrativo e da Administração Pública. Tanto a tradição franciscana reinterpretada por Bergoglio quanto o pragmatismo humanista de Mujica oferecem recursos conceituais e práticos que podem contribuir para a superação das limitações do paradigma administrativo tecnocrático.

Em um momento de crise de legitimidade das instituições públicas e de busca por novos modelos de governança, o exemplo destas duas personalidades oferece inspiração concreta para repensar a relação entre Estado e sociedade, entre autoridade e serviço, entre desenvolvimento e sustentabilidade.

Portanto, considero que esta pesquisa que agora apresento ao público sobre Papa Francisco e Pepe Mujica se insere coerentemente em minha trajetória investigativa anterior, que sempre buscou em figuras exemplares fontes de inspiração para uma administração pública mais humana e efetiva. Ao mesmo tempo, representa um avanço significativo, ampliando o olhar para além das fronteiras nacionais e demonstrando como os princípios da simplicidade, humildade, sobriedade e sustentabilidade podem emergir de contextos distintos e encontrar expressões convergentes.

Em última análise, a escolha destas duas personalidades reflete a convicção de que o aperfeiçoamento da administração pública não se dará apenas por inovações tecnológicas ou reformas estruturais, mas também – e talvez principalmente – por uma renovação ética que reconecte a gestão pública com valores fundamentais que têm sido sistematicamente marginalizados pelo modelo administrativo hegemônico. Neste sentido, Francisco e Mujica não são apenas objetos de estudo, mas faróis que iluminam possibilidades concretas de administrar de forma mais humana, justa e sustentável.

Ademais, a adoção do método do "efeito especular" ou do "espelhamento" que venho adotando é uma tentativa de se permitir que se respire novos ares nos estudos jurídico-administrativos convencionais, que vêm se dividindo atualmente entre uma muitas vezes estéril e repetitiva dogmática e um êxtase e insuspeição pelas novas tecnologias.

E o que seria este método do "efeito especular" que estamos desenvolvendo ao longo desta série? Ao espelhar os princípios jurídico-administrativos em figuras de grande estatura moral e intelectual, você oferece modelos concretos que humanizam conceitos muitas vezes percebidos como abstratos ou burocráticos. Estas personalidades funcionam como prismas que refletem e decompõem estes princípios em suas manifestações práticas e humanas.

Reafirmamos a importância da interdisciplinaridade no estudo do Direito Administrativo. Ao trazer perspectivas da literatura em prosa (Graciliano, Machado) e na poesia (Drummond), da dramaturgia (Dias Gomes), da psiquiatria (Nise), da música (Raul), da ciência do direito (Pontes), e agora da religião (Papa Francisco) e da política (Mujica), procuramos demonstrar como o Direito não existe de forma isolada, mas se enriquece no diálogo com outras áreas do conhecimento e experiência humana.

Esta abordagem renovada, que agora inclui figuras contemporâneas internacionais com visões de mundo profundamente questionadoras e unidas por práticas similares, revela a universalidade destes princípios administrativos e sua relevância para enfrentar os desafios globais atuais.

Ao analisar o conjunto de personalidades que compõem a referida série de estudos, emergem diversas identidades compartilhadas que transcendem suas diferentes áreas de atuação: o primeiro deles é o compromisso com a simplicidade e a sobriedade, o que se vê em Graciliano Ramos, que ficou conhecido por seu rigor contra desperdícios quando prefeito de Palmeira dos Índios, refletido em seus famosos relatórios diretos e sem floreios. Papa Francisco e Pepe Mujica compartilharam notoriamente esta qualidade - o primeiro renunciando aos luxos do Vaticano, preferindo acomodações modestas, e o segundo vivendo em sua pequena chácara e doando grande parte de seu salário presidencial. Drummond cultivou uma vida simples e discreta, mesmo como figura proeminente na administração pública e do campo literário, enquanto Machado de Assis, mesmo alcançando o auge do reconhecimento artístico, manteve hábitos de vida modestos e o compromisso e zelo nos diversos cargos públicos que ocupou.

Outros aspectos são a integridade moral e resistência a cooptações. Pontes de Miranda se destacou pela independência intelectual (tendo se recusado a ser embaixador do Brasil na Alemanha nazista) e compromisso com a verdade jurídica acima de interesses políticos momentâneos (foi um crítico da repressão à liberdade imposta pela ditadura militar). Nise da Silveira enfrentou o *establishment* psiquiátrico, recusando-se a adotar práticas que considerava desumanas, mesmo sob forte pressão institucional, o que a tornou uma das servidoras públicas (hoje Heroína da Pátria) mais inovadoras do país. Raul Seixas usou sua música como instrumento de questionamento das estruturas estabelecidas e da burocracia alienante. Mujica e Papa Francisco compartilham a coragem de criticar o consumismo e estruturas de poder, mesmo quando isso gera resistências dentro de suas próprias instituições.

Também devem ser destacadas a sensibilidade social e o humanismo: Graciliano, tanto em sua administração quanto em sua literatura, demonstrou profunda preocupação com os mais vulneráveis, inclusive quando foi Diretor da Instrução Pública de Alagoas. Nise revolucionou o tratamento psiquiátrico colocando a dignidade humana no centro de sua prática. Machado revelou em sua obra as contradições sociais e hipocrisias da sociedade brasileira, muitas delas refletidas na administração pública de seu tempo, o que se via em profusão em suas crônicas jornalísticas. Papa Francisco e Mujica orientaram suas atuações para os excluídos e marginalizados, criticando sistemas econômicos que geram desigualdade.

Ainda merece registro a crítica à burocracia estéril. Todos esses personagens, cada um à sua maneira, criticaram o formalismo vazio e a burocratização que sacrifica finalidades públicas em nome de rituais administrativos. Drummond, como funcionário público e poeta, capturou magistralmente esta tensão em poemas como "Noite na repartição". Raul Seixas ridicularizou em suas letras a desumanização burocrática em músicas como "Carimbador maluco". Pontes de Miranda defendeu um direito vivo, conectado à realidade social, não um mero conjunto de formalidades, como na obra "Democracia, liberdade, igualdade".

E o que dizer da autonomia intelectual e do pensamento crítico? A independência de pensamento é característica comum a todas estas personalidades. São figuras que não se dobraram a modismos ou pressões, mantendo integridade intelectual (e por isto foram perseguidos, como Graciliano, Nise e Raul). Mujica como presidente e Papa Francisco como líder religioso (mas também chefe de Estado) surpreenderam o mundo com posicionamentos heterodoxos dentro de suas próprias tradições institucionais. Assim, todos deixaram não só um legado transformador, mas também questionador e inspirador. Esta série de estudos, ao identificar estas convergências entre figuras tão diversas, oferece um valioso mapa ético para a administração pública contemporânea. Demonstra que, independentemente do campo de atuação ou posição ideológica, certos valores fundamentais como simplicidade, integridade, sensibilidade social e pensamento crítico são essenciais para uma administração pública que verdadeiramente sirva ao interesse coletivo.

No labirinto contemporâneo das estruturas administrativas, onde o brilho artificial do poder muitas vezes ofusca a essência genuína do serviço público, ergue-se um desafio fundamental: resgatar os princípios éticos que devem nortear a gestão pública. Nossa sociedade contemporânea transformou a administração pública em um palco de ostentação, onde a arrogância se tornou moeda corrente e o luxo, um sintoma de suposta competência.

O espelhamento em figuras públicas que corporificam valores essenciais não é apenas um exercício romântico ou pueril, mas uma necessidade estratégica de ressignificação das práticas administrativas. Quando observamos líderes como Papa Francisco e José "Pepe" Mujica, deparamo-nos com exemplos de que a verdadeira grandeza administrativa não reside na opulência, mas na simplicidade; não se manifesta no poder verticalizado, mas na humildade horizontal.

A cultura contemporânea, profundamente mergulhada no consumismo voraz e na exibição permanente, criou uma narrativa perversa que equipara sucesso a acúmulo material e poder a distanciamento social. Contrapor essa lógica não é apenas uma escolha estética, mas um imperativo ético. Os modelos que aqui serão apresentados representam uma insurgência silenciosa contra esse modelo de gestão que privilegia a forma em detrimento da substância.

Simplicidade, humildade, sobriedade e sustentabilidade não são conceitos abstratos, mas práticas concretas de transformação administrativa. São princípios que ressignificam o papel do gestor público, convertendo-o de um burocrata distante em um verdadeiro servidor da comunidade.

Há outros gestores públicos que adotaram os princípios de simplicidade, humildade, sobriedade e sustentabilidade em suas administrações. São os casos de Mahatma Gandhi na Índia, que adotou a extrema simplicidade pessoal e promoveu autossuficiência e desenvolvimento sustentável, e de Nelson Mandela na África do Sul, que com humildade buscou promover a reconciliação do país. Estes líderes demonstram que os princípios que trataremos neste livro transcendem culturas e épocas, oferecendo um modelo alternativo de administração pública centrado em valores humanistas e sustentáveis.

Papa Francisco, antes mesmo de assumir o pontificado (2013-2025), já demonstrava uma relação profunda com a simplicidade administrativa. Ao se tornar Papa (e chefe do Estado da Cidade do Vaticano), sua escolha por não residir no tradicional palácio papal, optando por habitações mais modestas, simboliza uma ruptura radical com modelos administrativos baseados em hierarquias rígidas e distanciamento social. A simplicidade, para Francisco, não é uma estratégia, mas uma filosofia existencial que orientou suas ações públicas.

A humildade de Francisco se materializava em gestos concretos que desestabilizam estruturas tradicionais de poder. Sua recusa em usar elementos suntuosos, sua proximidade com populações marginalizadas e seu discurso permanente de horizontalidade representam uma revolução nos modelos de gestão. Para o Papa Francisco, gerir é servir, não ser servido. A humildade administrativa pressupõe a compreensão de que o gestor público é um facilitador, não um proprietário do aparelho estatal.

A sobriedade de Francisco se expressava em sua crítica sistemática ao consumismo e à acumulação desenfreada. Ele denunciou modelos econômicos que privilegiam o capital em detrimento da vida humana. Sua opção por vestimentas simples, por refeições modestas e por uma vida sem ostentação demonstra que a sobriedade não é privação, mas uma escolha ética.

A encíclica *Laudato Si* (sobre o cuidado da casa comum) representa o manifesto de Francisco sobre sustentabilidade. "Tudo está conectado", argumenta, estabelecendo uma visão sistêmica que integra questões sociais, econômicas e ambientais.

Para Francisco, a sustentabilidade ultrapassa a dimensão ecológica, abrangendo práticas administrativas que considerem o ser humano e o ambiente em sua integralidade. Não se trata apenas de reduzir gastos, mas de criar sistemas que promovam justiça social e equilíbrio ambiental.

Por sua vez, José "Pepe" Mujica personificava a simplicidade administrativa levada ao extremo. Como presidente do Uruguai (2010-2015), doava 90% de seu salário para programas sociais, mantendo um estilo de vida absolutamente modesto. "A verdadeira riqueza é ter poucos desejos e muitas possibilidades de satisfazê-los", declarou, sintetizando uma filosofia administrativa baseada na moderação e no desapego material.

A humildade de Mujica se expressava em sua recusa sistemática aos privilégios presidenciais. Continuou morando em sua chácara simples, dirigindo seu antigo fusca, e tratando cidadãos sem distinções protocolares. "Não há nada mais importante do que tratar as pessoas como pessoas", afirmou, estabelecendo um modelo de gestão horizontal e democrática.

Mujica transformou a sobriedade em um estatuto político. Recusava-se a usar os aparatos típicos do poder, como seguranças ostensivos ou carros oficiais luxuosos. Sua gestão priorizava investimentos sociais sobre gastos protocolares, demarcando sua distância de modelos administrativos tradicionais baseados no status.

Sua gestão priorizou a promoção de energias renováveis e estabeleceu marcos legais de proteção ambiental, integrando sustentabilidade à visão de desenvolvimento nacional.

Críticos da ostentação administrativa (e do efeito "espetacular" tão em moda), estes dois personagens nos convidam a repensar a administração pública não como um espaço de poder, mas como um território de serviço, compromisso ético e transformação social.

II – O Sermão das Bem-Aventuranças, a Oração de São Francisco e a administração pública

Nos estudos interdisciplinares que já realizei, tive a oportunidade de estabelecer diálogos do Direito Administrativo com áreas distintas, como a administração pública, a história, a sociologia, a literatura (em prosa e em poesia), o teatro, a música, a psiquiatria, dentre outros campos do conhecimento humano.

Ao escolher falar sobre o legado do Papa Francisco, dei-me conta de que faltava a religião ser contemplada nas citadas pesquisas. Pois então agora não falta mais: não que o presente livro seja confessional. Não o é. Mas alguns aspectos vindos do mundo religioso poderão aportar importantes contribuições na análise de valores que, tendo a mesma origem ético-cultural, influenciam tanto a Religião, como o Direito.

Assim, embora a relação entre textos religiosos e a administração pública possa parecer, à primeira vista, distante no contexto de Estados laicos contemporâneos, um olhar mais atento revela que muitos valores fundamentais que orientam a ética no serviço público encontram profundas ressonâncias em ensinamentos religiosos que transcenderam seu contexto original e se incorporaram ao patrimônio ético da humanidade.

Neste contexto, os princípios expressos em textos como o Sermão das Bem-Aventuranças e a Oração de São Francisco representam não apenas diretrizes religiosas, mas reflexões atemporais sobre virtudes como humildade, serviço ao próximo, simplicidade e busca da paz. Estas virtudes, quando transpostas para o âmbito da administração pública, oferecem um contraponto valioso à tendência tecnocrática e impessoal (no sentido negativo e alienante da palavra) que frequentemente domina as estruturas burocráticas modernas.

Examinar estes textos sob a ótica da administração pública e do Direito Administrativo não significa defender um Estado confessional, mas reconhecer que certos princípios éticos, independentemente de sua origem, podem contribuir significativamente para uma gestão pública mais humanizada e voltada ao verdadeiro interesse coletivo. A simplicidade franciscana e a humildade evocada nas bem-aventuranças oferecem paradigmas alternativos ao personalismo, à ostentação e ao uso do poder como instrumento de vaidade pessoal que tantas vezes comprometem a integridade da função pública.

Estes ensinamentos, despidos de seu caráter estritamente religioso e compreendidos como expressões de sabedoria universal, convidam-nos a repensar a administração pública não apenas como um conjunto de procedimentos técnicos, mas como um espaço de serviço genuíno aos cidadãos, especialmente aos mais vulneráveis – os "pobres de espírito", os "mansos", os "que têm fome e sede de justiça" mencionados no sermão de Jesus.

Aliás, muito antes de Papa Francisco e Pepe Mujica, foram (e são) Jesus Cristo e Francisco de Assis as duas grandes referências na história sobre os princípios sobre os quais este livro se debruça. Em relação a Jesus de Nazaré e aos valores que procurou transmitir à humanidade:

> A mensagem de Jesus é universal, não se dirige apenas ao povo judeu. Com muita clareza e veemência, Ele insiste no desapego aos bens materiais, na simplicidade, no perdão às ofensas e no amor ao próximo. Não só denuncia a impostura, a cobiça e a licenciosidade, como Ele próprio dá o exemplo maior, através de uma vida de despojamento e desprendimentos, de humildade e abnegação.[2]

Sobre o religioso italiano, "um jovem de origem rica e privilegiada, ele estava profundamente consciente da conexão entre a riqueza, a influência, o poder e a violência, a própria antítese do Filho de Deus,

---

[2] QUEIROZ, Álvaro. *Noções de História do cristianismo*. Maceió: CBA Editora, 2017. p. 37.

que voluntariamente viveu em pobreza para abastecer a humanidade de dons espirituais em abundância"[3]. Para Frei Betto, "Francisco de Assis deixou-nos um testemunho de liberdade que ainda ressoa como paradigma de futuro"[4]. Ainda sobre e o pioneirismo em questões como sustentabilidade e a atualidade do pensamento de Francisco de Assis (cujo nome não por acaso foi escolhido por Jorge Bergoglio ao iniciar seu pontificado), já foi dito que:

> O ensinamento de Francisco tem um frescor atemporal, que faz com que ele seja tão incisivamente pertinente hoje como era há 800 anos. Seus insights vão de encontro à tentação de sempre obter um maior número de bens materiais e de medir a vida pelas propriedades, posses, objetos de valor e dinheiro. A má distribuição do material finito e dos recursos financeiros do planeta põe em risco a harmonia e a coexistência pacífica das nações[5].

Na vasta trajetória da humanidade, poucas figuras exerceram tamanha influência sobre os ideais de simplicidade, humildade, sobriedade e sustentabilidade quanto Jesus de Nazaré e São Francisco de Assis. Separados por mais de mil anos na história, estes dois homens estabeleceram paradigmas éticos que transcenderam suas origens religiosas para se tornarem referências universais de conduta humana.

Jesus de Nazaré promoveu a revolução da simplicidade, ao apresentar ao mundo um modelo radical de vida baseado na simplicidade material e na riqueza espiritual. Filho de um carpinteiro, optou por uma existência despojada, rejeitando explicitamente a acumulação de bens: "As raposas têm tocas e as aves do céu têm ninhos, mas o Filho do Homem não tem onde reclinar a cabeça".[6] Sua mensagem contrastava frontalmente com a ostentação dos poderosos de seu tempo, tanto religiosos quanto políticos.

Disse: "Não acumuleis para vós tesouros na terra, onde a traça e a ferrugem destroem, e onde os ladrões arrombam e roubam; mas acumulai para vós tesouros no céu, onde nem a traça nem a ferrugem destroem, e onde os ladrões não arrombam nem roubam. Porque onde estiver o vosso tesouro, aí estará também o vosso coração".[7]

---

[3] ROBSON, Michael J. P. (org.).*Francisco de Assis*: História e herança. Aparecida: Editora Santuário, 2015. p. 22.
[4] BETTO, Frei. Fome de Deus. *Fé e espiritualidade no mundo atual*. São Paulo: Paralela, 2013. p. 122.
[5] ROBSON, Michael J. P. *Op. cit.*, p. 23.
[6] BÍBLIA. Evangelho de (São) Mateus, capítulo 8, versículo 20.
[7] BÍBLIA. Evangelho de (São) Mateus, capítulo 6, versículos 19-21.

"Por isso vos digo: não andeis ansiosos pela vossa vida, quanto ao que haveis de comer ou beber; nem pelo vosso corpo, quanto ao que haveis de vestir. Não é a vida mais do que o alimento, e o corpo mais do que a roupa? Olhai as aves do céu: não semeiam, nem ceifam, nem ajuntam em celeiros; e vosso Pai celestial as alimenta".[8]

"E quanto ao vestuário, por que andais ansiosos? Observai como crescem os lírios do campo: não trabalham, nem fiam. Contudo, vos digo que nem Salomão, em toda a sua glória, se vestiu como um deles. Se Deus veste assim a erva do campo, que hoje existe e amanhã é lançada no forno, quanto mais a vós, homens de pouca fé?"[9]

"E disse-lhes: Acautelai-vos e guardai-vos de toda espécie de cobiça; porque a vida do homem não consiste na abundância dos bens que ele possui".[10]

Por sua vez, a humildade em Jesus não era mera virtude teórica, mas prática encarnada. Lavou os pés de seus discípulos, conviveu com os marginalizados e ensinou que "quem quiser tornar-se grande entre vós, será esse o que vos sirva, e quem quiser ser o primeiro, será vosso servo".[11] Esta inversão de valores, colocando o serviço acima do poder, revolucionou a compreensão das relações humanas e da liderança.

São várias as passagens dos Evangelhos que destacam como a humildade era valorizada por Jesus: "Tomai sobre vós o meu jugo, e aprendei de mim, porque sou manso e humilde de coração; e encontrareis descanso para as vossas almas";[12] "em verdade vos digo que, se não vos converterdes e não vos tornardes como crianças, de modo algum entrareis no reino dos céus. Portanto, quem se tornar humilde como esta criança, esse é o maior no reino dos céus";[13] "o maior dentre vós será vosso servo. Quem a si mesmo se exaltar será humilhado; e quem a si mesmo se humilhar será exaltado";[14] "Mas, quando fores convidado, vai e senta-te no último lugar, para que, quando vier o que te convidou, te diga: Amigo, sobe mais para cima. Então terás honra diante de todos os que estiverem contigo à mesa. Porque todo o que a si mesmo se exalta será humilhado, e o que a si mesmo se humilha será exaltado";[15] e até mesmo a parábola do fariseu e do publicano, onde

---

[8] BÍBLIA. Evangelho de (São) Mateus, capítulo 6, versículos 25-26.
[9] BÍBLIA. Evangelho de (São) Mateus, capítulo 6, versículos 28-30.
[10] BÍBLIA. Evangelho de São Lucas, capítulo 12, versículo 15.
[11] BÍBLIA. Evangelho de (São) Marcos, capítulo 10, versículo 43:45.
[12] BÍBLIA. Evangelho de (São) Mateus, capítulo 11, versículo 29.
[13] BÍBLIA. Evangelho de (São) Mateus, capítulo 18, versículos 3:4.
[14] BÍBLIA. Evangelho de (São) Mateus, capítulo 23, versículos 11:12.
[15] BÍBLIA. Evangelho de (São) Lucas, capítulo 14, versículos 10:11.

Jesus conclui: "Todo aquele que se exalta será humilhado; mas o que se humilha será exaltado".[16]

Sua sobriedade se manifestava não apenas nos hábitos pessoais, mas na recusa a qualquer tipo de excesso. Jesus criticou consistentemente o apego às riquezas e aos prazeres transitórios, alertando sobre como estes poderiam afastar o ser humano de sua verdadeira essência. "De que adianta ao homem ganhar o mundo inteiro e perder sua alma?",[17] questionava, estabelecendo uma hierarquia de valores que privilegiava o ser sobre o ter. Também lembremos a passagem em que recomenda hábitos moderados: "Acautelai-vos por vós mesmos, para que não suceda que os vossos corações se sobrecarreguem com a glutonaria, com a embriaguez e com as preocupações desta vida, e aquele dia venha sobre vós repentinamente".[18]

Nesta mesma linha de raciocínio que prega contra os excessos, Jesus disse: "Mas se aquele servo mau disser em seu coração: O meu senhor tarda em vir, e começar a espancar os seus conservos, e a comer e a beber com os ébrios, virá o senhor daquele servo num dia em que não o espera e à hora que ele não sabe, e cortá-lo-á pelo meio e lhe dará por sorte a condenação com os hipócritas; ali haverá choro e ranger de dentes".[19] Passagem semelhante sobre o servo que abusa de sua posição e se entrega à falta de sobriedade.[20]

Quanto à sustentabilidade, embora o termo seja moderno, o respeito de Jesus pela criação e seus ensinamentos sobre a administração responsável dos recursos apontam para uma visão integrada da relação do homem com a natureza. Suas parábolas frequentemente utilizavam elementos da natureza como metáforas de verdades espirituais, revelando profunda conexão com o mundo natural.

Após o milagre da multiplicação dos pães e peixes: "E quando estavam saciados, disse aos seus discípulos: Recolhei os pedaços que sobraram, para que nada se perca. Recolheram-nos, pois, e encheram doze cestos de pedaços dos cinco pães de cevada, que sobraram aos que haviam comido".[21] Por sua vez, a parábola dos talentos ensina sobre a responsabilidade de administrar bem os recursos confiados.[22]

---

[16] BÍBLIA. Evangelho de (São) Lucas, capítulo 18, versículos 9:14.
[17] BÍBLIA. Evangelho de (São) Marcos, capítulo 8, versículo 36.
[18] BÍBLIA. Evangelho de (São) Lucas, capítulo 21, versículo 14.
[19] BÍBLIA. Evangelho de (São) Mateus, capítulo 24, versículos 48:51.
[20] BÍBLIA. Evangelho de (São) Lucas, capítulo 12, versículos 45:46.
[21] BÍBLIA. Evangelho de (São) João, capítulo 6, versículos 12-13.
[22] BÍBLIA. Evangelho de (São) Mateus, capítulo 25, versículos 14:30.

Por sua vez, (São) Francisco foi encarnação radical dos ideais de Jesus. Oito séculos após seu Mestre, Francisco de Assis emergiria como aquele que mais perfeitamente reencarnou estes ideais. Nascido em família abastada, Francisco abandonou sua vida de privilégios após uma profunda conversão, chegando ao ponto de despojar-se publicamente de suas roupas, renunciando até mesmo à herança paterna.

(São) Francisco também ensinava através de gestos simbólicos poderosos, como beijar leprosos, demonstrando humildade e respeito pelos excluídos; pregar aos pássaros, refletindo sua visão de fraternidade com toda a criação; viver deliberadamente sem propriedades, mesmo coletivas; recusar-se a permitir que seus seguidores acumulassem livros ou construíssem igrejas luxuosas.

A simplicidade franciscana tornou-se lendária. Vestindo um simples hábito de pano grosseiro, Francisco recusava qualquer conforto material. Seus seguidores eram proibidos de possuir propriedades, mesmo coletivamente, vivendo exclusivamente da caridade e do trabalho das próprias mãos. Esta radicalidade inspirou reformas na própria Igreja Católica e influenciou movimentos de simplicidade voluntária que perduram até hoje.

Para seus seguidores, São Francisco dizia: "Os irmãos de modo nenhum recebam dinheiro, nem diretamente nem por interposta pessoa. Para as necessidades dos enfermos e para vestir os outros irmãos, somente os ministros e os custódios, por meio de amigos espirituais, envidem diligente cuidado, segundo os lugares, os tempos e as regiões frias, conforme lhes parecer que a necessidade o exige".[23]

A humildade de São Francisco se manifestava em seu autodenominar-se o "menor dos irmãos" e em sua insistência em tratar com igual dignidade todos os seres. Chamava a todos de "irmão" ou "irmã" – do Papa ao leproso, e extraordinariamente, estendeu esta fraternidade a toda a criação: o "irmão sol", a "irmã lua", até o "irmão lobo" da famosa lenda de Gúbio. Disse ainda: "Os que estão constituídos sobre os outros não se vangloriem dessa superioridade mais do que se estivessem encarregados de lavar os pés aos irmãos".[24] Em outra passagem, alerta para o mal da soberba:

QUE NINGUÉM SE ENSOBERBEÇA, MAS ANTES SE GLORIE NA CRUZ DO SENHOR

---

[23] Regra não Bulada de São Francisco, de 1221.
[24] Admoestação de São Francisco, capítulo 4, versículo 2.

1 Considera, ó homem, a que excelência te elevou o Senhor, criando-te e formando-te segundo o corpo à imagem do seu dileto Filho e, segundo o espírito, à sua própria semelhança.
2 Entretanto, as criaturas todas que estão debaixo do céu, a seu modo, servem e conhecem e obedecem ao seu Criador melhor do que tu.
3 não foram tampouco os espíritos malignos que o crucificaram, mas tu em aliança com eles o crucificaste e o crucificas ainda, quando te deleitas em vícios e pecados.
4 De que, então, podes gloriar-te?
5 Mesmo que fosses tão arguto e sábio a ponto de possuíres toda a ciência, saberes interpretar toda espécie de línguas e perscrutares engenhosamente as coisas celestiais, nunca deverias gabar-te de tudo isso,
6 porquanto um só demônio conhece mais das coisas celestiais e ainda agora conhece mais as da terra que todos os homens juntos, a não ser que alguém tenha recebido do Senhor um conhecimento especial da mais alta sabedoria.
7 Do mesmo modo, se fosses mais belo e mais rico que todos, e até operasses maravilhas e afugentasses os demônios, tudo isso seria estranho a ti nem te pertenceria nem disto te poderias desvanecer.
8 Mas numa só coisa podemos "gloriar-nos: de nossas fraquezas" (2Cor 12,5), e carregando dia a dia a santa cruz de Nosso Senhor Jesus Cristo.[25]

Sua sobriedade ia além do não possuir – manifestava-se na alegria genuína encontrada nas coisas mais simples. Francisco demonstrou como a verdadeira felicidade não está ligada ao consumo ou à posse, mas a uma atitude interior de gratidão e contemplação. "Exorto também meus irmãos a que, no vestir, evitem todo luxo e vaidade do mundo, segundo a palavra do santo Evangelho; e que, conforme o juízo de Deus, se contentem com uma só túnica, remendada, se preciso for, e um cinto e calções".[26]

Quanto à sustentabilidade, São Francisco foi verdadeiramente visionário. Seu Cântico das Criaturas é considerado por muitos como o primeiro manifesto de ecologia integral da história, reconhecendo o valor intrínseco de todos os seres criados e a interdependência fundamental que une toda a criação. Não por acaso, o Papa Francisco escolheu *Laudato Si* (primeiras palavras deste cântico) como título de sua encíclica sobre ecologia. Em seu Cântico do Irmão Sol, exorta a natureza:

---

[25] Admoestação de São Francisco, capítulo 5, versículo 1:8.
[26] Da Regra Bulada (1223), de São Francisco.

Altíssimo, onipotente, bom Senhor,
teus são o louvor, a glória e a honra e toda a bênção.
Somente a ti, ó Altíssimo, eles convém,
e homem algum é digno de mencionar-te.
Louvado sejas, meu Senhor, com todas as tuas criaturas,
especialmente o Senhor Irmão Sol,
o qual é dia, e por ele nos iluminas.
E ele é belo e radiante com grande esplendor,
de ti, Altíssimo, traz o significado.
Louvado sejas, meu Senhor, pela irmã lua e pelas estrelas,
no céu as formaste claras e preciosas e belas.
Louvado sejas, meu Senhor, pelo irmão vento,
e pelo ar e pelas nuvens e pelo sereno e todo o tempo,
pelo qual às tuas criaturas dás sustento.
Louvado sejas, meu Senhor, pela irmã água,
que é mui útil e humilde e preciosa e casta.
Louvado sejas, meu Senhor, pelo irmão fogo
pelo qual iluminas a noite,
e ele é belo e agradável e robusto e forte.
Louvado sejas, meu Senhor, pela irmã nossa, a mãe terra
que nos sustenta e governa
e produz diversos frutos com coloridas flores e ervas.
Louvado sejas, meu Senhor, por que perdoam pelo teu amor,
E suportam enfermidade e tribulação.
Bem aventurados aqueles que as suportarem em paz,
porque por ti, Altíssimo, serão coroados.
Louvado sejas, meu Senhor, pela irmã nossa, a morte corporal,
da qual nenhum homem vivente pode escapar.
Ai daqueles que morrerem em pecado mortal:
bem-aventurados os que ela encontrar na tua santíssima vontade,
porque a morte segunda não lhes fará mal!
Louvai e bendizei ao meu Senhor,
e rendei-lhe graças e servi-o com grande humildade.[27]

O impacto destes dois homens ultrapassa amplamente as fronteiras do cristianismo. Mahatma Gandhi, não-cristão, afirmou que se todos vivessem segundo os princípios do Sermão da Montanha, os problemas da humanidade estariam resolvidos. O exemplo franciscano inspirou

---

[27] Cântico do Irmão Sol, de São Francisco.

movimentos ecológicos, sociais e econômicos que buscam alternativas ao consumismo contemporâneo.

Na atual crise ecológica e social, as vidas de Jesus e Francisco oferecem contraponto poderoso ao paradigma dominante de sucesso baseado na acumulação e no consumo. Suas vidas demonstram que simplicidade não é escassez, mas libertação; que humildade não é fraqueza, mas força autêntica; que sobriedade não é privação, mas plenitude; e que sustentabilidade não é apenas necessidade prática, mas expressão de profunda sabedoria.

Estas duas figuras permanecerão como faróis para a humanidade enquanto buscarmos caminhos para viver de forma mais harmoniosa com nossos semelhantes e com o planeta que habitamos. Seu legado nos lembra que, paradoxalmente, é no despojamento que encontramos abundância, e no serviço que descobrimos nossa verdadeira grandeza.

E agora passemos a analisar os textos que melhor representam os valores inspiradores deste livro. O Sermão das Bem-Aventuranças (ou Sermão da Montanha), descrito no Evangelho de (São) Mateus (capítulos 5-7), representa mais do que um texto religioso: configura-se como um manifesto revolucionário de transformação social, cujos princípios podem ser diretamente transpostos para a compreensão de uma administração pública verdadeiramente comprometida com a dignidade humana:

> Jesus, vendo a multidão, subiu a um monte, e, assentando-se, aproximaram-se dele os seus discípulos; 2 e, abrindo a boca, os ensinava, dizendo:
> 3 Bem-aventurados os pobres de espírito, porque deles é o reino dos céus.
> 4 Bem-aventurados os que choram, porque eles serão consolados.
> 5 Bem-aventurados os mansos, porque eles herdarão a terra.
> 6 Bem-aventurados os que têm fome e sede de justiça, porque eles serão fartos.
> 7 Bem-aventurados os misericordiosos, porque eles alcançarão misericórdia.
> 8 Bem-aventurados os puros de coração, porque eles verão a Deus.
> 9 Bem-aventurados os pacificadores, porque eles serão chamados filhos de Deus.
> 10 Bem-aventurados os que sofrem perseguição por causa da justiça, porque deles é o reino dos céus.
> 11 Bem-aventurados sois vós, quando vos injuriarem e perseguirem, e mentindo, falarem todo mal contra vós por minha causa.
> 12 Exultai e alegrai-vos, porque é grande o vosso galardão nos céus; porque assim perseguiram os profetas que vieram antes de vós

13 Vós sois o sal da terra; e, se o sal for insípido, com que se há de salgar? Para nada mais presta, senão para se lançar fora e ser pisado pelos homens.

14 Vós sois a luz do mundo; não se pode esconder uma cidade edificada sobre um monte; 15 nem se acende a candeia e se coloca debaixo do alqueire, mas, no velador, e dá luz a todos que estão na casa.

16 Assim resplandeça a vossa luz diante dos homens, para que vejam as vossas boas obras e glorifiquem o vosso Pai, que está nos céus.[28]

Em "Bem-aventurados os pobres de espírito, porque deles é o Reino dos Céus", temos a humildade administrativa. No contexto administrativo contemporâneo, a pobreza de espírito se traduz como humildade institucional. Representa o reconhecimento fundamental de que as estruturas públicas são limitadas, falíveis e permanentemente construídas.

A "pobreza de espírito" na administração pública significa reconhecer as próprias limitações institucionais, estar permanentemente aberto ao aprendizado, desenvolver escuta ativa das demandas sociais, compreender que o poder público não detém verdades absolutas, criar mecanismos horizontais de participação cidadã.

Em "Bem-aventurados os mansos, porque herdarão a terra", temos a simplicidade administrativa. A mansidão bíblica, transposta para o campo administrativo, representa a simplicidade como princípio fundamental de gestão. Não significa fragilidade, mas capacidade de aproximação, diálogo e eliminação de complexidades desnecessárias.

A simplicidade administrativa se manifesta através de linguagem clara e acessível nos documentos públicos, processos administrativos desburocratizados, tecnologias que aproximam, em vez de distanciar, o cidadão, interfaces institucionais amigáveis e intuitivas, priorização do essencial sobre o supérfluo.

Em "Bem-aventurados os misericordiosos, porque alcançarão misericórdia", temos a sobriedade administrativa. A misericórdia bíblica, no campo administrativo, traduz-se como sobriedade. Representa a capacidade de equilíbrio, moderação e compaixão nos processos de gestão pública.

A sobriedade administrativa implica uso equilibrado dos recursos públicos, combate a culturas de luxo e ostentação, priorização de investimentos socialmente relevantes, moderação no uso do poder, diálogo como metodologia de resolução de conflitos.

---

[28] BÍBLIA. Evangelho de (São) Mateus, capítulo 5, versículos 1:16.

Em "Bem-aventurados os limpos de coração, porque verão a Deus", estamos diante da sustentabilidade administrativa. A limpeza de coração, no contexto administrativo, representa o compromisso ético com a sustentabilidade multidimensional – ecológica, social, econômica e política.

A sustentabilidade administrativa se concretiza através de políticas públicas de longo prazo, preocupação com gerações futuras, transparência nos processos decisórios, equilíbrio entre desenvolvimento e preservação, compromisso ético com a integralidade da vida, dentre outras situações.

O Sermão da Montanha não propõe uma mudança superficial, mas uma radical ressignificação das relações de poder. Da mesma forma, os princípios administrativos aqui propostos não representam meras técnicas de gestão, mas uma profunda reinvenção do papel do Estado.

Trata-se de transformar a administração pública de um espaço de exercício de poder para um território de serviço, colaboração e promoção da dignidade humana. Os gestores públicos são chamados a serem, simultaneamente, técnicos e poetas: capazes de operar com eficiência os instrumentos administrativos e sensíveis o suficiente para compreender que cada processo burocrático envolve histórias, sonhos e destinos humanos. Neste contexto, entram o "sal da terra" e a "luz do mundo".

A metáfora do sal ("Vós sois o sal da terra") evoca a ideia de essencialidade: o sal, em pequena quantidade, transforma completamente o alimento. Esta imagem remete diretamente ao princípio da sobriedade administrativa que iremos desenvolver ao longo do livro – não é necessário grandiosidade ou excesso para gerar impacto significativo.

Quando Jesus adverte sobre o sal que perde seu sabor, podemos estabelecer um paralelo com instituições públicas que, ao perderem seus princípios essenciais e valores fundamentais, tornam-se "insípidas"– estruturas burocráticas vazias que, apesar de seu tamanho ou recursos, perdem sua capacidade de transformação social efetiva.

A passagem sobre a luz ("Vós sois a luz do mundo") coloca em evidência a importância da transparência e da visibilidade das boas obras – não para autopromoção, mas para inspiração coletiva. Esta metáfora dialoga diretamente com o princípio da transparência administrativa e do já destacado "efeito especular" na gestão pública, que recomenda que as boas práticas administrativas sejam compartilhadas.

Quando Jesus afirma que "não se pode esconder uma cidade edificada sobre um monte", sugere que valores autênticos naturalmente se fazem visíveis e influentes. A administração pública guiada por princípios como os destacados neste livro não precisa de propaganda excessiva – suas ações falam por si e iluminam caminhos alternativos.

No trecho "Para que vejam vossas boas obras e glorifiquem vosso Pai", podemos ressaltar que o servidor público e a autoridade administrativa verdadeiramente humildes não buscam reconhecimento pessoal, mas compreendem sua função como serviço a um propósito maior que transcende seu ego ou ambições.

A Oração de São Francisco de Assis, um dos textos mais inspiradores da tradição cristã, transcende seu contexto religioso original e oferece princípios universais que podem iluminar a gestão pública contemporânea. Quando analisamos seus versos à luz dos valores de simplicidade, humildade, sobriedade e sustentabilidade, encontramos profundas conexões que podem orientar administradores públicos comprometidos com o bem comum.

"Senhor, fazei-me instrumento de vossa paz"– Esta invocação inicial estabelece o propósito fundamental do serviço público: ser instrumento de paz social, de harmonização de interesses, de resolução de conflitos. A simplicidade administrativa manifesta-se quando o gestor público compreende seu papel como facilitador, removendo obstáculos burocráticos para que o cidadão possa acessar seus direitos com tranquilidade e "paz".

"Onde houver ódio, que eu leve o amor; onde houver ofensa, que eu leve o perdão"– Estes versos dialogam diretamente com a humildade administrativa. Reconhecer os erros institucionais, pedir perdão quando necessário e transformar relações adversariais em colaborativas são manifestações de uma administração humilde que não se coloca acima dos cidadãos, mas a seu serviço.

"Onde houver discórdia, que eu leve a união; onde houver dúvida, que eu leve a fé": a sobriedade administrativa encontra eco nestes versos. Um gestor sóbrio busca o consenso onde há polarização, prioriza o diálogo em vez do confronto, e inspira confiança através da transparência onde há incerteza. A administração sóbria não cede a extremismos ou personalismos, mas busca o equilíbrio e a moderação.

"Onde houver erro, que eu leve a verdade; onde houver desespero, que eu leve a esperança": aqui vemos a essência da sustentabilidade administrativa. Corrigir erros pensando nas consequências futuras, trazer esperança através de políticas que não apenas resolvam problemas imediatos, mas criem condições para um futuro melhor. A sustentabilidade exige compromisso com a verdade dos fatos e com soluções que perdurem além dos ciclos eleitorais.

"Onde houver tristeza, que eu leve a alegria; onde houver trevas, que eu leve a luz": estes versos refletem o compromisso da administração pública com o bem-estar das pessoas. A simplicidade se manifesta quando processos obscuros são iluminados e tornados acessíveis; a humildade quando reconhecemos as tristezas e dificuldades dos cidadãos; a sobriedade quando priorizamos a resolução efetiva de problemas ao invés de soluções superficiais; e a sustentabilidade quando construímos instituições que continuarão a trazer luz às futuras gerações.

"Ó Mestre, fazei que eu procure mais consolar que ser consolado, compreender que ser compreendido, amar que ser amado": esta passagem ressoa profundamente com os quatro princípios. Uma administração simples busca compreender as necessidades do cidadão antes de exigir que este compreenda a complexidade estatal. Uma gestão humilde prioriza o consolo e o suporte ao cidadão em vez de buscar reconhecimento. A sobriedade administrativa manifesta-se no amor à missão pública acima dos interesses pessoais. E a sustentabilidade se realiza quando o gestor semeia benefícios futuros mesmo que não colha os frutos políticos imediatos.

"Pois é dando que se recebe, é perdoando que se é perdoado, e é morrendo que se vive para a vida eterna": este paradoxo final da oração encontra paralelo nos desafios da administração pública contemporânea. A verdadeira eficiência administrativa não está em acumular poder, mas em distribuí-lo através da participação social (simplicidade); não está em negar falhas, mas em reconhecê-las (humildade); não está nos excessos, mas na justa medida (sobriedade); e não está no imediatismo, mas na construção de um legado duradouro (sustentabilidade).

Os exemplos de Papa Francisco e José "Pepe" Mujica, cada um em seu contexto, demonstram como estes princípios podem ser incorporados à administração pública do século XXI. Ambos encontraram na simplicidade franciscana não apenas um ideal espiritual, mas um modelo prático de gestão que aproxima o poder das pessoas, humaniza as instituições e prepara o caminho para um futuro mais justo e sustentável.

III – Da necessidade de superação de culturas prejudiciais à administração pública brasileira e seus antídotos

A administração pública brasileira, em sua trajetória histórica, vem acumulando práticas, valores e mentalidades que nem sempre condizem com os ideais de que se esperam de instituições públicas no século XXI. É importante ressaltar que muitos destes hábitos são verdadeiros vícios que, de tão impregnados no cotidiano administrativo, não foram e nem serão eliminados facilmente, por mais esforços que sejam envidados.

As tentativas de reforma e modernização frequentemente esbarram em obstáculos que transcendem as questões meramente técnicas, legislativas ou estruturais. No cerne desses obstáculos se encontra um elemento fundamental, porém frequentemente negligenciado: a cultura organizacional.

Por esta razão, pode-se afirmar que as principais transformações necessárias à administração pública contemporânea são, essencialmente, de natureza cultural. Trata-se de uma mudança de mentalidade, de ambiente e de concepção sobre o papel do Estado, do servidor público e da forma como a Administração Pública e a sociedade civil devem se relacionar. Enquanto as reformas legislativas estabelecem novos parâmetros legais e as reestruturações administrativas reorganizam processos e competências, é a cultura organizacional que determina como essas mudanças serão interpretadas, internalizadas e efetivamente praticadas.

Para citar um exemplo, ressalte-se que a lei de acesso à informação (Lei Federal nº 12.527/2011), embora seja um importante passo para garantir a divulgação das ações que a Administração Pública realiza, será inefetiva se não gerar a superação da de cultura do sigilo, a partir da valorização genuína da transparência e do acesso à informação como direito cidadão. Não havendo esta mudança de paradigma, a Lei de Acesso à Informação será implementada de maneira burocrática, formalista e esvaziada de sentido real, ou, quando muito, de forma parcial, sem atender plenamente os objetivos que justificaram sua criação.

Assim, resta claro que o ambiente público brasileiro ainda convive com valores culturais prejudiciais que precisam ser conscientemente identificados e superados. As mudanças legislativas, institucionais e administrativas são indubitavelmente importantes. Novas leis, reorganizações estruturais, revisões de processos e implementação de tecnologias da informação são componentes essenciais de qualquer esforço de modernização. Contudo, essas mudanças dependem fundamentalmente das transformações culturais para que possam produzir os efeitos desejados.

A interdependência entre cultura e estrutura se manifesta em um ciclo virtuoso: mudanças culturais facilitam a implementação de novas estruturas e processos que, por sua vez, contribuem para solidificar os novos valores culturais. Por exemplo, a implementação de um sistema digital de participação cidadã não apenas depende de uma cultura que valorize a participação, como também contribui para fortalecer essa cultura, ao criar novos canais de interlocução entre Estado e sociedade.

A transformação cultural não ocorre por decreto, mas requer um esforço consciente, contínuo e multifacetado. Algumas estratégias podem ser particularmente eficazes, como a valorização da liderança pelo exemplo, com gestores públicos que demonstram concretamente os valores que se deseja promover; o incentivo à formação continuada, com programas de capacitação que não apenas transmitam conhecimentos técnicos, mas também promovam reflexões sobre valores e práticas; a gestão do conhecimento, com a adoção de sistemas que valorizem e disseminem boas práticas e aprendizados; e a previsão de estímulos financeiros e funcionais que engajem e valorizem servidores e equipes que incorporam os novos valores em suas práticas.

A propósito, nenhuma transformação cultural significativa ocorre sem o engajamento dos atores envolvidos. No contexto da administração pública, isso significa envolver servidores de todos os níveis hierárquicos, bem como cidadãos e organizações da sociedade civil. O engajamento autêntico pressupõe não apenas informar sobre as mudanças desejadas, mas criar espaços reais de participação na definição dos novos rumos. Servidores que se percebem como protagonistas da transformação, e não meros executores passivos de diretrizes superiores, tendem a internalizar mais facilmente os novos valores e a contribuir ativamente para sua disseminação. Por sua vez, a mudança não depende apenas de movimentos da própria Administração Pública: a sociedade civil tem que ocupar seus espaços e ser protagonista, colaborativa e fiscalizadora.

Portanto, as mudanças legislativas, estruturais e tecnológicas são instrumentos importantes, mas insuficientes para uma transformação profunda e duradoura da administração pública. O verdadeiro desafio reside na transformação cultural, na substituição de valores arraigados que já não servem ao interesse público por princípios alinhados com uma gestão moderna, eficiente, transparente e cidadã. Ademais, a construção de uma nova cultura organizacional no setor público demanda tempo, persistência e um compromisso genuíno de todos os envolvidos. É um processo contínuo que requer não apenas a definição clara dos valores desejados, mas principalmente a sua incorporação nas práticas cotidianas, nas decisões grandes e pequenas, na forma como servidores se relacionam entre si e com os cidadãos.

Dessa forma, somente quando novos valores estiverem enraizados no *ethos* da administração pública, será possível colher plenamente os frutos das demais mudanças institucionais, legislativas e administrativas.

Conforme destacado anteriormente, os novos valores que surgem para combater diversas culturas prejudiciais à administração pública são a simplicidade, a humildade, a sobriedade e sustentabilidade. Na primeira parte do livro, serão analisadas dezenas de culturas nocivas ao interesse público, sendo oito delas para cada princípio objeto da presente investigação.

No tocante ao princípio da simplicidade administrativa, a primeira cultura a ser varrida é a da burocracia excessiva, caracterizada pela multiplicação indevida de exigências que dificultam o acesso dos cidadãos aos serviços públicos. Por sua vez, a burocracia se alimenta da cultura da complexidade, que consiste na criação de sistemas complexos e confusos que dificultam o acesso aos direitos, transformando a jornada do cidadão em um labirinto burocrático kafkiano. Neste contexto, incidem as culturas do legalismo e da hiper-regulamentação, que, geram a proliferação excessiva de normas jurídicas e técnicas que se sobrepõem e frequentemente se contradizem, criando insegurança jurídica.

Outra cultura que a simplicidade administrativa se propõe a eliminar é a cultura da tecnocracia, que privilegia soluções técnicas complexas sobre a compreensão das necessidades reais da população. No contexto brasileiro, frequentemente se traduz em sistemas informatizados que, embora avançados, criam barreiras para populações com baixa inclusão digital. Neste contexto, entra a cultura do fetichismo tecnológico, que se traduz na postura acrítica que supervaloriza a tecnologia como solução universal para problemas complexos, especialmente na administração pública. Caracteriza-se pela crença quase mística de que inovações tecnológicas, por si só, resolverão questões estruturais, ignorando que tecnologias são ferramentas inseridas em contextos sociais, políticos e culturais específicos. Este fenômeno se manifesta quando gestores buscam soluções digitais sofisticadas sem questionar sua real necessidade ou sem preparar adequadamente as pessoas e processos para sua implementação. O resultado são investimentos dispendiosos em sistemas que frequentemente não entregam os resultados prometidos, perpetuando ineficiências antigas sob aparência moderna.

Outro obstáculo que deve ser superado pela simplicidade administrativa é a cultura do tecnicismo linguístico. Essa expressão é melhor que cultura do juridiquês, já que tema vantagem de abranger não apenas o jargão jurídico, mas também a linguagem excessivamente técnica usada em áreas como medicina, economia, tecnologia e na própria administração pública – todas formas de comunicação que criam barreiras de compreensão e excluem aqueles que não dominam os códigos específicos dessas áreas.

A cultura do controle disfuncional representa exatamente o oposto do que a simplicidade administrativa busca: em vez de processos enxutos focados em resultados, cria-se uma máquina burocrática externa para si mesma, onde o cumprimento de formalidades se torna mais importante que a resolução efetiva dos problemas públicos.

Outro problema a ser combatido pela simplicidade administrativa é a cultura do processualismo estéril, que é caracterizado pela obsessão excessiva com procedimentos, formalidades e rituais burocráticos em detrimento da efetividade e dos resultados concretos das ações governamentais. Nesta cultura, o cumprimento rigoroso de etapas processuais torna-se um fim em si mesmo, desconectando-se completamente de sua finalidade original: servir ao interesse público.

Em relação à humildade administrativa, também listaremos aqui oito culturas que precisam ser enfrentadas. A primeira (e mais grave) é a cultura do autoritarismo, que impõe uma centralização excessiva de decisões e imposição vertical de políticas sem diálogo. É a negação da democracia participativa. Isto se agrava com a cultura da arrogância, que se caracteriza pela postura de superioridade dos agentes públicos frente aos cidadãos, tratando-os como suplicantes de favores e não como detentores de direitos.

O gestor público autoritário e arrogante não gosta de compartilhar informações com a sociedade civil, e isto se deve às culturas da opacidade e do sigilo, o que dificulta a transparência, a participação e o controle social.

Pela cultura da verticalidade, a administração pública é gerida por estruturas hierárquicas rígidas que impedem a inovação, o diálogo e a colaboração entre diferentes níveis organizacionais. No contexto brasileiro, frequentemente resulta no isolamento entre formuladores de políticas e implementadores. O Estado perde uma importante oportunidade de qualificar suas ações a partir da colaboração de outros atores.

Tudo isto é alimentado pela cultura da desconfiança, que se baseia em uma presunção de má-fé nas relações entre Estado e cidadão, gerando controles excessivos e preventivos. No Brasil, manifesta-se na exigência constante de provas e certificações mesmo para fatos facilmente verificáveis.

A humildade administrativa também deve enfrentar a cultura da infalibilidade, que gera a resistência do Estado em admitir falhas institucionais e aprender com erros, preferindo negar problemas a enfrentá-los. Se a Administração Pública se considera infalível, ela também pensa que o mundo gira em torno de si: esta é a cultura da autorreferência, que supervaloriza as questões internas e o conhecimento produzido dentro da própria Administração.

Esta autorreferência é uma das causas da cultura do corporativismo: resolver as questões de interesse dos grupos que integram a estrutura estatal ou que setores que se conectam com o poder é considerado mais importante que servir a sociedade civil. Esta, por sua vez, estimula a cultura do messianismo administrativo, ao alimentar a crença de, ao invés de se valorizar os esforços de todos, será um líder ou gestor iluminado que resolverá todos os problemas, dispensando participação social e construção coletiva.

A cultura do deslocamento realístico também precisa ser enfrentada pela humildade administrativa. Nela, gestores e servidores públicos desenvolvem uma percepção distorcida e desconectada da realidade social que deveriam atender, gerando isolamento institucional, decisões baseadas em abstrações, desconhecimento das dificuldades práticas, falta de compreensão sobre os obstáculos enfrentados pelos usuários dos serviços públicos (como filas, processos burocráticos e limitações de acesso), visão idealizada dos serviços e resistência às críticas e sugestões dos cidadãos, interpretando-as como ataques à instituição ou à gestão.

A cultura da impermeabilidade consiste na resistência estrutural à incorporação de críticas, sugestões e avaliações vindas da sociedade ou de órgãos de controle. Tal cultura se difere da cultura da arrogância: enquanto esta se baseia no ar de superioridade das autoridades públicas, naquela a resistência à escuta da sociedade se deve a questões de natureza estrutural, que não estão preparadas para absorver influências, ideias ou contribuições externas, funcionando como um sistema fechado.

As oito culturas a serem combatidas pelo princípio da sobriedade administrativa se inicial pela cultura do apego ao poder e do patrimonialismo. Nelas, aquele que deveria servir ao público, deste se serve para atender seus próprios interesses. A sede de poder normalmente vem acompanhada pelo seu desvirtuamento.

As culturas do consumismo e da ostentação, tão presentes na sociedade contemporânea, também chegou à administração pública: aquisições desnecessárias, obsolescência programada institucional, culto ao "novo" sem avaliação crítica, avaliação superficial de resultados, marketing institucional excessivo, desperdício normalizado etc.

Tudo isto são reflexos da sociedade de consumo no setor público. Por sua vez, a ostentação se vê nos gastos excessivos com estruturas físicas monumentais, mobiliário luxuoso e simbolismos de poder.

Com a permanência do personalismo na gestão pública (herança maldita do modelo patrimonialista), onde projetos são desenvolvidos para promover indivíduos e não para atender necessidades reais, as culturas da vaidade e do estrelismo representam a sede desenfreada por visibilidade e reconhecimento institucional e pessoal acima do interesse público. Neste mesmo contexto midiático reinam as culturas do sensacionalismo e da espetacularização: na primeira, são priorizadas ações com alto impacto na mídia em detrimento de soluções efetivas (que não interessam pois são menos visíveis); na última, há a promoção de eventos grandiosos (circo) com gastos desnecessários de recursos públicos.

A sobriedade impõe a moderação, o acolhimento e o diálogo. Neste contexto, deve lutar contra as culturas do antagonismo e da polarização, que transformam debates técnicos em disputas ideológicas extremadas, dificultando consensos. Na administração pública brasileira atual, observa-se a descontinuidade de políticas públicas por motivos puramente partidários.

Com o antagonismo e a polarização, reforçam-se as culturas da intimidação e do revanchismo, com a odiosa prática de uso do poder estatal para coagir cidadãos ou servidores discordantes, e para empreender represálias, como perseguições administrativas, remoções arbitrárias e utilização seletiva de fiscalizações.

Se o equilíbrio é um dos signos da sobriedade, a cultura dos excessos precisa ser eliminada: regulamentação exagerada, controles desfuncionais e estruturas superdimensionadas. Os excessos geram ações com uma intensidade desproporcional, seja quando a Administração Pública fica aquém do que deve fazer, seja quando vai além do necessário.

Por falar em excessos, a sobriedade vai de encontro às culturas do luxo e do lixo. Na primeira, há o tratamento privilegiado e diferenciado para autoridades públicas, com benefícios desproporcionais, como mordomias, carros oficiais caríssimos e privilégios que contrastam com a realidade da maioria da população. Por sua vez, na cultura do lixo, temos o uso inadequado de recursos públicos, sem preocupação com economicidade, gerando desperdícios, compras superestimadas, obras inacabadas e sobrepreços em contratos públicos.

Por fim, a sobriedade deve ainda estar atenta aos males da cultura da assimetria administrativa, que consiste tanto na proliferação de estruturas administrativas superdimensionadas, com cargos, departamentos e funções além do necessário, causando um inchaço da máquina administrativa, como no subdimensionamento de outras áreas, geralmente aquelas em que são prestados serviços diretamente ao cidadão.

Chegou a vez da sustentabilidade administrativa, princípio que impõe a preocupação com o futuro e com as futuras gerações, que leva em consideração o desenvolvimento social e econômico sob bases sólidas, bem estruturadas. Neste contexto, a primeira cultura a ser combatida é a do imediatismo, onde há o foco exclusivo em resultados de curto prazo, ignorando impactos futuros. Na administração pública brasileira, manifesta-se em políticas que geram benefícios imediatos à custa de problemas estruturais futuros.

Quando a mirada administrativa não olha para o dia de amanhã, recorre-se à cultura do improviso, com a ausência de planejamento adequado, resultando em soluções emergenciais e provisórias (com os "jeitinhos" administrativos que se tornam permanentes); à cultura do amadorismo, marcada pela desvalorização da capacitação técnica e do conhecimento especializado; e pela cultura da precariedade, que se caracteriza pela normalização e perpetuação sistemática de condições inadequadas de trabalho e prestação de serviços, estabelecendo um ambiente onde a insuficiência de recursos, estruturas e processos é aceita como estado natural e inevitável. Esse fenômeno manifesta-se através de instalações físicas deterioradas, equipamentos obsoletos, sistemas informacionais defasados e quadros funcionais insuficientes e sob vínculos jurídicos que não geram a devida proteção.

Embora se pareça com a cultura da precariedade, na cultura da mediocridade, o problema está na tolerância com baixos padrões de qualidade nos serviços públicos. No contexto brasileiro, por exemplo, observa-se a pouca utilização de mecanismos efetivos de avaliação de desempenho dos servidores.

A sustentabilidade administrativa também exige a superação da cultura da descontinuidade, pois esta produz a interrupção constante de programas públicos a cada mudança de gestão, o abandono de projetos em andamento e a criação de novos com os mesmos objetivos, apenas para associá-los à gestão atual.

Considerando que a sustentabilidade administrativa anda de braços dados com a técnica, com a ciência e com a verdade, é imperioso que sejam firmemente combatidas as culturas do negacionismo, que rejeita evidências científicas e dados técnicos na formulação de políticas e que privilegia a implementação de programas baseados em crenças ou ideologias, ignorando estudos e experiências prévias, e a cultura da desinformação, fenômeno pernicioso caracterizado pela produção, pela disseminação e pela instrumentalização sistemática de informações distorcidas, incompletas ou falsas no âmbito das instituições governamentais. Essa cultura transcende episódios isolados de má comunicação, configurando-se como um padrão estrutural em que a manipulação informacional se torna ferramenta de gestão e exercício de poder.

A efetividade das políticas públicas está sempre ameaçada policultura da do risco, que se traduz no hábito de se desconsiderar ou menosprezar potenciais impactos negativos nas decisões públicas (cultura do risco).

As Administrações Públicas resistem à cooperação interinstitucional e desprezam as boas práticas internacionais. Essa é a cultura do isolacionismo, projeção do individualismo e do egoísmo no campo administrativo.

Certamente, os maiores riscos à sustentabilidade administrativa estão nas culturas da desigualdade, da discriminação e da exclusão. A cultura da desigualdade se manifesta quando a administração pública reproduz e amplifica disparidades sociais existentes. Ela se caracteriza pela distribuição desproporcional de recursos, oportunidades e serviços, favorecendo determinados grupos ou regiões em detrimento de outros; a cultura da discriminação na administração pública institucionaliza tratamentos diferenciados baseados em características pessoais, como raça, gênero, orientação sexual, religião ou condição socioeconômica; e a cultura da exclusão se caracteriza pela criação sistemática de barreiras que impedem determinados grupos de acessar serviços, participar de processos decisórios ou beneficiar-se de políticas públicas.

Juntas, estas três culturas criam um ambiente administrativo que falha em seu propósito fundamental de servir a toda a sociedade, enfraquece o vínculo de confiança entre cidadãos e Estado e compromete o desenvolvimento social, econômico e político de longo prazo.

O combate a estas culturas nocivas requer não apenas mudanças pontuais, mas transformações profundas na concepção e operação da administração pública, orientando-a para princípios de equidade, inclusão e representatividade. Isto inclui reformas em processos seletivos, capacitação contínua contra vieses inconscientes, revisão de procedimentos e estruturas institucionais para eliminar barreiras, e criação de mecanismos efetivos de participação social diversa e representativa.

Mas como os princípios evidenciados neste livro podem atuar como antídotos às culturas mencionadas? A simplicidade administrativa combate essas culturas através da desburocratização e revisão de processos para eliminar etapas desnecessárias, determinando a utilização de linguagem clara e acessível em documentos públicos, priorizando a experiência do usuário nos serviços públicos, realizando uma digitalização inteligente e inclusiva e focando nos resultados ao invés dos procedimentos.

A humildade administrativa atua por meio da abertura para participação social efetiva nas decisões, reconhecimento público de erros e implementação de correções, transparência ativa na divulgação de informações, adoção de estruturas horizontais de colaboração e decisão e da presunção de boa-fé nas relações com o cidadão.

Por sua vez, a sobriedade administrativa se manifesta através de avaliação rigorosa da utilidade social dos projetos públicos, foco em soluções de baixo custo e alto impacto, redução de privilégios, ostentações e símbolos de poder, promoção do diálogo e da mediação de conflitos e padronização adequada de estruturas físicas e benefícios.

A sustentabilidade administrativa se implementa pelo planejamento de longo prazo com metas claras e mensuráveis, pela profissionalização da gestão pública com valorização técnica, pela avaliação sistemática de impactos e resultados, pela continuidade administrativa de políticas bem-sucedidas e pela cooperação interinstitucional e federativa. E certamente, pela aplicação dos princípios da simplicidade, humildade e sobriedade administrativas.

Assim, no presente livro, faremos uma análise mais profunda dos quatro princípios evidenciados nesta pesquisa, oportunidade em que apresentaremos uma proposta de conteúdo(s) de cada princípios e de como cada uma das culturas prejudiciais à administração pública deve ser enfrentada. Nas notas finais, apresentaremos uma proposta de criação de um Direito Administrativo Humanizado.

Antes, todavia, destacaremos as gestões de Papa Francisco à frente do Estado da Cidade do Vaticano (2013-2025) e de Pepe Mujica na Presidência do Uruguai (2010-2015). Veremos que, em suas respectivas esferas de atuação, as citadas lideranças utilizaram esses princípios para tentar transformar instituições complexas, aproximando-as dos cidadãos e as tornando mais efetivas em sua missão fundamental de servir ao bem comum. Em outras palavras, humanizando-as.

PARTE I

DOIS CASOS DE APLICAÇÃO DA SIMPLICIDADE, HUMILDADE, SOBRIEDADE E SUSTENTABILIDADE ADMINISTRATIVAS

CAPÍTULO 1

PAPA FRANCISCO E A ADMINISTRAÇÃO PÚBLICA

1.1 Um Papa vindo do "fim do mundo"

26 de abril de 2025. No dia em que começo a escrever estas páginas, assisto pela televisão ao funeral do Papa Francisco. Aproximadamente 400 mil pessoas, de várias religiões e nacionalidades, ocupam a Praça de São Pedro, no Vaticano, e as ruas de Roma para acompanharem o trajeto do papamóvel que conduziria o Papa à Basílica de Santa Maria Maggiore, onde seria sepultado.

Delegações de 166 países e dezenas de líderes políticos mundiais, das mais diferentes ideologias políticas, compareceram para dar o último adeus ao Papa que foi amado ou odiado, mas nunca ignorado.

Jorge Mario Bergoglio é o nome de batismo do 266º Papa da história da Igreja Católica, eleito em 13 de março de 2013, no segundo dia do conclave, para substituir o Papa Bento XVI. Descendente de famílias italianas (da região do Piemonte), Bergoglio nasceu em 17 de dezembro de 1936, em Buenos Aires, tendo passado a infância e a adolescência em Flores, bairro portenho da classe média.

Na juventude, frequentava os jogos de seu clube de futebol do coração, o San Lorenzo, trabalhou como faxineiro, gostava de tango, teve uma namorada chamada Amalia coma qual quase se casou, teve uma doença respiratória que o fez perder parte de um pulmão.

Seu pai, Mário Giuseppe Bergoglio, trabalhava com contabilidade, tendo falecido em 1961; e a sua mãe, Regina Maria Sivori, se ocupava da casa e da educação dos cinco filhos, sendo Jorge o mais velho deles. Ela faleceu em 1981.

Antes de se dedicar à vocação religiosa, Bergoglio concluiu o curso de Técnico em Química pela Escola Técnica Industrial e chegou a fazer estágio em um laboratório de análises químicas. Futuramente, concluiria as licenciaturas em Filosofia e em Teologia. Também atuou como professor de Literatura e de Psicologia.

A vocação religiosa teve uma data marcante. Bergoglio lembra: "em 21 de setembro de 1953, o compromisso estava marcado. Era segunda-feira, mas feriado: naquela parte do mundo, a minha, é celebrado o começo da primavera, e eu e meus amigos da paróquia falávamos desta data havia bastante tempo". Quando estava a caminho de um encontro com amigos para um piquenique, aconteceu algo que mudaria sua vida para sempre. Ele conta:

> Mas antes de pegar o bonde, assim que passei pela Igreja de São José ouvi como se alguém me chamasse, ou melhor: percebi que alguma coisa me puxava para entrar; alguma coisa forte e que eu nunca havia sentido antes, e que encarei também com um pouco de superstição: se não entrasse, alguma coisa poderia acontecer... Então entrei, olhei para o fundo da longa nave da basílica, perto do altar, e vi um sacerdote vir em minha direção, um sacerdote que eu não conhecia, que nunca tinha visto antes, embora aquela fosse a igreja onde costumava ir à missa aos domingos. Naquele momento senti que devia me confessar. O padre se sentou em um confessionário, o último à esquerda do altar, e também entrei. Não consigo contar o que aconteceu de outra forma: evidentemente confessei meus pecados, e o sacerdote me tratou com uma gentileza amorosa... No entanto, sei que isso não é o suficiente para explicar. O fato é que quando saí não era mais o mesmo: tive certeza de que me tornaria sacerdote.[29]

Após este encontro com o padre Carlos Duarte Ibarra, Bergoglio não falou com ninguém da família do chamado ao sacerdócio até pegar seu diploma. Também não contou para os amigos. Todavia, quando teve que escolher que faculdade cursaria, tomou sua decisão e seguiu a vida religiosa:

> Em 11 de março de 1958 entrou no noviciado da Companhia de Jesus. Completou os estudos humanísticos no Chile e, tendo voltado para a Argentina, em 1963 obteve a licenciatura em filosofia no colégio de São José em San Miguel. De 1964 a 1965 foi professor de literatura e

---

[29] BERGOGLIO, Jorge Mario. *Esperança, a autobiografia*. Papa Francisco com Carlo Musso. Tradução de Federico Carotti, Iara Machado Pinheiro, Karina Jannini. São Paulo: Fontanar, 2025. p. 141.

psicologia no colégio da Imaculada de Santa Fé e em 1966 ensinou estas mesmas matérias no colégio do Salvador, em Buenos Aires. De 1967 a 1970 estudou teologia, licenciando-se também no colégio de São José. A 13 de Dezembro de 1969 foi ordenado sacerdote pelo arcebispo D. Ramón José Castellano. De 1970 a 1971 deu continuidade à sua preparação em Alcalá de Henares, na Espanha, e a 22 de Abril de 1973 emitiu a profissão perpétua nos jesuítas. Regressou à Argentina, onde foi mestre de noviços na Villa Barilari em San Miguel, professor na faculdade de teologia, consultor da província da Companhia de Jesus e também reitor do colégio. No dia 31 de Julho de 1973 foi eleito provincial dos jesuítas da Argentina, cargo que desempenhou durante seis anos. Depois, retomou o trabalho no campo universitário e, de 1980 a 1986, foi novamente reitor do colégio de São José, e inclusive pároco em San Miguel. No mês de março de 1986 partiu para a Alemanha, onde concluiu a tese de doutoramento; em seguida, os superiores enviaram-no para o colégio do Salvador em Buenos Aires e sucessivamente para a igreja da Companhia, na cidade de Córdova, onde foi director espiritual e confessor. O cardeal Antonio Quarracino convidou-o a ser o seu estreito colaborador em Buenos Aires. Assim, a 20 de Maio de 1992 João Paulo II nomeou-o bispo titular de Auca e auxiliar de Buenos Aires. No dia 27 de Junho recebeu na catedral a ordenação episcopal precisamente do cardeal. Como lema, escolheu Miserando atque eligendo e no seu brasão inseriu o cristograma IHS, símbolo da Companhia de Jesus.[30]

Jorge Mario Bergoglio foi nomeado cardeal pelo Papa João Paulo II no consistório realizado em 21 de fevereiro de 2001. Na ocasião, ele recebeu o título de Cardeal-presbítero de São Roberto Belarmino. Quando se tornou cardeal, Bergoglio já era Arcebispo de Buenos Aires, cargo que assumiu em 1998. Tinha 64 anos de idade quando recebeu o chapéu cardinalício.

O conclave que elegeu o Papa Francisco ocorreu entre 12 e 13 de março de 2013, após a renúncia histórica do Papa Bento XVI anunciada em 11 de fevereiro daquele mesmo ano. Este foi um conclave com características particulares devido às situações curiosas de suceder um papa que havia renunciado, não falecido. Cento e quinze cardeais participaram do conclave (aqueles com menos de 80 anos).

O conclave começou oficialmente na tarde de 12 de março de 2013. Os cardeais ficaram hospedados na Casa Santa Marta durante o período. Foi precedido por várias congregações gerais (reuniões

---

[30] Biografia do Santo Padre Francisco. Disponível em: https://www.vatican.va/content/francesco/pt/biography/documents/papa-francesco-biografia-bergoglio.html. Acesso em: 26 abr. 2025.

preparatórias) onde os cardeais discutiram os desafios da Igreja. Houve cinco votações ao todo: uma na noite de 12 de março e quatro no dia 13. Na primeira votação, o Cardeal Jorge Mario Bergoglio já teria recebido um número significativo de votos. Na quinta votação (segunda da tarde do dia 13), Bergoglio conquistou os dois terços necessários para ser eleito.

O Cardeal Jorge Mario Bergoglio não era considerado um dos principais favoritos pelos observadores externos. Especula-se que ele teria ficado em segundo lugar no conclave de 2005 que elegeu Bento XVI.

A fumaça branca que anunciou a eleição apareceu às 19h06 do dia 13 de março de 2013. O Cardeal francês Jean-Louis Tauran anunciou *Habemus Papam* da sacada da Basílica de São Pedro. O novo Papa apareceu na sacada e proferiu suas primeiras palavras para a multidão que se concentrava na Praça de São Pedro para conhecer o novo Papa. Foi neste pequeno discurso que ele disse que era o Papa que veio do "fim do mundo":

> Irmãos e irmãs, boa-noite!
> Vós sabeis que o dever do Conclave era dar um Bispo a Roma. Parece que os meus irmãos Cardeais tenham ido buscá-lo quase ao fim do mundo... Eis-me aqui! Agradeço-vos o acolhimento: a comunidade diocesana de Roma tem o seu Bispo. Obrigado! E, antes de mais nada, quero fazer uma oração pelo nosso Bispo emérito Bento XVI. Rezemos todos juntos por ele, para que o Senhor o abençoe e Nossa Senhora o guarde.
> [Recitação do Pai Nosso, Ave Maria e Glória ao Pai]
> E agora iniciamos este caminho, Bispo e povo... este caminho da Igreja de Roma, que é aquela que preside a todas as Igrejas na caridade. Um caminho de fraternidade, de amor, de confiança entre nós. Rezemos sempre uns pelos outros. Rezemos por todo o mundo, para que haja uma grande fraternidade. Espero que este caminho de Igreja, que hoje começamos e no qual me ajudará o meu Cardeal Vigário, aqui presente, seja frutuoso para a evangelização desta cidade tão bela!
> E agora quero dar a Bênção, mas antes... antes, peço-vos um favor: antes de o Bispo abençoar o povo, peço-vos que rezeis ao Senhor para que me abençoe a mim; é a oração do povo, pedindo a Bênção para o seu Bispo. Façamos em silêncio esta oração vossa por mim.
> [...]
> Agora dar-vos-ei a Bênção, a vós e a todo o mundo, a todos os homens e mulheres de boa vontade.
> [Bênção]
> Irmãos e irmãs, tenho de vos deixar. Muito obrigado pelo acolhimento! Rezai por mim e até breve! Ver-nos-emos em breve: amanhã quero ir

rezar aos pés de Nossa Senhora, para que guarde Roma inteira. Boa noite e bom descanso![31]

Couberam a Jorge Bergoglio diversos pioneirismos e ineditismos: primeiro Papa da América Latina (Argentina); do Hemisfério Sul; jesuíta (da Companhia de Jesus); a escolher o nome Francisco (inspirado em São Francisco de Assis); não europeu desde o sírio Gregório III (século VIII); a suceder um Papa emérito vivo (após a renúncia de Bento XVI);a visitar a Península Arábica (2019 – Emirados Árabes Unidos);a fazer uma visita oficial ao Iraque (2021); a assinar um documento conjunto sobre fraternidade humana com um grande imã muçulmano (Documento de Abu Dhabi);a encontrar com um Patriarca da Igreja Ortodoxa Russa (2016 – encontro com o Patriarca Kirill, em Cuba);a publicar uma encíclica dedicada exclusivamente ao meio ambiente (*Laudato Si'*);a canonizar figuras muito próximas no tempo, como Madre Teresa de Calcutá e João Paulo II, rompendo com a tradicional lentidão nos processos de canonização; a fazer uma videochamada para o espaço (conversou com astronautas na Estação Espacial Internacional); a aparecer na capa da revista Rolling Stone (2014); a ser nomeado "Pessoa do Ano" pela revista Time (2013); a criar um conselho de cardeais (C9) para ajudar na reforma da Cúria Romana; a priorizar explicitamente reformas administrativas e financeiras do Vaticano; a recusar viver no Palácio Apostólico, optando por uma moradia mais simples na Casa Santa Marta; a usar regularmente as redes sociais como ferramenta pastoral; a convocar um Sínodo sobre a Amazônia (realizado em outubro de 2019); a realizar uma viagem apostólica com enfoque exclusivo na questão dos migrantes (para a ilha italiana de Lampedusa, em 2013);a instituir oficialmente os ministérios de Leitor e Acólito para mulheres (em 2021) e a criar o ministério de "catequista", também acessível a leigos e mulheres; a publicar uma exortação apostólica sobre a santidade na vida cotidiana (*Gaudete et Exsultate*, em 2018); a promover de forma tão explícita a "cultura do encontro" contra a "cultura do descarte"; a aprovar formalmente procedimentos para julgar bispos por negligência em casos de abuso, dentre outras tantas situações.

O pontificado do Papa Francisco foi caracterizado por uma abordagem que combina renovação pastoral, ênfase na misericórdia e

---

[31] Benção Apostólica "Urbi et Orbi", Primeira saudação do Papa Francisco, Sacada central da Basílica Vaticana, Quarta-feira, 13 de Março de 2013. Disponível em: https://www.vatican.va/content/francesco/pt/speeches/2013/march/documents/papa-francesco_20130313_benedizione-urbi-et-orbi.html. Acesso em: 26 abr. 2025.

na simplicidade, e uma forte preocupação com questões sociais e ecológicas. Se estas últimas passaram a ser incorporadas à vida de Bergoglio mais recentemente, as preocupações sociais sempre o acompanharam em sua vida religiosa. Ademais, por ser latino-americano e por ter sempre trabalho em locais carentes do ponto de vista socioeconômico, conhecia de perto a miséria e pobreza, algo que muitos de seus antecessores não vivenciaram.

A propósito, quem Bergoglio a escolher o nome Francisco foi um brasileiro foi o brasileiro Dom Cláudio Hummes, que, ao parabenizar o colega após o conclave, fez-lhe um pedido: "Não se esqueça dos pobres".

Adotando um estilo pastoral e próximo ao povo (inclusive com um ótimo humor), e um estilo de vida simples, o que logo ficou evidenciado quando renunciou a itens simbólicos, como os "sapatos de pescador" vermelhos e ao Palácio Apostólico, para continuar usando seus velhos sapatos pretos e a viver na Casa Santa Marta, Papa Francisco priorizou o contato direto com o povo e demonstrou gestos concretos de proximidade com os marginalizados e sofredores (como os imigrantes, refugiados, homossexuais, mulheres, vítimas das guerras etc.).

Outra marca do argentino era a utilização de uma linguagem acessível e direta em suas homilias e documentos.[32] Entre estes, destacaram-se *Laudato Si'* (2015): primeira encíclica inteiramente dedicada às questões ambientais, apresentando uma ecologia integral; *Fratelli Tutti* (2020), encíclica que aborda a fraternidade universal e a amizade social em um mundo fragmentado; e *Evangelii Gaudium* (2013), exortação programática que delineia sua visão para a Igreja missionária.

Tendo chegado ao comando da Igreja Católica em um período de crise, com denúncias e escândalos que envolviam de questões financeiras com o Banco do Vaticano a questões de abuso sexual com acusações de acobertamento institucional e resposta inadequada; queda no número de fiéis e até mesmo um escândalo conhecido como *Vatileaks*, que estourou em 2012, quando documentos confidenciais do Papa Bento XVI foram vazados por seu mordomo pessoal, Paolo Gabriele, Papa Francisco iniciou reformas na Cúria Romana e nas finanças do Vaticano, implementou o processo sinodal como método de governo

---

[32] Durante seu pontificado, Papa Francisco publicou mais de 120 documentos oficiais tratando de temas doutrinários, espirituais e sociais: 75 Motu Proprio, documentos emitidos diretamente pelo Papa sobre assuntos específicos; quatro Encíclicas, cartas destinadas a todos os bispos e fiéis sobre temas de ampla relevância; sete Exortações Apostólicas, instruções dirigidas ao povo católico com caráter formativo; e 39 Constituições Apostólicas, comunicações que estabelecem regras, obrigações ou diretrizes que devem ser seguidas.

eclesial, enfatizando a escuta e a participação e nomeou cardeais de regiões periféricas, diversificando o colégio cardinalício.

Papa Francisco também procurou aproximar a Igreja dos fiéis, tendo proclamado o Ano Santo Extraordinário da Misericórdia (2015-2016), ampliado a discussão sobre a inclusão pastoral de divorciados em nova união e enfatizado o papel da Igreja como "hospital de campanha" para acolher os "feridos".

Outra preocupação do Papa Francisco era com o diálogo ecumênico e inter-religioso. Ele fortaleceu relações com outras denominações cristãs e religiões não-cristãs. Realizou encontros históricos como com o Patriarca Ortodoxo Cirilo e com o Grande Imã de Al-Azhar e produziu documento sobre a Fraternidade Humana (2019) assinado com o Grande Imã Ahmad Al-Tayyeb.

Além de tratar de questões religiosas, Papa Francisco abordou temas polêmicos como crise migratória, consumismo e questões econômicas globais, crise climática, ostentação, guerras, violência, racismo.

Se as ações relacionadas ao comando da Igreja Católica geraram resistências internas às suas reformas e ao seu estilo de liderança, suas opiniões sobre questões externas muitas vezes geraram divergências. Líderes conservadores, como Donald Trump e Javier Milei, criticaram suas posições sobre imigração e justiça social, considerando-as incompatíveis com suas visões políticas:

> Francisco, conhecido por sua defesa dos migrantes e refugiados, foi um crítico contundente das medidas restritivas adotadas pelos EUA. O posicionamento gerou atritos durante o primeiro mandato de Trump e continuou no segundo, quando, no início de 2025, os desentendimentos entre o Vaticano e a Casa Branca voltaram a ganhar força. Em janeiro de 2025, quando Trump anunciou "a maior operação de deportação da história dos Estados Unidos", Francisco classificou o plano como "uma desgraça", pois faria com que "os mais pobres pagassem a conta das desigualdades".[33]

Na Igreja Católica, alguns cardeais e figuras de destaque expressaram preocupações com o que percebiam como um afastamento da tradição. Tudo isto é reflexo das polarizações (divisões políticas e culturais da sociedade) na Igreja:

---

[33] Relembre os embates entre o papa Francisco e Donald Trump. *CNN Brasil*, 24 de abril de 2025. Disponível em: https://www.cnnbrasil.com.br/internacional/relembre-os-embates-entre-o-papa-francisco-e-donald-trump/. Acesso em: 28 abr. 2025.

Uma rebelião anunciada. Um grupo de cardeais manifestou publicamente preocupação com os ensinamentos do papa Francisco, acusando o pontífice de causar confusão em relação a assuntos-chave para a doutrina católica. Em carta divulgada nesta semana, os sacerdotes questionam o papa por encorajar a *Amoris Laetitia* (Alegria do Amor), documento que é uma tentativa de abrir novas portas para católicos divorciados e tornar a Igreja mais tolerante com questões relacionadas à família. A rigor, a carta não é nova: os cardeais a enviaram ao papa em setembro, com cinco perguntas específicas que exigem apenas um "sim" ou um "não" como resposta. Eles querem esclarecer o que consideram dúvidas ou imprecisões, no que diz respeito "à integridade da fé católica". A novidade é que agora eles decidiram tornar seu questionamento público.[34]

O pontificado de Francisco apresenta uma síntese original entre a fidelidade à tradição católica e uma renovada ênfase na misericórdia pastoral, na simplicidade evangélica e no compromisso com a justiça social e ambiental, convidando a Igreja a estar próxima aos sofrimentos da humanidade. A realização do Sínodo da Amazônia (2019) e o Sínodo sobre a Sinodalidade (2021–2024) marcaram um ineditismo por envolverem escuta ampla, inclusive de leigos, indígenas, mulheres, pessoas LGBTQIA+ e populações marginalizadas. Pela primeira vez, mulheres e leigos tiveram direito a voto num Sínodo dos Bispos (2023). Também foi um Papado com críticas contundentes ao sistema econômico global. Nenhum papa anterior havia se posicionado de forma tão clara contra a "tirania do mercado" e o acúmulo de riquezas. Papa Francisco também promoveu encontros mundiais com movimentos sociais populares (como trabalhadores sem-terra, recicladores, migrantes, sindicatos), valorizando as causas dos mais invisibilizados. Isso nunca havia acontecido no Vaticano.

Voltando ao relato do funeral do Papa Francisco, todos os líderes mundiais presentes tiveram que ouvir a homilia da cerimônia fúnebre, proferida pelo decano do Colégio Cardinalício, cardeal Giovanni Battista Re, que enfatizou: "construir pontes e não muros é uma exortação que ele repetiu muitas vezes, e o serviço da fé como Sucessor do Apóstolo Pedro esteve sempre unido ao serviço do homem em todas as suas dimensões".[35]

---

[34] Quem são os cardeais rebeldes que acusam o Papa Francisco de heresia. *BBC News Brasil*, 16 de novembro de 2016. Disponível em: https://www.bbc.com/portuguese/internacional-37998143. Acesso em: 28 abr. 2025.

[35] Homilia da cerimônia fúnebre do Papa Francisco, proferida pelo Cardeal Giovanni Battista Re. *In:* Construir pontes e não muros: Como foi discurso de cardeal no funeral de papa

A homilia conta ainda um pouco da trajetória, da personalidade e dos valores do Papa Francisco. Em relação a estes, no citado texto, há a abundante presença dos quatro valores investigados neste livro, na vida do Papa Francisco.

A simplicidade está nos trechos que afirmam que ele estabelecia "um contato direto com cada pessoa e com as populações, desejando de ser próximo a todos" e "tinha uma grande espontaneidade e uma maneira informal de se dirigir a todos, mesmo às pessoas afastadas da Igreja". Ademais, ao invés de adotar uma postular protocolar, distante e solene, algo característico das altas autoridades, ele era "dotado de grande calor humano e profundamente sensível aos dramas de hoje". E ao invés de adotar uma abordagem intelectualizada (pois tinha estofo para isto), o Papa Francisco proclamava "uma mensagem capaz de chegar ao coração das pessoas de forma direta e imediata". A menção na homilia à "linguagem rica de imagens e metáforas" sugere uma busca por comunicação acessível e compreensível.

A presença da humildade se reconhece em sua postura de servir: "apesar da sua fragilidade nesta reta final e do seu sofrimento, o Papa Francisco escolheu percorrer este caminho de entrega até o último dia da sua vida terrena". Ele não se considerava santo, infalível. Na verdade, "o Papa Francisco concluiu os seus discursos e encontros dizendo: 'Não vos esqueçais de rezar por mim'". Conforme destacado, a adoção do nome Francisco, inspirada em São Francisco de Assis, símbolo de humildade, demonstra como o Papa valorizava este valor. A homilia associa a postura humilde e de serviço do Papa Francisco ao próprio Jesus Cristo: "um serviço de amor na senda do Mestre e Senhor Jesus Cristo que 'não veio para ser servido, mas para servir e dar a sua vida em resgate por todos'". Ademais, "foi um Papa no meio do povo, com um coração aberto a todos". A imagem da "Igreja como uma casa para todos; uma casa com as portas sempre abertas" e do "hospital de campanha" demonstra humildade institucional.

A sobriedade do Papa Francisco está presente na homilia em diversos trechos: no que destaca que "a felicidade está mais em dar do que em receber"; na contraposição à "cultura do descarte" em favor da "cultura do encontro e da solidariedade"; na exortação frequente de "construir pontes e não muros", como estímulo à moderação e ao

---

Francisco, 26 de abril 2025. Disponível em: https://www.nsctotal.com.br/noticias/construir-pontes-e-nao-muros-como-foi-discurso-de-cardeal-no-funeral-de-papa-francisco. Acesso em: 26 abr. 2025.

diálogo, que também foi lembrado quando se menciona sua constante busca pela paz em oposição à guerra, refletindo prudência e equilíbrio.

Por fim, a sustentabilidade é lembrada na menção à encíclica *Laudato si'*, onde o Papa Francisco "chamou a atenção para os deveres e a corresponsabilidade em relação à casa comum"; na referência à advertência de que "ninguém se salva sozinho", verdadeiro reconhecimento da interdependência; na preocupação com os refugiados, deslocados e pobres, demonstração de visão de longo prazo e bem-estar social, e na afirmação de que "a guerra deixa sempre o mundo pior do que estava", que é uma reflexão sobre consequências futuras de fatos atuais.

A homilia destaca elementos que perpassam vários desses princípios simultaneamente: a visão de uma Igreja inclusiva e acessível (simplicidade e humildade), a defesa da fraternidade universal e pertencimento à mesma família humana (sobriedade e sustentabilidade), a atenção especial aos marginalizados e vulneráveis (todos os princípios) e a capacidade de ouvir e acolher (humildade e simplicidade).

A homilia reforça que o estilo administrativo do Papa Francisco foi marcado por esses valores, aplicados ao governo da Igreja Católica, mas também do Estado da Cidade do Vaticano, o que faz com que estes princípios possam ser transpostos para a administração pública.

1.2 A gestão do Papa Francisco no Estado da Cidade do Vaticano

Na atualidade, existem 195 Estados soberanos reconhecidos no mundo. Destes, cento e noventa e três são Estados-membros da Organização das Nações Unidas (ONU), que possui ainda dois Estados observadores: a Santa Sé (desde 06 de abril de 1964) e a Palestina.[36]

Entre tantos países no mundo, alguns são catalogados como microestados, que se caracterizam por terem tanto a área como a população bastante reduzidas. Nesse contexto, podem ser mencionados, além de países insulares do Caribe e da Oceania (como Nauru, Tuvalu, Ilhas Marshall e São Cristóvão e Nevis), alguns países europeus de grande tradição histórica: o Principado de Mônaco, na costa do Mediterrâneo, com área de 2,02 km² e população de 39 mil habitantes; a República de San Marino, encravada no território italiano, com área de 61 km² e 34 mil residentes; e o Principado de Liechtenstein, situado nos Alpes, entre a Suíça e a Áustria, com 160 km² e 39 mil nacionais.

---

[36] Informação disponível em: https://www.un.org/en/about-us/non-member-states. https://www.un.org/en/about-us/non-member-states. Acesso em: 6 jul. 2024.

Apesar das reduzidas dimensões territoriais e populacionais dos exemplos acima citados, nada se compara ao Estado da Cidade do Vaticano, cuja área é de apenas 0,44 km² e que tem uma população de menos de mil pessoas. O Vaticano é um enclave dentro da cidade de Roma, Itália. Para que se possa ter uma dimensão da diminuta extensão territorial da sede da Igreja Católica, ele é inferior a diversos bairros de cidades brasileiras: no Leblon, na cidade do Rio de Janeiro, que tem uma área de aproximadamente 1,3 km², caberiam cerca de três Vaticanos; no bairro de Bela Vista, em São Paulo, com uma área de cerca de 3,2 km², caberiam sete; e a Ponta Verde, em Maceió, com 2,36 km², comportaria quatro.

No tocante à população, em 2022, estimava-se que cerca de oitocentas pessoas viviam no Vaticano, que, por sinal, não realiza censos regulares como em outros países. Registre-se que esses números são geralmente estimativas baseadas em informações disponíveis sobre residência e emprego no Estado. As pessoas que vivem no Estado da Cidade do Vaticano incluem principalmente membros do clero, como cardeais, bispos, padres, freiras e outras pessoas que trabalham para a Santa Sé; e funcionários civis que prestam serviços administrativos e de suporte dentro do estado. O Vaticano não tem uma população residencial permanente significativa fora dos que estão diretamente ligados às suas operações eclesiásticas e administrativas.

Registre-se que o Papa desempenha papéis simultaneamente duas funções distintas que, embora interligadas, possuem natureza e âmbitos de atuação diferentes: a primeira delas é de Chefe da Igreja Católica (Sumo Pontífice), sendo o líder espiritual de aproximadamente 1,4 bilhão de católicos no mundo:

> A população católica mundial aumentou em 1,15% entre 2022 e 2023, passando de aproximadamente 1.390 para 1.406 milhões, uma porcentagem muito semelhante a dos dois anos anteriores. A distribuição dos católicos batizados, de acordo com o diferente peso demográfico dos continentes, é diferente nas diversas áreas geográficas. A África reúne 20% dos católicos de todo o planeta e é caracterizada por uma difusão muito dinâmica da Igreja Católica: o número de católicos aumenta de 272 milhões em 2022 para 281 milhões em 2023, com uma variação relativa de +3,31%. [...] Com um crescimento de 0,9% no biênio, a América consolida sua posição como o continente ao qual pertencem 47,8% dos católicos do mundo. Desses, 27,4% residem na América do Sul (onde o Brasil, com 182 milhões, representa 13% do total mundial e continua sendo o país com o maior número de católicos), 6,6% na América do Norte e os 13,8% restantes na América Central. [...] O continente asiático registra um

crescimento de católicos de 0,6% no biênio, seu peso em 2023 é de cerca de 11% no mundo católico. 76,7% dos católicos do Sudeste Asiático em 2023 estão concentrados nas Filipinas, com 93 milhões, e na Índia, com 23 milhões. A Europa, embora abrigue 20,4% da comunidade católica mundial, continua sendo a área menos dinâmica, com um crescimento no número de católicos no biênio de apenas 0,2%. Essa variação, por outro lado, diante de uma dinâmica demográfica quase estagnada, se traduz em uma ligeira melhora na presença de católicos, chegando a quase 39,6% em 2023. [...]. Os católicos da Oceania são pouco mais de 11 milhões em 2023, 1,9% a mais do que em 2022.[37]

Como Chefe da Igreja Católica (da Santa Sé), o Papa é a Autoridade máxima em questões de doutrina, fé, moral e disciplina eclesiástica; o responsável pelo governo da Igreja universal através da Cúria Romana e possui autoridade que transcende fronteiras nacionais.

Por sua vez, o Papa também é o Chefe do Estado da Cidade do Vaticano (Soberano), governante do pequeno Estado o qual já mencionamos. Neste contexto, é o responsável pela administração civil, financeira e diplomática do Estado, signatário de acordos e tratados internacionais e responsável pela gestão das instituições estatais do Vaticano. Esta dupla função exige do Papa uma capacidade administrativa tanto no âmbito eclesial quanto estatal.

O Estado da Cidade do Vaticano possui uma estrutura administrativa única, sendo uma monarquia absoluta eletiva com o Papa como chefe de Estado. Os principais órgãos administrativos são: Comissão Pontifícia para o Estado da Cidade do Vaticano, que é o principal órgão legislativo e executivo, presidido por um Cardeal nomeado pelo Papa; Governatorato do Estado da Cidade do Vaticano, que é responsável pela administração civil do território; Direções e Escritórios Administrativos, como Direção de Serviços Gerais, de Segurança e Proteção Civil, de Economia, de Serviços Técnicos, de Telecomunicações e dos Museus Vaticanos; Corpo da Guarda Suíça, que é força militar responsável pela segurança do Papa e do palácio apostólico; Corpo da Gendarmaria do Vaticano, responsável pela segurança pública e ordem; Tribunal do Estado da Cidade do Vaticano, que representa o sistema judicial próprio para questões civis e penais.

---

[37] Aumentam os católicos no mundo: são um bilhão e 406 milhões. *Vatican News*, 20 de março de 2025. Disponível em: https://www.vaticannews.va/pt/vaticano/news/2025-03/annuario-pontificio-2025-e-annuarium-statisticum-ecclesiae-2023.html https://www.vaticannews.va/pt/vaticano/news/2025-03/annuario-pontificio-2025-e-annuarium-statisticum-ecclesiae-2023.html. Acesso em: 28 abr. 2025.

Entre os serviços públicos prestados, destacam-se os serviços postais, pelos Correios do Vaticano (Poste Vaticano), serviços bancários, pelo Instituto para as Obras de Religião (IOR), conhecido como "Banco do Vaticano"; serviços de saúde, onde há um posto médico (Direção de Saúde e Higiene) para atendimentos de emergência; supermercado e farmácia que atendem residentes e funcionários; Rádio e Telecomunicações, com destaque para a Rádio Vaticano e serviços de mídia (que mantém diversos sítios eletrônicos[38]); serviços de turismo, para a Administração dos Museus Vaticanos e áreas abertas ao público; emissão de documentos, como passaportes, vistos e outros documentos oficiais para residentes e diplomatas.

Os serviços são destinados principalmente a aproximadamente 800 cidadãos e 3.000 funcionários do Vaticano, com muitos visitantes diários que também usufruem de alguns desses serviços, especialmente os culturais e turísticos.

Vale ressaltar que o Papa Francisco, desde sua eleição, em 2013, implementou diversas reformas administrativas de grande impacto como Chefe do Estado da Cidade Vaticano, com foco especial na transparência e na eficiência.

Uma delas foi a Reforma das Finanças e Transparência Econômica, com a criação do Conselho para a Economia (2014), órgão de supervisão econômica composto por cardeais e leigos especialistas,

---

[38] O Vaticano mantém diversos sites oficiais para atender diferentes finalidades comunicativas e institucionais. Eis os principais sites mantidos pelo Estado da Cidade do Vaticano: Vatican.va (www.vatican.va) - O portal oficial da Santa Sé, que contém documentos papais, informações sobre o Papa, a Cúria Romana, arquivos históricos e acesso a diversos departamentos da Santa Sé. É o mais completo e oficial. Disponível em vários idiomas; Vatican News (www.vaticannews.va) - O portal oficial de notícias do Vaticano, que substituiu a Rádio Vaticano e outros serviços informativos. Oferece notícias atualizadas, atualizadas ao vivo, podcasts e conteúdo multimídia sobre as atividades do Papa e da Igreja Católica; Museus Vaticanos (www.museivaticani.va) - Site dedicado aos museus e galerias do Vaticano, incluindo informações sobre exposições, ingressos, horários e recursos educacionais; Biblioteca Apostólica Vaticano (www.vaticanlibrary.va) - Site da biblioteca histórica do Vaticano com acesso a catálogos digitais e alguns manuscritos digitalizados; Dicastério para a Comunicação (www.comunicazione.va) - Site do departamento responsável por coordenar todas as comunicações oficiais do Vaticano; L'Osservatore Romano (www.osservatoreromano.va) - O jornal oficial do Vaticano, com artigos e notícias sobre a Igreja Católica e assuntos relacionados; Rádio Vaticano (agora integrada ao Vaticano News) - Anteriormente um portal separado, agora parte do sistema de mídia consolidado do Vaticano; Estado da Cidade do Vaticano (www.vaticanstate.va) - Site dedicado especificamente ao Estado da Cidade do Vaticano como entidade política, com informações sobre seus órgãos governamentais, serviços e estrutura administrativa; Correios do Vaticano (www.postevaticane.va) - Portal dos serviços postais do Vaticano, com informações sobre selos, serviços e envios; Academia Pontifícia de Ciências (www.pas.va) - Site da instituição científica do Vaticano.

responsável por vigiar as práticas administrativas e financeiras do Estado; estabelecimento da Secretaria para a Economia (2014), com uma estrutura administrativa moderna para gestão financeira, aplicando padrões internacionais de contabilidade; Reforma do Instituto para as Obras de Religião (IOR, o "Banco do Vaticano"), com o fechamento de contas suspeitas, implementação de normativas antilavagem de dinheiro, adesão aos padrões internacionais de transparência financeira e submissão a auditorias externas regulares. Ainda neste contexto financeiro, como Chefe da Igreja, o Papa determinou a implementação de controles financeiros nas dioceses e entidades religiosas e expediu normas para maior transparência em doações e investimentos de entidades católicas.

No tocante à Reforma da Administração Pública Vaticana, como Chefe de Estado, Papa Francisco promulgou a Nova Lei Fundamental do Estado da Cidade do Vaticano (2019), atualizando as estruturas de governança civil; reformou a Governadoria do Estado da Cidade do Vaticano, realizando a reorganização dos serviços administrativos, a modernização da gestão de recursos humanos e a implementação de procedimentos para concursos públicos mais transparentes. Em relação às contratações administrativas, eles começaram em 2020 e continuaram em 2024:

> Duas medidas para definir melhor a gestão das despesas de cada um dos dicastérios vaticanos e para melhorar a transparência no setor dos contratos públicos. Essas são as áreas nas quais o Papa interveio com dois documentos divulgados esta terça-feira, 16 de janeiro, pela Sala de Imprensa vaticana. O primeiro é uma carta apostólica na forma de motu proprio com o qual Francisco especifica "os limites e as modalidades" da administração ordinária dos dicastérios da Santa Sé [...] Com a segunda carta na forma de motu proprio, o Papa intervém para esclarecer ainda mais os regulamentos que regem o código de contratos públicos vaticano promulgado em 2020. Também aqui, em consonância com a *Praedicate Evangelium*, Francisco destaca que o motu proprio quer continuar a "questão empreendida para favorecer a transparência, o controle e a concorrência nos procedimentos de adjudicação de contratos públicos".[39]

---

[39] O Papa muda normas sobre contratos públicos e gastos extraordinários de dicastérios. *Vatican News*, 16 de janeiro de 2024. Disponível em: https://www.vaticannews.va/pt/papa/news/2024-01/papa-francisco-motu-proprio-contratos-gastos-dicasterio-carta.html. Acesso em: 28 abr. 2025.

Ainda na questão do aumento do controle e da transparência, houve a Criação do Escritório do Auditor Geral (2014), órgão independente para auditoria das contas e administração do Estado, para verificação da conformidade dos atos administrativos com as leis vigentes e revisão dos contratos de fornecedores e prestadores de serviços. No combate à corrupção, como Chefe da Igreja, determinou a reorganização das estruturas que gerenciam propriedades da Igreja e criou normas para gestão de recursos doados para causas religiosas. Promoveu ainda Reformas Jurídicas e Anticorrupção, tendo como Chefe de Estado, atualizado do Código Penal do Vaticano (2013 e atualizações posteriores), criminalizando crimes financeiros, contra menos e contra vazamento de documentos confidenciais. Por sua iniciativa, houve ainda a criação do Escritório do Promotor Geral (2019), com ampliação dos poderes investigativos do sistema judicial vaticano e capacidade de conduzir investigações independentes.

A administração do Papa Francisco revelou diversas áreas onde as competências de Chefe de Estado e Chefe da Igreja se sobrepõem, gerando desafios, como a resistência interna às reformas, já que de um lado os funcionários estatais estão habituados a práticas antigas e do outro setores eclesiásticos veem as reformas administrativas como ameaça à tradição; necessidade de equilíbrio entre a transparência das finanças estatais e confidencialidade de assuntos religiosos e diplomáticos; gestão de escândalos financeiros, como no caso do imóvel em Londres (2019-2021), que se revelou um investimento problemático que levou a processos judiciais e evidenciou falhas nos controles internos[40]; e relação entre justiça canônica e justiça estatal, diante das distinções entre procedimentos disciplinares eclesiásticos e criminais estatais e a necessidade de cooperação com autoridades civis de outros países.

O estilo administrativo do Papa Francisco como Chefe de Estado foi caracterizado pelo pragmatismo, descentralização, valorização da participação laica, gestão de crise com o enfrentamento direto de problemas administrativos herdados, em vez de postergação e prestação de contas.

A gestão administrativa do Papa Francisco no Estado da Cidade do Vaticano representa uma tentativa significativa de modernização e

---

[40] Vide Prédio de luxo e desvio de fundos: Entenda condenação de cardeal que quer participar de conclave apesar de ter sido banido. *O Globo*, 24 abr. 2025. Disponível em: https://oglobo.globo.com/mundo/noticia/2025/04/24/predio-de-luxo-e-desvio-de-fundos-entenda-condenacao-de-cardeal-que-quer-participar-de-conclave-apesar-de-ter-sido-banido.ghtml. Acesso em: 28 abr. 2025.

alinhamento com padrões internacionais de transparência e eficiência. Como Chefe de Estado, Francisco implementou reformas estruturais profundas no sistema financeiro, judicial e administrativo do Vaticano, enquanto simultaneamente buscava coerência entre essas reformas e seus objetivos como Chefe da Igreja Católica.

Embora os resultados ainda estejam em desenvolvimento, as reformas introduzidas representam uma mudança clara na direção de maior profissionalismo, transparência e responsabilidade na gestão do menor Estado soberano do mundo. Ao diferenciar e simultaneamente integrar seus papéis como líder religioso e Chefe de Estado, Francisco estabeleceu precedentes administrativos que provavelmente sobreviverão ao seu pontificado.

E mais importante que tudo, conforme se verá a seguir, Papa Francisco, enquanto líder religioso e político-administrativo, adotou a simplicidade, a humildade, a sobriedade e a sustentabilidade, dando exemplos de como estes valores devem ser a base das organizações, inclusive as que se relacionam à administração pública.

1.3 Papa Francisco e a simplicidade

Se há uma palavra que sempre é e será associada ao Papa Francisco, esta palavra será a simplicidade. Nesse sentido, das muitas alcunhas que poderia ter recebido, a dele foi de "Papa simples":

> O mandato do papa jesuíta argentino durou pouco mais de doze anos. Do ponto de vista da história do catolicismo é quase nada. Para o mundo de hoje, porém, premido pela velocidade da internet e pela estupidez das polarizações ideológicas, atalho para o preconceito, representou uma saudável eternidade. Talvez como nenhum outro, o "papa simples", como chegou a ser alcunhado depois de erguer os braços na varanda central da basílica romana em 13 de março de 2013, tratou de questões terrenas — e esse aspecto, a um só tempo comezinho e corajoso, é que o distingue de seus antecessores.[41]

Barack Obama (ex-presidente dos EUA), desde os primeiros discursos do Papa Francisco, em 2013, já destacava sua simplicidade.

---

[41] Morte do Papa Francisco deixa legado de simplicidade e impõe dilema à Igreja Católica. *Veja*, 24 de abril de 2025. Disponível em: https://veja.abril.com.br/religiao/morte-do-papa-francisco-deixa-legado-de-simplicidade-e-impoe-dilema-a-igreja-catolica/. Acesso em: 28 abr. 2025.

Ao lamentar a morte do Papa Francisco, doze anos depois, destacou que o pontífice foi:

> [...] um líder raro que nos fazia querer ser pessoas melhores. Em sua humildade e em seus gestos ao mesmo tempo simples e profundos – abraçando os doentes, acolhendo os sem-teto, lavando os pés de jovens prisioneiros – ele nos sacudiu da complacência e nos lembrou de que todos estamos ligados por obrigações morais para com Deus e uns com os outros. Que possamos continuar atendendo ao seu chamado para nunca permanecer à margem desta marcha de esperança viva.[42]

José Mujica (ex-presidente do Uruguai, também conhecido por sua própria simplicidade, o que veremos no próximo capítulo) ressaltou ainda em 2013: "É um papa esperto, que tem que tem muita malandragem e uma grande tarefa pela frente. Se Deus existe, tem que dar-lhe uma mão porque tem a missão de reformar a única corte antiga que resta sobre a terra. É um papa sóbrio, que tem consciência de que não é época de uma igreja com pompa, mas uma que esteja perto dos pobres".[43]

Após a morte do amigo argentino, Mujica falou que o Papa Francisco foi "la mejor versión cristiana hacia las desigualdades que existen en nuestras sociedades". E que "él compartía una de mis esperanzas de que pudiera utilizar un poco más el conocimiento humano para mitigar las contradicciones dolorosas en nuestras sociedades, como, por ejemplo, la carrera armamentista". Por fim: "Siento que necesitaba más tiempo, tal vez más compañía en la formidable batalla que emprendió y que ojalá haya utilizado los escalones de poder que pudo tener para resembrar en el viejo cristianismo su mensaje con los más débiles".[44]

Lilia Schwarcz, sempre atenta às questões imagéticas, ressaltou como os sapatos do Papa Francisco demonstravam sua simplicidade:

> Os sapatos do Papa, ou quando um detalhe faz toda a diferença.

---

[42] Obama afirma que Papa Francisco foi líder raro que inspirava o melhor das pessoas. *UOL*, 21 de abril de 2024. Disponível em:https://noticias.uol.com.br/ultimas-noticias/agencia-estado/2025/04/21/obama-afirma-que-papa-francisco-foi-lider-raro-que-inspirava-o-melhor-das-pessoas.htm?cmpid=copiaecola. Acesso em: 28 abr. 2025.

[43] "É um papa esperto, que tem muita malandragem", diz Mujica sobre Papa, *Época Negócios*, 11 de junho de 2013. Disponível em: https://epocanegocios.globo.com/Informacao/Acao/noticia/2013/06/e-um-papa-esperto-que-tem-muita-malandragem-diz-mujica-sobre-francisco.html. Acesso em: 28 abr. 2025.

[44] Esto dijo 'Pepe' Mujica traslanoticia de la muerte del papa Francisco. *Portafolio*, 21 de abril de 2025. Disponível em: https://www.portafolio.co/internacional/esto-dijo-pepe-mujica-sobre-la-muerte-del-papa-francisco-628407. Acesso em: 28 abr. 2025.

Dizem que o jovem Jorge Mario Bergoglio sempre comprou seus sapatos na mesma loja de seu antigo bairro em Buenos Aires Mesmo após sua longa trajetória à frente da igreja católica e sua morte, aos 88 anos, os calçados dele tão comuns e casuais, continuaram em seus pés. Tudo pareceria normal e corriqueiro, caso não fosse tão diferente e contrastante com os demais papas Por exemplo, seu antecessor, Bento XVI, durante o seu pontificado, sempre usou os tradicionais sapatos vermelhos (chamados múleos). Aliás, a cor vermelha é um símbolo da autoridade papal e, segundo a tradição, representa o sangue de Cristo e dos mártires. Apesar de algumas especulações sobre marca dos sapatos, o Vaticano sempre manteve que se tratava de um calçado tradicional, feito sob medida para o papa. Já Francisco calçava sapatos básicos pretos durante suas aparições públicas nos 12 anos de papado; os mesmos que estavam em seus pés no seu velório. A simplicidade do traje não era um elemento qualquer. Ela simbolizava não só a nacionalidade argentina de Francisco, como sua postura filosófica: sempre pouco afeito ao luxo, ao ritual distante ou mesmo a ostentação de riqueza. Pequenos detalhes abrem imensas verdades. E nesse caso o sapato de Francisco não é apenas um adorno. Era um símbolo, um discurso sobre sua maneira de lidar com o poder.[45]

Entre os gestos de simplicidade do Papa Francisco, podemos destacar a escolha a escolha do local em que passou a morar, tendo rejeitado o Palácio Apostólico e optado por viver nos aposentos modestos da Casa Santa Marta (residência de hóspedes com 50m²). Ao afirmar que não poderia viver sozinho e que precisaria viver com outras pessoas, o Papa Francisco se humanizou, tendo, inclusive, feito suas refeições no refeitório comum com outros residentes e visitantes.

Ele também recusou limusines blindadas, passando a utilizar frequentemente um Fiat 500 ou Ford Focus em vez do tradicional Mercedes-Benz blindado. Durante viagens internacionais, ele próprio carregava sua própria pasta ou maleta ao embarcar em aviões. Vale lembrar que, antes de ser Papa, como Cardeal Bergoglio em Buenos Aires, ele usava ônibus e metrô regularmente.

No que diz respeito ao vestuário e símbolos de status, preferiu os paramentos simplificados, como uma cruz peitoral de ferroem vez de adotar uma de ouro; o anel papal era de prata banhado a ouro em vez de ouro maciço; e, conforme já destacado, usava sapatos pretos comuns em vez dos tradicionais sapatos vermelhos.

---

[45] Perfil de Lilia Moritz Schwarcz @liliaschwarcz no Instagram, de 28 de abril de 2025.

Em suas interações pessoais, costumava telefonar pessoalmente para pessoas comuns que lhe escreviam, conversava abertamente com as pessoas nas ruas, seja em momentos de descontração (quando até mesmo contava piadas[46]), seja em momentos mais sérios, quando entrava em contato direto com doentes. Em algumas oportunidades, participou do lava pés, cerimônia da Quinta-feira Santa, quando lavava pés de presidiários, mulçumanos e mulheres.

O mais importante é que o Papa Francisco adotou a simplicidade não apenas como estilo pessoal, mas como princípio vetor de sua atuação institucional, como Chefe do Estado da Cidade do Vaticano e como Chefe da Igreja Católica. Primeiramente, a partir de uma abordagem mais pragmática das questões que surgiam, buscando soluções diretas para problemas complexos, evitando camadas desnecessárias de análise.

Outro traço de sua simplicidade administrativa estava em sua comunicação direta, tendo adotado uma linguagem mais acessível e menos hermética nos documentos oficiais e, principalmente, em seus discursos, entrevistas e outros pronunciamentos orais. Neste sentido, lutou contra o tecnicismo linguístico.

Sua simplicidade também deve ser lembrada quando enfrentou a cultura da burocracia excessiva, tendo avançado em alguns setores, como quando reduziu níveis hierárquicos na reforma da Cúria Romana com a *Praedicate Evangelium*. Procurou combater a complexidade administrativa com iniciativas como a tentativa de consolidar órgãos com funções semelhantes (como na área de comunicação).

Para superar as culturas do legalismo e da hiper-regulamentação, procurou enfatizar o espírito das normas sobre sua letra estrita. Em uma de suas meditações, ressaltou:

> Há "dois caminhos". E é Jesus, com os seus "gestos de proximidade", quem nos dá a indicação justa a seguir. Por um lado, o caminho dos "hipócritas", que fecham as portas por causa da sua afeição à "letra da lei". Por outro, "o caminho da caridade", que passa "do amor à verdadeira justiça que está dentro da lei"[...] Eis os "dois caminhos" que temos diante de nós. O primeiro é o de quem diz: "Sou apegado à letra da lei; não se pode curar ao sábado; não posso ajudar; tenho que ir para casa e não posso ajudar este doente". O segundo é o de quem se compromete a fazer de modo que, como escreve são Paulo, "a vossa caridade

---

[46] 10 boas piadas do Papa Francisco. *Aleteia*, 25 de janeiro de 2025. Disponível em: https://pt.aleteia.org/2025/01/26/10-boas-piadas-do-papa-francisco. Acesso em: 29 abr. 2025.

cresça cada vez mais em sabedoria e em pleno discernimento": este é "o caminho da caridade, do amor à verdadeira justiça que a lei contém".⁴⁷

Por outro lado, em algumas áreas (como finanças), o Papa Francisco teve que aumentar a regulamentação para aperfeiçoar mecanismo de controles anticorrupção e combater abusos. Assim, pode-se afirmar que o Papa obteve mais êxito em simplificar documentos pastorais que administrativos.

A tecnocracia e fetichismo tecnológico foram criticados, quando ele questionou a "tecnocracia" em documentos como *Laudato Si'*, ao apresentar "a crítica do novo paradigma e das formas de poder que derivam da tecnologia":

> O movimento ecológico mundial já percorreu um longo e rico caminho, tendo gerado numerosas agregações de cidadãos que ajudaram na consciencialização. Infelizmente, muitos esforços na busca de soluções concretas para a crise ambiental acabam, com frequência, frustrados não só pela recusa dos poderosos, mas também pelo desinteresse dos outros. As atitudes que dificultam os caminhos de solução, mesmo entre os crentes, vão da negação do problema à indiferença, à resignação acomodada ou à confiança cega nas soluções técnicas. [...] Na realidade a tecnologia, que, ligada à finança, pretende ser a única solução dos problemas, é incapaz de ver o mistério das múltiplas relações que existem entre as coisas e, por isso, às vezes resolve um problema criando outros. [...] A aliança entre economia e tecnologia acaba por deixar de fora tudo o que não faz parte dos seus interesses imediatos.⁴⁸

No tocante à questão da cultura do controle disfuncional, outro grave problema a ser combatido pela simplicidade administrativa, percebe-se que houve uma tensão em suas reformas: se no âmbito da Igreja ele descentralizou algumas decisões, no âmbito administrativo teve que centralizar outras (especialmente as financeiras).

Neste sentido, é importante ressaltar que a desregulamentação deve ocorrer quando há excesso ou disfuncionalidade de normas.

---

⁴⁷ PAPA FRANCISCO. Meditações matutinas na Santa Missa celebrada na Capela Domus Sanctae Marthae. A lei e a carne. *Vatican*. Disponível em: https://www.vatican.va/content/francesco/pt/cotidie/2014/documents/papa-francesco-cotidie_20141031.html. Acesso em: 29 abr. 2025.

⁴⁸ PAPA FRANCISCO. Encíclica *Laudato Si'*, do Santo Padre Francisco sobre o cuidado da Casa Comum, 24.05.2015. Disponível em: https://www.vatican.va/content/francesco/pt/encyclicals/documents/papa-francesco_20150524_enciclica-laudato-si.html. Acesso em: 29 abr. 2025.

Entretanto, quando estas são escassas ou frágeis, muitas vezes é necessário o movimento contrário, ou seja, o de se regular comportamentos, como foi o esforço do Papa Francisco para combater a corrupção e a má gestão.

Vale ainda ressaltar que nas demais situações, a gestão do Papa Francisco foi pautada no combate à cultura burocrática secular do Vaticano, que sempre tem demonstrado notável resistência à mudança.

O legado de Francisco como reformador administrativo permanece em construção, com transformações significativas em alguns aspectos, mas também com desafios persistentes em alterar culturas institucionais profundamente enraizadas, como quando eliminou ou reduziu bônus automáticos pagos a cardeais e funcionários do Vaticano, aboliu a tradicional gratificação financeira distribuída aos funcionários quando um novo papa assume, reduziu diferenças salariais entre altos funcionários e trabalhadores comuns, ordenou uma revisão e redução da frota de carros oficiais do Vaticano, simplificou o protocolo de presentes trocados em visitas oficiais. Como chefe da Igreja Católica, simplificou o processo de anulação matrimonial em 2015, reduzindo etapas e custos.

Estas escolhas mostram uma consistência entre valores pessoais e decisões administrativas, refletindo uma abordagem que privilegia a essência sobre a forma, a funcionalidade sobre a tradição, e a transparência sobre a complexidade institucional.

Em seguida, serão destacadas algumas ideias de simplicidade do Papa Francisco, que foram expressas em documentos que ele publicou durante seu Pontificado. Primeiramente, na Encíclica *Fratelli Tutti*, de 3 de outubro de 2020, sobre fraternidade e amizade social:

> «FRATELLI TUTTI»: escrevia São Francisco de Assis, dirigindo-se a seus irmãos e irmãs para lhes propor uma forma de vida com sabor a Evangelho. Destes conselhos, quero destacar o convite a um amor que ultrapassa as barreiras da geografia e do espaço; nele declara feliz quem ama o outro, «o seu irmão, tanto quando está longe, como quando está junto de si».Com poucas e simples palavras, explicou o essencial duma fraternidade aberta, que permite reconhecer, valorizar e amar todas as pessoas independentemente da sua proximidade física, do ponto da terra onde cada uma nasceu ou habita.
> 1. Este Santo do amor fraterno, da simplicidade e da alegria, que me inspirou a escrever a encíclica *Laudato si'*, volta a inspirar-me para dedicar esta nova encíclica à fraternidade e à amizade social. Com efeito, São Francisco, que se sentia irmão do sol, do mar e do vento,

sentia-se ainda mais unido aos que eram da sua própria carne. Semeou paz por toda a parte e andou junto dos pobres, abandonados, doentes, descartados, dos últimos.
[...]
159. Existem líderes populares, capazes de interpretar o sentir dum povo, a sua dinâmica cultural e as grandes tendências duma sociedade. O serviço que prestam, congregando e guiando, pode ser a base para um projeto duradouro de transformação e crescimento, que implica também a capacidade de ceder o lugar a outros na busca do bem comum. Mas degenera num populismo insano, quando se transforma na habilidade de alguém atrair consensos a fim de instrumentalizar politicamente a cultura do povo, sob qualquer sinal ideológico, ao serviço do seu projeto pessoal e da sua permanência no poder. Outras vezes, procura aumentar a popularidade fomentando as inclinações mais baixas e egoístas dalguns setores da população. E o caso agrava-se quando se pretende, com formas rudes ou subtis, o servilismo das instituições e da legalidade.
[...]
166. A consistência de tudo isto poderá ser bem pouca, se perdermos a capacidade de reconhecer a necessidade duma mudança nos corações humanos, nos hábitos e estilos de vida. É o que acontece quando a propaganda política, os meios e os criadores de opinião pública persistem em fomentar uma cultura individualista e ingênua à vista de interesses econômicos desenfreados e da organização das sociedades ao serviço daqueles que já têm demasiado poder. Por isso, a minha crítica ao paradigma tecnocrático não significa que só procurando controlar os seus excessos é que poderemos estar seguros, já que o perigo maior não está nas coisas, nas realidades materiais, nas organizações, mas no modo como as pessoas se servem delas. A questão é a fragilidade humana, a tendência humana constante para o egoísmo, que faz parte daquilo que a tradição cristã chama «concupiscência»: a inclinação do ser humano a fechar-se na imanência do próprio eu, do seu grupo, dos seus interesses mesquinhos. Esta concupiscência não é um defeito do nosso tempo; existe desde que o homem é homem, limitando-se simplesmente a transformar-se, adquirir modalidades diferentes no decorrer dos séculos, utilizando os instrumentos que o momento histórico coloca à sua disposição. Mas, é possível dominá-la com a ajuda de Deus.
[...]
177. Gostaria de insistir que «a política não deve submeter-se à economia, e esta não deve submeter-se aos ditames e ao paradigma eficientista da tecnocracia». Embora se deva rejeitar o mau uso do poder, a corrupção, a falta de respeito das leis e a ineficiência, «não se pode justificar uma economia sem política, porque seria incapaz de promover outra lógica para governar os vários aspectos da crise atual». Pelo contrário, «precisamos duma política que pense com visão ampla e leve por diante

uma reformulação integral, abrangendo num diálogo interdisciplinar os vários aspetos da crise». Penso numa «política salutar, capaz de reformar as instituições, coordená-las e dotá-las de bons procedimentos, que permitam superar pressões e inércias viciosas». Não se pode pedir isto à economia, nem aceitar que ela assuma o poder real do Estado.[49]

Na Encíclica *Laudato Si'*, de 24 de maio de 2015, sobre o cuidado da Casa Comum, encontramos algumas reflexões sobre a simplicidade:

São Francisco de Assis
10. Não quero prosseguir esta encíclica sem invocar um modelo belo e motivador. Tomei o seu nome por guia e inspiração, no momento da minha eleição para Bispo de Roma. Acho que Francisco é o exemplo por excelência do cuidado pelo que é frágil e por uma ecologia integral, vivida com alegria e autenticidade. É o santo padroeiro de todos os que estudam e trabalham no campo da ecologia, amado também por muitos que não são cristãos. Manifestou uma atenção particular pela criação de Deus e pelos mais pobres e abandonados. Amava e era amado pela sua alegria, a sua dedicação generosa, o seu coração universal. Era um místico e um peregrino que vivia com simplicidade e numa maravilhosa harmonia com Deus, com os outros, com a natureza e consigo mesmo. Nele se nota até que ponto são inseparáveis a preocupação pela natureza, a justiça para com os pobres, o empenhamento na sociedade e a paz interior.

222. A espiritualidade cristã propõe uma forma alternativa de entender a qualidade de vida, encorajando um estilo de vida profético e contemplativo, capaz de gerar profunda alegria sem estar obcecado pelo consumo. É importante adoptar um antigo ensinamento, presente em distintas tradições religiosas e também na Bíblia. Trata-se da convicção de que «quanto menos, tanto mais». Com efeito, a acumulação constante de possibilidades para consumir distrai o coração e impede de dar o devido apreço a cada coisa e a cada momento. Pelo contrário, tornar-se serenamente presente diante de cada realidade, por mais pequena que seja, abre-nos muitas mais possibilidades de compreensão e realização pessoal. A espiritualidade cristã propõe um crescimento na sobriedade e uma capacidade de se alegrar com pouco. É um regresso à simplicidade que nos permite parar a saborear as pequenas coisas, agradecer as possibilidades que a vida oferece sem nos apegarmos ao que temos

---

[49] Papa Francisco. Carta Encíclica *Fratelli Tutti* do Santo Padre Francisco sobre a amizade e a fraternidade social, de 24 de maio de 2015. Disponível em: https://www.vatican.va/content/francesco/pt/encyclicals/documents/papa-francesco_20201003_enciclica-fratelli-tutti.html. Acesso em: 30 abr. 2025.

nem entristecermos por aquilo que não possuímos. Isto exige evitar a dinâmica do domínio e da mera acumulação de prazeres.⁵⁰

Por fim, na Exortação Apostólica *Gaudete et Exsultate*, de 24 de abril de 2005:

43. Só de forma muito pobre, chegamos a compreender a verdade que recebemos do Senhor. E, ainda com maior dificuldade, conseguimos expressá-la. Por isso, não podemos pretender que o nosso modo de a entender nos autorize a exercer um controlo rigoroso sobre a vida dos outros. Quero lembrar que, na Igreja, convivem legitimamente diferentes maneiras de interpretar muitos aspetos da doutrina e da vida cristã, que, na sua variedade, «ajudam a explicitar melhor o tesouro riquíssimo da Palavra. [Certamente,] a quantos sonham com uma doutrina monolítica defendida sem nuances por todos, isto poderá parecer uma dispersão imperfeita». Por isso mesmo, algumas correntes gnósticas desprezaram a simplicidade tão concreta do Evangelho e tentaram substituir o Deus trinitário e encarnado por uma Unidade superior onde desaparecia a rica multiplicidade da nossa história.
[...]
58. Muitas vezes, contra o impulso do Espírito, a vida da Igreja transforma-se numa peça de museu ou numa propriedade de poucos. Verifica-se isto quando alguns grupos cristãos dão excessiva importância à observância de certas normas próprias, costumes ou estilos. Assim se habituam a reduzir e manietar o Evangelho, despojando-o da sua simplicidade cativante e do seu sabor. É talvez uma forma subtil de pelagianismo, porque parece submeter a vida da graça a certas estruturas humanas. Isto diz respeito a grupos, movimentos e comunidades, e explica por que tantas vezes começam com uma vida intensa no Espírito, mas depressa acabam fossilizados... ou corruptos.
[...]
63. Sobre a essência da santidade, pode haver muitas teorias, abundantes explicações e distinções. Uma reflexão do género poderia ser útil, mas não há nada de mais esclarecedor do que voltar às palavras de Jesus e recolher o seu modo de transmitir a verdade. Jesus explicou, com toda a simplicidade, o que é ser santo; fê-lo quando nos deixou as bem-aventuranças (cf. *Mt* 5, 3-12; *Lc* 6, 20-23). Estas são como que o bilhete de identidade do cristão. Assim, se um de nós se questionar sobre «como fazer para chegar a ser um bom cristão», a resposta é simples: é necessário fazer – cada qual a seu modo – aquilo que Jesus disse no

---

⁵⁰ Papa Francisco. Carta Encíclica *Laudato Si'* do Santo Padre Francisco sobre o cuidado da Casa Comum, de 24 de maio de 2015. Disponível em: https://www.vatican.va/content/francesco/pt/encyclicals/documents/papa-francesco_20150524_enciclica-laudato-si.html. Acesso em: 30 abr. 2025.

sermão das bem-aventuranças. Nelas está delineado o rosto do Mestre, que somos chamados a deixar transparecer no dia-a-dia da nossa vida.
[...]
«*Felizes os puros de coração, porque verão a Deus*»
83. Esta bem-aventurança diz respeito a quem tem um coração simples, puro, sem imundície, pois um coração que sabe amar não deixa entrar na sua vida algo que atente contra esse amor, algo que o enfraqueça ou coloque em risco. Na Bíblia, o coração significa as nossas verdadeiras intenções, o que realmente buscamos e desejamos, para além do que aparentamos: «O homem vê as aparências, mas o Senhor olha o coração» (*1 Sam* 16, 7). Ele procura falar-nos ao coração (cf. *Os* 2, 16) e nele deseja gravar a sua Lei (cf. *Jer* 31, 33). Em última análise, quer dar-nos um coração novo (cf. *Ez* 36, 26).
[...]
169. O discernimento não é necessário apenas em momentos extraordinários, quando temos de resolver problemas graves ou quando se deve tomar uma decisão crucial; mas é um instrumento de luta, para seguir melhor o Senhor. É-nos sempre útil, para sermos capazes de reconhecer os tempos de Deus e a sua graça, para não desperdiçarmos as inspirações do Senhor, para não ignorarmos o seu convite a crescer. Frequentemente isto decide-se nas coisas pequenas, no que parece irrelevante, porque a magnanimidade mostra-se nas coisas simples e diárias. Trata-se de não colocar limites rumo ao máximo, ao melhor e ao mais belo, mas ao mesmo tempo concentrar-se no pequeno, nos compromissos de hoje. Por isso, peço a todos os cristãos que não deixem de fazer cada dia, em diálogo com o Senhor que nos ama, um sincero exame de consciência. Ao mesmo tempo, o discernimento leva-nos a reconhecer os meios concretos que o Senhor predispõe, no seu misterioso plano de amor, para não ficarmos apenas pelas boas intenções.[51]

1.3.1 Papa Francisco e a humildade

Durante o conclave de 2013, Jorge Mario Bergoglio não era apontado como um dos favoritos a suceder o Papa Bento XVI. Embora tivesse recebido votos significativos no Conclave de 2005 (que elegeu Bento XVI), em 2013 seu nome não aparecia entre os principais *"papabili"* (candidatos prováveis ao papado) nas análises da imprensa ou entre os observadores do Vaticano.

---

[51] Para Francisco. Exortação Apostólica *Gaudete et Exsultate* do Santo Padre Francisco sobre a chamada à santidade no mundo atual, de 24 de abril de 2005. Disponível em: https://www.vatican.va/content/francesco/pt/apost_exhortations/documents/papa-francesco_esortazione-ap_20180319_gaudete-et-exsultate.html. Acesso em: 30 abr. 2025.

É difícil afirmar com certeza se Jorge Mario Bergoglio desejava ser Papa, pois isso envolve intenções pessoais que raramente são públicas. No entanto, existem várias evidências e relatos que sugerem que ele não ambicionava o cargo e ficou surpreso com sua eleição. Bergoglio era conhecido por sua aversão às viagens a Roma e às intrigas da Cúria Romana, preferindo estar com os fiéis em sua arquidiocese, o que também sugere pouco interesse pelo papado. Em diversos depoimentos após sua eleição, pessoas próximas ao então cardeal Bergoglio mencionaram que ele parecia em paz com a ideia de terminar seus dias como arcebispo emérito de Buenos Aires, sem aspirações ao papado:

> Em 2013, a irmã de Bergoglio, revelou que o irmão não queria ser eleito Papa. Maria Elena afirmou que, durante a expectativa do conclave, Jorge Mario Bergoglio não desejava assumir a responsabilidade do papado. Segundo a irmã do Papa Francisco, sentia-se sobrecarregado e temia que isso atrapalhasse a sua missão pastoral. Maria Elena disse ainda que Bergoglio sentiu-se pressionado a aceitar o papado, após ser escolhido pelos cardeais. A irmã do Papa Francisco destacou a simplicidade e os valores da sua família, que sempre enfatizaram a importância de servir aos outros com humildade e dedicação. A eleição de Jorge Mario foi um momento de surpresa para toda a família, já que nunca demonstrou o desejo de alcançar essa posição na Igreja Católica.[52]

A humildade genuína que caracteriza seu papado parece consistente com a ideia de que ele não ambicionava o cargo, mas aceitou-o como um serviço e uma responsabilidade. A humildade é uma virtude que transcende contextos e define profundamente o caráter de quem a pratica com autenticidade.

No caso do Papa Francisco, nascido Jorge Mario Bergoglio, a humildade não é apenas um conceito teológico que ele prega, mas um princípio norteador que se manifesta em todas as dimensões da sua existência. Como figura global, sua abordagem humilde revolucionou a percepção do papado e trouxe uma renovação significativa tanto para a Igreja Católica quanto para o Estado da Cidade do Vaticano.

Já vimos que a trajetória de Francisco é marcada por escolhas que refletem uma profunda convicção sobre a simplicidade. Filho de imigrantes italianos na Argentina, cresceu em um ambiente modesto

---

[52] De Bergoglio a Francisco: a história por detrás da eleição do Papa que não queria ser Papa. SIC Notícias, 25 de abril de 2025. Disponível em: https://sicnoticias.pt/especiais/papa-francisco/2025-04-21-de-bergoglio-a-francisco-a-historia-por-detras-da-eleicao-do-papa-que-nao-queria-ser-papa-9eb96a58. Acesso em: 30 abr. 2025.

que moldou sua visão de mundo. Mesmo após sua eleição como Sumo Pontífice em 2013, Francisco manteve hábitos que contrastam com a opulência tradicionalmente associada ao papado.

Como líder espiritual de mais de 1,4 bilhão de católicos, Francisco trouxe uma abordagem radicalmente humilde para seu ministério pastoral. Sua famosa frase "Quem sou eu para julgar?",[53] proferida sobre pessoas homossexuais, sinalizou uma mudança significativa no tom da liderança católica, enfatizando misericórdia e acolhimento acima da condenação.

Sua prática religiosa é marcada por gestos poderosos de humildade: lavou e beijou os pés de prisioneiros (incluindo mulheres e muçulmanos), abraçou pessoas com deformidades graves em público, visitou favelas e campos de refugiados, e priorizou o contato com os marginalizados. Na Quaresma, tradicional período de penitência, Francisco confessa seus pecados publicamente antes de ouvir confissões, colocando-se primeiramente como pecador antes de atuar como confessor.

Como teólogo e professor, sempre valorizou o diálogo e a escuta ativa. Mesmo como Papa, mantém uma postura de aprendiz, consultando amplamente bispos, leigos e especialistas antes de tomar decisões doutrinais. Sua encíclica *Laudato Si'* sobre ecologia demonstra essa abertura ao incorporar não apenas fontes católicas, mas contribuições de cientistas, filósofos e líderes de outras religiões.

Notavelmente, Francisco pediu perdão por erros históricos da Igreja, como os abusos coloniais contra povos indígenas e os escândalos de abuso sexual clerical. Esse reconhecimento público de falhas institucionais representa uma profunda humildade institucional, rara em líderes de sua estatura.

Como gestor da Igreja Católica, Francisco implementou reformas que refletem uma visão de liderança servidora, descentralizada e colegial. Estabeleceu o Conselho de Cardeais (C9) para auxiliá-lo na

---

[53] Sobre esta famosa frase dita pelo Papa Francisco: "Em julho de 2013, a bordo do avião que o levava de volta à Itália, após participar da Jornada Mundial da Juventude no Rio, o papa Francisco conversou por 1 hora e meia com jornalistas. Uma delas era Ilze Scamparini, correspondente da Globo em Roma desde 1999. Ela perguntou sobre um caso suspeito de homossexualidade envolvendo um religioso. O Papa então disse: "Se uma pessoa é gay e procura Jesus, e tem boa vontade, quem sou eu para julgá-la?" (Francisco deu histórica declaração sobre gays a Ilze Scamparini: "Quem sou eu para julgar?", texto publicado no site *Terra*, em 21 de abril de 2025. Disponível em: https://www.terra.com.br/diversao/tv/francisco-deu-historica-declaracao-sobre-gays-a-ilze-scamparini-quem-sou-eu-para-julgar,bf939991d96d80836934cd0ee2c393c69iea83vk.html?utm_source=clipboard. Acesso em: 30 abr. 2025.

reforma da Cúria Romana, demonstrando disposição para compartilhar poder e tomar decisões colegiadas.

Sua abordagem administrativa prioriza a "Igreja em saída",[54] incentivando que a instituição abandone seu conforto institucional para servir os necessitados. Isso se reflete em sua nomeação de bispos com experiência pastoral em áreas pobres e periféricas, em detrimento de teólogos de gabinete ou administradores tradicionais.

Francisco reformou as finanças do Vaticano com transparência radical, enfrentando resistências da burocracia estabelecida. Removeu figuras poderosas acusadas de corrupção e implementou padrões internacionais de transparência financeira. Reduziu salários cardinalícios e estabeleceu limites para despesas em processos de beatificação e canonização.

No enfrentamento da crise de abusos sexuais, aboliu o "segredo pontifício"[55] que dificultava investigações, estabeleceu protocolos globais de proteção infantil e disciplinou bispos que acobertaram casos – ações que demonstram prioridade às vítimas acima da reputação institucional.

Seu estilo de gestão religiosa valoriza a sinodalidade – processo de escuta e participação ampliada dos fiéis nas decisões eclesiais. Realizou sínodos sobre família, juventude e Amazônia, onde temas controversos foram discutidos abertamente, demonstrando conforto com o dissenso e a diversidade.

Como Chefe do Estado da Cidade do Vaticano, Papa Francisco trouxe consigo uma visão de liderança baseada na humildade que desafiou estruturas centenárias e culturas administrativas profundamente enraizadas.

---

[54] Neste sentido: ""Igreja em saída" é um termo cunhado pelo papa Francisco na exortação apostólica *Evangelii Gaudium*, a alegria do evangelho (EG). É nessa exortação que o pontífice exprime suas principais preocupações a respeito da Igreja e do mundo, e desenvolve alguns temas que têm implicação direta na dinâmica pastoral e missionária da Igreja, a fim de delinear novo perfil eclesial. O convite do papa Francisco para uma "Igreja em saída" é a marca predominante do seu pontificado, que deseja ver renascer na Igreja nova experiência de fé cristã missionária, fundamentada no evangelho, de modo que a mensagem da salvação chegue realmente a todos, sem exclusão. Para Francisco, a transmissão da fé não se resume numa desarticulada difusão de uma imensidade de doutrinas, mas no testemunho da fé em Jesus Cristo, principalmente entre os mais pobres e fragilizados da sociedade. [...]. Por isso a Igreja precisa entender que a sua missão não é fechar-se em si mesma ou em grupos de elite, mas ir ao encontro dos que andam perdidos, das imensas multidões sedentas de Cristo" (DANTAS, Erivaldo. Por uma "Igreja em saída". *Vida pastoral*, ano 61, n. 331, jan./fev. 2020. p. 30.

[55] O Papa aboliu o segredo pontifício para casos de abuso sexual. *Vatican News*, 17 de dezembro de 2019. Disponível em: https://www.vaticannews.va/pt/papa/news/2019-12/o-papa-aboliu-o-segredo-pontificio-em-casos-de-abuso-sexual.html. Acesso em: 30 abr. 2025.

Ao assumir o trono de São Pedro, Francisco encontrou uma estrutura administrativa fortemente hierarquizada. A Cúria Romana, aparato burocrático central da Igreja Católica, operava tradicionalmente com rígidas cadeias de comando e centralização decisória. O Papa argentino, porém, rapidamente sinalizou sua intenção de romper com esse modelo. Uma das primeiras medidas simbólicas foi estabelecer residência na Casa Santa Marta, em vez dos tradicionais aposentos papais. Esta escolha demonstrou sua rejeição ao isolamento que a posição poderia impor, preferindo um ambiente comunitário onde poderia manter contato direto com funcionários e visitantes de diversos níveis hierárquicos.

Papa Francisco também instituiu o Conselho de Cardeais (C9), um grupo consultivo composto por prelados de diversos continentes, descentralizando assim o processo decisório que antes era concentrado principalmente em oficiais da Cúria baseados em Roma. Esta estrutura consultiva representou um afastamento deliberado da verticalidade administrativa tradicional. Ele também combateu a cultura da arrogância e da infalibilidade, já que o pontificado de Francisco tem sido marcado por uma série de gestos e declarações que deliberadamente diminuem a aura de infalibilidade papal. Suas frequentes admissões públicas de erros e pedidos de perdão representam uma ruptura com a tradicional postura de infalibilidade institucional.

Em 2015, durante o Sínodo sobre a Família, Francisco surpreendeu ao incentivar debates abertos e discordâncias respeitosas. Disse o Papa: "aquilo que parece normal para um bispo de um continente, pode resultar estranho, quase um escândalo – quase! –, para o bispo doutro continente; aquilo que se considera violação de um direito numa sociedade, pode ser preceito óbvio e intocável noutra; aquilo que para alguns é liberdade de consciência, para outros pode ser só confusão".[56]Este posicionamento demonstrou sua disposição em reconhecer a falibilidade humana mesmo dentro das estruturas mais elevadas da Igreja.

O combate à opacidade administrativa tem sido uma das marcas mais visíveis do pontificado atual. Francisco enfrentou diretamente os escândalos financeiros do Banco do Vaticano, criando novas estruturas de supervisão e contratando consultores internacionais para auditar as contas do instituto.

---

[56] Papa Francisco. Discurso do Papa Francisco na conclusão da XIV Assembleia Geral Ordinária do Sínodo dos Bispos. Sínodo para a família 2015, 24 de outubro de 2015. Disponível em: https://www.vatican.va/content/francesco/pt/speeches/2015/october/documents/papa-francesco_20151024_sinodo-conclusione-lavori.html. Acesso em: 30 abr. 2025.

A preocupação com a transparência também esteve evidenciada quando o Papa aboliu o "segredo pontifício" em casos de abuso sexual, eliminando uma ferramenta que frequentemente servia para encobrir denúncias e dificultar investigações. A constituição apostólica *Praedicate Evangelium*, publicada em 2022, também reformulou a estrutura da Cúria Romana, estabelecendo novos padrões de transparência e prestação de contas para todos os departamentos vaticanos.

Francisco promoveu uma cultura de abertura e diálogo tanto dentro quanto fora dos muros vaticanos. Sua abordagem de "portas abertas" está evidente nas audiências públicas semanais, onde frequentemente quebra protocolos para interagir diretamente com os fiéis. Administrativamente, esta abertura se manifesta em sua disposição para nomear pessoas externas à Cúria para posições-chave, incluindo leigos e mulheres, rompendo com séculos de exclusividade clerical em cargos administrativos importantes. A nomeação de seis mulheres para o Conselho de Economia em 2020 foi um passo significativo nessa direção.

O Papa Francisco tem reiterado que a Igreja deve estar "em saída" e não centrada em si mesma. Esta visão tem se refletido em sua administração do Vaticano, onde constantemente enfatiza que as estruturas devem servir à missão evangelizadora, e não o contrário. Assim, também combateu as culturas da autorreferência e do descolamento realístico. Em seus discursos anuais à Cúria, o Papa frequentemente critica o "narcisismo teológico" e o "funcionalismo espiritual", exortando os funcionários a manterem contato com as realidades concretas das comunidades católicas ao redor do mundo. Seu famoso discurso de 22 de dezembro de 2014, onde enumerou as "15 doenças da Cúria", incluía advertências específicas contra a mentalidade burocrática desconectada das necessidades reais dos fiéis. Eis as citadas doenças:

> 1. A doença de sentir-se «imortal», «imune» ou mesmo «indispensável», descuidando os controles habitualmente necessários. [...]
> 2. A doença do «martismo» (que vem de Marta), da actividade excessiva, ou seja, daqueles que mergulham no trabalho, negligenciando inevitavelmente «a melhor parte»: sentar-se aos pés de Jesus (cf. Lc 10, 38-42). [...]
> 3. Há também a doença do «empedernimento» mental e espiritual, ou seja, daqueles que possuem um coração de pedra e uma «cerviz dura» (At 7, 51); daqueles que, à medida que vão caminhando, perdem a serenidade interior, a vivacidade e a ousadia e escondem-se sob os papéis, tornando-se «máquinas de práticas» e não «homens de Deus» (cf. Heb 3, 12). [....]

4. A doença da planificação excessiva e do funcionalismo. [...]

5. A doença da má coordenação. Quando os membros perdem a sincronização entre eles e o corpo perde o seu harmonioso funcionamento e a sua temperança, tornando-se uma orquestra que produz ruído, porque os seus membros não colaboram e não vivem o espírito de comunhão e de equipe. [...]

6. Há também a doença do «alzheimer espiritual», ou seja, o esquecimento da «história da salvação», da história pessoal com o Senhor, do «primitivo amor» (Ap 2, 4).[...]

7. A doença da rivalidade e da vanglória.[11] Quando a aparência, as cores das vestes e as insígnias de honra se tornam o objectivo primário da vida, esquecendo as palavras de São Paulo: «Nada façais por ambição, nem por vaidade; mas, com humildade, considerai os outros superiores a vós próprios, não tendo cada um em vista os próprios interesses, mas todos e cada um exactamente os interesses dos outros» (Flp 2, 3-4). [...]

8. A doença da esquizofrenia existencial. É a doença daqueles que vivem uma vida dupla, fruto da hipocrisia típica do medíocre e do progressivo vazio espiritual que nem doutoramentos nem títulos académicos podem preencher. [...]

9. A doença das bisbilhotices, das murmurações e das críticas. [...]

10. A doença de divinizar os líderes: é a doença daqueles que fazem a corte aos Superiores, na esperança de obter a sua benevolência. São vítimas do carreirismo e do oportunismo, honram as pessoas e não Deus (cf. Mt 23, 8-12). [...]

11. A doença da indiferença para com os outros. Quando cada um só pensa em si mesmo e perde a sinceridade e o calor das relações humanas.[...]

12. A doença da cara fúnebre, ou seja, das pessoas rudes e amargas que consideram que, para se ser sério, é preciso pintar o rosto de melancolia, de severidade e tratar os outros – sobretudo aqueles considerados inferiores – com rigidez, dureza e arrogância. [...]

13. A doença do acumular, ou seja, quando o apóstolo procura preencher um vazio existencial no seu coração acumulando bens materiais, não por necessidade, mas apenas para se sentir seguro.[...]

14. A doença dos círculos fechados, onde a pertença ao grupo se torna mais forte que a pertença ao Corpo e, nalgumas situações, ao próprio Cristo.[...]

15. E a última: a doença do lucro mundano, dos exibicionismos,[17] quando o apóstolo transforma o seu serviço em poder, e o seu poder em mercadoria para obter lucros mundanos ou mais poder[...].[57]

---

[57] Catálogo de doenças da Cúria Romana. Discurso do Papa Francisco aos Cardeais e Colaboradores da Cúria Romana, publicado no site Instituto Humanitas Unisinos em 07.01.2015. Disponível em: https://ihu.unisinos.br/noticias/538719-discurso-do-papa-francisco-aos-cardeais-e-colaboradores-da-curia-romana. Acesso em: 30 abr. 2025.

O combate ao corporativismo dentro da Cúria Romana foi uma batalha constante durante o pontificado de Francisco. Ele trabalhou para desmantelar "feudos" administrativos e promover maior colaboração entre os diferentes departamentos. A reforma financeira do Vaticano exemplifica esta abordagem. Francisco consolidou vários departamentos econômicos sob a Secretaria para a Economia e estabeleceu procedimentos de auditoria externa, eliminando práticas de autogestão que frequentemente resultavam em má administração e até corrupção.

Quanto ao messianismo administrativo, Francisco sempre enfatizava o caráter provisório e limitado de qualquer reforma administrativa. Em vez de apresentar suas mudanças como soluções definitivas e salvadoras, ele as descrevia como processos contínuos de discernimento e adaptação à missão da Igreja.

O pontificado de Francisco representa uma mudança paradigmática na administração vaticana. Sua abordagem tem confrontado diretamente as culturas do autoritarismo, arrogância, opacidade, verticalidade, desconfiança, autorreferência e corporativismo que historicamente caracterizaram partes da administração da Santa Sé.

Ao promover uma cultura de humildade administrativa, Papa Francisco não apenas implementou reformas estruturais, mas buscou transformar a mentalidade institucional. Este processo enfrentou resistências significativas, mas já produziu mudanças tangíveis na forma como o Estado da Cidade do Vaticano é administrado.

A verdadeira revolução de Francisco não está apenas nas reformas específicas que implementou, mas na reorientação fundamental dos valores que guiam a administração vaticana: de uma cultura de poder e privilégio para uma cultura de serviço e responsabilidade. Seu legado poderá ser precisamente esta transformação cultural, que transcende medidas administrativas específicas para estabelecer um novo paradigma para a gestão de uma das instituições mais antigas do mundo.

O que torna a humildade de Francisco notável é sua consistência através destas três dimensões – pessoal, religiosa e administrativa. Seu exemplo demonstra que humildade não significa fraqueza ou ineficiência administrativa, mas pode ser fonte de autoridade moral e catalisadora de transformações profundas.

Em um mundo onde liderança frequentemente se associa à imposição e autopromoção, Francisco oferece um contraponto poderoso: a de um líder que reconhece limitações, valoriza contribuições diversas, aprende constantemente e prioriza serviço acima de status. Esta humildade não diminui sua eficácia, mas a amplifica, conferindo-lhe credibilidade para implementar reformas significativas. A propósito, no livro *Lidere com humildade*. 12 lições do Papa Francisco,[58] há várias demonstrações de que o "Papa simples" também foi o "Papa humilde":

    1. LIDERAR COM HUMILDADE. Papa Francisco acredita que a humildade capacita os líderes como nenhuma outra qualidade de liderança. "Se conseguirmos desenvolver uma atitude verdadeiramente humilde, poderemos mudar o mundo", escreveu ele, antes de se tornar Papa. A humildade é a mãe de todas as virtudes.
    2. CHEIRAR COMO SEU REBANHO. Este é um preceito do Papa Francisco que significa: "imergir em qualquer grupo que você está liderando". Bergoglio, seu nome de batismo antes de se tornar Papa, é conhecido como o "Bispo dos pobres", por sua atuação nas favelas argentinas, por respeitar cada um no seu jeito de ser, e por fazer no cotidiano as coisas mais básicas: arrumar o próprio quarto, cama, banheiro, lavar a louça...
    3. QUEM SOU EU PARA JULGAR? Papa Francisco diz, ele não vê seu papel de julgar ninguém diferente dos outros. Assim, as lideranças deveriam - em vez de julgar os seus - ouvi-los, avaliá-los e se concentrar em seus pontos fortes.
    4. NÃO MUDAR: REINVENTAR. Muitos são contra a ideia de que o Papa Francisco "está mudando tudo" dentro da Igreja. Na verdade, apenas reinventou a maneira de viver o Catolicismo. Desde o conclave, seu método é o mesmo: "a misericórdia".
    5. FAÇA DA INCLUSÃO UMA PRIORIDADE. Papa sublinhou a importância de um diálogo aberto e da comunicação; incluir todos, os de dentro e os de fora da Igreja, os "justos e pecadores". Como? Pedindo a todos que rezem por ele.
    6. EVITE A MESQUINHEZ. Papa não acha que pode conseguir tudo sozinho, ele toma a medida sem precedentes, depois que foi eleito, de fazer as multidões se reunirem para cumprimentá-lo para orar por ele.
    7. ESCOLHA O PRAGMATISMO SOBRE A IDEOLOGIA. Papa Francisco dá a chave para abrir a porta da condução dos seres humanos: a realidade está acima da ideia. Quando atuamos de maneira contrária, na missão católica, colocamos os cavalos atrás da carroça.
    8. EMPREGAR A ÓTICA DE TOMADA DE DECISÃO. Por toda a sua professada humildade e defesa dos necessitados; Papa Francisco tornou-se um praticante de política organizacional. Ele sabe que, como os líderes decidem, é tão importante quanto o que eles decidem.
    9. COMANDE SUA COMUNIDADE COMO UM HOSPITAL DE CAMPANHA. Papa Francisco vê um papel fundamental para a Igreja Católica em "curar as feridas e aquecer os corações" dos fiéis. Este é um

---

[58] KRAMES, Jeffrey A. *Lidere com humildade*. 12 lições do Papa Francisco. Tradução de Cristina Yamagami. São Paulo: Planeta, 2015.

encapsulamento de sua crença de que a Igreja deve estar envolvida no âmago da questão de vida das pessoas.

10. VIVA NA FRONTEIRA. A fronteira não é um lugar físico, não é uma linha ou muro. É a maneira de ser testemunha. Krames disse que é a combinação de uma atitude mental positiva e aberta juntamente com a coragem e a audácia de sair da zona de conforto. A fronteira é tudo aquilo "que não gira ao seu redor". Ou seja, superar o narcisismo ou sair de si mesmo. O Beato Carlo Acutis, jovem italiano, das mídias sociais, beatificado a pouco tempo pelo Papa Francisco, ensina: "de que adianta o homem ganhar o mundo inteiro se não vence a si mesmo".

11. CONFRONTAR A ADVERSIDADE DE FRENTE. Papa Francisco passou por muitas lutas em seu caminho para chegar ao topo da sua igreja. As lideranças podem aprender a transformar a adversidade em uma vantagem. Fazer isso requer enfrentar as adversidades de cabeça erguida, em vez de fingir que não estão lá.

12. PRESTE ATENÇÃO AOS NÃO-CLIENTES. Papa Francisco demonstra uma vontade de ir além dos frequentadores da Igreja Católica. O líder deve ter um objetivo similar. Sem esquecer os fiéis existentes. Papa Francisco tem procurado fazer isso, se engajando na mídia social, e indo aonde ainda ninguém foi.[59]

Através de sua vida, ministério e gestão, o Papa Francisco demonstra que a humildade pode ser mais que uma virtude pessoal: ela pode constituir uma abordagem transformadora para liderar instituições complexas, enfrentar desafios administrativos e inspirar mudanças culturais profundas.

A seguir, algumas ideias do Papa Francisco sobre a humildade. Para começar, na Encíclica *Fratelli Tutti*, que tratou da fraternidade e da amizade social:

> 54. Apesar destas sombras densas que não se devem ignorar, nas próximas páginas desejo dar voz a tantos percursos de esperança. Com efeito, Deus continua a espalhar sementes de bem na humanidade. A recente pandemia permitiu-nos recuperar e valorizar tantos companheiros e companheiras de viagem que, no medo, reagiram dando a própria vida. Fomos capazes de reconhecer como as nossas vidas são tecidas e sustentadas por pessoas comuns que, sem dúvida, escreveram os acontecimentos decisivos da nossa história compartilhada: médicos, enfermeiros e enfermeiras, farmacêuticos, empregados dos supermercados, pessoal de limpeza, cuidadores, transportadores, homens e mulheres que trabalham para fornecer serviços essenciais e de

---

[59] FONTANA, Padre Ricardo. Liderança: 12 lições do Papa Francisco. *Vatican News*, 15 de julho de 2022. Disponível em: https://www.vaticannews.va/pt/igreja/news/2022-07/artigo-lideranca-12-licoes-papa-francisco-padre-ricardo-fontana.html. Acesso em: 30 abr. 2025.

segurança, voluntários, sacerdotes, religiosas... compreenderam que ninguém se salva sozinho.
[...]
115. Nestes momentos em que tudo parece diluir-se e perder consistência, faz-nos bem invocar a solidez, que deriva do facto de nos sabermos responsáveis pela fragilidade dos outros na procura dum destino comum. A solidariedade manifesta-se concretamente no serviço, que pode assumir formas muito variadas de cuidar dos outros. O serviço é, «em grande parte, cuidar da fragilidade. Servir significa cuidar dos frágeis das nossas famílias, da nossa sociedade, do nosso povo». Nesta tarefa, cada um é capaz «de pôr de lado as suas exigências, expetativas, desejos de omnipotência, à vista concreta dos mais frágeis [...]. O serviço fixa sempre o rosto do irmão, toca a sua carne, sente a sua proximidade e, em alguns casos, até "padece" com ela e procura a promoção do irmão. Por isso, o serviço nunca é ideológico, dado que não servimos ideias, mas pessoas».
[...]
224. A amabilidade é uma libertação da crueldade que às vezes penetra nas relações humanas, da ansiedade que não nos deixa pensar nos outros, da urgência distraída que ignora que os outros também têm direito de ser felizes. Hoje raramente se encontram tempo e energias disponíveis para se demorar a tratar bem os outros, para dizer «com licença», «desculpe», «obrigado». Contudo de vez em quando verifica-se o milagre duma pessoa amável, que deixa de lado as suas preocupações e urgências para prestar atenção, oferecer um sorriso, dizer uma palavra de estímulo, possibilitar um espaço de escuta no meio de tanta indiferença. Este esforço, vivido dia a dia, é capaz de criar aquela convivência sadia que vence as incompreensões e evita os conflitos. O exercício da amabilidade não é um detalhe insignificante nem uma atitude superficial ou burguesa. Dado que pressupõe estima e respeito, quando se torna cultura numa sociedade, transforma profundamente o estilo de vida, as relações sociais, o modo de debater e confrontar as ideias. Facilita a busca de consensos e abre caminhos onde a exasperação destrói todas as pontes.
[...]
271. As várias religiões, ao partir do reconhecimento do valor de cada pessoa humana como criatura chamada a ser filho ou filha de Deus, oferecem uma preciosa contribuição para a construção da fraternidade e a defesa da justiça na sociedade. O diálogo entre pessoas de diferentes religiões não se faz apenas por diplomacia, amabilidade ou tolerância. Como ensinaram os bispos da Índia, «o objetivo do diálogo é estabelecer amizade, paz, harmonia e partilhar valores e experiências morais e espirituais num espírito de verdade e amor»[60]

---

[60] Papa Francisco. Carta Encíclica *Fratelli Tutti* do Santo Padre Francisco sobre a amizade e a fraternidade social, de 24 de maio de 2015. Disponível em: https://www.vatican.va/content/francesco/pt/encyclicals/documents/papa-francesco_20201003_enciclica-fratelli-tutti.html. Acesso em: 30 abr. 2025.

No que diz respeito à Encíclica *Laudato Si'*, em que o Papa tratou especialmente de questões ambientais, ele manifestou as seguintes ideias:

> 89. As criaturas deste mundo não podem ser consideradas um bem sem dono: «Todas são tuas, ó Senhor, que amas a vida» (Sab 11, 26). Isto gera a convicção de que nós e todos os seres do universo, sendo criados pelo mesmo Pai, estamos unidos por laços invisíveis e formamos uma espécie de família universal, uma comunhão sublime que nos impele a um respeito sagrado, amoroso e humilde. Quero lembrar que «Deus uniu-nos tão estreitamente ao mundo que nos rodeia, que a desertificação do solo é como uma doença para cada um, e podemos lamentar a extinção de uma espécie como se fosse uma mutilação».
>
> 90. Isto não significa igualar todos os seres vivos e tirar ao ser humano aquele seu valor peculiar que, simultaneamente, implica uma tremenda responsabilidade. Também não requer uma divinização da terra, que nos privaria da nossa vocação de colaborar com ela e proteger a sua fragilidade. Estas concepções acabariam por criar novos desequilíbrios, na tentativa de fugir da realidade que nos interpela. Às vezes nota-se a obsessão de negar qualquer preeminência à pessoa humana, conduzindo-se uma luta em prol das outras espécies que não se vê na hora de defender igual dignidade entre os seres humanos. Devemos, certamente, ter a preocupação de que os outros seres vivos não sejam tratados de forma irresponsável, mas deveriam indignar-nos sobretudo as enormes desigualdades que existem entre nós, porque continuamos a tolerar que alguns se considerem mais dignos do que outros. Deixamos de notar que alguns se arrastam numa miséria degradante, sem possibilidades reais de melhoria, enquanto outros não sabem sequer que fazer ao que têm, ostentam vaidosamente uma suposta superioridade e deixam atrás de si um nível de desperdício tal que seria impossível generalizar sem destruir o planeta. Na prática, continuamos a admitir que alguns se sintam mais humanos que outros, como se tivessem nascido com maiores direitos.
>
> [...]
>
> 224. A sobriedade e a humildade não gozaram de positiva consideração no século passado. Mas, quando se debilita de forma generalizada o exercício dalguma virtude na vida pessoal e social, isso acaba por provocar variados desequilíbrios, mesmo ambientais. Por isso, não basta falar apenas da integridade dos ecossistemas; é preciso ter a coragem de falar da integridade da vida humana, da necessidade de incentivar e conjugar todos os grandes valores. O desaparecimento da humildade, num ser humano excessivamente entusiasmado com a possibilidade de dominar tudo sem limite algum, só pode acabar por prejudicar a sociedade e o meio ambiente. Não é fácil desenvolver esta humildade

sadia e uma sobriedade feliz, se nos tornamos autónomos, se excluímos Deus da nossa vida fazendo o nosso eu ocupar o seu lugar, se pensamos ser a nossa subjectividade que determina o que é bem e o que é mal.[61]

Na Exortação Apostólica *Gaudete et Exsultate*:

O pelagianismo atual

47. O gnosticismo deu lugar a outra heresia antiga, que está presente também hoje. Com o passar do tempo, muitos começaram a reconhecer que não é o conhecimento que nos torna melhores ou santos, mas a vida que levamos. O problema é que isto foi subtilmente degenerando, de modo que o mesmo erro dos gnósticos foi simplesmente transformado, mas não superado.

48. Com efeito, o poder que os gnósticos atribuíam à inteligência, alguns começaram a atribuí-lo à vontade humana, ao esforço pessoal. Surgiram, assim, os pelagianos e os semipelagianos. Já não era a inteligência que ocupava o lugar do mistério e da graça, mas a vontade. Esquecia-se que «isto não depende daquele que quer nem daquele que se esforça por alcançá-lo, mas de Deus que é misericordioso» (Rm 9, 16) e que Ele «nos amou primeiro» (1 Jo 4, 19).

Uma vontade sem humildade

49. Quem se conforma a esta mentalidade pelagiana ou semipelagiana, embora fale da graça de Deus com discursos edulcorados, «no fundo, só confia nas suas próprias forças e sente-se superior aos outros por cumprir determinadas normas ou por ser irredutivelmente fiel a um certo estilo católico».[46] Quando alguns deles se dirigem aos frágeis, dizendo-lhes que se pode tudo com a graça de Deus, basicamente costumam transmitir a ideia de que tudo se pode com a vontade humana, como se esta fosse algo puro, perfeito, omnipotente, a que se acrescenta a graça. Pretende-se ignorar que «nem todos podem tudo»,[47] e que, nesta vida, as fragilidades humanas não são curadas, completamente e duma vez por todas, pela graça.[48] Em todo o caso, como ensinava Santo Agostinho, Deus convida-te a fazer o que podes e «a pedir o que não podes»;[49] ou então a dizer humildemente ao Senhor: «dai-me o que me ordenais e ordenai-me o que quiserdes».[50]

50. No fundo, a falta dum reconhecimento sincero, pesaroso e orante dos nossos limites é que impede a graça de atuar melhor em nós, pois não lhe deixa espaço para provocar aquele bem possível que se integra num

---

[61] Papa Francisco. Carta Encíclica Laudat Si' do Santo Padre Francisco sobre o cuidado da Casa Comum, de 24 de maio de 2015. Disponível em: https://www.vatican.va/content/francesco/pt/encyclicals/documents/papa-francesco_20150524_enciclica-laudato-si.html. Acesso em: 30 abr. 2025.

caminho sincero e real de crescimento.[51] A graça, precisamente porque supõe a nossa natureza, não nos faz improvisamente super-homens. Pretendê-lo seria confiar demasiado em nós próprios. Neste caso, por trás da ortodoxia, as nossas atitudes podem não corresponder ao que afirmamos sobre a necessidade da graça e, na prática, acabamos por confiar pouco nela. Com efeito, se não reconhecemos a nossa realidade concreta e limitada, não poderemos ver os passos reais e possíveis que o Senhor nos pede em cada momento, depois de nos ter atraído e tornado idóneos com o seu dom. A graça atua historicamente e, em geral, toma-nos e transforma-nos de forma progressiva.[52] Por isso, se recusarmos esta modalidade histórica e progressiva, de facto podemos chegar a negá-la e bloqueá-la, embora a exaltemos com as nossas palavras.
[...]
118. A humildade só se pode enraizar no coração através das humilhações. Sem elas, não há humildade nem santidade. Se não fores capaz de suportar e oferecer a Deus algumas humilhações, não és humilde nem estás no caminho da santidade. A santidade que Deus dá à sua Igreja, vem através da humilhação do seu Filho: este é o caminho. A humilhação faz-te semelhante a Jesus, é parte ineludível da imitação de Jesus: «Cristo padeceu por vós, deixando-vos o exemplo, para que sigais os seus passos» (1 Ped 2, 21). Ele, por sua vez, manifesta a humildade do Pai, que Se humilha para caminhar com o seu povo, que suporta as suas infidelidades e murmurações (cf. Ex 34, 6-9; Sab 11, 23 – 12, 2; Lc 6, 36). Por este motivo os Apóstolos, depois da humilhação, estavam «cheios de alegria, por terem sido considerados dignos de sofrer vexames por causa do Nome de Jesus» (At 5, 41).[62]

Em 22 de maio de 2024, o Papa Francisco discursou sobre a humildade. Pela relevância para este trabalho, haverá a transcrição na íntegra:

Catequeses. Os vícios e as virtudes. 20. A humildade
Estimados irmãos e irmãs, bom dia!
Concluímos este ciclo de catequeses meditando sobre uma virtude que não faz parte do septenário de virtudes cardeais e teologais, mas que está na base da vida cristã: esta virtude é a humildade. Ela é a grande antagonista do mais mortal dos vícios, a soberba. Enquanto o orgulho e a soberba inflam o coração humano, fazendo-nos parecer mais do que somos, a humildade repõe tudo na dimensão certa: somos criaturas

---

[62] Para Francisco. Exortação Apostólica *Gaudete et Exsultate* do Santo Padre Francisco sobre a chamada à santidade no mundo atual, de 24 de abril de 2005. Disponível em: https://www.vatican.va/content/francesco/pt/apost_exhortations/documents/papa-francesco_esortazione-ap_20180319_gaudete-et-exsultate.html. Acesso em: 30 abr. 2025.

maravilhosas mas limitadas, com qualidades e defeitos. A Bíblia recorda-nos desde o início que somos pó e ao pó voltaremos (cf. Gn 3, 19); com efeito, "humilde" vem de húmus, ou seja, terra. No entanto, no coração humano surgem com frequência delírios de omnipotência, muito perigosos, e isto fere-nos muito.para nos libertarmos do orgulho, bastaria deveras pouco, seria suficiente contemplar um céu estrelado para recuperar a medida certa, como reza o Salmo: «Quando contemplo o firmamento, obra das vossas mãos, a lua e as estrelas que fixastes, que é o homem para que vos lembrardes dele, o filho do homem para dele cuidardes?» (8, 4-5). A ciência moderna permite-nos ampliar muito mais o horizonte e sentir em maior medida o mistério que nos circunda e habita. Felizes as pessoas que conservam no coração esta consciência da sua pequenez! Estas pessoas são preservadas de um vício tremendo: a arrogância. Nas suas bem-aventuranças, Jesus parte precisamente delas: «Bem-aventurados os pobres em espírito, porque deles é o reino dos céus» (Mt 5, 3). É a primeira bem-aventurança, pois está na base das seguintes: com efeito, a mansidão, a misericórdia, a pureza de coração nascem desta sensação interior de pequenez. A humildade é a porta de entrada para todas as virtudes! Nas primeiras páginas dos Evangelhos, a humildade e a pobreza de espírito parecem ser a fonte de tudo. O anúncio do anjo não se verifica às portas de Jerusalém, mas num povoado remoto da Galileia, tão insignificante que as pessoas diziam: «Pode vir algo bom de Nazaré?» (Jo 1, 46). Mas é precisamente dali que o mundo renasce. A heroína escolhida não é uma pequena rainha que cresceu na infantilidade, mas uma jovem desconhecida: Maria. A primeira a ficar abismada é ela própria, quando o anjo lhe traz o anúncio de Deus. E no seu cântico de louvor sobressai exatamente este enlevo: «A minha alma engrandece o Senhor e o meu espírito exulta em Deus, meu Salvador, porque olhou para a humildade da sua serva» (Lc 1, 46-48). Deus - por assim dizer - é atraído pela pequenez de Maria, que é sobretudo pequenez interior. E é atraído também pela nossa pequenez, quando a aceitamos. Daqui em diante, Maria terá o cuidado de não pisar o palco. A sua primeira decisão após o anúncio angélico é ir ajudar, ir servir a prima. Maria vai às montanhas de Judá, para visitar Isabel: assiste-a nos últimos meses de gravidez. Mas quem vê este gesto? Ninguém, a não ser Deus. A Virgem parece nunca querer sair deste escondimento. Como quando, do meio da multidão, a voz de uma mulher proclama a sua bem-aventurança: «Bendito o ventre que te deu à luz e o seio que te amamentou!» (Lc 11, 27). Mas Jesus responde imediatamente: «Bem-aventurados os que ouvem a palavra de Deus e a observam» (Lc 11, 28). Nem sequer a verdade mais sagrada da sua vida - ser Mãe de Deus - se torna para ela motivo de vanglória diante dos homens. Num mundo que busca a aparência, para se demonstrar superior aos outros, Maria caminha com determinação, só com a força da graça de Deus, na direção oposta. Podemos imaginar que também ela conheceu momentos difíceis, dias em que a sua fé avançava na escuridão. Mas isto nunca fez vacilar a sua humildade, que em Maria era uma virtude granítica. Quero frisá-lo: a humildade é uma virtude granítica! Pensemos em Maria: ela é sempre pequena, sempre despojada de si mesma, sempre livre de ambições. Esta sua pequenez é a sua força invencível: é ela que permanece aos pés da cruz, enquanto se fragmenta a ilusão de um Messias triunfante. Será Maria, nos dias precedentes ao Pentecostes, que reunirá o rebanho dos discípulos que não foram capazes de vigiar uma só hora com Jesus e que o abandonaram quando chegou a tempestade. Irmãos e irmãs, a humildade é tudo. É ela que nos salva do Maligno e do perigo de nos tornarmos seus cúmplices. E a humildade é a nascente da paz no mundo e na Igreja. Onde não há humildade, há guerra, há discórdia, há divisão. Deus deu-nos o exemplo disto em Jesus e Maria, a fim de que seja a nossa salvação e a nossa felicidade. E a humildade é precisamente a vereda, o caminho da salvação. Obrigado![63]

1.3.2 Papa Francisco e a sobriedade

Após constatadas e analisadas as presenças da simplicidade e da humildade na vida e na atuação gerencial de Papa Francisco, muitos dirão que falar acerca da sobriedade seria uma redundância, já que esta característica estaria supostamente abarcada nas duas anteriormente tratadas. Todavia, conforme indicaremos a seguir, a sobriedade alcança contextos não abrangidos pela simplicidade e pela humildade.

Assim, seria absolutamente possível alguém atuar com simplicidade e humildade, e não agir com sobriedade, o que aconteceria com alguém que, em que pese ter as citadas características, não agisse com equilíbrio. Neste contexto, alguém excessivamente simples poderia desconsiderar as complexidades de algumas situações, ou alguém exageradamente humilde poderia não ter a ambição para realizar transformações.

Feitas estas observações iniciais, pode-se afirmar que entendemos como sobriedade o valor que considera a moderação, a prudência, a coerência, a tolerância, o diálogo, a priorização do essencial, o combate ao supérfluo e aos excessos, com predomínio do equilíbrio e do respeito. Conforme veremos, tudo isto foi uma marca distintiva do pontificado de Jorge Mario Bergoglio.

Desde sua eleição em 2013, o Papa Francisco incorporou este valor não apenas em sua vida pessoal, mas também em sua liderança

---

[63] Papa Francisco. Catequeses. Os vícios e as virtudes. 20. A humildade. Audiência Geral, Praça de São Pedro, 22 de maio de 2024. Disponível em: https://www.vatican.va/content/francesco/pt/audiences/2024/documents/20240522-udienza-generale.html. Acesso em: 30 abr. 2025.

da Igreja Católica e, de forma significativa, em sua gestão do Estado da Cidade do Vaticano.

Quando a fumaça branca anunciou a eleição do cardeal argentino, o mundo logo conheceria um papa diferente. Suas primeiras decisões pessoais já sinalizavam uma ruptura com as tradições de ostentação: Papa Francisco entendia que, em um mundo com tanta pobreza e miséria, suas ações e gestos como líder eclesiástico e chefe de estado teria que ser coerentes com esta realidade.

Considerando que uma das principais ofensas à sobriedade é a ganância, enquanto desejo excessivo e incontrolável de bens materiais, poder ou qualquer outra forma de vantagem, como líder da Igreja Católica, Papa Francisco enfrentou diretamente a cultura do apego ao poder. Sua metáfora do pastor que "cheira a ovelhas"[64] tem sido acompanhada por ações concretas que descentralizam o poder papal. A criação do Conselho de Cardeais (C9) como órgão consultivo permanente representou uma ruptura com o modelo de governança exclusivamente vertical.

Sua encíclica *Laudato Si'* (2015) contém críticas diretas ao paradigma tecnocrático de poder, ampliando o conceito de sobriedade das escolhas pessoais para uma visão estrutural da sociedade e das instituições. O documento argumenta que "a sobriedade, viva livre e conscientemente, é libertadora"[65], contrapondo-se à lógica do consumo e da acumulação.

No combate ao patrimonialismo no Vaticano, Papa Francisco implementou reformas que alteraram a relação dos funcionários com os recursos da Santa Sé. Promulgou normas que limitam presentes recebidos por funcionários e restringindo o uso de veículos oficiais. A mensagem é clara: os bens do Vaticano são instrumentos para a missão, não privilégios pessoais ou familiares.

Certamente uma de suas principais preocupações com a sobriedade foi a guerra declarada ao consumismo e à ostentação. Como

---

[64] "Sua famosa expressão "pastores com cheiro de ovelha" tornou-se símbolo de um chamado à Igreja viva, encarnada na realidade do povo. Como disse em sua primeira Missa Crismal, "em vez de serem pastores com o 'cheiro das ovelhas' — isto é, pastores no meio do seu rebanho —, alguns acabam tristes, transformam-se numa espécie de colecionadores de antiguidades ou de novidades". (O legado do Papa Francisco para a Igreja: um pastor com cheiro de ovelha, texto publicado no site Copiosa redenção, em 28.04.2025. Disponível em: https://copiosaredencao.org.br/o-legado-do-papa-francisco-para-a-igreja-um-pastor-com-cheiro-de-ovelha/. Acesso em: 1 maio 2025).

[65] Papa Francisco. Carta Encíclica *Laudato Si´* do Santo Padre Francisco sobre o cuidado da Casa Comum, de 24 de maio de 2015. Disponível em: https://www.vatican.va/content/francesco/pt/encyclicals/documents/papa-francesco_20150524_enciclica-laudato-si.html. Acesso em: 1 maio 2025.

chefe do Estado da Cidade do Vaticano, Francisco iniciou uma revisão rigorosa dos padrões de consumo institucional. Determinou cortes substanciais em despesas consideradas supérfluas, desde a redução em cerimônias pomposas até a simplificação do guarda-roupa litúrgico papal, optando frequentemente por paramentos mais simples que seus antecessores.

Em 2018, o pontífice organizou uma auditoria completa dos estoques de presentes recebidos pela Santa Sé, muitos dos quais foram destinados a leilões beneficentes em vez de serem acumulados em depósitos. No mesmo ano, proibiu a venda de cigarros dentro do Vaticano,[66] apesar da perda de receita significativa, alegando princípios de saúde pública e boa administração dos recursos.

A reforma das finanças vaticanas também reflete esta guerra ao consumismo institucional. A criação da Secretaria para a Economia e a contratação de auditores externos estabeleceram controles que limitaram gastos excessivos e promoveram a responsabilidade fiscal. O escrutínio rigoroso aos investimentos do Vaticano, com ênfase em critérios éticos além dos retornos financeiros, demonstra uma aplicação concreta da sobriedade na gestão patrimonial.

O combate à cultura da vaidade e do estrelismo foi uma constante no pontificado de Francisco. Em seus discursos aos novos cardeais, muitas vezes adverte contra o "carreirismo eclesiástico"[67] e a busca por status. Repita-se que sua famosa exortação de que os pastores devem ter "o cheiro de suas ovelhas" se contrapõe à imagem do clérigo vaidoso e distante.

Como gestor do Vaticano, Papa Francisco alterou significativamente o cerimonial que cercava o papado. As audiências papais se tornaram mais acessíveis e menos formais. Reformou o processo de beatificação e canonização, tornando-o mais rigoroso e menos espetacular, inclusive com limites de gastos para as cerimônias.

---

[66] Papa proíbe a venda de cigarros no Vaticano a partir de 2018. *Instituto Humanitas Unisinos*, em 10 de novembro de 2017. Disponível em: https://www.ihu.unisinos.br/categorias/186-noticias-2017/573501-papa-proibe-a-venda-de-cigarros-no-vaticano-a-partir-de-2018. Acesso em: 1 maio 2025.

[67] Papa Francisco durante audiência com vários bispos espanhóis por ocasião dos 125 anos do Pontifício Colégio Espanhol de São José (em 2017) disse: "E, por favor – e isto como irmão, como padre, como amigo – por favor, fujam do carreirismo eclesiástico: ele é uma peste" (""Por favor, fujam do carreirismo eclesiástico; é uma peste". "Não se esqueçam disso. O diabo entra pelo bolso". Os alertas de Francisco aos padres", matéria publicada no site *Instituto Humanitas Unisinos*, em 3 de abril de 2017. Disponível em:https://www.ihu.unisinos.br/categorias/186-noticias-2017/566384-francisco-aos-bispos-e-sacerdotes-espanhois-por-favor-fujam-do-carreirismo-eclesiastico-e-uma-peste-nao-se-esquecam-disso-o-diabo-entra-pelo-bolso. Acesso em: 1 maio 2025).

Um exemplo concreto deste enfrentamento ocorreu em 2016, quando Papa Francisco reformulou as regras para o tradicional "Lava-pés" da Quinta-feira Santa, permitindo a inclusão de mulheres e não católicos. Ele próprio realizou este ritual em prisões, centros de imigrantes e hospitais, lavando os pés de pessoas marginalizadas, em contraste com a tradição anterior que privilegiava figuras eclesiásticas ou políticas proeminentes. A propósito, a primeira saída do Pontífice do Vaticano desde a sua hospitalização de trinta e oito dias no Hospital Gemelli, em Roma, foi para participar da cerimônia do Lava-pés na prisão Regina Coeli, em Roma, na Quinta-feira Santa, 17 de abril de 2025, ou seja, quatro dias antes de sua morte.[68]

Papa Francisco resistiu consistentemente à tentativa do sensacionalismo midiático, apesar de sua popularidade global. Como chefe de estado, promoveu uma comunicação mais direta e menos espetacularizada, frequentemente dispensando intermediários para se comunicar diretamente com o público através de meios simples.

A administração vaticana reformulou a Secretaria para a Comunicação, enfatizando a necessidade de uma presença digital eficaz, mas sem cair no espetáculo. Em suas instruções aos comunicadores do Vaticano, Papa Francisco enfatizou a importância da produção elaborada, e da substância sobre a forma.

Seu estilo comunicativo privilegiava a linguagem simples e acessível, evitando jargões teológicos complexos ou formulações rebuscadas. Esta abordagem se reflete nos documentos oficiais de seu pontificado, que tendem a ser mais diretos e menos ornamentados que os de seus antecessores.

Outro aspecto importante do pontificado de Papa Francisco foi a busca ativa do diálogo em múltiplas frentes, contrapondo-se à cultura do antagonismo e da polarização. Como chefe de Estado, recebeu no Vaticano líderes de tradições religiosas diversas e representantes de movimentos sociais, sinalizando abertura para conversas que transcendem divisões ideológicas.

---

[68] "O Papa Francisco visitou nesta quinta-feira (17) a prisão de Regina Coeli, a principal de Roma, para a famosa tradição de "Lava-pés" da Quinta-feira Santa. Porém, Francisco não lavou os pés de detentos por estar no estágio final de recuperação de uma pneumonia que o deixou mais de um mês internado. O pontífice, de 88 anos, encontrou-se com cerca de 70 detentos no local, e disse que mesmo não podendo lavar pés ele queria manter a tradição de passar a Quinta-feira Santa entre os mais desfavorecidos". (Em recuperação de pneumonia, papa Francisco visita prisão em Roma para tradição de Páscoa, mas não lava pés de detentos. Matéria publicada no site *G1*, em 17 de abril de 2025. Disponível em: https://g1.globo.com/mundo/noticia/2025/04/17/em-recuperacao-de-pneumonia-papa-francisco-visita-prisao-roma-tradicao-pascoa-mas-nao-lava-pes-de-detentos.ghtml. Acesso em: 1 maio 2025.

Um dia antes de sua morte, em uma de suas últimas audiências, Papa Francisco recebeu o Vice-Presidente dos Estados Unidos da América, James David Vance. O fato de o Papa ter sido crítico a diversas ações do Governo Trump (como nas questões migratórias) não lhe impedia de buscar o diálogo com ele.

Na administração interna, instituiu mecanismos de consulta mais amplos, incluindo sínodos com metodologias participativas inovadoras. O Sínodo sobre a Amazônia (2019) e o Sínodo sobre a Sinodalidade exemplificam esta abordagem dialógica que busca ouvir vozes diversas e periféricas.

Francisco enfrentou resistência significativa dentro da própria Cúria Romana, com alguns setores se opondo frontalmente às suas reformas. Sua resposta foi consistente com o valor da sobriedade: em vez de silenciar os críticos através de medidas autoritárias, implementou mudanças gradualmente e buscou construir consensos onde possível.

Como administrador do Vaticano, Francisco foi procurado para transformar culturas institucionais marcadas pela intimidação hierárquica. Sua abordagem às crises, particularmente aos escândalos de abuso sexual, evidencia uma ruptura com práticas anteriores que priorizavam a proteção institucional sobre a justiça para as vítimas.

O documento *Vos Estis Lux Mundi* (2023) institui procedimentos claros para denúncias de abuso, incluindo mecanismos de proteção para denunciantes, combatendo assim a cultura do silêncio imposto pelo medo. Esta legislação reflete uma sobriedade que expõe honestamente as falhas institucionais em vez de mascará-las.

Quanto ao revanchismo, Francisco resistiu à tentativa de punições exemplares ou expurgos ideológicos dentro da Cúria. Mesmo quando identificadas resistências sérias às suas reformas, tem optado por mudanças graduais e processos justos em vez de remoções sumárias. Essa moderação reflete uma sobriedade que confirma que transformações culturais profundas requerem tempo e diálogo contínuo. Todavia, não foi condescendente com situações graves, como no escândalo com o Banco do Vaticano.

A crítica de Francisco às culturas tanto do luxo quanto do lixo está intrinsecamente ligada à sua visão de sobriedade ecológica. Sua encíclica *Laudato Si'* estabelece conexões diretas entre a exploração ambiental e o consumo desenvolvido, propondo a sobriedade como virtude ecológica fundamental.

Como gestor do Vaticano, implementou medidas concretas de sustentabilidade ambiental: a instalação de painéis solares, programas de reciclagem abrangentes, e uma transição gradual para uma frota de veículos menos poluentes. Em 2019, baniu completamente os plásticos de uso exclusivo do território vaticano, antecipando-se à legislação da União Europeia.

A luta contra a assimetria administrativa tem sido um dos aspectos mais desafiadores da reforma vaticana promovida por Francisco. Como estado soberano com estruturas centenárias, o Vaticano herdou disparidades graves em termos de salários, benefícios e condições de trabalho entre diferentes categorias de funcionários. A reforma instituída pela constituição apostólica *Praedicate Evangelium* (2022) buscou estabelecer maior equilíbrio, redefinindo o serviço na Cúria como fundamentalmente ministerial e não hierárquico. Esta reforma abriu posições de liderança para leigos, incluindo mulheres, em departamentos tradicionalmente dirigidos apenas por clérigos.

Em termos de política salarial, Francisco implementou em 2021 uma redução proporcional na redução do alto escalonamento da Cúria para preservar empregos de funcionários mais vulneráveis durante as dificuldades econômicas causadas pela pandemia. Esta medida reflete uma sobriedade que reconhece a necessidade de compartilhamento equitativo de sacrifícios em tempos de crise.

A sobriedade no pontificado de Francisco não se apresenta como mera austeridade econômica ou simplicidade estética, mas como um valor estruturante que reorganiza prioridades e relações. Sua implementação como princípio administrativo no Estado da Cidade do Vaticano representa uma tentativa de alinhar as práticas institucionais com o Evangelho que a Igreja professa.

Os desafios a esta visão permanecem substanciais. Culturas institucionais sedimentadas ao longo de séculos não se transformam facilmente, e resistências ativas às reformas de Francisco foram documentadas. No entanto, a persistência do pontífice em modelar pessoalmente a sobriedade que propõe estabelecer como um paradigma transcenderá o seu próprio pontificado.

Talvez o legado mais significativo de Papa Francisco como administrador público do Vaticano seja precisamente esta reorientação valorativa: a demonstração prática de que sobriedade não significa empobrecimento da missão, mas sua purificação e fortalecimento através do abandono do supérfluo em favor do essencial. Esta revolução silenciosa, mais cultural que estrutural, pode representar sua contribuição mais rigorosa para a transformação de uma das instituições mais antigas e complexas do mundo, inspirando outras administrações públicas, inclusive, no Brasil.

A seguir, serão apresentadas algumas ideias do Papa Francisco sobre a sobriedade. Primeiramente, na Encíclica *Fratelli Tutti*:

> 44. Ao mesmo tempo que defendem o próprio isolamento consumista e acomodado, as pessoas escolhem vincular-se de maneira constante e obsessiva. Isto favorece o pululamento de formas insólitas de agressividade, com insultos, impropérios, difamação, afrontas verbais até destroçar a figura do outro, num desregramento tal que se existisse no contacto pessoal acabaríamos todos por nos destruir entre nós. A agressividade social encontra um espaço de ampliação incomparável nos dispositivos móveis e nos computadores.
> [...]
> 161. Outra expressão degenerada duma autoridade popular é a busca do interesse imediato. Responde-se a exigências populares, com o fim de ter garantido os votos ou o apoio do povo, mas sem avançar numa tarefa árdua e constante que proporcione às pessoas os recursos para o seu desenvolvimento, de modo que possam sustentar a vida com o seu esforço e criatividade. Nesta linha, deixei claro: «longe de mim propor um populismo irresponsável». Por um lado, a superação da desigualdade requer que se desenvolva a economia, fazendo frutificar as potencialidades de cada região e assegurando assim uma equidade sustentável; por outro, «os planos de assistência, que acorrem a determinadas emergências, deveriam considerar-se apenas como respostas provisórias».[69]

Na Encíclica *Laudato Si'*:

> 50. Em vez de resolver os problemas dos pobres e pensar num mundo diferente, alguns limitam-se a propor uma redução da natalidade. Não faltam pressões internacionais sobre os países em vias de desenvolvimento, que condicionam as ajudas económicas a determinadas políticas de «saúde reprodutiva». Mas, «se é verdade que a desigual distribuição da população e dos recursos disponíveis cria obstáculos ao desenvolvimento e ao uso sustentável do ambiente, deve-se reconhecer que o crescimento demográfico é plenamente compatível com um desenvolvimento integral e solidário». Culpar o incremento demográfico em vez do consumismo exacerbado e selectivo de alguns é uma forma de não enfrentar os problemas. Pretende-se, assim, legitimar o modelo distributivo actual, no qual uma minoria se julga com o direito de consumir numa proporção que seria impossível generalizar, porque o planeta não poderia sequer conter os resíduos de tal consumo. Além disso, sabemos

---

[69] Papa Francisco. Carta Encíclica *Fratelli Tutti* do Santo Padre Francisco sobre a amizade e a fraternidade social, de 24 de maio de 2015. Disponível em: https://www.vatican.va/content/francesco/pt/encyclicals/documents/papa-francesco_20201003_enciclica-fratelli-tutti.html. Acesso em: 1 maio 2025.

que se desperdiça aproximadamente um terço dos alimentos produzidos, e «a comida que se desperdiça é como se fosse roubada da mesa do pobre». Em todo o caso, é verdade que devemos prestar atenção ao desequilíbrio na distribuição da população pelo território, tanto a nível nacional como a nível mundial, porque o aumento do consumo levaria a situações regionais complexas pelas combinações de problemas ligados à poluição ambiental, ao transporte, ao tratamento de resíduos, à perda de recursos, à qualidade de vida.

[...]

126. Algo se pode recolher também da longa tradição monástica. Nos primórdios, esta favorecia de certo modo a fuga do mundo, procurando afastar-se da decadência urbana. Por isso, os monges buscavam o deserto, convencidos de que fosse o lugar adequado para reconhecer a presença de Deus. Mais tarde, São Bento de Núrsia quis que os seus monges vivessem em comunidade, unindo oração e estudo com o trabalho manual («*Ora et labora*»). Esta introdução do trabalho manual impregnada de sentido espiritual revelou-se revolucionária. Aprendeu-se a buscar o amadurecimento e a santificação na compenetração entre o recolhimento e o trabalho. Esta maneira de viver o trabalho torna-nos mais capazes de ter cuidado e respeito pelo meio ambiente, impregnando de sadia sobriedade a nossa relação com o mundo.

[...]

223. A sobriedade, vivida livre e conscientemente, é libertadora. Não se trata de menos vida, nem vida de baixa intensidade; é precisamente o contrário. Com efeito, as pessoas que saboreiam mais e vivem melhor cada momento são aquelas que deixam de debicar aqui e ali, sempre à procura do que não têm, e experimentam o que significa dar apreço a cada pessoa e a cada coisa, aprendem a familiarizar com as coisas mais simples e sabem alegrar-se com elas. Deste modo conseguem reduzir o número das necessidades insatisfeitas e diminuem o cansaço e a ansiedade. É possível necessitar de pouco e viver muito, sobretudo quando se é capaz de dar espaço a outros prazeres, encontrando satisfação nos encontros fraternos, no serviço, na frutificação dos próprios carismas, na música e na arte, no contacto com a natureza, na oração. A felicidade exige saber limitar algumas necessidades que nos entorpecem, permanecendo assim disponíveis para as múltiplas possibilidades que a vida oferece.

224. A sobriedade e a humildade não gozaram de positiva consideração no século passado. Mas, quando se debilita de forma generalizada o exercício dalguma virtude na vida pessoal e social, isso acaba por provocar variados desequilíbrios, mesmo ambientais. Por isso, não basta falar apenas da integridade dos ecossistemas; é preciso ter a coragem de falar da integridade da vida humana, da necessidade de incentivar e conjugar todos os grandes valores. O desaparecimento da humildade, num ser humano excessivamente entusiasmado com a possibilidade

de dominar tudo sem limite algum, só pode acabar por prejudicar a sociedade e o meio ambiente. Não é fácil desenvolver esta humildade sadia e uma sobriedade feliz, se nos tornamos autónomos, se excluímos Deus da nossa vida fazendo o nosso eu ocupar o seu lugar, se pensamos ser a nossa subjectividade que determina o que é bem e o que é mal.[70]

Na Exortação Apostólica *Gaudete et Exsultate*:

Semear a paz ao nosso redor: isto é santidade.
«Felizes os que sofrem perseguição por causa da justiça, porque deles é o Reino do Céu»
90. O próprio Jesus sublinha que este caminho vai contracorrente, a ponto de nos transformar em pessoas que questionam a sociedade com a sua vida, pessoas que incomodam. Jesus lembra as inúmeras pessoas que foram, e são, perseguidas simplesmente por ter lutado pela justiça, ter vivido os seus compromissos com Deus e com os outros. Se não queremos afundar numa obscura mediocridade, não pretendamos uma vida cómoda, porque, «quem quiser salvar a sua vida, vai perdê-la» (Mt 16, 25).
[...]
108. O consumismo hedonista pode-nos enganar, porque, na obsessão de divertir-nos, acabamos por estar excessivamente concentrados em nós mesmos, nos nossos direitos e na exacerbação de ter tempo livre para gozar a vida. Será difícil que nos comprometamos e dediquemos energias a dar uma mão a quem está mal, se não cultivarmos uma certa austeridade, se não lutarmos contra esta febre que a sociedade de consumo nos impõe para nos vender coisas, acabando por nos transformar em pobres insatisfeitos que tudo querem ter e provar. O próprio consumo de informação superficial e as formas de comunicação rápida e virtual podem ser um fator de estonteamento que ocupa todo o nosso tempo e nos afasta da carne sofredora dos irmãos. No meio deste turbilhão atual, volta a ressoar o Evangelho para nos oferecer uma vida diferente, mais saudável e mais feliz.
[...]
138. Move-nos o exemplo de tantos sacerdotes, religiosas, religiosos e leigos que se dedicam a anunciar e servir com grande fidelidade, muitas vezes arriscando a vida e, sem dúvida, à custa da sua comodidade. O seu testemunho lembra-nos que a Igreja não precisa de muitos burocratas e funcionários, mas de missionários apaixonados, devorados pelo

---

[70] Papa Francisco. Carta Encíclica *Laudato Si'* do Santo Padre Francisco sobre o cuidado da Casa Comum, de 24 de maio de 2015. Disponível em: https://www.vatican.va/content/francesco/pt/encyclicals/documents/papa-francesco_20150524_enciclica-laudato-si.html. Acesso em: 1 maio 2025.

entusiasmo de comunicar a verdadeira vida. Os santos surpreendem, desinstalam, porque a sua vida nos chama a sair da mediocridade tranquila e anestesiadora.[71]

1.3.3 Papa Francisco e a sustentabilidade

Desde o início de seu pontificado em 2013, o Papa Francisco se destacou como uma voz global em defesa do meio ambiente e da sustentabilidade. Sua abordagem holística conecta questões ecológicas, sociais e espirituais, posicionando-o como um dos líderes mundiais mais influentes na luta pela proteção do planeta e pela justiça socioambiental. Este compromisso se manifesta em três dimensões inter-relacionadas: sua vida pessoal, sua liderança na Igreja Católica e sua governança como chefe do Estado da Cidade do Vaticano.

O compromisso do Papa Francisco com a sustentabilidade começa com seu próprio exemplo de vida simples e consciente. Conforme já visto, desde que assumiu o pontificado, ele demonstrou uma opção clara pela sobriedade e pelo despojamento material: rejeitou os aposentos dos papais tradicionais no Palácio Apostólico, optando por viver na Casa Santa Marta, uma residência mais modesta, manteve um estilo de vida simples, dispensando muitos dos luxos tradicionais associados à função papal; e adotou práticas de consumo consciente. Esta coerência entre discurso e prática confere ainda mais legitimidade à sua mensagem sobre sustentabilidade.

O Papa não falava apenas sobre moderar o consumo, mas vivia essa moderação em seu cotidiano, contrastando com a cultura do imediatismo e do consumo desenfreado que criticava em seus pronunciamentos. Como líder espiritual de aproximadamente 1,4 bilhão de católicos em todo o mundo (e ouvido com atenção, respeito e admiração por não católicos), o Papa Francisco utilizava sua posição para promover uma profunda reflexão teológica e pastoral sobre a questão ecológica.

Em 2015, Francisco publicou a encíclica *Laudato Si'* sobre o cuidado da Casa Comum. Ela é considerada um marco histórico no pensamento católico sobre ecologia. Neste documento, desenvolve-se o conceito de "ecologia integral", que envolve questões ambientais, sociais, econômicas e culturais. Representou ainda uma forte crítica à

---

[71] Para Francisco. Exortação Apostólica *Gaudete et Exsultate* do Santo Padre Francisco sobre a chamada à santidade no mundo atual, de 24 de abril de 2005. Disponível em: https://www.vatican.va/content/francesco/pt/apost_exhortations/documents/papa-francesco_esortazione-ap_20180319_gaudete-et-exsultate.html. Acesso em: 1 maio 2025.

"cultura do descarte" e à "globalização da indiferença". Estabeleceu bases teológicas para o cuidado com a criação como parte essencial da fé cristã. Propôs uma visão de sustentabilidade que integra justiça social e ambiental. Contrapôs-se à cultura da precariedade e da mediocridade ao defender um compromisso sério e fundamentado com o desenvolvimento sustentável.

O Papa não se limitou a documentos teóricos, mas implementou iniciativas concretas na Igreja Católica. Criou o Dicastério para o Serviço do Desenvolvimento Humano Integral, que coordena os esforços da Igreja em questões socioambientais. Instituiu o "Tempo da Criação",[72] período anual de oração e ação pela ecologia.

Ele promoveu conferências e encontros internacionais sobre mudanças climáticas e desenvolvimento sustentável.[73] Estimulou a implementação de práticas sustentáveis em dioceses, paróquias e instituições católicas em todo o mundo. Incorporou a temática ambiental na formação de seminaristas e na catequese. Essas ações demonstram uma visão de longo prazo que se contrapõe à cultura da descontinuidade e do improviso, estabelecendo estruturas permanentes e processos de formação que garantem a continuidade do compromisso ecológico na Igreja.

O Papa Francisco foi um defensor incansável da ciência e do conhecimento selecionado em questões ambientais. Apoiou explicitamente o consenso científico sobre as mudanças climáticas. Criticou o negacionismo ambiental e as teorias conspiratórias. Promoveu diálogos entre cientistas, líderes religiosos e tomadores de decisão. Defendeu a transparência na divulgação de informações ambientais. Incentivou o estudo e a pesquisa sobre questões ecológicas em universidades católicas. Esta postura firme contra o negacionismo e a desinformação contribuiu para uma conscientização baseada em fatos e evidências, essencial para enfrentar os desafios ambientais contemporâneos.

---

[72] Vide "Tempo da Criação 2024: "Esperar e agir com a Criação"", publicado no site Vatican News em 06.02.2025. Disponível em: https://www.vaticannews.va/pt/igreja/news/2024-02/tempo-da-criacao-2024-esperar-e-agir-com-a-criacao.html#:~:text=Vatican%20News,-Ou%C3%A7a%20e%20compartilhe&text=%22Esperar%20e%20agir%20com%20a%20Cria%C3%A7%C3%A3o%22.,de%20S%C3%A3o%20Francisco%20de%20Assis. Acesso em: 1 maio 2025.

[73] Vide "Discurso do Papa Francisco na Conferência sobre "Mudanças climáticas e novas tendências da ciência, engenharia e política", Casina Pio IV, Segunda-feira, 27 de maio de 2019. Disponível em: https://www.vatican.va/content/francesco/pt/speeches/2019/may/documents/papa-francesco_20190527_climate-change.htmlhttps://www.vatican.va/content/francesco/pt/speeches/2019/may/documents/papa-francesco_20190527_climate-change.html. Acesso em: 1 maio 2025.

Como soberano do Estado da Cidade do Vaticano, o menor país do mundo, o Papa Francisco transformou este território em um modelo de sustentabilidade e responsabilidade ambiental. Sob sua liderança, o Vaticano implementou mudanças significativas na infraestrutura e na matriz energética, com a instalação de painéis solares que fornecem energia limpa para edifícios importantes. Modernizou os sistemas de iluminação com tecnologia LED de baixo consumo. Implementou sistemas avançados de gestão hídrica para redução do consumo de água. Renovou a frota veicular com modelos elétricos e híbridos. Criou áreas verdes e promoveu a recuperação da biodiversidade nos jardins vaticanos.

O Papa Francisco instituiu políticas rigorosas de sustentabilidade na administração do Vaticano. Ele também desenvolveu um programa abrangente de reciclagem e gestão de resíduos, além de promover a eliminação progressiva de plásticos de uso único. Outro aspecto a ser destacado é em sua gestão foram estabelecidas normas de compras públicas que priorizam produtos ecologicamente responsáveis. Ademais, como chefe de estado, o Papa Francisco utilizou a diplomacia vaticana para promover acordos e compromissos internacionais sobre meio ambiente. Só não participou da COP28, realizada em Dubai em 2023 por questões de saúde.[74]

Papa Francisco também apoiou explicitamente o Acordo de Paris e outros pactos ambientais multilaterais e defendeu a cooperação internacional contra o isolamento em questões ambientais.

O pensamento e a atuação do Papa Francisco se contrapuseram sistematicamente a diversas ideias que obstaculizam o desenvolvimento sustentável. Contra a cultura do imediatismo, o Papa defendeu consistentemente uma visão de longo prazo. Criticou o presentismo que sacrifica o futuro por ganhos imediatos. Afirmou que "A aliança entre jovens e velhos é uma graça não só para quem a vivência, mas também para toda uma sociedade contaminada pelo presentismo, incapaz de visões de futuro porque não tem memória, como sementes que caem no solo pedregoso e improdutivo."[75]

---

[74] "Papa cancela viagem a Dubai para participar da COP-28 por recomendação médica", reportagem publicada no site Carta Capital em 28.11.2023. Disponível em: https://www.cartacapital.com.br/mundo/papa-cancela-viagem-a-dubai-para-participar-da-cop-28-por-recomendacao-medica/. Acesso em: 1 maio 2025.

[75] Papa Francisco. Mensagem do Santo Padre Francisco para o I Dia Mundial dos avós e idosos, de 25.06.2021. Disponível em: https://www.vatican.va/content/francesco/pt/messages/nonni/documents/20210531-messaggio-nonni-anziani.html. Acesso em: 1 maio 2025.

Importante registrar que o Papa Francisco defendeu o princípio da "solidariedade intergeracional", considerando o impacto de nossas ações sobre as gerações futuras. Contra as culturas da descontinuidade e do improviso, Francisco promoveu as ideias de consistência e planejamento, ao estabelecer planos de longo prazo para a transição ecológica do Vaticano e ao criar estruturas permanentes para garantir a continuidade das iniciativas ambientais. Era sua preocupação integrar a sustentabilidade nos documentos fundamentais e no planejamento estratégico da Igreja.

Contra a cultura da desigualdade e da exclusão, Papa Francisco conectava invariavelmente questões ambientais e sociais. Ele denunciava que os problemas ambientais afetam desproporcionalmente os mais pobres. Defendia que não há sustentabilidade verdadeira sem justiça social. Promover o conceito de "dívida ecológica" dos países ricos para com os países em desenvolvimento. "Ao discutir o financiamento climático, é importante lembrar que a dívida ecológica e a dívida externa são duas faces da mesma moeda, que hipoteca o futuro", escreveu o Papa Francisco em mensagem dirigida a COP29.[76]

Papa Francisco criticava modelos econômicos que concentram benefícios e socializam danos ambientais. Defendia a participação dos povos indígenas e comunidades tradicionais nas decisões ambientais.

Um aspecto fundamental do pensamento do Papa Francisco sobre sustentabilidade, frequentemente negligenciado nas análises mais superficiais, é sua ênfase na efetividade das políticas públicas. Para o Pontífice, a sustentabilidade transcende amplamente a mera preservação ambiental, abrangendo a qualidade e a continuidade das ações governamentais que impactam o desenvolvimento integral das sociedades. Em seus pronunciamentos e, principalmente, na encíclica *Laudato Si'*, Francisco critica repetidamente políticas públicas inconsistentes, fragmentadas ou baseadas em interesses de curto prazo que não conseguem enfrentar os desafios estruturais do nosso tempo. O Papa argumenta que as políticas verdadeiramente sustentáveis devem ser adequadas com visão de longo prazo, inovadoras com rigor técnico e

---

[76] Vide "Cop29, Papa: chega de atrasos e indiferença. Cancelar a dívida dos países pobres", matéria publicada no site Vatican News em 13.11.2024. Disponível em: https://www.vaticannews.va/pt/papa/news/2024-11/papa-francisco-mensagem-parolin-cop29-azerbaijao-paz-clima.html#:~:text=D%C3%ADvida%20externa%20e%20d%C3%ADvida%20ecol%C3%B3gica%2C%20duas%20faces%20da%20mesma%20moeda&text=%E2%80%9CAo%20discutir%20o%20financiamento%20clim%C3%A1tico,%E2%80%9D%2C%20escreve%20o%20Papa%20Francisco. Acesso em: 1 maio 2025.

avaliadas continuamente quanto a seus resultados concretos para as populações mais vulneráveis.

Na concepção de Francisco, a efetividade das políticas públicas está intrinsecamente ligada à noção de "bem comum" e requer instituições sólidas, transparentes e participativas. Ele frequentemente denuncia a descontinuidade administrativa, o clientelismo político e a falta de planejamento estratégico que compromete não apenas o meio ambiente, mas também a capacidade das comunidades de construírem seu próprio desenvolvimento.

O Papa não ficava apenas no campo do discurso: ao implementar reformas administrativas no Vaticano, buscou demonstrar como princípios de boa governança – como transparência fiscal, prestação de contas e avaliação de resultados – são componentes essenciais de uma sustentabilidade integral. Para Francisco, as políticas públicas sustentáveis são aquelas capazes de manter sua coerência e efetividade através do tempo, resistindo a pressões imediatistas e construindo consensos sociais duradouros em torno de objetivos compartilhados.

O Papa também enfatizou que a sustentabilidade das políticas públicas requer uma profunda renovação da cultura política e administrativa, tendo criticado duramente o que chama de "paradigma tecnocrático", defendendo que nenhuma decisão fundamental para o futuro das comunidades seja tomada com base em critérios puramente técnicos ou econômicos, sem considerar seus impactos sociais, culturais e ambientais de longo prazo.

Francisco defendia uma abordagem integral das políticas públicas, na qual a eficiência administrativa não é um fim em si mesma, mas é um serviço da dignidade humana e do cuidado com a casa comum.

O Papa Francisco demonstrou, através de seu exemplo pessoal, de sua liderança eclesial e de sua administração do Estado do Vaticano, um compromisso integral com a sustentabilidade. Sua abordagem holística, que envolvia questões ambientais, sociais, econômicas e espirituais, oferece um contraponto significativo às fragmentadas do imediatismo, da descontinuidade, do amadorismo, da precariedade, do negacionismo, do isolacionismo e da discriminação.

A mensagem central de Francisco é que a crise ecológica não é apenas uma questão técnica ou política, mas também ética e espiritual, exigindo uma "conversão ecológica" que transforme nossa relação com a natureza e com os outros seres humanos. Seu legado neste campo representa uma contribuição significativa para o diálogo global sobre sustentabilidade, demonstrando como a liderança moral e espiritual pode complementar os esforços científicos, políticos e econômicos para construir um futuro mais sustentável e justo para todos.

A seguir, algumas de suas ideias apresentadas em documentos, como a Encíclica *Fratelli Tutti*:

> 17. Cuidar do mundo que nos rodeia e sustenta significa cuidar de nós mesmos. Mas precisamos de nos constituirmos como um «nós» que habita a casa comum. Um tal cuidado não interessa aos poderes económicos que necessitam dum ganho rápido. Frequentemente as vozes que se levantam em defesa do ambiente são silenciadas ou ridicularizadas, disfarçando de racionalidade o que não passa de interesses particulares. Nesta cultura que estamos a desenvolver, vazia, fixada no imediato e sem um projeto comum, «é previsível que, perante o esgotamento de alguns recursos, se vá criando um cenário favorável para novas guerras, disfarçadas sob nobres reivindicações».[77]

Sobre as questões relacionadas à sustentabilidade, nada se compara à Encíclica *Laudato Si´*. Segue abaixo uma pequena amostra (mas se recomenda que o leitor possa conhecer todo o teor do citado documento, que está disponível na internet):

> 18. A contínua aceleração das mudanças na humanidade e no planeta junta-se, hoje, à intensificação dos ritmos de vida e trabalho, que alguns, em espanhol, designam por «rapidación». Embora a mudança faça parte da dinâmica dos sistemas complexos, a velocidade que hoje lhe impõem as acções humanas contrasta com a lentidão natural da evolução biológica. A isto vem juntar-se o problema de que os objectivos desta mudança rápida e constante não estão necessariamente orientados para o bem comum e para um desenvolvimento humano sustentável e integral. A mudança é algo desejável, mas torna-se preocupante quando se transforma em deterioração do mundo e da qualidade de vida de grande parte da humanidade.
> [...]
> 140. Devido à quantidade e variedade de elementos a ter em conta na hora de determinar o impacto ambiental dum empreendimento concreto, torna-se indispensável dar aos pesquisadores um papel preponderante e facilitar a sua interacção com uma ampla liberdade académica. Esta pesquisa constante deveria permitir reconhecer também

---

[77] Papa Francisco. Carta Encíclica *Fratelli Tutti* do Santo Padre Francisco sobre a amizade e a fraternidade social, de 24 de maio de 2015. Disponível em: https://www.vatican.va/content/francesco/pt/encyclicals/documents/papa-francesco_20201003_enciclica-fratelli-tutti.htmlhttps://www.vatican.va/content/francesco/pt/encyclicals/documents/papa-francesco_20201003_enciclica-fratelli-tutti.html. Acesso em: 1 maio 2025.

como as diferentes criaturas se relacionam, formando aquelas unidades maiores que hoje chamamos «ecossistemas». Temo-los em conta não só para determinar qual é o seu uso razoável, mas também porque possuem um valor intrínseco, independente de tal uso. Assim como cada organismo é bom e admirável em si mesmo pelo facto de ser uma criatura de Deus, o mesmo se pode dizer do conjunto harmónico de organismos num determinado espaço, funcionando como um sistema. Embora não tenhamos consciência disso, dependemos desse conjunto para a nossa própria existência. Convém recordar que os ecossistemas intervêm na retenção do dióxido de carbono, na purificação da água, na contraposição a doenças e pragas, na composição do solo, na decomposição dos resíduos, e muitíssimos outros serviços que esquecemos ou ignoramos. Quando se dão conta disto, muitas pessoas voltam a tomar consciência de que vivemos e agimos a partir duma realidade que nos foi previamente dada, que é anterior às nossas capacidades e à nossa existência. Por isso, quando se fala de «uso sustentável», é preciso incluir sempre uma consideração sobre a capacidade regenerativa de cada ecossistema nos seus diversos sectores e aspectos.
[...]
159. A noção de bem comum engloba também as gerações futuras. As crises económicas internacionais mostraram, de forma atroz, os efeitos nocivos que traz consigo o desconhecimento de um destino comum, do qual não podem ser excluídos aqueles que virão depois de nós. Já não se pode falar de desenvolvimento sustentável sem uma solidariedade intergeneracional. Quando pensamos na situação em que se deixa o planeta às gerações futuras, entramos noutra lógica: a do dom gratuito, que recebemos e comunicamos. Se a terra nos é dada, não podemos pensar apenas a partir dum critério utilitarista de eficiência e produtividade para lucro individual. Não estamos a falar duma atitude opcional, mas duma questão essencial de justiça, pois a terra que recebemos pertence também àqueles que hão-de vir. Os bispos de Portugal exortaram a assumir este dever de justiça: «O ambiente situa-se na lógica da recepção. É um empréstimo que cada geração recebe e deve transmitir à geração seguinte». Uma ecologia integral possui esta perspectiva ampla.
[...]
161. As previsões catastróficas já não se podem olhar com desprezo e ironia. Às próximas gerações, poderíamos deixar demasiadas ruínas, desertos e lixo. O ritmo de consumo, desperdício e alteração do meio ambiente superou de tal maneira as possibilidades do planeta, que o estilo de vida actual – por ser insustentável – só pode desembocar em catástrofes, como aliás já está a acontecer periodicamente em várias regiões. A atenuação dos efeitos do desequilíbrio actual depende do que fizermos agora, sobretudo se pensarmos na responsabilidade que nos atribuirão aqueles que deverão suportar as piores consequências.
[...]

167. Dentre elas, há que recordar a Cimeira da Terra, celebrada em 1992 no Rio de Janeiro. Lá se proclamou que «os seres humanos constituem o centro das preocupações relacionadas com o desenvolvimento sustentável». Retomando alguns conteúdos da Declaração de Estocolmo (1972), sancionou, entre outras coisas, a cooperação internacional no cuidado do ecossistema de toda a terra, a obrigação de quem contaminar assumir economicamente os custos derivados, o dever de avaliar o impacto ambiental de toda e qualquer obra ou projecto. Propôs o objectivo de estabilizar as concentrações de gases com efeito de estufa na atmosfera para inverter a tendência do aquecimento global. Também elaborou uma agenda com um programa de acção e uma convenção sobre biodiversidade, declarou princípios em matéria florestal. Embora tal cimeira marcasse um passo em frente e fosse verdadeiramente profética para a sua época, os acordos tiveram um baixo nível de implementação, porque não se estabeleceram adequados mecanismos de controle, revisão periódica e sanção das violações. Os princípios enunciados continuam a requerer caminhos eficazes e ágeis de realização prática.

[...]

192. Por exemplo, um percurso de desenvolvimento produtivo mais criativo e melhor orientado poderia corrigir a disparidade entre o excessivo investimento tecnológico no consumo e o escasso investimento para resolver os problemas urgentes da humanidade; poderia gerar formas inteligentes e rentáveis de reutilização, recuperação funcional e reciclagem; poderia melhorar a eficiência energética das cidades... A diversificação produtiva oferece à inteligência humana possibilidades muito amplas de criar e inovar, ao mesmo tempo que protege o meio ambiente e cria mais oportunidades de trabalho. Esta seria uma criatividade capaz de fazer reflorescer a nobreza do ser humano, porque é mais dignificante usar a inteligência, com audácia e responsabilidade, para encontrar formas de desenvolvimento sustentável e equitativo, no quadro duma concepção mais ampla da qualidade de vida. Ao contrário, é menos dignificante e criativo e mais superficial insistir na criação de formas de espoliação da natureza só para oferecer novas possibilidades de consumo e de ganho imediato.

[...]

193. Assim, se nalguns casos o desenvolvimento sustentável implicará novas modalidades para crescer, noutros casos – face ao crescimento ganancioso e irresponsável, que se verificou ao longo de muitas décadas – devemos pensar também em abrandar um pouco a marcha, pôr alguns limites razoáveis e até mesmo retroceder antes que seja tarde. Sabemos que é insustentável o comportamento daqueles que consomem e destroem cada vez mais, enquanto outros ainda não podem viver de acordo com a sua dignidade humana. Por isso, chegou a hora de aceitar um certo decréscimo do consumo nalgumas partes do mundo, fornecendo recursos para que se possa crescer de forma saudável noutras partes. Bento XVI dizia que «é preciso que as sociedades

tecnologicamente avançadas estejam dispostas a favorecer comportamentos caracterizados pela sobriedade, diminuindo as próprias necessidades de energia e melhorando as condições da sua utilização».
[...]
194. Para que apareçam novos modelos de progresso, precisamos de «converter o modelo de desenvolvimento global», e isto implica reflectir responsavelmente «sobre o sentido da economia e dos seus objectivos, para corrigir as suas disfunções e deturpações». Não é suficiente conciliar, a meio termo, o cuidado da natureza com o ganho financeiro, ou a preservação do meio ambiente com o progresso. Neste campo, os meios-termos são apenas um pequeno adiamento do colapso. Trata-se simplesmente de redefinir o progresso. Um desenvolvimento tecnológico e económico, que não deixa um mundo melhor e uma qualidade de vida integralmente superior, não se pode considerar progresso. Além disso, muitas vezes a qualidade real de vida das pessoas diminui – pela deterioração do ambiente, a baixa qualidade dos produtos alimentares ou o esgotamento de alguns recursos – no contexto dum crescimento da economia. Então, muitas vezes, o discurso do crescimento sustentável torna-se um diversivo e um meio de justificação que absorve valores do discurso ecologista dentro da lógica da finança e da tecnocracia, e a responsabilidade social e ambiental das empresas reduz-se, na maior parte dos casos, a uma série de acções de publicidade e imagem.
[...]
207. A Carta da Terra convidava-nos, a todos, a começar de novo deixando para trás uma etapa de autodestruição, mas ainda não desenvolvemos uma consciência universal que o torne possível. Por isso, atrevo-me a propor de novo aquele considerável desafio: «Como nunca antes na história, o destino comum obriga-nos a procurar um novo início [...]. Que o nosso seja um tempo que se recorde pelo despertar duma nova reverência face à vida, pela firme resolução de alcançar a sustentabilidade, pela intensificação da luta em prol da justiça e da paz e pela jubilosa celebração da vida».[78]

---

[78] Papa Francisco. Carta Encíclica Laudat Si' do Santo Padre Francisco sobre o cuidado da Casa Comum, de 24 de maio de 2015. Disponível em: https://www.vatican.va/content/francesco/pt/encyclicals/documents/papa-francesco_20150524_enciclica-laudato-si.html. Acesso em: 1 maio 2025.

CAPÍTULO 2

PEPE MUJICA
E A ADMINISTRAÇÃO PÚBLICA

2.1 "O Presidente mais pobre do mundo"

21 de junho de 2016. O verão inglês estava prestes a começar e um convidado especial iria iniciar seu discurso na prestigiada Escola de Governo Blavatnik, da Universidade de Oxford.

A plateia estava interessada em ouvir um político diferente, quase um filósofo, mas que também era considerado esquisito por muitos. Ele havia acabado de concluir seu mandato como Presidente de um pequeno país sul-americano.

Não estava de terno, e sim usava uma calça jeans e um casaco simples como ele. Ao invés de falar na tribuna, o que era de se esperar em um evento tão formal, o convidado permaneceu sentado em um banquinho e de lá conversou com o atento público, que tanto queria aprender com sua sabedoria.

Ele então tinha oitenta e um anos de idade, mas falou durante uma hora e quarenta e sete minutos, e, ao final, foi aplaudido de pé. Entre as palavras proferidas pelo senhor com cara de avô afetuoso, de fala mansa, porém firme, destaque especial para a advertência que fez ao público, sem se importar que estava na Inglaterra, famosa pela monarquia, e que a maioria dos presentes era formada por pessoas interessadas ou que atuavam na política:

> Não considero que a política seja uma profissão; a política é uma paixão, um compromisso criador. Aos que gostam muito de dinheiro melhor correr da política. Que vão à indústria, ao comércio, ao trabalho [...] Não se metam na política se o que gostam é ganhar dinheiro.[...] Sou

republicano, as repúblicas foram inventadas no mundo para dar um fim ao feudalismo, às diferenças de sangue e de nascimento entre os serem humanos. As repúblicas surgiram para dizer que ninguém é mais que ninguém. Ser semelhantes não é ser estritamente iguais especificamente, mas é ser semelhante [...] Se as repúblicas são o governo da maioria, os republicanos que governam teriam que ter claro que deveriam viver de acordo com os valores da maioria e não da minoria.[79]

Eventos como este se repetiram nos meses e anos anteriores e seguintes: ele já havia falado na Rio+20 (2012), na Assembleia Geral da ONU em Nova Iorque (2013), no Fórum de Davos (vídeo-mensagem, 2014), e, após o evento em Oxford, ainda falaria em dezenas de entrevistas a programas de rádio e televisão de todo o mundo, e em documentários (como "O Pepe, uma vida suprema (2018) e "Os sonhos de Pepe" (2024).

A propósito, mais um traço de sua personalidade simples e humilde: na língua espanhola, "Pepe" é o apelido que se dá a quem se chama José. Seria o corresponde a "Zé" em português. Pergunto: que outra grande personalidade que ocupou um cargo de grande destaque e se tornou mundialmente conhecida, festejada e admirada aceitaria (e até pediria) ser chamada por "Zé"? Na contemporaneidade, talvez somente o Papa Francisco tenha sido tão simples, humilde e sóbrio.

Esta pessoa é José Alberto Mujica Cordano, ex-presidente do Uruguai, que, conforme veremos, tornou-se uma das maiores referências éticas e uma das vozes mais coerentes e respeitadas do planeta. "Com uma biografia impressionante e uma longa coleção de discursos repletos de perspicácia, franqueza, profundidade e beleza, hoje é difícil imaginar um político mais querido no mundo do que Pepe Mujica".[80]

Antes de ingressarmos na biografia daquele que foi chamado de "o presidente mais pobre do mundo",[81] por doar noventa por cento de seu salário e levar uma vida simples e sóbria, pelo contexto do livro,

---

[79] MUJICA, José. Discurso del Senador de la República Oriental del Uruguay, José Mujica, en la Escuela de Gobierno Blavatnik, de la Universidad de Oxford. *In:* CENCIO, Andrés. *Palabras y sentires de Pepe Mujica.* 2. ed. El Viejo Topo, 2019. p. 19.

[80] ALVÍDREZ, Saúl. *Sobrevivendo ao século XXI.* Chomsky & Mujica. Tradução de Maria Cecília Brandi, 4. ed. Civilização brasileira, 2025. p. 37.

[81] "Em 2010, sua declaração anual de patrimônio pessoal - obrigatória para autoridades no Uruguai - era de US$ 1.800 (£ 1.100), o valor de seu Fusca 1987 [...] 'Sou chamado de 'o presidente mais pobre', mas não me sinto pobre. Pobres são aqueles que trabalham apenas para tentar manter um estilo de vida caro e querem sempre mais e mais", diz ele. ("José Mujica: o presidente 'mais pobre' do mundo", matéria publicada no site BBC News em 15.11.2012. Disponível em: https://www.bbc.com/news/magazine-20243493. Acesso em: 02 maio 2025.

é importante destacarmos as semelhanças, as distinções e a amizade entre Pepe Mujica e Papa Francisco.

Notáveis são as semelhanças entre Pepe Mujica e o Papa Francisco, duas figuras latino-americanas nascidas e falecidas nas mesmas épocas[82] que, apesar de trajetórias distintas, unem uma visão de mundo marcada pela valorização da simplicidade, pela preocupação com as mais vulneráveis e pela crítica ao consumo desenvolvido.

Ambos mantiveram um estilo de vida austero, recusando os símbolos tradicionais de poder e status associados aos seus cargos. Tanto Mujica quanto Francisco falavam de forma direta e acessível, utilizando uma linguagem que conecta com pessoas comuns, bem como criticavam o sistema econômico global que privilegia o lucro em detrimento das pessoas e do meio ambiente, e defendiam um modelo de desenvolvimento mais inclusivo e sustentável.

Outro traço comum era a simplicidade e sobriedade pessoal: ambos rejeitaram ostentação e luxos associados às suas cargas, adotando estilos de vida marcadamente austeros. Francisco dispensou o apartamento papal tradicional e optou por veículos modestos, enquanto Mujica viveu em sua simples chácara durante a presidência e manteve seu velho Fusca. Os dois transformaram sua simplicidade pessoal em poderosa mensagem política e ética contra o consumismo.

A propósito, compartilharam uma profunda crítica ao consumismo e à cultura do descarte, questionaram o PIB e indicadores econômicos tradicionais como medidas adequadas de desenvolvimento humano, abordaram a "felicidade" e "tempo para viver" como alternativas ao acumular material.

No tocante às origens latino-americanas e sensibilidade regional, ambos foram formados no contexto sociopolítico da América Latina da segunda metade do século XX, carregando uma visão crítica sobre as desigualdades estruturais e o impacto do colonialismo e neocolonialismo na região. Sempre demonstraram forte sensibilidade às realidades dos marginalizados em contextos latino-americanos e se posicionaram contra a desigualdade econômica, denunciaram consistentemente os extremos de riqueza e pobreza como moralmente inaceitáveis, criticaram o sistema financeiro internacional e suas consequências sobre as mais vulneráveis e defenderam a necessidade de redistribuição de recursos e oportunidades. Seus posicionamentos foram firmes na defesa dos

---

[82] Jorge Bergoglio nasceu em 17 de dezembro de 1936 e José Mujica, em 20 de maio de 1935. E, como já destacada na nota 1, Bergoglio faleceu no dia 21 de abril de 2025 e Mujica, em 13 de maio de 2025.

migrantes e refugiados, como combate à xenofobia e ao fechamento de fronteiras.

Em relação à preocupação ambiental, eles alertaram sobre a crise ecológica e sua relação com modelos econômicos insustentáveis, tendo inclusive vinculado questões ambientais à justiça social e às desigualdades globais, criticaram o paradigma tecnocrático e a exploração irresponsável de recursos naturais.

No que diz respeito ao estilo comunicacional, adotam um discurso direto e acessível e utilizaram uma linguagem simples e muitas vezes coloquial, evitando jargões elitistas. Não é raro recorrerem a metáforas do cotidiano e exemplos concretos para transmitir ideias complexas. Neste contexto, além do conteúdo extraordinário de suas ideias, tornaram-se ícones mundiais devido à capacidade singular de se comunicarem com diversos públicos.

Tudo isto ajuda a explicar por que ambos se transformaram em vozes morais recorrentes no cenário global contemporâneo, e foram muitas vezes admirados mesmo por pessoas que não comungavam integralmente suas visões específicas. Mesmo tendo o Papa Francisco uma liderança sobre os católicos e Pepe Mujica se identificado com visões progressistas, ambos foram amplamente reconhecidos pela consistência entre discurso e prática pessoal. Demonstraram que alguns valores (como a simplicidade, a humildade, a sobriedade e a sustentabilidade) transcendem alinhamentos ideológicos tradicionais.

Esta convergência de valores foi comprovada em uma relação de admiração mútua e amizade entre o ex-presidente uruguaio e o pontífice argentino. O primeiro encontro entre os dois aconteceu em 2013, pouco tempo após o início do pontificado de Papa Francisco. Sobre este primeiro encontro:

> O encontro entre o presidente Mujica e o Papa Francisco ocorreu neste sábado, 1º de junho. A entrevista privada entre Mujica e a mais alta autoridade da Igreja Católica durou 45 minutos. [...]A biblioteca do Vaticano foi o lugar em que, por 45 minutos, dialogaram o Presidente Mujica e o Papa Francisco. A delegação governamental uruguaia chegou à sede máxima da Igreja católica minutos antes da hora prevista, o que permitiu que os anfitriões fizessem um breve passeio pelos jardins do lugar. [...] Mujica finalizou afirmando que falar com o papa Francisco "é como falar com um amigo do bairro. É um Papa que eu creio que, se permitirem, vai conduzir uma revolução no seio da Igreja em direção à simplicidade.[83]

---

[83] Se realizó la entrevista entre el Presidente Mujica y el Papa Francisco. *Presidência do Uruguai*, 1 de junho de 2013. Disponível em: https://www.gub.uy/presidencia/comunicacion/noticias/se-realizo-entrevista-entre-presidente-mujica-papa-francisco. Acesso em: 3 maio 2025.

Em 28 de maio de 2015, Mujica foi novamente recebido por Papa Francisco no Vaticano, em um encontro marcado pela simplicidade e pela cordialidade. Conversaram sobre temas como a pobreza, a distribuição de riqueza e a necessidade de uma economia que sirva às pessoas, não o contrário. Francisco elogiou publicamente as políticas sociais inovadoras por Mujica no Uruguai, enquanto este expressou sua admiração pelo esforço do Papa em renovar a Igreja Católica e aproximá-la das preocupações sociais contemporâneas. Nos anos seguintes, mantivemos contato e trocamos mensagens em diversas graças, consolidando uma amizade baseada no respeito mútuo e em valores compartilhados. Em 2016, ao ser entrevistado, Pepe Mujica falou sobre o Papa Francisco:

> A mensagem do papa é importante também para um não crente como eu, que, mesmo assim, respeita profundamente todas as religiões, a necessidade de transcendência que provém, em diversas formas, do ser humano e que hoje é anestesiado ou pervertido. Ele fala da solidariedade em um mundo que quer construir muros [...] A solidariedade não é um ato beneficente, mas entender que o esforço da mulher africana em busca d'água também diz respeito a mim. Hoje, em vez disso, somos prisioneiros de uma teia que nos apresentam as coisas ao contrário, nos torna dependentes da posse compulsiva de objetos. É preciso colocar limites, viver com sobriedade. Não digo com austeridade, porque a palavra pode levar a pensar na austeridade imposta pelo capitalismo, pelos planos de ajuste estruturais. Estou dizendo, porém, que muitas coisas não nos servem. Precisamos, ao contrário, recuperar o tempo. A política é inerente ao nosso ser social, ao viver em sociedade. E devemos escolher: por paixão, porém, não por dinheiro. Se alguém quer acumular dinheiro, é melhor que se dedique ao comércio, aos negócios. Quem faz política deve viver como vive a maioria do povo. O papa diz essas coisas. A sua mensagem é política. Ele ajuda a nos interrogarmos sobre a globalização, sobre a necessidade de uma mudança estrutural, ele acolhe as razões de uma humanidade dissidente não incluída, que quer ter a sua importância nas decisões. Ele usa a mística e os recursos da Igreja para difundir uma mensagem universal contra as desigualdades, a guerra.[84]

O Papa Francisco também tinha uma grande admiração por Pepe Mujica, conforme podemos em matéria sobre o prefácio do livro "Pepe Mujica. De bagagem leve. Conversas com Gustavo Sylvestre", escrito pelo Papa:

---

[84] O Papa e o Pepe. Entrevista com José "Pepe" Mujica". Instituto Humanitas Unisinos em 08.11.2016. Disponível em: https://www.ihu.unisinos.br/categorias/185-noticias-2016/562079-o-papa-e-o-pepe-entrevista-com-jose-pepe-mujica. Acesso em: 3 maio 2025.

O Papa Francisco destacou o ex-presidente uruguaio José Mujica como um "exemplo para a política latino-americana e mundial". O Papa se referiu a Mujica como um político "puro-sangue", uma categoria que, segundo ele, está em perigo de extinção. "Pepe Mujica representa um exemplo para a política latino-americana e mundial hoje. Ele pertence àqueles políticos que gosto de chamar de 'da raça', que hoje estão quase extintos", escreveu Francisco. Ele também enfatizou a consistência do ex-presidente, observando que "ele sempre se manteve firme em suas convicções e sofreu perseguição e prisão por permanecer fiel às suas ideias e princípios". O pontífice enfatizou que tanto ele quanto Mujica compartilham preocupações comuns, como justiça social, proteção ambiental e política entendida como serviço. "Compartilhamos a preocupação e a visão por maior justiça social no mundo e em nossos países; pelo cuidado com o meio ambiente, 'nossa casa', que é nossa terra; e, acima de tudo, por uma política que deve ser nobre", disse ele. O Papa também relembrou com carinho seus encontros com Mujica e sua esposa, Lucía Topolansky. Ele destacou a trajetória de Mujica, ressaltando que o ex-presidente uruguaio conseguiu chegar à presidência de seu país sem trair seus princípios nem recorrer a calúnias ou ódio. "Ele tem história e um passado. Não precisou caluniar nem insultar, muito menos trair seus princípios, para alcançar o que alcançou: ser presidente de sua amada pátria", afirmou o Papa. Por fim, Francisco expressou sua admiração por Mujica e o considerou um modelo para as novas gerações que buscam abraçar a política com "paixão e nobreza". "Estou feliz que seus pensamentos, suas reflexões e sua história estejam capturadas neste livro, para guiar as novas gerações a abraçar a arte da política com paixão e nobreza, como Pepe Mujica fez", concluiu.[85]

O último encontro entre os dois aconteceu em 05 de novembro de 2016, no Auditório Paulo VI, no Vaticano, durante o III Encontro Mundial dos Movimentos Populares. A esposa de Mujica, Lucía Topolansky, estava presente.

Logo após a morte do Papa Francisco em 21 de abril de 2025, seu amigo Mujica, que já não mais concedia entrevistas por razões de saúde (e que morreria menos de um mês depois), abriu uma exceção para se despedir, ressaltando que:

> Toda a história de um homem religioso comprometido com seu modo de pensar e sentir acabou. [...] Ele realmente apresentou uma face de resgate do antigo cristianismo, em seu sentido de solidariedade, tentando

---

[85] El Papa Francisco cataloga al expresidente Mujica como "un ejemplo para la política latinoamericana y mundial. *M24*, 27 de setembro de 2024. Disponível em: https://www.m24.com.uy/el-papa-francisco-cataloga-al-expresidente-mujica-como-un-ejemplo-para-la-politica-latinoamericana-y-mundial/. Acesso em: 3 maio 2025.

nunca esquecer a mensagem positiva para com os setores mais fracos da sociedade. [...] Não é apenas um Papa neutro que faleceu, é toda a história de um homem religioso comprometido com seu modo de pensar e sentir que faleceu. [...] Eu honro e nunca esquecerei este Papa, que acima de tudo tinha uma causa humana formidável pela qual viver. Ele era muito gentil e, embora eu não seja um crente militante, eu realmente me considerava um homem privilegiado pela amizade, e diria mais, pela companhia deste Papa, que não passou pela vida como um neutro. [...] Ele sempre se comprometeu com as melhores posições diante das contradições que a humanidade enfrenta. Por isso, honra e memória.[86]

Para começar a falar sobre a biografia de Pepe Mujica, vamos apresentar algumas distinções do político uruguaio em relação ao religioso argentino. Enquanto Francisco (Jorge Bergoglio) seguiu uma trajetória religiosa desde jovem, formando-se em química antes de ingressar no seminário jesuíta, dedicando sua vida à formação teológica e à carreira eclesiástica, Mujica teve uma juventude marcada pelo ativismo político revolucionário, tornando-se membro do movimento guerrilheiro Tupamaros, sem formação acadêmica formal completa.

Francisco representa a fé católica como sua missão central, com sua visão social derivada da teologia, e Mujica se identifica como agnóstico, com uma filosofia secular humanista que não depende de fundamentos religiosos.

Se Francisco viveu sob o regime militar argentino como líder provincial dos jesuítas, enfrentando acusações polêmicas sobre seu papel durante a ditadura, mas sem enfrentar a prisão, Mujica passou 14 anos encarcerado durante a ditadura Uruguai (1973-1985), incluindo períodos em condições extremamente severas como refém, experiência que marcou profundamente sua visão de mundo.

Francisco ascendeu na posição eclesiástica: professor, provincial dos jesuítas, arcebispo de Buenos Aires, cardeal e finalmente Papa em 2013. Por sua vez, Mujica avançou um caminho político gradual após a redemocratização: deputado, senador, ministro da Agricultura e finalmente presidente do Uruguai (2010-2015).

Quanto ao estilo de vida, Francisco, mesmo rejeitando luxos papais, viveu no Vaticano dentro de uma estrutura institucional com protocolos e equipes de apoio. Enquanto isto, Mujica manteve seu estilo

---

[86] Pepe Mujica despidió al papa Francisco: "Se fue la historia de un hombre comprometido con su manera de sentir y pensar". *C5N*, 21 de abril de 2025. Disponível em: https://www.c5n.com/mundo/pepe-mujica-despidio-al-papa-francisco-se-fue-la-historia-un-hombre-comprometido-su-manera-sentir-y-pensar-n198248. Acesso em: 3 maio 2025.

de vida extremamente sóbrio, mesmo como presidente, continuando a viver em sua pequena chácara, doando noventa por cento de seu salário e dirigindo seu velho Fusca.

No tocante às distinções ideológicas e de pensamento, a base filosófica de Francisco estava fundamentada na doutrina social católica, com influências da teologia latino-americana, mas sempre dentro do quadro dogmático da Igreja. Mujica desenvolveu um pensamento político pragmático que combina influências marxistas de sua juventude com pragmatismo político e fortes elementos humanistas existencialistas.

A respeito da posição sobre temas morais, Francisco, apesar de abordagens mais acolhedoras, mantinha as posições doutrinais católicas contra o aborto, a eutanásia e o casamento entre pessoas do mesmo sexo. Diferentemente, Mujica liderou a legalização do aborto, do casamento entre pessoas do mesmo sexo e da maconha no Uruguai, defendendo a autonomia individual em questões morais.

No tocante à visão econômica, apesar das muitas identidades, pode-se afirmar que Papa Francisco criticou veementemente o capitalismo desregulado e a "economia que mata", mas não defendeu um sistema econômico específico além de maior justiça social. Já Mujica, apesar de suas origens revolucionárias, governou dentro de um modelo econômico de mercado regulado, com pragmatismo que surpreendeu muitos observadores. Nas questões ambientais, enquanto Papa Francisco articulou uma crítica ambiental teologicamente fundamentada na encíclica *Laudato Si'*, vinculando a crise ecológica à espiritualidade e à necessidade de "conversão ecológica", Pepe Mujica adotou uma perspectiva ambiental mais pragmática e materialista, questionando o consumismo com base em seus impactos concretos sobre recursos finitos.

Ademais, Papa Francisco trabalhou em uma instituição milenar hierárquica que buscou reformar, mas seus dogmas fundamentais e estrutura organizacional se mantiveram. Por sua vez, Mujica demonstrou ceticismo em relação às instituições tradicionais e buscou transformações mais profundas nas estruturas de poder, mesmo trabalhando dentro do sistema democrático.

Papa Francisco criticava o consumismo a partir de uma perspectiva espiritual, como obstáculo à vida virtuosa e causa de desigualdades sociais. Mujica criticava o consumo principalmente como uma escravidão autoimposta. Papa Francisco enfatizava a conversão pessoal e a transformação cultural como necessária às mudanças estruturais e Mujica priorizava mudanças nas estruturas econômicas e políticas, acreditando que transformações materiais são fundamentais para mudanças culturais.

Apesar de serem adeptos de uma linguagem simples e de uma comunicação direta, Papa Francisco se utilizava uma retórica rica em simbolismo religioso e referências bíblicas, mesmo ao abordar questões seculares, enquanto Mujica se utilizava de uma linguagem direta, coloquial e frequentemente mesclada com metáforas do campo e da vida cotidiana.

Como se verifica, embora compartilhassem diversas ideias e valores (como a simplicidade, a humildade, a sobriedade e a sustentabilidade), assim como críticas (como ao capitalismo desregulado e ao consumo excessivo), suas visões de mundo e abordagens à transformação social derivavam de tradições intelectuais e experiências pessoais diferentes, o que enriquece ainda mais a presença destes dois ícones mundiais nesta pesquisa. Agora passemos a algumas questões sobre a vida de Mujica.

José Alberto "Pepe" Mujica Cordano nasceu em 20 de maio de 1935, em Montevidéu, Uruguai, filho de um pequeno agricultor de origem basca e de um descendente de italianos. Sua infância foi marcada por dificuldades econômicas, especialmente após a morte de seu pai Demétrio Mujica Terra, quando tinha apenas seis anos de idade. Esta perda prematura obrigou sua família a enfrentar ainda mais privações e forjou em Mujica, desde cedo, uma visão de mundo pautada pela simplicidade e pelo valor do essencial.

Cresceu ajudando sua mãe Lucy Cordano na pequena propriedade familiar no bairro de Paso de la Arena, onde cultivavam flores para vender no mercado local. Essa experiência inicial com a terra marcaria profundamente sua relação com o trabalho agrícola, algo que ele manteria durante toda a vida. Aliás, antes, durante e após a presidência do Uruguai, Pepe Mujica continuou se dedicando à profissão de floricultor. "Guerrilheiro, parlamentar, ministro, presidente, líder, pensador e filósofo, há algo que Mujica nunca deixou pra trás: as flores".[87]

A juventude de Mujica coincidiu com um período de crescentes tensões políticas e sociais no Uruguai. Durante a década de 1950, o país enfrentou o fim do modelo de bem-estar social que caracterizou seu desenvolvimento nas décadas anteriores. Neste contexto de restrição econômica e desigualdade crescente, Mujica iniciou sua trajetória política vinculando-se ao Partido Nacional (Blanco), de tendência conservadora, mas logo se mudou de correntes mais progressistas,

---

[87] Mujica, as flores, o Tempo, e o deus que não quer penitências. *Médium*, 3 de abril de 2023. Disponível em: https://medium.com/@biaroscoe219/mujica-as-flores-o-tempo-e-o-deus-que-n%C3%A3o-quer-penit%C3%AAncias-62d5ec7f8c06.Acesso em: 2 maio 2025.

influenciada pela Revolução Cubana e pelos movimentos de libertação nacional que emergiram na América Latina:

> Em 1956, iniciou sua militância no Partido Nacional, do qual foi secretário-geral da juventude. Deixou o partido em 1962 para participar da fundação da União Popular. Mas, nessa mesma década, confrontando com um panorama político sombrio, assolado pela violência e pelo autoritarismo do governo, Mujica se juntou à guerrilha urbana conhecida como Movimento de Libertação Nacional – Tupamaros (MLN-T), e caiu na clandestinidade. Durante sua atividade guerrilheira, foi baleado seis vezes e acabou detido no presídio de Punta Carretas, em Montevidéu. Escapou, foi preso novamente e participou de uma segunda fuga, que foi registrada como uma das maiores evasões carcerárias da história. No total, foi preso quatro vezes, tendo sido brutalmente torturado física e psicologicamente, e passe quase quinze anos de sua vida encarcerado. Seu último período de detenção de 1972 a 1985, no qual sofreu duras condições de vida, incluindo um terrível isolamento, que, nas suas palavras, quase o levaram à loucura e à morte.[88]

O confinamento extremo[89] transformou profundamente a visão do mundo de Mujica. Durante os anos de isolamento, desenvolveu uma relação quase mística com a natureza – observava formigas, cultivava plantas em pequenos vasos improvisados e meditava sobre a condição humana. A experiência do cárcere o levou a uma profunda reflexão existencial que se baseou em uma filosofia de vida marcada pelo desapego material e pela valorização de cada momento da existência. Em entrevistas posteriores, Mujica frequentemente afirmava que a prisão foi sua universidade, onde aprendeu a valorizar coisas simples como um raio de sol ou o canto de um pássaro. Neste período, consolidou sua certeza de que ser livre é ter tempo para viver e fazer aquilo que se ama, uma máxima que orientaria sua vida dali em diante. Mujica disse:

> Te quiero transmitir que esos años en el fondo me transformaron. Y fueron los años que más me dieron, porque los hombres aprendemos mucho más de la adversidad que de la bonanza. No sería quien soy ni pensaría como pienso hoy si no hubiera vivido esa peripecia. Con lo cual le quiero transmitir una afirmación de la vida, a las generaciones que

---

[88] ALVÍDREZ, Saúl. *Sobrevivendo ao século XXI*. Chomsky & Mujica. Tradução de Maria Cecília Brandi. 4. ed. Civilização brasileira, 2025. p. 37.
[89] ROSENCOF, Mauricio; HULDOBRO, Eleuterio Fernández. *Memórias do calabouço*. Tradução de Ana Helena Oliveira e Paloma Santos. Santo André, 2020.

vienen: nunca hay que sentirse derrotado, derrotados son únicamente aquellos que no luchan para levantarse.[90]

Com o fim da ditadura e o retorno gradual à democracia no Uruguai, Mujica foi libertado em 1985, junto com outros presos políticos, beneficiado por uma ampla anistia. Ao sair da prisão, aos cinquenta anos de idade, encontrei um mundo consideravelmente diferente daquele que conhecemos. A Guerra Fria se aproximava do fim, a União Soviética estava em processo de desintegração e muitos dos ideais revolucionários que tinham inspirado sua geração planejavam estar em declínio. Longe de se entregar ao desânimo, Mujica iniciou um processo de reinvenção política, mantendo seus princípios fundamentais, mas adaptando seus métodos à nova realidade democrática.

Na década de 1990, Mujica participou da fundação do Movimento de Participação Popular (MPP), que posteriormente se integrou à coalizão de esquerda Frente Ampla. Em 1994, foi eleito deputado e, em 1999, senador, cargos que exerceu com um estilo peculiar: mantinha sua residência na pequena chácara nos arredores de Montevidéu, cultivava suas próprias verduras, dirigia um velho fusca e doava grande parte de seu salário para projetos sociais e para o MPP. Este estilo de vida sóbrio e consistente com seus princípios começou a chamar a atenção não apenas dos uruguaios, mas também da mídia internacional, que via nele algo raro na política contemporânea.

Em 2005, quando a Frente Ampla chegou ao poder com Tabaré Vázquez, Mujica assumiu o Ministério da Agricultura, Pecuária e Pesca. Sua gestão foi marcada pela atenção aos pequenos produtores rurais e pela busca de um modelo de desenvolvimento agrícola mais inclusivo e sustentável. Foi durante este período que sua figura pública ganhou ainda mais projeção, consolidando-se como um dos políticos mais populares do país. O carisma natural, a linguagem simples e direta, e principalmente a coerência entre discurso e prática fez de Mujica uma incidência política que transcendia as divisões ideológicas tradicionais.

Em 2009, quando seu nome foi cogitado para concorrer à Presidência do país, disse: "essa verga não é para mim. [...] Pode surgir algum outro cachorro, mas eu não". Sobre este episódio, "não era uma possibilidade que estivesse avaliando. Quase ninguém no Uruguai o via como possível candidato e, muito menos, como presidente. Os

---

[90] MUJICA, Pepe. In: KLEIN, Darío; MORÁS, Enrique J. *José Mujica en sus palabras*. Ideas, opiniones y sueños del presidente más popular del mundo. Barcelona: Debate, 2024. p. 67.

meses foram passando, e sua popularidade, crescendo. Como ministro da Pecuária, liderou um dos principais setores do governo e foi se consolidando com um possível postulante".[91]

E Mujica se candidatou e foi eleito em segundo turno com pouco mais de 52% dos votos totais. A ascensão à Presidência do Uruguai em 01 de março de 2010 representou o ponto culminante da extraordinária trajetória política de Mujica.

Sua campanha eleitoral, caracterizada pela recusa ao marketing político tradicional e pelo discurso centrado em valores humanos essenciais, conquistou a maioria dos uruguaios. Ao tomar posse, Mujica surpreendeu o mundo ao manter seu estilo de vida simples: decidiu-se morar no palácio presidencial, continuou vivendo em sua pequena chácara, dirigindo seu velho Fusca 1987 (que se voltaria um símbolo de sua presidência) e cultivando flores com sua esposa.

Ao longo de seu mandato presidencial (2010-2015), Mujica contribuiu com o Uruguai por um caminho de contribuições democráticas e de desenvolvimento social. Seu governo foi marcado por políticas progressistas como a legalização do aborto, do casamento entre pessoas do mesmo sexo e da produção, venda e consumo controlado de maconha. Estas medidas, embora controversas, colocaram o pequeno país de 3,4 milhões de habitantes na vanguarda dos debates globais sobre direitos civis e políticas de drogas. No âmbito econômico, manteve uma linha de desenvolvimento com responsabilidade fiscal, mas com forte ênfase na inclusão social e na redução da pobreza. No plano internacional, Mujica se destacou por suas posições em defesa da integração regional latino-americana e por sua capacidade de dialogar com líderes de diferentes orientações políticas, sempre em busca de consensos que beneficiem os povos da região.

Ao lado de Mujica em toda essa trajetória esteve Lucía Topolansky, sua companheira de vida há mais de três décadas. Assim como ele, Lucía foi guerrilheira tupamara, prisioneira política durante a ditadura e, posteriormente, senadora e vice-presidente do Uruguai. O casal se conheceu na prisão e consolidou sua relação após a libertação. Casaram-se oficialmente apenas em 2005, embora já vivessem juntos há muito tempo. A união de Mujica e Topolansky é frequentemente descrita como um exemplo de parceria baseada em valores partilhados, respeito mútuo e apoio incondicional. Vivendo juntos em sua modesta

---

[91] DANZA, Andrés; TULBOVITZ, Ernesto. *Uma ovelha negra no poder*. Confissões e intimidades de Pepe Mujica. Rio de Janeiro: Difel, 2024. p. 14.

chácara, cultivando a terra e compartilhando uma vida simples, tornou-se um símbolo de prejuízo e coerência em um mundo político muitas vezes marcado pela hipocrisia e pelo distanciamento entre discurso e prática.

Após deixar a presidência em março de 2015, Mujica retornou ao Senado, onde continuou ativo politicamente até sua aposentadoria definitiva da vida parlamentar em 2020, aos 85 anos. Contudo, a sua retirada das funções políticas formais não significou um afastamento do debate público. Pelo contrário, liberado das obrigações institucionais, Mujica intensificou seu papel como uma voz moral global, dando palestras em universidades, participando de fóruns internacionais e concedendo entrevistas a meios de comunicação de todo o mundo. Seus discursos na ONU e em outros fóruns internacionais, suas reflexões sobre o consumismo, meio ambiente e valores humanos essenciais tornaram-se virais nas redes sociais, conquistando admiradores muito além das fronteiras uruguaias e transcendendo divisões ideológicas tradicionais.

A fama internacional de Mujica cresceu exponencialmente após sua presidência. Documentários como "El Pepe, uma vida suprema", dirigido pelo renomado cineasta Emir Kusturica, têm divulgado sua história e pensamento. Suas frases simples, mas profundas, sobre felicidade, consumismo e o sentido da vida são compartilhadas milhões de vezes nas redes sociais. Em um mundo cada vez mais materialista e individualista, sua mensagem sobre a importância de ter tempo para viver e para amar, sobre a sobriedade como valor e sobre a necessidade de reconexão com a simplicidade encontrada em pessoas de diferentes culturas e gerações.

Apesar da fama e do reconhecimento global, Mujica se manteve fiel à sua essência e aos seus valores fundamentais. Recusou ofertas milionárias por palestras e autobiografias, mantendo uma coerência que sempre caracterizou sua trajetória. Para Mujica, a riqueza não está nos bens materiais, mas na capacidade de ser senhor do próprio tempo e de viver de acordo com seus valores mais profundos. Sua definição de sucesso não se mede por acumulação de posses, mas pela capacidade de gastar em vida o amor que levamos dentro.

Ao longo de sua trajetória extraordinária – de guerrilheiro a presidente, de prisioneiro a referência moral global – José "Pepe" Mujica demonstrou uma rara capacidade de transformar adversidades em sabedoria e de se manter fiel a seus princípios essenciais enquanto evoluídos em sua compreensão do mundo. Sua vida é um testemunho poderoso de resiliência, esperança e compromisso com valores humanos fundamentais. Em um mundo cada vez mais dominado pelo individualismo, pelo consumismo e pela busca frenética de status e poder, a figura de Mujica emerge como um contraponto necessário – um lembrete de que a verdadeira riqueza está na simplicidade, na conexão com os outros e na capacidade de viver de acordo com nossas convicções mais profundas.

Em janeiro de 2025, aos oitenta e nove anos, Mujica revelou ao mundo que seu câncer de esôfago havia se espalhado para o fígado, de modo que o avanço da doença não poderia ser interrompido:

> O câncer no meu esôfago está colonizando meu fígado. Não consigo pará-lo com nada. Por quê? Porque sou um idoso e tenho duas doenças crônicas. Não posso fazer nenhum tratamento bioquímico ou cirurgia porque meu corpo não aguenta. O que eu peço é que me deixem em paz. Que não me peçam mais entrevistas ou qualquer outra coisa. Meu ciclo acabou. Sinceramente, estou morrendo. O guerreiro tem direito ao descanso.[92]

2.2 A gestão de Pepe Mujica na Presidência do Uruguai

Quando José Mujica assumiu a presidência do Uruguai em março de 2010, as expectativas da população uruguaia eram simultaneamente elevadas e cautelosas. Por um lado, havia grande esperança de que este homem extraordinário, cuja biografia pessoal era marcada pela resistência, resiliência e desvantagens, pudesse trazer uma nova forma de fazer política, mais próxima das necessidades reais da população e menos sujeita aos jogos de poder tradicionais.

Por outro lado, havia dúvidas sobre sua capacidade administrativa, já que sua experiência prévia se limitou ao Ministério da Agricultura durante o governo de Tabaré Vázquez e aos cargos legislativos que ocupou como deputado e senador. Muitos se perguntaram como um ex-guerrilheiro, sem formação acadêmica formal e avesso às formalidades do poder, conseguiria administrar um país inteiro.

O contexto internacional também apresentou desafios significativos, com o mundo ainda se recuperando da crise financeira global de 2008, que afetou diversas economias latino-americanas.

---

[92] Pepe Mujica revela que câncer se espalhou e não pode ser interrompido: 'Estou morrendo, o guerreiro tem direito ao descanso'. *Brasil de Fato*, 9 jan. 2025. Disponível em: https://www.brasildefato.com.br/2025/01/09/pepe-mujica-revela-que-cancer-se-espalhou-e-nao-pode-ser-interrompido-estou-morrendo-o-guerreiro-tem-direito-ao-descanso/. Acesso em: 3 maio 2025.

Mujica assumiu a presidência como o segundo mandatário da coalizão de esquerda Frente Ampla, sucedendo a Tabaré Vázquez. Sua eleição representou, portanto, uma continuidade do projeto político progressista iniciado em 2005, mas com um estilo pessoal marcadamente distinto. Se Vázquez era conhecido por sua formação médica, tecnicismo e abordagem metódica da gestão pública, Mujica trazia consigo uma visão mais filosófica e humanista da política, aliada a um pragmatismo forkado a partir das experiências duras de sua vida. Desde o início, deixou claro que sua prioridade seria consolidar e aprofundar as políticas sociais inovadoras pelo governo anterior, mas também avança em pautas progressistas que ficaram bloqueadas devido a resistências dentro da própria coalizão governamental.

A primeira e mais visível diferença na administração Mujica foi uma mudança radical na relação com os símbolos e privilégios do poder. Ao se recusar a viver no palácio presidencial de Suárez y Reyes, optando por permanecer em sua modesta chácara nos arredores de Montevidéu, Mujica colocou um poderoso precedente simbólico que orientaria toda sua gestão: a redução drástica de luxos e privilégios associados ao poder. Esta filosofia de sobriedade pessoal se expandiu para a administração pública através de uma série de medidas concretas: redução do número de veículos oficiais, limitações de despesas com eventos e cerimônias governamentais, simplificação de protocolos oficiais e racionalização do uso de recursos públicos em todo o aparelho estatal. Embora alguns críticos considerassem estas medidas meramente simbólicas, elas tiveram um impacto real tanto nas finanças públicas quanto na cultura administrativa, sinalizando que a eficiência no uso dos recursos públicos seria uma prioridade constante.

Outra questão que logo deve ser apontada diz respeito à prioridade número um de Mujica: melhorar a situação dos mais pobres. E ele conseguiu. Neste contexto:

> Uno de los logros o cosas más importantes que hizo Pepe Mujica en su gobierno fue la histórica reducción de la pobreza en Uruguay, la mayor distribución de las riquezas y el desarrollo de la economía del país. Más precisamente, durante el gobierno de Mujica se redujo la pobreza al 12 % (10 años antes, era de 40 %). Ello disminuyó la desigualdad y permitió que la economía de Uruguay creciera en un 75 %. Este hecho fue destacado a nivel internacional, relevado por medios de prensa como The Guardian [...] Como referíamos, durante el gobierno de «Pepe» Mujica se alcanzó el nivel de desigualdad más bajo en la historia de Uruguay hasta la fecha. En materia salarial, el Salario Mínimo Nacional (SMN) creció en términos reales por encima del Índice de Salario Real

(ISR). En términos reales, el SMN se duplicó entre enero de 2006 y enero de 2017. Y ese logro fue el resultado de la política salarial desarrollada, enfocada en la mejora de los salarios más bajos. El fortalecimiento del SMN logró un efecto igualador, explicando buena.[93]

No campo da organização administrativa, o governo Mujica implementou uma série de reformas estruturais que modernizaram o estado uruguaio e o tornaram mais eficiente e responsivo às necessidades da população. Uma das mais sérias foi a criação do Sistema Nacional Integrado de Cuidados, uma política pública inovadora que reconhecia e buscava responder ao déficit de cuidados existentes na sociedade uruguaia, especialmente em relação às crianças pequenas, pessoas idosas e pessoas com deficiência.

Outra reforma administrativa importante foi a implementação do governo eletrônico em larga escala, com a digitalização de processos burocráticos que anteriormente forneceu a presença física dos cidadãos em repartições públicas. O Plano Ceibal, iniciado no governo anterior, foi ampliado e fortalecido, garantindo acesso a computadores portáteis e internet para todos os estudantes da rede pública de ensino. Essas iniciativas de modernização tecnológica, além de melhorar a eficiência administrativa, tiveram um impacto significativo na redução da burocracia e no aumento da transparência governamental, posicionando o Uruguai como um dos países mais avançados da região em termos de governo digital.

Na área da saúde, a administração Mujica consolidou e expandiu o Sistema Nacional Integrado de Saúde, implementado durante o governo Vázquez. Este modelo, que combina questões públicas e privadas sob uma regulação estatal forte e com financiamento misto, avançou significativamente na universalização do acesso aos serviços de saúde. Durante o quinquênio de Mujica, houve uma expansão específica da cobertura, especialmente para trabalhadores informais e suas famílias, além de melhorias na infraestrutura hospitalar e na distribuição territorial de serviços. Uma iniciativa particularmente inovadora foi o fortalecimento da atenção primária à saúde, com a criação de centros de saúde comunitários em áreas vulneráveis e a implementação de equipes de saúde familiares com abordagem territorial. Os resultados destas políticas foram visíveis em diversos

---

[93] Qué hizo Pepe Mujica en su Gobierno.*609MPP*, 15 de outubro de 2019. Disponível em:https://mpp.org.uy/que-hizo-pepe-mujica-en-su-gobierno/#una-historica-reduccion-de-la-pobreza-en-uruguay. Acesso em: 3 maio 2025.

indicadores: redução da mortalidade infantil para níveis comparáveis aos de países desenvolvidos, aumento da expectativa de vida e melhoria nos índices de satisfação dos usuários com os serviços de saúde.

No campo da educação, no seu primeiro discurso como presidente do Uruguai, advertiu: "Sem querer ser o dono da verdade, acho que devemos começar por quatro assuntos: educação, energia, meio ambiente e segurança. Permita-me uma ênfase: educação, educação, educação. E, outra vez, educação".[94]

Mujica não apenas frequentemente afirmava que esta era uma área que mais preocupava, mas também que era onde sentia que seu governo tinha mais dificuldades para avançar. Apesar dos desafios, seu quinquênio foi marcado por investimentos significativos na expansão do sistema educacional uruguaio. A criação da Universidade Tecnológica do Uruguai (UTEC), a primeira universidade pública em mais de um século, representou um marco importante na democratização do acesso ao ensino superior, especialmente para jovens do interior do país. Houve também uma expansão significativa da educação técnica e profissional, com a criação de novos centros do Conselho de Educação Técnico-Profissional (CETP-UTU) em todo o território nacional. No ensino básico e médio, para além da continuidade do Plano Ceibal, foram implementados programas de combate à evasão escolar e de melhoria da infraestrutura educacional. Contudo, os resultados nestas áreas foram mistos, com avanços aquém do esperado em indicadores como taxas de conclusão do ensino médio e resultados em testes internacionais, o que gerou críticas tanto da oposição quanto de setores da própria base de apoio do governo. Sobre tais ações:

> Durante muchos años se habló de la descentralización de la educación en Uruguay. Sin embargo, no se avanzó en esa dirección hasta que el pueblo eligió al Frente Amplio para ser representado. Y, en este sentido, la proyección de la UTEC fue otro de los logros del gobierno de Pepe Mujica. El 28 de diciembre de 2012 se promulgó la Ley N° 19 043, que determinó la obligación de la creación de la Universidad Tecnológica. Hoy, la UTEC es una realidad materializada. Las familias ya no tienen que separarse para poder estudiar. La Universidad Tecnológica fue creada en 2012, durante el gobierno de Mujica, mediante la ley No. 19 043. La creación de la UTEC (a menudo referida como "la universidad "del Pepe"") sumó una nueva propuesta educativa terciaria y

---

[94] O outro lado da administração Mujica. *El País*, 25 de outubro de 2014. Disponível em: https://brasil.elpais.com/brasil/2014/10/25/internacional/1414257138_283406.html. Acesso em: 3 maio 2025.

universitaria en el interior del país. Con ella se avanzó sustancialmente en la descentralización educativa y el desarrollo sustentable nacional. Consecuentemente, hoy Uruguay es líder en TIC y desarrollo digital, un país productivo y sustentable.[95]

A relação com o funcionalismo público durante o governo Mujica foi marcada por um equilíbrio entre o reconhecimento da importância dos servidores para a implementação de políticas públicas e a necessidade de racionalização e profissionalização do aparelho estatal. Uma das políticas mais significativas foi a implementação de um novo sistema de carreira para os servidores públicos, baseado em critérios técnicos e meritocráticos para progressão funcional.

Foram realizados concursos públicos para diversas áreas de administração, simplificando a prática tradicional de nomeações políticas. Ao mesmo tempo, Mujica manteve um diálogo constante com os sindicatos do setor público, estabelecendo mesas de negociação permanentes que resultaram em acordos salariais plurianuais que garantiram ganhos reais para os trabalhadores sem comprometer o equilíbrio fiscal. Esta abordagem equilibrada, que combinava a valorização dos servidores com exigência de resultados, contribuiu para uma melhoria gradual na qualidade dos serviços públicos, embora tenha enfrentado resistências tanto de setores corporativistas dentro do funcionalismo quanto de defensores de reformas mais drásticas. Sobre a opinião de Mujica sobre os servidores públicos:

> De todas formas, insistió en que, por lo demás, los trabajadores públicos son como cualquiera. Dijo que los hay muy buenos y responsables, están los que "acompañan" y siguen a estos trabajadores que tácitamente tienen sentido de pertenencia a la función pública, "y hay otros que es un milagro lograr que trabajen". Entiende que esto ocurre en todas partes y que no es responsabilidad de los trabajadores, sino que es una consecuencia de la demagogia del sistema político de hace décadas y del uso abusivo de derechos que permiten "las enormes seguridades". Aseguró que los más "brillantes y notables son los que menos gritan y los que más trabajan, con conciencia de servicio público".[96]

---

[95] Qué hizo Pepe Mujica en su Gobierno. *609MPP*, 15 de outubro de 2019. Disponível em: https://mpp.org.uy/que-hizo-pepe-mujica-en-su-gobierno/#una-historica-reduccion-de-la-pobreza-en-uruguay. Acesso em: 3 maio 2025.

[96] Mujica destacó beneficio de públicos, apeló a cambio cultural y más vocación de servicio. *Presidência do Uruguai*, 13 de setembro de 2013. Disponível em: https://www.gub.uy/presidencia/comunicacion/noticias/mujica-destaco-beneficio-publicos-apelo-cambio-cultural-vocacion-servicio. Acesso em: 3 maio 2025.

Em termos de proteção ambiental, o governo Mujica introduziu uma abordagem pragmática que combinava questões ecológicas com considerações econômicas e sociais. Uma das políticas mais inovadoras foi a implementação de um sistema nacional de áreas protegidas que ampliou significativamente o território Uruguai sob proteção ambiental. No campo energético, houve um investimento massivo em energias renováveis, especialmente eólica e solar, diminuindo a dependência de combustíveis fósseis importados e posicionando o Uruguai como líder regional em transição energética. Em 2015, ao final do mandato de Mujica, cerca de 95% da eletricidade consumida no país já provinha de fontes renováveis, um feito extraordinário que ganhou reconhecimento internacional:

> Mientras que durante la década de los 90 y principios del 2000 Uruguay gastó incomprensibles cifras en la compra de energía durante períodos de sequía debido a la falta de inversión en esa área, durante el gobierno de Pepe Mujica hubo significativos avances en materia de políticas tendientes a multiplicar las formas de generación de energía eléctrica. Con molinos de viento, biomasa y generación fotovoltaica, entre otros aspectos, se logró la diversificación energética. Como se destaca en esta publicación del medio The Guardian, en menos de diez años, Uruguay redujo drásticamente su huella de carbono y sus costes de electricidad. Además, actualmente, Uruguay es uno de los máximos referentes en la generación de energía renovable a nivel mundial. Líder absoluto en América Latina. Y así lo han determinado diversos organismos internacionales.[97]

Na área das finanças públicas, a gestão de Mujica foi caracterizada por uma abordagem responsável que buscava equilíbrio fiscal conciliar com expansão de políticas sociais. Contrariando as expectativas de que um ex-guerrilheiro de esquerda poderia adotar políticas fiscais irresponsáveis, seu governo manteve um controle rigoroso das contas públicas, com déficits fiscais moderados e uma gestão prudente da dívida pública. Esta estabilidade macroeconômica foi fundamental para que o Uruguai atravessasse com relativa tranquilidade um período de turbulência na economia global, mantendo o crescimento econômico e a atração de investimentos estrangeiros. Uma reforma fiscal importante renovada durante seu governo foi a criação do Imposto de

---

[97] Qué hizo Pepe Mujica en su Gobierno. *609MPP*, 15 de outubro de 2019. Disponível em: https://mpp.org.uy/que-hizo-pepe-mujica-en-su-gobierno/#una-historica-reduccion-de-la-pobreza-en-uruguay. Acesso em: 3 maio 2025.

Assistência à Seguridade Social (IASS), que taxava as aposentadorias e pensões mais altas, introduzindo maior progressividade no sistema tributário Uruguai.

A área onde o governo Mujica talvez tenha sido mais inovador e gerado maior repercussão internacional foi a implementação de políticas sociais progressistas que colocaram o pequeno país sul-americano na vanguarda mundial em diversos temas. A legalização do aborto, aprovada em 2012, distribuiu um sistema que garante o direito das mulheres à interrupção voluntária da gravidez até a 12ª semana de gestação dentro do sistema de saúde. A legalização do casamento entre pessoas do mesmo sexo, aprovada em 2013, garantiu igualdade plena de direitos para casais homoafetivos, incluindo o direito à adoção. E talvez a medida mais controversa e inovadora tenha sido a legalização da produção, distribuição e consumo de cannabis, inovadora através de um sistema restrito regulado pelo Estado, com o objetivo de combater o narcotráfico e tratar o consumo de drogas como uma questão de saúde pública e não criminosa.

Estas três políticas, aprovadas em sequência ao longo do seu mandato, projetaram internacionalmente a imagem do Uruguai como um laboratório de políticas progressistas na América Latina. Embora todos tenham enfrentado resistências de setores conservadores da sociedade uruguaia, especialmente da Igreja Católica e de grupos evangélicos, sua implementação foi conduzida com cuidado e gradualismo, buscando construir legitimidade social por meio do debate público e da transparência nos processos decisórios. O papel pessoal de Mujica foi crucial para a aprovação destas medidas, não apenas pelo apoio político que proporcionou, mas principalmente pela sua capacidade de comunicar estas políticas em termos de valores compartilhados como liberdade, responsabilidade e respeito à diversidade à diversidade, em vez de enquadrá-las em termos ideológicos polarizantes.

Apesar de muitos avanços e inovações, a presidência de Mujica também fez críticas significativas e teve suas limitações. No campo econômico, alguns analistas apontaram que, apesar do crescimento sustentado, o governo não havia conseguido avanços suficientes na diversificação produtiva do país, que continuava altamente dependente da exportação de commodities agrícolas. A inflação persistentemente acima das metas impostas pelo Banco Central foi outro ponto de crítica recorrente. No campo educacional, os avanços foram mais modestos do que o esperado, especialmente em termos de qualidade do ensino e taxas de conclusão do ensino médio. Críticos de esquerda apontaram que algumas reformas estruturais prometidas, como uma reforma agrária mais ampla e medidas mais contundentes de redistribuição de riqueza, não foram rupturas, enquanto a oposição de direita criticava o que considerava uma visão ideológica em algumas políticas governamentais.

> O presidente do Uruguai conseguiu que até os críticos mais severos sorrissem quando falam de José Mujica. Pepe, para a maioria de seus compatriotas. Chegam elogios até da oposição. Luis Lacalle, o candidato presidencial nas eleições de domingo pelo Partido Nacional, reconhece que Mujica "fez com que o mundo falasse do Uruguai". Em 2013, a revista The Economist elegeu esta nação de 3,2 milhões de habitantes como o país do ano, graças às medidas "pioneiras" implementadas por um antigo guerrilheiro de 79 anos "admiravelmente austero" e de uma "franqueza incomum" na política. Mas, no saldo final de seu mandato, Mujica carrega várias sombras. E talvez a mais pesada seja ter fracassado no seu principal objetivo, que era a educação.[...] A outra sombra que obscurece seu mandato é a insegurança urbana, que virou a primeira preocupação dos uruguaios, segundo as pesquisas. [...] Os empresários e a oposição acusam Mujica de ter permitido que os sindicatos, em quem colocam a culpa de terem imposto condições à reforma educativa, invadissem a sua política e a administração do Estado. Também criticam Mujica por não ter aproveitado o inegável momento favorável da economia para cumprir com sua promessa de modernizar os trens e corrigir o mal estado das estradas.[98]

Uma crítica mais substantiva ao estilo de governança de Mujica veio de setores tecnocráticos que argumentavam que sua abordagem filosófica e generalista dos problemas, embora inspiradora, por vezes carecia do detalhamento técnico necessário para a implementação de políticas públicas complexas. Em resposta a estas críticas, Mujica afirmou que o papel do presidente não era ser um especialista em todas as áreas, mas sim estabelecer diretrizes claras, identificar talentos e delegar responsabilidades aos mais capacitados em cada campo. Esta filosofia de liderança se reflete na composição de seu gabinete, que incluía tanto militantes históricos da esquerda quanto técnicos respeitados sem filiação partidária explícita.

Na verdade, uma das maiores virtudes de Mujica como governante foi sua capacidade de considerar suas próprias limitações e procurar colaboradores competentes em áreas onde tinha menos domínio.

---

[98] O outro lado da administração Mujica. *El País*, 25 de outubro de 2014. Disponível em: https://brasil.elpais.com/brasil/2014/10/25/internacional/1414257138_283406.html. Acesso em: 3 maio 2025.

Na equipe econômica, por exemplo, mantiveram o ministro da Economia Fernando Lorenzo e posteriormente Danilo Astori, economistas com perfil técnico e moderado, que garantem a estabilidade macroeconômica e a confiança dos mercados. Esta abordagem pragmática, que priorizou resultados concretos sobre a pureza ideológica, gerou uma abordagem ofensiva dentro da própria coalizão governamental, mas foi fundamental para a efetividade de sua administração.

Outra característica distintiva da liderança de Mujica foi sua capacidade de comunicação direta com a população, especialmente com as camadas mais populares. Seu programa semanal de rádio, onde abordava temas do cotidiano em linguagem simples e direta, transmitia um canal de comunicação direta que contribuía para manter elevados níveis de aprovação popular ao longo de seu mandato, apesar das inevitáveis dificuldades e críticas. Essa conexão emocional com a população, baseada em valores compartilhados e em uma percepção generalizada de suas deficiências e supervisão pessoal, foi um ativo político que lhe permitiu implementar reformas que, lideradas por outro líder, poderiam ter enfrentado resistências muito maiores.

Ao final do seu mandato, em março de 2015, Mujica deixou a presidência com índices de aprovação superiores a 60%, um feito notável para um presidente em final de mandato. Entregou a faixa presidencial a Tabaré Vázquez, que retornou ao cargo, garantindo a continuidade da Frente Ampla no poder por mais um mandato. Seu legado como presidente foi marcado não apenas pelas políticas específicas inovadoras, muitas das quais verdadeiramente inovadoras e progressistas, mas principalmente por uma renovação da cultura política uruguaia, com ênfase em valores como inovações, sobriedade, diálogo e busca de consensos. A imagem internacional do Uruguai foi significativamente fortalecida durante sua presidência, com o pequeno país sul-americano sendo frequentemente citado como um exemplo de democracia estável, políticas sociais avançadas e liderança na região ética.

A experiência de Mujica como presidente do Uruguai demonstra que uma liderança efetiva não depende necessariamente de credenciais acadêmicas formais ou de experiência prévia em cargos executivos de alto nível. Sua capacidade de articular uma visão clara do país, identificar e delegar os colaboradores competentes, manter a comunicação direta com a população e, principalmente, demonstrar coerência absoluta entre discurso e prática foram elementos fundamentais para o sucesso relativo de sua administração. Num contexto global onde a política é cada vez mais dominada por tecnocratas desconectados da realidade cotidiana da maioria da população ou por populistas que manipulam emoções sem oferecer soluções concretas, a presidência de Mujica oferece um modelo alternativo: o de uma liderança baseada em valores claros, pragmatismo na implementação e conexão específica com as aspirações e necessidades da população. Agora vamos analisar tais valores.

2.3 Pepe Mujica e a simplicidade

José "Pepe" Mujica transformou a simplicidade em um princípio fundamental que permeou tanto sua vida pessoal quanto sua gestão como presidente do Uruguai. Este homem, que doava cerca de noventa por cento de seu salário presidencial para causas sociais, vivendo com menos de mil dólares mensais, personificou uma forma de existência que desafiou o materialismo contemporâneo e as complexidades desnecessárias da modernidade.

Em sua vida pessoal, Mujica optou por continuar residindo em sua pequena chácara nos arredores de Montevidéu mesmo após assumir a presidência, recusando-se a habitar o palácio presidencial. Sua propriedade, conhecida como "La Chacra", tornou-se emblemática de sua filosofia: um terreno modesto onde cultiva flores para venda, possui alguns animais (como a cachorra Manuela, que só tem três patas) e vive em uma casa simples, sem luxos ou ostentações. Seu automóvel, um velho Fusca 1987 azul, tornou-se símbolo internacional de sua austeridade, contrastando drasticamente com as frotas de veículos blindados e luxuosos típicos de outros chefes de Estado. Suas roupas simples, muitas vezes surradas, e sua aparência despreocupada com convenções estéticas refletiam não uma estratégia política, mas uma autêntica convicção de que a vida deve ser vivida com o essencial, liberando o ser humano para o que realmente importa: as relações, a reflexão e a liberdade.

Esta mesma filosofia fundamentou sua administração presidencial entre 2010 e 2015. Como governante, Mujica combateu frontalmente a burocracia excessiva que asfixiava o estado uruguaio. Seu pragmatismo administrativo priorizava resultados concretos para a população em detrimento de processos administrativos intermináveis. Reuniões eram breves e objetivas, decisões tomadas com clareza e sem rodeios desnecessários. Para Mujica, o estado deveria servir à população com eficiência e clareza, não criar labirintos burocráticos intransponíveis ao cidadão comum. Ele frequentemente dispensava protocolos oficiais considerados supérfluos e reduziu significativamente as cerimônias pomposas que normalmente cercam a figura presidencial.

Ao enfrentar a cultura do legalismo e da hiper-regulamentação, Mujica frequentemente questionava para que serviria uma lei que complica a vida do cidadão comum sem resolver problemas reais. Esta visão pragmática o levou a simplificar processos governamentais, eliminando etapas desnecessárias e tornando serviços públicos mais acessíveis. Sua administração reviu códigos e regulamentos obsoletos, priorizando a funcionalidade sobre a formalidade excessiva. Um exemplo notável foi a abordagem para a legalização da cannabis: em vez de criar um sistema extremamente complexo de regulação, optou por um modelo prático focado em saúde pública e combate ao narcotráfico, com mecanismos simples de implementação.

O ex-presidente uruguaio demonstrou ceticismo saudável perante a tecnocracia e o fetichismo tecnológico. Embora favorável ao desenvolvimento tecnológico, Mujica alertava contra a submissão da política à técnica desprovida de valores humanos. Para ele, a tecnologia deveria servir ao bem-estar das pessoas e não transformar-se em fim em si mesma. Criticava abertamente a fascinação acrítica por novas tecnologias sem consideração de seus impactos sociais e ambientais, defendendo um desenvolvimento tecnológico direcionado às necessidades reais da população. Em discurso proferido na ONU em 2013, vê-se parte desta crítica:

> A cobiça, tão negativa e tão motor da história, isso que fez avançar o progresso material técnico e científico, que fez o que é a nossa época e nosso tempo, um fenomenal avanço em muitas frentes, paradoxalmente, essa mesma ferramenta, a cobiça que nos levou a domesticar a ciência e transformá-la em tecnologia nos precipita a um abismo brumoso. A uma história que não conhecemos, a uma época sem história e estamos ficando sem olhos nem inteligência coletiva para seguir colonizando e perpetuar-nos transformando-nos.[...] Sobram provas destas tecnologias bastante abomináveis que às vezes conduzem a frustrações.[99]

Talvez um dos aspectos mais marcantes de seu governo tenha sido o combate ao tecnicismo linguístico. Mujica falava com clareza incomum no mundo político, utilizando expressões diretas e acessíveis. Criticava o palavrório vazio dos políticos tradicionais e dos documentos oficiais repletos de jargões incompreensíveis ao cidadão comum. Exigia

---

[99] Pepe Mujica: Assim pensamos os do Sul. Discurso de Pepe Mujica na Organização das Nações Unidas em Nova Iorque, 2013. *Diálogos do sul global*, 23 dezembro 2017. Disponível em: https://dialogosdosul.operamundi.uol.com.br/pepe-mujica-assim-pensamos-os-do-sul/. Acesso em: 3 maio 2025.

que comunicados governamentais fossem redigidos em linguagem clara e direta, tornando a administração pública mais transparente e compreensível para todos. Em discursos internacionais, enquanto outros líderes recorriam a elaborações retóricas complexas, Mujica se destacava pela objetividade e simplicidade de suas mensagens, que frequentemente tocavam em questões fundamentais como desigualdade e sustentabilidade.

Quanto ao controle disfuncional, Mujica se opunha aos mecanismos burocráticos que priorizavam fiscalização sobre eficiência. Sua visão era de um estado que confiasse mais em seus servidores e cidadãos, reduzindo sistemas de controle que frequentemente paralisavam processos sem agregar valor real. Acreditava que o excesso de controle frequentemente resultava em morosidade sem necessariamente garantir maior integridade ou eficiência. Durante seu governo, diversos processos de auditoria e fiscalização foram simplificados, mantendo a transparência necessária sem criar obstáculos desnecessários à administração pública.

O processualismo estéril, caracterizado pela valorização de procedimentos em detrimento de resultados, foi outro alvo constante de suas críticas. Mujica combatia a cultura administrativa que considera cumprida sua função quando todos os formulários são preenchidos e protocolos seguidos, independentemente de resultados práticos. Para ele, o valor de uma política pública estava em sua capacidade de melhorar concretamente a vida dos cidadãos, não no número de etapas seguidas para implementá-la. Durante seu mandato, implementou avaliações de políticas públicas baseadas primordialmente em impactos reais na sociedade, não em métricas burocráticas de processo.

Esta filosofia de simplicidade permitiu avanços significativos durante seu mandato. O Uruguai implementou políticas progressistas como a legalização da cannabis e do casamento igualitário, não através de processos legislativos complexos e intermináveis, mas com abordagens diretas focadas em resultados práticos como saúde pública e direitos civis. Sua administração demonstrou que é possível governar de forma eficiente sem se render à complexidade desnecessária.

O que torna Mujica ainda mais extraordinário é a continuidade de sua simplicidade após deixar a presidência. Diferentemente de tantos ex-líderes que aproveitam o prestígio adquirido para enriquecer com palestras caríssimas, consultorias a grandes corporações ou autobiografias milionárias, Mujica retornou (ou melhor, permaneceu) tranquilamente à sua modesta chácara, ao cultivo de flores e à criação de seus animais.

Mesmo após deixar o governo, Mujica manteve sua rotina simples: acordando cedo, cuidando de sua terra, recebendo visitantes sem formalidades e dedicando tempo à leitura e reflexão. Um destes visitantes foi o jornalista brasileiro Pedro Bial, que o entrevistou em 2017. Ao falar sobre política, Mujica disseque não mais se candidataria, mas seria "militante até o caixão, se puder". Acrescentou: "tem que ter interesse de carinho humano, de reconhecimento humano. A política não pode ser instrumento para comprar riqueza. E tem que ser um instrumento para costurar o amor social".[100]

Em suas aparições públicas após a presidência, Mujica manteve a mesma autenticidade e despojamento. Continuou se vestindo com a simplicidade que sempre o caracterizou, sem adaptações para parecer mais presidencial em retrospecto. Em entrevistas internacionais, mesmo quando recebido como estadista importante, preserva sua linguagem direta e acessível, sem adotar o verniz diplomático típico de ex-presidentes.

Como senador após seu mandato presidencial, e mesmo após sua aposentadoria completa da vida política em 2020, Mujica manteve sua coerência na luta contra a burocracia desnecessária e as complexidades artificiais. Continuou defendendo que a política deve ser simples o suficiente para ser compreendida por todos, não um domínio exclusivo de especialistas e técnicos. Em seus discursos e manifestações públicas, reforça constantemente a ideia de que a simplificação das estruturas sociais e políticas é um caminho necessário para maior igualdade e verdadeira democracia.

Sua produção intelectual recente também reflete esta filosofia. Seus livros e reflexões são escritos em linguagem acessível, sem eruditismos desnecessários, mesmo quando abordam temas complexos como economia global ou sustentabilidade. Para Mujica, o conhecimento deve ser partilhado em formato compreensível, não encriptado em linguagem técnica que exclui a maioria da população.

A mensagem fundamental que Mujica deixou como legado é que a simplicidade não significa pobreza de pensamento ou ação, mas sim clareza de propósito e eliminação do desnecessário. Para ele, tanto na vida pessoal quanto na gestão pública, a verdadeira riqueza está em destinar tempo e recursos para o que realmente importa, libertando-se das amarras do consumismo, do burocratismo e da complexidade

---

[100] Pedro Bial entrevista Mujica, que diz: "O Brasil está doente". *Jornal da Mídia*, 6 de maio de 2017. Disponível em: https://www.jornaldamidia.com.br/2017/05/06/pedro-bial-entrevista-mujica-que-diz-o-brasil-esta-doente/. Acesso em: 3 maio 2025.

artificial que frequentemente distanciam os seres humanos de seus valores essenciais e os governos de suas verdadeiras funções.

Ao manter sua simplicidade mesmo após deixar o poder, quando nenhuma conveniência política justificaria tal postura, Mujica demonstrou que sua filosofia de vida não era apenas uma estratégia de marketing político, mas uma convicção profunda sobre o que constitui uma vida bem vivida. Esta coerência entre discurso e prática, mantida antes, durante e depois de ocupar o mais alto cargo de seu país, tornou Mujica uma referência global de autenticidade política e sabedoria prática em um mundo cada vez mais dominado pela complexidade artificial e pelo materialismo desenfreado.

O exemplo de Mujica permanece como um contraponto poderoso à cultura predominante da complexidade, lembrando-nos que a verdadeira sabedoria frequentemente reside na capacidade de distinguir o essencial do supérfluo, tanto na vida pessoal quanto na administração pública. Sua trajetória nos convida a questionar: quanto da complexidade que permeia nossas vidas e instituições é realmente necessária, e quanto dela apenas nos afasta de valores fundamentais como liberdade, igualdade e fraternidade?

2.4 Pepe Mujica e a humildade

A trajetória de José "Pepe" Mujica representa uma característica singular na política contemporânea, onde a humildade emerge não apenas como traço de personalidade, mas como instrumento de transformação política e administrativa. Em um mundo onde o poder frequentemente se associa à ostentação e à imponência, Mujica construiu uma narrativa inversa, na qual o reconhecimento das próprias limitações se tornou alicerce para uma renovação profunda nas relações entre Estado e sociedade. Enquanto muitos o elogiam e admiram, ele permanece humilde:

> A mídia internacional o descreveu como "o político mais incrível" ou mesmo "o melhor líder do mundo". Alguns sugeriram que ele deveria ganhar o próximo Prêmio Nobel da Paz. Ele também é considerado o presidente mais pobre do mundo, pois doa quase 90% de sua renda para organizações de moradia de baixa renda. Ele não gosta muito desses rótulos [...] No entanto, a revista americana Foreign Policy o incluiu entre os principais pensadores globais de 2013. "Quando o presidente venezuelano Hugo Chávez morreu em março, muitos presumiram que a ressurgente esquerda latino-americana morreria com os populistas fanfarrões das camisas vermelhas [...]. Ao romper com

o antiamericanismo declarado de Chávez e também com o conservadorismo social profundamente arraigado na América Latina, Mujica está apontando um possível caminho a seguir para seus camaradas."[101]

No plano pessoal, a humildade de Mujica se manifestou primeiramente em sua capacidade de revisitar criticamente seu passado como guerrilheiro tupamaro. Longe de cristalizar uma autoimagem heroica ou de vitimização pelos quase 15 anos de prisão, Mujica revelou publicamente os erros estratégicos e as limitações ideológicas do movimento revolucionário. Esta autocrítica não foi meramente retórica, mas orientou sua posterior atuação política, marcada pela busca do diálogo e pela exclusão de dogmatismos. Notável foi seu reconhecimento de que a luta armada havia sido uma resposta equivocada ao contexto político uruguaio, admitindo que a violência gera mais violência e que o verdadeiro revolucionário deve buscar transformar a realidade sem reproduzir aquilo que condena.[102] E mesmo com o reconhecimento mundial e tantos aplausos, manteve os pés firmes no chão:

> Não é que me achem tão excepcional, me usam como uma maneira de criticar os outros. A última vez que estive na ONU escutei discursos de um presidente de um país europeu [Hollande, da França] pelo qual temos um respeito enorme pela cultura, por suas tradições, pelo que significou no mundo. Fiquei assustado, porque parecia um discurso neocolonialista. Eu não sou nada, sou um camponês com senso comum. Sem dúvida, estou a viver uma peripécia. Talvez, se não tivesse passado tantos anos presos com tempo para pensar, fosse diferente.[103]

Ao assumir a presidência do Uruguai em 2010, Mujica transferiu sua humildade pessoal para o campo da administração pública, implementando medidas que desafiaram estruturalmente a cultura do autoritarismo enraizada na burocracia estatal. A primeira ruptura significativa se manifestou no estilo comunicacional da presidência. Contrariando a

---

[101] José Mujica, do Uruguai: o líder 'humilde' com grandes ideias, *The Guardian*, 27 de maio de 2013. Disponível em: https://www.theguardian.com/world/2014/may/27/jose-mujica-uruguay-maverick-president. Acesso em: 3 maio 2025.

[102] Mujica se arrepiente de sus acciones guerrilleras.*Voz de América*, 14 de setembro de 2009. Disponível em: https://www.vozdeamerica.com/a/candidato-presidencial-uruguayo-dijo-que-se-arrepiente-de-sus-acciones-guerrilleras--59296142/84402.html. Acesso em: 3 maio 2025.

[103] "Eu não sou nada": o que se esconde sob a humildade de Pepe Mujica, *Esquerda*, 15 de março de 2014. Disponível em: https://www.esquerda.net/artigo/%E2%80%9Ceu-n%C3%A3o-sou-nada%E2%80%9D-o-que-se-esconde-sob-humildade-de-pepe-mujica/31753. Acesso em: 3 maio 2025.

lógica da infalibilidade que frequentemente caracteriza o discurso político, Mujica desenvolveu uma linguagem direta, por vezes coloquial, e notavelmente sincera até mesmo ao considerar as próprias dúvidas. Em entrevista, admitiu que era um presidente "con las manos atadas, a menudo por su propio partido en guerras internas, que el camino de posibles es estrecho entre tanto runrún de mercados, manejos de multinacionales, paraísos fiscales y juegos de poder. Dice que entre tanta vaina apenas queda margen para las revoluciones que soñó de joven; y con él, varias generaciones".[104] Esta transparência cognitiva – a admissão pública das incertezas e limitações administrativas – representou uma revolução sutil, mas profunda na cultura administrativa uruguaia. Ademais:

> Mujica enfatizou que os problemas de ineficiência do Estado muitas vezes refletem a ineficiência de seus gestores. "O Estado é como uma caixa de ferramentas, não tem personalidade. Os problemas de ineficiência do Estado são consequência de nossa própria ineficiência, que transferimos ao Estado e depois o culpabilizamos", explicou. Segundo ele, a verdadeira transformação do Estado passa pela formação de lideranças competentes, capazes de assumir com seriedade suas funções e responsabilidades.[105]

No plano institucional, Mujica combateu a cultura da opacidade através da ampliação sem precedentes dos mecanismos de acesso à informação pública, como na abertura dos arquivos relacionados à ditadura militar exemplificou esse compromisso, mesmo quando expôs contradições dentro do próprio campo político do presidente.

A verticalidade administrativa tradicional foi contestada pela implementação de mecanismos de gestão participativa em diversos níveis do governo. As mesas de desenvolvimento nos departamentos do interior do Uruguai não foram apenas estruturas consultivas, mas espaços de efetivação deliberação onde o conhecimento local recebeu uma valorização semelhante ao saber técnico.

Talvez o aspecto mais profundo da contribuição de Mujica tenha sido seu enfrentamento ao messianismo administrativo – aquela

---

[104] José Mujica, cuando lo revolucionario es ser honesto. *El Diario.es*, 29 de dezembro de 2014. Disponível em: https://www.eldiario.es/tipos-inquietantes/jose-mujica-revolucionario-honesto_132_4441466.html.Acesso em: 3 maio 2025.

[105] Pepe Mujica participa do Congresso do CLAD com apelo à reflexão sobre desafios da democracia. *Escola Nacional de Administração Pública – ENAP*, 29 de novembro de 2024. Disponível em: https://enap.gov.br/pt/acontece/noticias/pepe-mujica-participa-do-congresso-do-clad-com-apelo-a-reflexao-sobre-desafios-da-democracia-e-necessidade-de-estado-mais-eficiente. Acesso em: 3 maio 2025.

afirmação de que existem soluções definitivas e salvadoras para os problemas sociais. Seu pragmatismo humilde rejeitava tanto as utopias revolucionárias de sua juventude quanto o triunfalismo tecnocrático contemporâneo.

O legado administrativo de Mujica transcende, portanto, as políticas específicas durante o seu mandato. Reside, sobretudo, a demonstração prática de que a humildade pode funcionar não como impedimento à eficácia governamental, mas como seu caso. Ao considerar os limites do poder presidencial, paradoxalmente ampliou seu alcance por meio da mobilização de energias sociais normalmente bloqueadas pela arrogância institucional. Ao admitir publicamente os próprios erros, criou um ambiente onde a inovação se tornou menos arriscada para os funcionários públicos. Ao questionar o valor da pompa presidencial, liberou recursos materiais e simbólicos para propósitos substantivos.

A experiência uruguaia sob Mujica sugere que a humildade na administração pública não é meramente uma virtude moral desagradável, mas um princípio operacional que pode transformar profundamente a relação entre Estado e cidadãos. Em um contexto global onde o populismo autoritário ressurge com promessas de soluções simplistas aplicadas por líderes propostos infalíveis, o exemplo de Mujica oferece um contraponto importante – a demonstração de que considerações sobre limitações pode ser o primeiro passo para superá-las e que a verdadeira força de um líder pode residir justamente em sua capacidade de assumir fraquezas.

2.5 Pepe Mujica e a sobriedade

Em 2017, ao ser entrevistado pelo jornalista e apresentador Pedro Bial, Mujica disse: "podemos ser felizes com pouco. Não faço apologia da pobreza. O que faço é a apologia da sobriedade. Aprender a viver sem ser escravo, sobretudo na política".[106] Mais recentemente, afirmou: "no meu jardim não cultivo o ódio há décadas porque aprendi uma dura lição que a vida me impôs, que o ódio acaba nos fazendo perder a objetividade diante das coisas, o ódio é cego como o amor, mas o amor é criativo e o ódio destrói, e uma coisa é a paixão e outra é o cultivo do ódio".[107]

---

[106] Pedro Bial entrevista Mujica, que diz: "O Brasil está doente". *Jornal da Mídia*, 6 maio 2017. Disponível em: https://www.jornaldamidia.com.br/2017/05/06/pedro-bial-entrevista-mujica-que-diz-o-brasil-esta-doente/. Acesso em: 3 maio 2025.

[107] Pepe Mujica: o "Presidente Humilde" e seu legado de convivência sem ódio. *Fundación Torres y Parada*. Disponível em: https://fundaciontorresyprada.org/pepe-mujica-el-presidente-humilde-y-su-legado-de-convivencia-sin-odio/. Acesso em: 3 maio 2025.

O que as duas frases acima, que são opiniões sobre questões distintas, têm em comum? Ambas demonstram a sobriedade de Pepe Mujica, seja no sentido no despojamento material, seja na moderação, temperança e equilíbrio do caráter.

Após sua experiência como guerrilheiro e os anos de prisão, Mujica demonstrou notável sobriedade ao moderar suas posições revolucionárias anteriores, abraçando a via democrática e revelando publicamente os limites e equívocos da luta armada. Esta evolução revela prudência e capacidade de reavaliação crítica, características essenciais da sobriedade.

Mujica abordou seu histórico como tupamaro sem romantização ou vitimização excessiva, tratando o tema com equilíbrio incomum para ex-revolucionários. Evitou tanto o ressentimento quanto à glorificação de sua experiência na guerrilha e na prisão.

Sua moderação no consumo não foi apenas simplicidade material, mas demonstração de sobriedade ao identificar prioridades essenciais e eliminar excessos. Foi sóbrio ao atuar de forma ponderada, mantendo relações respeitosas mesmo com opositores históricos, como demonstrado em sua interação cordial com o ex-presidente Luís Alberto Lacalle, antigo adversário político. Mujica priorizou o diálogo sobre o confronto, revelando tolerância e equilíbrio.

Contrariando as expectativas baseadas em seu passado revolucionário, governou com notável moderação econômica, mantendo o equilíbrio fiscal e evitando medidas populistas. Apesar de crítica ao capitalismo econômico, adotou políticas macroeconômicas prudentes que buscaram garantir estabilidade ao Uruguai.

O episódio da legalização da maconha exemplifica a sua sobriedade administrativa: em vez de liberalização irrestrita, implementou um sistema regulado com limites claros, registro de usuários e produção controlada pelo Estado. Esta política priorizou a redução de danos sobre posições ideológicas extremas, representando uma abordagem ponderada para um tema controverso.

Nas relações internacionais, manteve equilíbrio notável nas relações exteriores, dialogando (e criticando) tanto com governos de esquerda quanto de direita na região. Implementou reformas progressistas (casamento igualitário, aborto legal) com gradualismo e diálogo, evitando polarizações desnecessárias. Preferiu construir consensos amplos sobre mudanças importantes para a maioria estreita, demonstrando prudência no processo legislativo

Na comunicação presidencial, buscou a redução do supérfluo, evitando cerimônias excessivas, discursos longos e aparições midiáticas constantes. Priorizou mensagens essenciais, muitas vezes utilizando metáforas simples para explicar questões complexas. Como gestor de conflitos, durante greves e protestos, privilegiou o diálogo e a negociação sobre medidas repressivas.

Mujica realocou recursos de áreas de menor impacto para investimentos em educação, infraestrutura e matriz energética, evitando obras faraônicas e gastos ostentosos, preferindo investimentos estruturantes de longo prazo.

Pode-se afirmar que exerceu o poder presidencial com moderação, respeitando os limites institucionais e evitando o personalismo. Também adotou a política de respeito institucional, mantendo relações respeitosas com o Poder Judiciário e o Legislativo, mesmo quando decisões desses poderes contrariavam suas opções.

A sobriedade de Mujica se manifesta, portanto, não apenas em seus hábitos pessoais, mas fundamentalmente em sua abordagem ao poder e às políticas públicas. Sua capacidade de equilibrar princípios ideológicos com realismo pragmático, de priorizar o essencial sobre o acessório, e de favorecer o diálogo sobre o confronto caracterizando uma forma de fazer política que transcende dicotomias simplistas e busca uma via de moderação efetiva, sem abdicar de transformações efetivas.

A sobriedade administrativa personificada por Mujica representa um contraponto histórico às tradições enraizadas na cultura política latino-americana, notadamente o patrimonialismo, o personalismo e o culto ao poder como fim em si mesmo. Mujica desenvolveu uma concepção sobre o poder estatal fundamentada em uma filosofia de vida que privilegia o essencial sobre o supérfluo, o coletivo sobre o indivíduo e o serviço público sobre o interesse privado. Tal concepção, quando traduzida em práticas administrativas concretas, delineia um modelo de governança que merece análise detalhada no contexto dos estudos jurídico-administrativos contemporâneos.

A compreensão da sobriedade administrativa proposta por Mujica requer, preliminarmente, uma contextualização de seus fundamentos filosóficos pessoais. O pensamento de Mujica sobre administração pública não deriva primariamente de teorias acadêmicas ou modelos importados, mas emerge como consequência natural de uma filosofia de vida desenvolvida ao longo de décadas de militância política, encarceramento e reflexão sobre a condição humana e social.

O conceito central que permeia seu pensamento é a noção de "sobriedade feliz" – a ideia de que a verdadeira satisfação humana não resulta da acumulação material ou do consumo ostensivo, mas da liberação das necessidades artificiais impostas pela sociedade de consumo. Aos oitenta e nove anos, ao ser solicitado por jornalistas para dar alguns conselhos à sociedade, resumiu suas ideias:

> Vivir con sobriedad. "Porque cuanto más tenés, menos feliz sos", dice Mujica. Aun así, es consciente de que el mundo va en sentido contrario, hacia el hiperconsumo: "Nos bombardean, el marketing es un veneno. Te domina, compre esto, compre lo otro. Y eso no es vivir".
> El lujo de poder perder el tiempo. "Vivir es amar, es tener el placer de estar al pedo [perdiendo el tiempo] con otro".
> La importancia de la comunidad. "Mi definición puede ser la de Séneca: 'Pobre es el que precisa mucho'. O la de los aymara. ¿Sabés qué es un individuo pobre para los aymara? El que no tiene comunidad, el que está solo", afirma Mujica.
> Disfrutar de cada etapa, también del envejecimiento. Menciona en la entrevista que cada edad tiene una escala de sentimientos, que cuando se es joven el amor es volcánico y cuando se es anciano se convierte en una dulce costumbre. "Vivir es, cuando sos anciano, jugar al truco con los amigos, hablar de recuerdos".
> Buscar una causa para vivir. "Puede ser la música, la ciencia, cualquier cosa. ¿Vivir para pagar cuotas? Eso no es vivir. Porque vivir significa soñar, creer en algo superior, en algo creativo".
> Afrontar la muerte. "La muerte hace de la vida una aventura. El único milagro que hay en el mundo para cada uno de nosotros es haber nacido", dice en un momento de la entrevista. "Yo me dediqué a cambiar el mundo y no cambié un carajo, pero estuve entretenido. Y he generado muchos amigos y muchos aliados en esa locura de cambiar el mundo para mejorarlo. Y le di un sentido a mi vida. Me voy a morir feliz, no por morirme sino por dejar una barra que me supera con ventaja. Nada más", añade Después.[108]

Esta concepção existencial, quando transposta para o plano administrativo, traduz-se em princípios operacionais concretos: a eliminação do luxo e do lixo como ofensas éticas à coletividade; a compreensão dos recursos públicos como expressão material da confiança cidadã; a valorização da funcionalidade sobre a aparência; e a percepção do tempo administrativo como recurso finito e precioso que não deve ser consumido em ritualismos desnecessários ou processos burocráticos autocentrados.

---

[108] Consejos de vida de Pepe Mujica: tener alguna pasión y no centrarse solo en consumir. *El País*, 18 de novembro de 2024. Disponível em: https://elpais.com/america/2024-11-18/tener-una-causa-para-vivir-y-no-centrarse-solo-en-consumir-consejos-para-la-vida-de-pepe-mujica.html. Acesso em: 3 maio 2025.

Na perspectiva de Mujica, a sobriedade administrativa não constitui mera diretriz financeira ou fiscal (que seria a chamada austeridade), mas imperativo ético republicano. Distingue-se, portanto, das políticas de austeridade neoliberais que visam primordialmente à redução do aparelho estatal. Para Mujica, a sobriedade representa a materialização do respeito aos contribuintes e da consciência sobre a origem e destinação dos recursos públicos.

Este princípio se fundamenta na certeza de que a legitimidade da administração pública não decorre apenas da legalidade formal de seus atos, mas da capacidade de equilíbrio demonstrada para converter recursos em realidades sociais transformadoras.

Uma das contribuições mais significativas de Mujica para o Direito Administrativo contemporâneo residiu na dessacralização do poder público e na consequente humanização da função administrativa. Ao recusar-se a habitar o palácio presidencial, optando por permanecer em sua modesta chácara nos arredores de Montevidéu, cultivando flores para venda e mantendo um estilo de vida simples, Mujica operou uma ruptura simbólica e prática com a tradição de distanciamento entre governantes e governados.

Esta postura transcendeu o simbolismo, produzindo efeitos jurídico-administrativos concretos: aproxima o cidadão dos centros decisórios, reduz a intimidação institucional que muitas vezes obsta o acesso aos serviços públicos e desmistifica o aparelho estatal. A simplificação do protocolo presidencial durante sua gestão – com redução de escolas, flexibilização do cerimonial e utilização de linguagem direta e acessível – exemplifica a operacionalização administrativa desta filosofia.

A experiência administrativa de Pepe Mujica permite teorizar a sobriedade como princípio jurídico-administrativo independente, dotado de conteúdo normativo próprio e aplicabilidade direta. Ainda que não seja expressamente positivado como categoria jurídica, o princípio da sobriedade administrativa pode ser derivado da convergência entre os princípios constitucionais de eficiência, moralidade, impessoalidade e economicidade, configurando um metacritério interpretativo para sua aplicação harmônica.

O modelo administrativo desenvolvido por Mujica oferece uma contribuição fundamental ao debate contemporâneo sobre a tensão entre eficiência e humanização na administração pública. Contrariamente às concepções que visualizam esses valores como antagônicos, a experiência uruguaia demonstrou sua potencial complementaridade quando aprimoramos integrados em um paradigma de sobriedade administrativa.

2.6 Pepe Mujica e a sustentabilidade

Simplicidade, humildade e sobriedade são valores que o ex-presidente Pepe Mujica vivenciou, e muito. Mas nenhum valor foi tão falado pelo uruguaio como a sustentabilidade: do discurso pronunciado na conferência Río+20 em 2012 ao proferido na ONU em 2013; em suas entrevistas, nos documentários, em qualquer oportunidade, Mujica destacava como o planeta precisa de uma humanidade solidária que entenda o valor da sustentabilidade. No discurso da ONU, disse:

> Seria imperioso conseguir consenso planetário para desatar solidariedade para com os mais oprimidos, castigar impositivamente o desperdício e a especulação. Mobilizar as grandes economias, não para criar descartáveis com obsolescência calculada, mas bens úteis, sem fidelidade, para ajudar a levantar os pobres do mundo. Bens úteis contra a pobreza mundial. Mil vezes mais rentável do que fazer guerras. Dirigir um neo-keynesianismo útil em escala planetária para abolir as vergonhas mais flagrantes deste mundo.[109]

A trajetória de José "Pepe" Mujica representa um estudo singular sobre a materialização da sustentabilidade como valor pessoal e princípio administrativo. Superando a concepção restrita que vincula a sustentabilidade apenas à dimensão ambiental, Mujica construiu, ao longo de sua vida e especialmente durante sua presidência no Uruguai, uma compreensão sistêmica que integra aspectos econômicos, sociais, culturais e ambientais em um projeto abrangente de desenvolvimento. Esta visão ampliada se manifestou tanto na sobriedade de sua vida pessoal quanto nas políticas públicas que implementou, transformando a sustentabilidade em realidade prática.

No plano pessoal, Mujica incorporou a sustentabilidade como filosofia existencial muito antes deste termo se popularizar no discurso político global. Sua chácara de três hectares em Rincón del Cerro, nos arredores de Montevidéu, funciona como um microcosmo de suas convicções: a produção agrícola sem agrotóxicos, a reciclagem da água, o aproveitamento integral dos resíduos orgânicos, e a simplicidade deliberada do consumo material representam não apenas escolhas individuais, mas manifestações concretas de uma visão do mundo,

---

[109] Pepe Mujica: Assim pensamos os do Sul. Discurso de Pepe Mujica na Organização das Nações Unidas em Nova Iorque, 2013. *Diálogos do sul global*, 23 dezembro 2017. Disponível em: https://dialogosdosul.operamundi.uol.com.br/pepe-mujica-assim-pensamos-os-do-sul/. Acesso em: 3 maio 2025.

sendo a base filosófica para suas futuras ideias e ações políticas de sustentabilidade administrativa.

Ao assumir a presidência do Uruguai em 2010, Mujica se deparou com um aparelho estatal marcado por diversas culturas administrativas que ameaçavam a sustentabilidade do desenvolvimento nacional. O imediatismo político, enquanto tendência de sacrificar objetivos de longo prazo por ganhos imediatos, encontrou em Mujica um oponente sistemático. Contrariando a lógica eleitoral que incentiva realizações rápidas e visíveis, seu governo priorizou investimentos estruturantes com resultados graduais, como a transformação da matriz energética do Uruguai.

A descontinuidade administrativa – patologia crônica da gestão pública na América Latina – foi enfrentada por meio de inovações institucionais que ampliaram a resiliência das políticas públicas prioritárias. Mujica procurou promover consensos nacionais multipartidários em temas estratégicos como educação, infraestrutura e saúde, estabelecendo compromissos que transcendem seu próprio mandato.

A cultura do improviso, tão arraigada nas administrações públicas latino-americanas, encontrou em Mujica um contraponto metódico através da implementação sistemática do planejamento estratégico participativo. Sua administração fortaleceu o papel da Oficina de Planeamiento y Presupuesto, transformando-a de mero órgão burocrático em centro nevrálgico de planejamento prospectivo.[110]

O enfrentamento ao amadorismo administrativo se manifestou na valorização inédita da profissionalização do serviço público durante sua gestão. Contudo, Mujica atribuiu uma distinção crucial entre profissionalismo tecnocrático – centrado apenas em habilidades técnicas – e profissionalização integral, que combina competência técnica com compromisso ético e sensibilidade social. Todavia, é importante registrar que "nadie del gobierno puede decir que la revolución ha llegado al Estado. Más bien el exguerillero que conduce el segundo gobierno de la coalición de izquierdas hizo lo que pudo, o lo que le dejaron hacer".[111]

A luta contra a precariedade e a mediocridade administrativa tomou forma concreta na política de infraestrutura pública sustentável.

---

[110] Vide Decir que el gobierno de Mujica fue poco ejecutivo es injusto y poco transparente. *Presidência do Uruguai*, 29 de janeiro de 2015. Disponível em: https://www.gub.uy/presidencia/comunicacion/noticias/decir-gobierno-mujica-fue-poco-ejecutivo-es-injusto-poco-transparente. Acesso em: 3 maio 2025.

[111] Reforma del Estado: una fórmula sin resolver, *El Observador*,15 abril 2014. Disponível em: https://www.elobservador.com.uy/nota/reforma-del-estado-una-formula-sin-resolver-201441517263. Acesso em: 3 maio 2025.

Mujica rompeu com a tradição latino-americana de obras faraônicas e eleitoreiras, priorizando intervenções de escala média com critérios rigorosos de qualidade e durabilidade.

O negacionismo e a desinformação – ameaças crescentes à sustentabilidade da gestão pública contemporânea – foram confrontados através de políticas educacionais e informacionais inovadoras. A criação do Sistema Nacional de Informação Ambiental democratizou o acesso a dados sobre qualidade ambiental, recursos hídricos e biodiversidade, anteriormente dispersos em diferentes órgãos.

A desigualdade, a discriminação e a exclusão – quiçá os principais obstáculos à sustentabilidade social – foram enfrentadas não apenas através de políticas compensatórias tradicionais, mas através de transformações estruturais. A reforma tributária em seu governo aumentou a progressividade do sistema, reduzindo a carga sobre o consumo básico e incrementando a tributação sobre patrimônio e rendas elevadas. Simultaneamente, Mujica expandiu significativamente o Sistema Nacional Integrado de Cuidados, registrando formalmente o valor econômico do trabalho doméstico e de cuidados, tradicionalmente invisibilizado e majoritariamente feminino.

Para além destas especificações, talvez a contribuição mais rigorosa de Mujica à sustentabilidade administrativa reside na reformulação do próprio conceito de desenvolvimento que orientou sua gestão. Antes de os Objetivos de Desenvolvimento Sustentável da ONU se tornarem referência global (2015), Mujica já questionava os parâmetros convencionais de prosperidade, propondo indicadores alternativos que incorporassem bem-estar subjetivo, qualidade das relações sociais e preservação ambiental.

Esta visão integral encontrou a eco global após sua presidência, quando Mujica se converteu em um dos mais requisitados palestrantes sobre sustentabilidade no mundo. Na conferência histórica na Rio+20, seu discurso sobre a pobre riqueza das nações conquistou a atenção mundial ao questionar os paradigmas de crescimento infinito em um planeta finito. "Porque hemos creado esta civilización en la que estamos: hija del mercado, hija de la competencia y que ha deparado un progreso material portentoso y explosivo. Pero la economía de mercado ha creado sociedades de mercado. Y nos ha deparado esta globalización, que significa mirar por todo el planeta".[112] Como se vê, ele diagnosticou

---

[112] Discurso pronunciado por José Mujica en la cumbre Río+20 em 20.06.2012. Disponível em: https://medios.presidencia.gub.uy/jm_portal/2012/noticias/NO_E600/mujrio.pdf. Acesso em: 3 maio 2025.

a sociedade atual, propondo uma revisão profunda dos valores que orientam o desenvolvimento contemporâneo.

Nas palestras que deu em universidades e internacionais após deixar a presidência, Mujica desenvolveu uma crítica consistente ao que chamou de "consumismo cancerígeno", vinculando explicitamente os padrões insustentáveis de produção e consumo às crises ambientais e sociais contemporâneas. Notavelmente, estas análises nunca derivaram para um catastrofismo paralisante, mas foram consistentemente acompanhadas por propostas concretas de transformação, baseadas em sua própria experiência administrativa. Em tom profético, ora cético, ora esperançoso, disse Mujica na ONU:

> Hoje o mundo é incapaz de criar regulação planetária à globalização e isso por causa do enfraquecimento da alta política, isso que cuida de tudo. Por último vamos assistir o refúgio de acordos mais ou menos "reclamáveis", que vão propor um mentiroso livre comércio interno, mas que no fundo vão terminar construindo parapeitos protecionistas, supranacionais em algumas regiões do planeta. Por sua vez vão crescer setores industriais importantes e serviços, todos dedicados a salvar e melhorar o meio ambiente. Assim vamos nos consolar por algum tempo, vamos estar entretidos e naturalmente vai continuar a acumulação para enriquecer, para regozijo do sistema financeiro.Continuarão as guerras e, portanto os fanatismos, até que talvez a própria natureza ponha tudo em ordem e torne inviáveis nossas civilizações. Talvez nossa visão seja demasiado crua, sem piedade e vemos o homem como uma criatura única, a única que há sobre a terra capaz de ir contra sua própria espécie. Torno a repetir, o que alguns chamam de crise ecológica do planeta é consequência do triunfo avassalador da ambição humana. Esse é nosso triunfo, também nossa derrota, porque temos a impotência política de nos enquadrarmos em uma nova época. Contribuímos para construir e não nos damos conta. [...] Nossa época é portentosamente revolucionária como não conheceu a história da humanidade. Mas não tem condução consciente, ou menos, condução simplesmente instintiva. Muito menos ainda, condução política organizada porque nem sequer tivemos filosofia precursora ante a velocidade das transformações que se acumularam. A cobiça, tão negativa e tão motor da história, isso que fez avançar o progresso material técnico e científico, que fez o que é a nossa época e nosso tempo, um fenomenal avanço em muitas frentes, paradoxalmente, essa mesma ferramenta, a cobiça que nos levou a domesticar a ciência e transformá-la em tecnologia nos precipita a um abismo brumoso. A uma história que não conhecemos, a uma época sem história e estamos ficando sem olhos nem inteligência coletiva para seguir colonizando e perpetuar-nos transformando-nos.[...] Pensem que a vida humana é um milagre. Que estamos vivos por milagre e nada vale

mais que a vida. E que nosso dever biológico é acima de tudo respeitar a vida e impulsioná-la, cuidá-la, procriá-la e entender que a espécie é o nosso nós. Obrigado.[113]

O legado de Mujica para a sustentabilidade administrativa transcende, portanto, as políticas específicas durante seu mandato. Reside, sobretudo, na demonstração prática de que é possível conciliar eficácia governamental com princípios de longo prazo, e que a sobriedade fiscal pode coexistir com investimentos estratégicos em áreas fundamentais como energias renováveis, conservação ambiental e redução de desigualdades. Seu exemplo sugere que a verdadeira sustentabilidade administrativa não é uma técnica específica ou um conjunto isolado de programas, mas um princípio organizador que permeia todas as decisões governamentais e que exige, antes de tudo, coerência entre discurso e prática.

Em um cenário global marcado por crises sistêmicas e pela fragmentação de esforços, a experiência uruguaia sob Mujica oferece um contraponto significativo – a demonstração de que mesmo um pequeno país com recursos limitados pode implementar transformações significativas quando orientado por uma visão clara de sustentabilidade multidimensional. Seu legado fica como um lembrete de que a verdadeira sustentabilidade não deriva de soluções tecnológicas isoladas ou de ajustes marginais ao modelo dominante, mas requer uma reconsideração fundamental das relações entre economia, sociedade e natureza, e do próprio significado de prosperidade e desenvolvimento.

---

[113] Pepe Mujica: Assim pensamos os do Sul. Discurso de Pepe Mujica na Organização das Nações Unidas em Nova Iorque, 2013. *Diálogos do sul global*, 23 dezembro 2017. Disponível em: https://dialogosdosul.operamundi.uol.com.br/pepe-mujica-assim-pensamos-os-do-sul/. Acesso em: 3 maio 2025.

PARTE II

TEORIA DE UM DIREITO ADMINISTRATIVO HUMANIZADO

CAPÍTULO 3

SIMPLICIDADE ADMINISTRATIVA

3.1 Conteúdo(s) do princípio da simplicidade administrativa

A palavra simples tem origem no latim simplex, "de uma base indo-europeia SEM-, "um, único", mais PLICARE, "dobrar": aquilo que foi dobrado apenas uma vez, não apresenta complicações para ser aberto, seja física seja metaforicamente"[114].

Para o presente estudo, que busca entender a simplicidade administrativa, perceba-se que a etimologia, ao associar o que é simples àquilo que não apresenta complicações para ser aberto, já nos remete diretamente à alma do referido valor: a acessibilidade, seja no sentido de compreensão, seja no de alcance. Ademais, a história nos ensina que:

> Simplex (simples) era, para os antigos, um grande valor. Ser simples era importante qualidade, o núcleo da virtude cardeal da prudentia, classicamente a capacidade de tomar decisões acertadas, com base na límpida visão da realidade (simplicitas). Hoje, temos dificuldade de apreciar tais valores; para nós, "simples" tem acepções pejorativas: "aquele que só possui conhecimentos rudimentares", "que é pobre, que não possui recursos materiais", "crédulo" (Houaiss); "vulgar, comum, ordinário", "papalvo, tolo, crédulo, simplório, simplacheirão", "sem instrução; ignorante" (Aurélio). Simplex era a visão límpida, não comprometida, do real. O original grego do versículo do Evangelho não fala em puro, bom, etc. mas em simples (haplous). Mt 6,22: "Se teu olho for simples, todo teu corpo será luz". Na análise etimológica de Tomás de Aquino,

---

[114] Resposta obtida no site *Origem da palavra*. Disponível em: https://origemdapalavra.com.br/pergunta/simples/. Acesso em: 5 abr. 2025.

sobre o versículo encontramos: "simplex, id est sine plica duplicitatis": "simples, ou seja, sem a plica da duplicidade". Plica em latim é "dobra, face, prega" (como pregas de saia ou cortina). Quando algo está envolto em dobras é "com-plicado".[115]

Assim, atingir a simplicidade é um ideal a ser perseguido, com a ressalva de que o simples está longe de ser confundido com o simplório: enquanto o simples gera a simplicidade, qualidade de algo que pode ser bem compreendido e alcançado, o simplório recorre a uma avaliação simplista, que é uma abordagem superficial e que não considera (ou que evita) a complexidade de algo.

Outra questão relevante para que nos acerquemos ao conteúdo da simplicidade administrativa diz respeito à dificuldade de ser simples ou de fazer algo com simplicidade. "A simplicidade é o último grau de sofisticação", já dizia o artista e crítico de arte norte-americano Leonard Thiessen.

Ser simples não é tão simples assim, pois exige esforço, especialmente diante de nossa tendência natural a acumular: seja conhecimento, objetos, técnicas ou processos, temos uma inclinação a adicionar em vez de subtrair. E a simplicidade exige que eliminemos o supérfluo, mantendo apenas o essencial.

Assim, a simplicidade efetiva se alcança não na eliminação total da complexidade, mas sim a partir do bom gerenciamento da complexidade. É o resultado de um processo rigoroso de refinamento que exige clareza de pensamento, propósito definido e a coragem de eliminar o supérfluo, preservando o essencial.

Todavia, a expertise gera um paradoxo: quanto mais dominamos um assunto e mais distinções e nuances percebemos, mais difícil voltamos a ter uma visão simples. Ademais, vivemos em contextos sociais que valorizam a complexidade: em muitos ambientes acadêmicos e profissionais, a simplicidade pode ser erroneamente associada à falta de sofisticação ou profundidade.

Um professor que fala simples, sendo claro em suas exposições, muitas vezes é chamado de despreparado;[116] um discurso direto e sem frases de efeito, mas que passa ao público a mensagem do orador, ou

---

[115] LAUAND, Jean. As dobras da língua. *Ensino Superior*, 2 dezembro 2015. Disponível em: https://revistaensinosuperior.com.br/2015/12/02/as-dobras-da-lingua/. Acesso em: 6 abr. 2025.

[116] Para Einstein, "se você não consegue explicar algo de forma simples, você não o entendeu bem o suficiente."

uma petição inicial de um advogado com poucas laudas, mas que resume bem o caso e expõe os pedidos de forma precisa, são consideradas manifestações rasas.

Apesar destas avaliações equivocadas, impõe-se que adotemos a simplicidade como valor, que, a propósito, requer um trabalho constante de simplificação das realidades. No caso da simplicidade administrativa, esta representa muito mais do que a mera redução de etapas processuais. Configura-se como uma filosofia de gestão que prioriza a clareza, a acessibilidade e a humanização dos serviços públicos.

No contexto das novas tecnologias, por exemplo, a simplicidade não significa resistência à inovação, mas seu uso estratégico e inclusivo. Trata-se de empregar recursos tecnológicos não como fins em si mesmos, mas como instrumentos de democratização do acesso e da compreensão.

A postura servil e respeitosa da Administração Pública se manifesta exatamente na capacidade de traduzir complexidades em linguagens acessíveis, de criar interfaces amigáveis e de reconhecer a diversidade dos sujeitos que demandam serviços públicos. Pode-se afirmar que a simplicidade administrativa se manifesta em diversas dimensões. Primeiramente, na simplicidade procedimental, com a eliminação de etapas desnecessárias nos procedimentos administrativos, a unificação de processos e a redução do tempo de tramitação.

Outra dimensão é a simplicidade documental, que consiste na redução das exigências documentais, na implementação dos princípios da boa-fé, da lealdade, e até mesmo da presunção de veracidade das declarações dos cidadãos (quando a doutrina tradicional do Direito Administrativo fala apenas em presunção de veracidade das declarações administrativas) e na proibição de solicitar documentos que já estejam em poder da Administração.

Também deve ser destacada a simplicidade normativa, que se relaciona com a qualidade, coerência e clareza da redação das normas administrativas, tornando-as compreensíveis para o cidadão comum.

Tudo isto também depende de outra dimensão: a simplicidade organizacional, que diz respeito à racionalização das estruturas administrativas, evitando duplicidades e sobreposições de competências, como acontece com órgãos ambientais, que muitas vezes atuam de forma contraditória na hora de realizar licenciamentos, e com órgãos de controle, que em várias situações adotam entendimentos jurídicos distintos, gerando insegurança jurídica para os gestores públicos.

Por fim, em tempos de governo digital, inteligência artificial e até mesmo robôs realizando tarefas administrativas, impõe-se uma preocupação com a simplicidade tecnológica, que se vincula à implementação de soluções tecnológicas que facilitam o acesso aos serviços públicos, como plataformas digitais intuitivas e sistemas integrados. Como conteúdos do princípio da simplicidade administrativa, podem ser citadas as seguintes implicações: adoção de processos claros e diretos; utilização de linguagem acessível e compreensível, eliminação de etapas desnecessárias, foco na efetividade do serviço e priorização do cidadão.

No ordenamento jurídico brasileiro, os fundamentos para o princípio da simplicidade administrativa são o princípio da eficiência e o direito fundamental à boa administração pública. Na verdade, do direito em questão (da boa administração pública) nasce o princípio citado (da eficiência). Neste sentido, para o professor Juarez Freitas:

> O direito fundamental à boa administração pública (conceito enunciado em moldes brasileiros, sob a inspiração do art. 41 da Carta dos Direitos Fundamentais de Nice) é norma implícita (feixe de princípios e regras) de imediata eficácia em nosso sistema, a impelir o controle "lato sensu" a enfrentar a discricionariedade fora ou aquém dos limites. Não é de estranhar que o direito fundamental à boa administração determine a obrigação de justificar, na tomada das decisões administrativas, a eleição dos pressupostos conducentes à preponderância dos benefícios (sociais, econômicos e ambientais) sobre os custos envolvidos. [...] trata-se do direito fundamental à administração pública eficiente e eficaz, proporcional cumpridora de seus deveres, com transparência, sustentabilidade, motivação proporcional, imparcialidade e respeito à moralidade, à participação social e à plena responsabilidade por suas condutas omissivas e comissivas. A tal direito corresponde o dever de observar, nas relações administrativas, a cogência da totalidade dos princípios constitucionais e correspondentes prioridades.[117]

Ora, se a administração pública deve ser conduzida de forma eficiente, impõe-se que ela adote padrões de simplicidade administrativa, eliminando todas as burocracias excessivas, complexidades que só complicam, hiper-regulamentação, tecnocracia, processualismo estéril, oficialismo, entre outros vícios que dificultam o exercício de direitos e o cumprimento de deveres pelos cidadãos.

A propósito, a Lei Federal nº 9.84/1999, ao tratar dos processos administrativos no âmbito federal, impõe que, no art. 2º, parágrafo

---

[117] FREITAS, Juarez. *Direito fundamental à boa administração pública*. 3. ed. São Paulo: Malheiros, 2014. p. 21.

único, inciso IX, a "adoção de formas simples, suficientes para propiciar adequado grau de certeza, segurança e respeito aos direitos dos administrados". Além disto, prevê que o administrado tem o direito de "ser tratado com respeito pelas autoridades e servidores, que deverão facilitar o exercício de seus direitos e o cumprimento de suas obrigações" (cf. art. 3º, inciso I). Para um bom entendedor, "facilitar" significa simplificar. Neste contexto, o Decreto Federal nº 9.094/2017 (alterado pelo Decreto Federal nº 10.279/2020), ao regulamentar a simplificação do atendimento prestado aos usuários dos serviços públicos, dispensa o reconhecimento de firma e a autenticação de documentos, e institui a Carta de Serviços ao Usuário:

> Art. 2º Salvo disposição legal em contrário, os órgãos e as entidades do Poder Executivo federal que necessitarem de documentos comprobatórios da regularidade da situação de usuários dos serviços públicos, de atestados, de certidões ou de outros documentos comprobatórios que constem em base de dados oficial da administração pública federal deverão obtê-los diretamente do órgão ou da entidade responsável pela base de dados, nos termos do disposto no Decreto nº 10.046, de 9 de outubro de 2019, e não poderão exigi-los dos usuários dos serviços públicos.

Por sua vez, a Lei Federal nº 13.726/2018 (Lei da Desburocratização) busca racionalizar atos e procedimentos administrativos, instituindo, inclusive, o Selo de Desburocratização e Simplificação. Pode ainda ser citada a Lei Federal nº 13.460/2017 (Código de Defesa do Usuário do Serviço Público), que estabelece normas básicas para participação, proteção e defesa dos direitos do usuário dos serviços públicos.

Como se vê, são diversos os desdobramentos legais do princípio da simplicidade administrativa, com destaque os incisos XI ("eliminação de formalidades e de exigências cujo custo econômico ou social seja superior ao risco envolvido"); XIII ("aplicação de soluções tecnológicas que visem a simplificar processos e procedimentos de atendimento ao usuário"); e XIV (" utilização de linguagem simples e compreensível, evitando o uso de siglas, jargões e estrangeirismos").

Por fim, citemos a Lei Federal nº 14.129/2021 (Lei do Governo Digital), que dispõe sobre princípios, regras e instrumentos para o aumento da eficiência da administração pública, especialmente por meio da desburocratização, da inovação e da transformação digital. Em relação ao artigo 1º desta lei, destaco os incisos I ("a desburocratização, a modernização, o fortalecimento e a simplificação da relação do poder público com a sociedade, mediante serviços digitais, acessíveis inclusive por dispositivos móveis"); II ("a disponibilização em plataforma única do acesso às informações e aos serviços públicos, observadas as restrições legalmente previstas e sem prejuízo, quando indispensável, da prestação de caráter presencial"); III ("a possibilidade aos cidadãos, às pessoas jurídicas e aos outros entes públicos de demandar e de acessar serviços públicos por meio digital, sem necessidade de solicitação presencial"); e XII ("a imposição imediata e de uma única vez ao interessado das exigências necessárias à prestação dos serviços públicos, justificada exigência posterior apenas em caso de dúvida superveniente").

Essas normas jurídicas buscam implementar um modelo de administração menos burocrático, mais transparente e mais eficiente para o cidadão, concretizando o princípio da simplicidade administrativa no ordenamento jurídico brasileiro. Todavia, conforme antes destacado, a previsão do arcabouço normativo moderno não conseguirá por si só transformar a administração pública e lhe impor a simplicidade administrativa enquanto valor. Para tanto, faz-se mister combater alguns vícios culturais.

3.2 As frentes de luta do princípio da simplicidade administrativa

Para que as exigências decorrentes do princípio da simplicidade administrativa possam ser efetivadas, exige-se uma luta constante contra diversas culturas que estão arraigadas à sociedade brasileira e, por consequência, à administração pública deste país.

Estas culturas nasceram muitas vezes em contextos bem-intencionados, como é o caso da burocracia, da processualização e da digitalização, mas passaram a enfrentar problemas (disfunções e efeitos colaterais) que precisam ser combatidos energicamente.

A seguir, serão aprofundadas dez culturas prejudiciais à simplicidade administrativa no contexto da administração pública brasileira, oportunidade em que procuraremos ofertar, além das críticas, algumas soluções.

3.2.1 Cultura da burocracia excessiva

O termo "burocracia" tem uma origem etimológica interessante que combina elementos de diferentes línguas. A palavra é formada por duas partes: "Bureau", palavra francesa que inicialmente designava o tecido de lã grosso (geralmente de cor escura) usado para cobrir mesas de escritório e que, com o tempo, passou a denominar a própria mesa de trabalho e, posteriormente, o escritório ou repartição onde se realizavam trabalhos administrativos; e "cracia", sufixo de origem grega (κράτος, krátos) que significa "poder", "domínio" ou "autoridade", o mesmo presente em palavras como democracia, aristocracia e teocracia.

Assim, etimologicamente, "burocracia" significa "governo dos escritórios" ou "poder exercido através das mesas de trabalho", referindo-se ao sistema de governo exercido por funcionários em escritórios. O economista e físico francês Jean-Claude Marie Vincent de Gournay (1712-1759) é geralmente creditado como o primeiro a utilizar o termo "burocracia" por volta de 1745. Ele o criou de forma satírica para descrever, criticamente, o crescente poder dos funcionários públicos na administração do Estado francês, comparando-o com outras formas de governo como a democracia e a aristocracia.

De Gournay utilizou o termo para denunciar a crescente influência dos funcionários públicos (os *"commis"*) na França pré-revolucionária, que, segundo ele, constituíam um "quarto poder" no Estado. O termo nasceu, portanto, com uma conotação crítica e até pejorativa. Embora o termo tenha surgido no século XVIII, as práticas burocráticas têm origens muito mais antigas, como no Egito Antigo, na China Imperial e no Império Romano. Com o fortalecimento dos Estados absolutistas nos séculos XVII e XVIII, houve o desenvolvimento de burocracias estatais mais robustas e centralizadas. Por sua vez, com a Revolução Industrial, o crescimento das fábricas e grandes corporações no século XIX exigiu novos modelos de organização administrativa, expandindo o conceito de burocracia para além do setor público.

Embora a prática burocrática seja antiga, foi Max Weber (1864-1920), sociólogo alemão, quem primeiro analisou sistematicamente a burocracia como forma de organização social. Em sua obra "Economia e Sociedade" (publicada postumamente em 1921-1922), Weber definiu a burocracia como um tipo ideal de organização caracterizada por hierarquia de autoridade claramente definida, divisão sistemática do trabalho, regras escritas que governam a conduta dos funcionários, separação entre a propriedade pessoal e organizacional e seleção de pessoal baseada em qualificações técnicas.

Weber via a burocracia não como algo intrinsecamente negativo, mas como a expressão da racionalização da sociedade moderna, oferecendo vantagens de eficiência, previsibilidade e eliminação de favoritismos pessoais.

Ao longo do tempo, o termo "burocracia" sofreu uma evolução semântica significativa: se inicialmente surgiu como um termo crítico e satírico, e depois foi teorizado por Weber como um modelo racional e eficiente de organização, gradualmente adquiriu conotações negativas associadas a excesso de papelório, ineficiência e impessoalidade. Esta evolução reflete as tensões inerentes à racionalização da administração pública e privada, entre a necessidade de ordem e controle e os riscos da rigidez e do formalismo excessivo.

Hoje, entendemos que a burocracia é uma realidade necessária à organização racional da sociedade complexa, mas que precisa estar constantemente se reinventando para não se tornar um fim em si mesma, perdendo de vista seu propósito original de servir ao interesse público com eficiência e equidade.

A burocracia não é intrinsecamente boa nem ruim. Ela representa uma realidade que se impõe como necessária ao funcionamento racional das instituições públicas e privadas. O modelo burocrático, teorizado por Max Weber no início do século XX, surgiu como uma forma de organização baseada na racionalidade, previsibilidade e eficiência, em contraposição aos sistemas anteriores marcados pelo personalismo, nepotismo e arbitrariedade.

A burocracia, quando bem implementada, oferece diversos benefícios, como previsibilidade e segurança jurídica, impessoalidade e isonomia, profissionalização da administração, controle e responsabilização e continuidade administrativa. Entretanto, quando excessiva, a burocracia apresenta diversos problemas (chamados de disfunções): formalismo exagerado, lentidão processual, desconexão com a realidade, dificuldade de inovação e despersonalização do serviço.

O desafio contemporâneo não está em eliminar a burocracia, mas em encontrar o equilíbrio entre a racionalidade burocrática necessária e a flexibilidade que permita adaptação, inovação e foco no cidadão. A modernização administrativa busca justamente preservar os aspectos positivos da burocracia (legalidade, impessoalidade, controle) enquanto supera suas disfunções (excesso de formalismo, morosidade, inflexibilidade).

Princípios como a simplicidade administrativa e a eficiência não representam a negação da burocracia, mas sua evolução para um modelo mais ágil e centrado nos resultados, mantendo a segurança jurídica e a impessoalidade que a caracterizam em sua essência.

Em uma democracia moderna, a burocracia racional é indispensável para o funcionamento do Estado de Direito, mas deve ser constantemente aprimorada para responder às demandas de uma sociedade cada vez mais complexa e dinâmica.

A burocracia, em sua concepção weberiana original, surgiu como um modelo de organização racional, previsível e eficiente. No entanto, o que se observa na prática administrativa brasileira é frequentemente o oposto: um sistema caracterizado por processos morosos, redundantes e desconectados de suas finalidades essenciais. Conforme se verá em seguida, a cultura da burocracia excessiva se transformou em um dos principais obstáculos ao desenvolvimento socioeconômico do país, impondo custos elevados tanto ao Estado quanto aos cidadãos.

O Brasil ocupa posições preocupantes em rankings internacionais sobre eficiência burocrática. Segundo dados do Banco Mundial, o tempo médio para abrir uma empresa no Brasil ainda é significativamente superior à média dos países da OCDE, apesar dos avanços recentes. Essa realidade reflete um problema estrutural que permeia toda a administração pública brasileira: a hipertrofia de procedimentos em detrimento dos resultados.

Os excessos burocráticos no Brasil têm raízes profundas em nossa formação histórica e cultural. O modelo patrimonialista, herdado da administração colonial portuguesa, nunca foi completamente superado, apesar das diversas tentativas de reformas administrativas ao longo dos séculos. Nesse modelo, a complexidade burocrática serve frequentemente como instrumento de poder e controle social, criando barreiras de acesso aos serviços públicos.

As reformas administrativas implementadas desde a Era Vargas, com destaque para a criação do DASP (Departamento Administrativo do Serviço Público) em 1938, buscaram introduzir princípios de racionalidade e eficiência na administração pública. No entanto, tais reformas muitas vezes resultaram em sobreposições normativas: novos procedimentos foram adicionados sem que os antigos fossem efetivamente revogados, gerando um emaranhado regulatório de difícil compreensão e aplicação.

A Constituição Federal de 1988, embora tenha estabelecido importantes princípios para a administração pública (legalidade, impessoalidade, moralidade, publicidade e eficiência), não foi suficiente para eliminar a cultura do formalismo excessivo. Pelo contrário, a proliferação legislativa pós-constituinte muitas vezes intensificou a complexidade procedimental, sob o pretexto de garantir maior controle e transparência.

As consequências dos excessos burocráticos são múltiplas e afetam profundamente a qualidade dos serviços públicos e o desenvolvimento nacional. Entre tais efeitos nocivos, destacam-se a ineficiência na alocação de recursos, com procedimentos redundantes que consomem tempo e recursos e que poderiam ser direcionados à prestação efetiva de serviços; a barreira à inovação, seja diante da rigidez normativa que dificulta a implementação de soluções criativas e adaptadas às necessidades contemporâneas, seja diante da cultura de resistência a mudanças; a desigualdade no acesso aos serviços.

A complexidade burocrática privilegia aqueles que possuem maior capacidade de navegação no sistema, reforçando desigualdades sociais. Isto também acontece com a adoção do mérito (como nos processos administrativos seletivos, tais como concursos públicos e vestibulares nas universidades públicas) sem considerações como inclusão e diversidade. Os excessos burocráticos também causam desestímulo ao empreendedorismo, corrupção (já que os controles formais muitas vezes abrem espaço os "aceleradores" ou "facilitadores" dos processos, e a desconfiança institucional.

Experiências internacionais demonstram que é possível construir sistemas administrativos eficientes, sem comprometer valores essenciais como transparência e controle social. Países como Dinamarca, Nova Zelândia e Estônia implementaram reformas significativas baseadas em princípios de simplificação, digitalização e foco no cidadão.

O Brasil também tem experimentado diversas iniciativas de desburocratização ao longo das últimas décadas, desde o Programa Nacional de Desburocratização (Decreto Federal nº 83740/1979), passando pelo Plano Diretor de Reforma do Aparelho do Estado (Emenda Constitucional 19/1998), pela Lei de Responsabilidade Fiscal (Lei Complementar nº 101/2000), pela Lei de Acesso à Informação (Lei Federal nº 12.527/2011), pela Lei da Liberdade Econômica (Lei Federal nº 13.874/2019), chegando até a Lei do Governo Digital(Lei nº 12.129/2021).

Apesar desses avanços, o processo de desburocratização no Brasil ainda enfrenta resistências significativas, tanto de natureza corporativa quanto cultural. A persistência do "culto ao carimbo" e a aversão ao risco por parte dos servidores públicos — frequentemente motivada pelo receio de responsabilização pelos órgãos de controle — constituem barreiras importantes à simplificação administrativa. Ademais, como já disse em outra oportunidade, "há no Brasil uma administração pública burocrática com características patrimonialistas e com pretensões gerenciais".[118]

O combate efetivo aos excessos burocráticos requer mais do que reformas normativas pontuais. É necessária uma transformação cultural

---

[118] CARVALHO, Fábio Lins de Lessa. *Raul Seixas e a administração pública*. Uma abordagem musical dos grandes desafios do Direito Administrativo no Brasil. Belo Horizonte: Fórum, 2022. p. 62.

profunda na administração pública brasileira, baseada no princípio da simplicidade administrativa, e que tenham como premissas o foco nos resultados e no atendimento ao cidadão, a inovação, o experimentalismo e a participação social.

Transformar a cultura administrativa brasileira é um desafio de longo prazo, que demanda esforços continuados e multidimensionais. No entanto essa transformação é condição necessária para a construção de um Estado efetivamente a serviço da cidadania e do desenvolvimento inclusivo. O combate aos excessos burocráticos, nessa perspectiva, não é apenas uma questão de eficiência administrativa, mas um componente fundamental da própria democracia.

3.2.2 A cultura da complexidade

A simplicidade administrativa constitui um princípio jurídico fundamental que orienta a modernização da Administração Pública em direção a um modelo mais eficiente, democrático e inclusivo. Todavia, para facilitar a vida dos administrados, reduzindo a burocracia desnecessária, a simplicidade terá que eliminar complexidades que possam prejudicar as pessoas e que impeçam que o Estado cumpra sua função essencial de servir ao bem comum e garantir os direitos fundamentais dos cidadãos.

Vivemos em uma era caracterizada por níveis sem precedentes de complexidade. Os sistemas sociais, econômicos, tecnológicos e políticos que compõem nossa sociedade se tornaram intrincados a ponto de sua compreensão integral ser praticamente impossível para o cidadão comum. Em um mundo onde as questões técnicas, científicas e tecnológicas ditam nossos destinos, todos nós somente podemos confiar naquilo que nos é dito por quem domina tais conhecimentos marcados pela altíssima complexidade.

O mundo atual apresenta inúmeras complexidades que desafiam nossa compreensão: de sistemas financeiros globais interconectados a mudanças climáticas com ciclos de retroalimentação complexos que dificultam a correção precisa; de avanços tecnológicos que ocorrem em ritmo exponencial a questões geopolíticas com múltiplos participantes e interesses sobrepostos, tudo isto sem falar em sistemas legais e regulatórios cada vez mais intrincados. E, evidentemente, não podemos ser especialistas em física quântica, epidemiologia, inteligência artificial e mudanças climáticas simultaneamente.

Quanto à confiança nas informações científicas e tecnológicas, enfrentamos um dilema interessante. Por um lado, dependemos cada vez mais de especialistas para interpretar a complexidade do mundo. Por outro lado, essa dependência nos coloca em uma posição vulnerável. A ciência progride através de correções e revisões, o que significa que o conhecimento atual sempre está sujeito a mudanças. Além disso, interesses econômicos e políticos podem influenciar a produção e disseminação de informações técnicas, como aconteceu durante a pandemia da covid-19.

A educação é um caminho possível para desenvolver o pensamento crítico e uma formação científica básica, democratizando o conhecimento, não para substituir especialistas, mas para avaliarmos com mais discernimento as informações que recebemos.

Outro caminho é a transformação das instituições em entidades transparentes e confiáveis que possam mediar entre o conhecimento especializado e o público. Tais instituições muitas vezes não terão como reduzir a complexidade (como em questões técnicas de alta especificidade), mas poderão transmitir aos cidadãos informações facilmente compreensíveis, ou seja, a complexidade (no plano real) deve conviver com a simplicidade (no plano da linguagem).

Em outras situações, há a efetiva possibilidade de redução da complexidade, quando esta seja excessiva e desnecessária. É o que acontece com a eliminação de etapas procedimentais que não se justificam e que dificultam a vida dos administrados. Neste caso, impõe-se a adoção de modelos processuais mais simples.

Na administração pública brasileira, são diversos os exemplos de processos administrativos cuja complexidade deveria ser reduzida, sem prejuízo à qualidade da decisão: abertura e fechamento de empresas, licenciamento ambiental, licitação e concurso público, importação de bens e produtos, regularização fundiária, concessão de aposentadorias e benefícios previdenciários, prestações de contas de convênios públicos, reconhecimento de diplomas estrangeiros, aprovação de novos medicamentos, elaboração de normas por órgãos reguladores, obtenção de alvarás e licenças de funcionamento, processos administrativos de controle externo, etc. são exemplos de procedimentos em que a complexidade não é apenas um desafio linguístico e operacional, mas um obstáculo significativo à democracia participativa e ao acesso efetivo aos direitos fundamentais.

A administração pública contemporânea se caracteriza por múltiplas camadas de burocracia, procedimentos técnicos elaborados, linguagem hermética e processos fragmentados entre diversas instituições. Esta complexidade se manifesta em diferentes dimensões, da normativa à processual, da linguística à estrutural, sem falar na complexidade tecnológica.

A incapacidade de navegar por processos excessivamente complexos cria um abismo entre os cidadãos e o Estado. O sentimento de frustração e impotência diante da burocracia incompreensível erode a confiança nas instituições públicas e alimenta o descrédito no sistema democrático.

A complexidade não é democrática em seus efeitos. Cidadãos com mais recursos educacionais, financeiros e sociais conseguem contratar especialistas ou dedicar tempo para desvendar os labirintos burocráticos. Já as populações mais vulneráveis, justamente aquelas que mais necessitam dos serviços públicos, são desproporcionalmente prejudicadas pela complexidade, criando um paradoxo perverso: quem mais precisa enfrenta maiores barreiras.

Processos participativos excessivamente complexos (como consultas públicas com linguagem técnica inacessível ou mecanismos de participação de difícil compreensão e audiências públicas onde somente grupos altamente preparados conseguem participar do debate) acabam por afastar o cidadão comum. A participação social, pilar fundamental da democracia, é assim restringida a grupos organizados e especialistas, empobrecendo o debate público.

A complexidade desnecessária não apenas prejudica o cidadão, mas também onera a própria administração pública. Processos excessivamente complicados consomem mais recursos, exigem mais pessoal para operá-los e para esclarecer dúvidas, além de gerarem mais erros e retrabalho.

Em ambientes de alta complexidade, prosperam os intermediários – despachantes, consultores, escritórios especializados – que, embora prestem um serviço, representam um custo adicional para o acesso a direitos que deveriam ser universais e diretos.

Diante desse cenário, a simplicidade emerge não apenas como uma questão de eficiência administrativa, mas como um verdadeiro imperativo democrático – um requisito para a construção de uma relação mais equitativa entre Estado e sociedade.

A complexidade excessiva na administração pública representa uma forma sutil, porém poderosa, de exclusão social e enfraquecimento democrático. A simplicidade não é apenas uma questão de eficiência administrativa, mas um elemento essencial para a construção de uma sociedade mais equitativa, participativa e democrática. Simplificar a relação entre Estado e cidadão significa, em última análise, democratizar o acesso aos direitos e às políticas públicas. Significa reconhecer que a complexidade desnecessária é uma barreira tão concreta quanto um muro físico, e que sua remoção é parte fundamental do compromisso com uma administração pública verdadeiramente a serviço de todos.

A simplicidade administrativa emerge, assim, como um antídoto necessário à cultura da complexidade – não como uma concessão ao cidadão, mas como um dever do Estado democrático de direito.

3.2.3 Culturas do legalismo e da hiper-regulamentação

No cenário jurídico-administrativo brasileiro, vivemos uma situação paradoxal: quanto mais são criadas normas com a intenção de organizar e regular a sociedade e o próprio Estado, mais difícil se torna compreender e aplicar esse mesmo ordenamento jurídico.

Devido a questões culturais, históricas, geográficas e jurídicas, o Brasil se destaca (não positivamente) pelo arcabouço normativo caracterizado pelo excesso quantitativo e pela descoordenação. Essa hiper-regulamentação, aliada a um culto quase religioso ao legalismo formal, cria um ambiente de insegurança jurídica que prejudica desde o cidadão comum até os mais altos escalões da administração pública.

Lidar com a legislação brasileira é um desafio dos mais difíceis de enfrentar: são milhões de normas entre leis, decretos, portarias, instruções normativas, resoluções e outros atos normativos.[119] Esta produção normativa descontrolada ocorre em todos os níveis da federação: a União legisla sobre temas gerais e específicos; vinte e seis estados e o Distrito Federal produzem suas próprias normas; cinco mil, quinhentos e setenta municípios editam leis e regulamentos locais; dezenas de agências reguladoras e milhares de órgãos administrativos emitem portarias, resoluções e instruções normativas. Somente no âmbito da legislação da União, são mais de quinze mil leis:

> A numeração sequencial começa após 1832, mas cessa com a Proclamação da República. De 1889 a 1891, os Decretos do Governo Provisório são numerados e a partir de 1891 reinicia-se a série de numeração das leis ordinárias. De 1930 a 1934, nova leva de "Decretos", e a numeração é reiniciada após a Constituição de 1934, até o Golpe do Estado Novo, em 1937. Em 1946, com a promulgação da Constituição, novo recomeço, e

---

[119] Para conhecer o labirinto da legislação tributária brasileira, vide: Em 34 anos de Constituição, Brasil ganhou 7,1 milhões de novas normas. *Consultor Jurídico*, 5 novembro 2022. Disponível em: https://www.conjur.com.br/2022-nov-05/34-anos-constituicao-brasil-ganhou-milhoes-normas/. Acesso em: 7 abr. 2025.

é essa numeração que vale até hoje. O consultor legislativo do Senado, Gilberto Guerzoni, deu mais detalhes sobre esse histórico: (Gilberto Guerzoni - consultor do Senado) "É interessante observar que a gente teve já três outros períodos em que houve início de numeração das leis no Brasil. O primeiro começou com a Independência; o segundo, com a Constituição de 1891, a nossa Constituição republicana, e o terceiro com a Constituição de 1934, que foi editada depois da revolução de 1930". Guerzoni destacou que não houve nenhuma iniciativa de recomeçar a numeração mesmo com a promulgação de outras Constituições: (Gilberto Guerzoni - consultor do Senado) "Não houve início de numeração com a Constituição de 1937, nós não tivemos, também, agora nos anos mais recentes, nenhuma mudança da numeração, nem com a Constituição de 1967, nem com a vigente Constituição de 1988". A lei nº 1 foi promulgada em 4 de outubro de 1946. Ela autorizava a abertura, pelo Ministério da Agricultura, do crédito especial de Cr$ 1.800.000,00 para despesas com o combate às nuvens de gafanhotos que estavam assolando várias regiões do sul do país.[120]

O resultado é um emaranhado normativo onde convivem, nem sempre harmonicamente, diferentes temáticas e fontes produtoras. Esta sobreposição gera conflitos interpretativos e aplicações constantes, criando verdadeiras "zonas cinzentas" onde nem os mesmos especialistas conseguem determinar com clareza qual norma prevalecente. Nesta Babel normativa, exercer a advocacia ou mesmo atividades de gestão pública exigem conhecimentos e habilidades que vão além das questões jurídicas e administrativas.

Paradoxalmente, em 1928, Graciliano Ramos, quando prefeito de Palmeira dos Índios (AL), também sofreu dos males da cultura do legalismo, mas ao contrário do que ocorre com muitos gestores públicos do século XXI que têm o problema do excesso de lei, ele teve que procurar uma lei municipal para poder administrar o município. Sobre este episódio, o escritor de Vidas Secas narrou o caos legislativo que teve que enfrentar:

> Em janeiro do ano passado, não achei no Município nada que se parecesse com lei, fora as que havia na tradição oral, anacrônicas, do

---

[120] Brasil chega à lei ordinária de número 15.000. Você sabe quando as leis começaram a ser numeradas? *Rádio Senado*, 16 de outubro de 2024.Disponível em: https://www12.senado.leg.br/radio/1/noticia/2024/10/16/brasil-chega-a-lei-ordinaria-de-numero-15-000-voce-sabe-quando-as-leis-comecaram-a-ser-numeradas#:~:text=Brasil%20chega%20%C3%A0%20lei%20ordin%C3%A1ria%20de%20n%C3%BAmero%2015.000. Acesso em: 7 abr. 2025.

tempo das candeias de azeite. Constava a existência de um Código municipal, coisa intangível e obscura. Procurei, rebusquei, esquadrinhei, estive quase a recorrer ao espiritismo, convenci-me de que o código era uma espécie de lobisomem. Afinal, em fevereiro, o secretário descobriu-o entre papéis do Império. Era um delgado volume impresso em 1865, encardido e dilacerado, de folhas soltas, com aparência de primeiro livro de leitura de Abílio Borges. Um furo. Encontrei no folheto algumas leis, aliás bem redigidas, e muito sebo. Come elas e com outras que nos dá a Divina Providência consegui aguentar-me, até que o Conselho em agosto, votou o código atual.[121]

Como se vê, ironicamente, a própria administração pública se torna vítima do sistema que cria. Gestores públicos se encontram paralisados pelo medo de responsabilização pessoal ao interpretado incorretamente ou emaranhado normativo. Decisões simples são precedidas de pareceres jurídicos extensos e processos administrativos complexos. A eficiência administrativa é sacrificada no altar da segurança jurídica formal, que paradoxalmente gera mais insegurança.

Se a vida do administrador público já é difícil, o que dizer do calvário do cidadão comum, que se torna refém de um sistema que ele não consegue compreender? A máxima de que "ninguém se escusa de cumprir a lei, alegando que não a conhece" (art. 3º da Lei de Introdução às Normas do Direito Brasileiro – LINDB) se transforma em ficção jurídica cruel quando é materialmente impossível conhecer sequer 0,1% de todas as normas da vida cotidiana. O resultado é uma cidadania fragilizada, onde as pessoas dependem constantemente de intermediários (advogados, contadores, despachantes) para realizar operações que deveriam ser simples.

Por sua vez, para o setor produtivo, esta complexidade se traduz diretamente no chamado "Custo Brasil". As empresas precisam manter departamentos jurídicos robustos e consultores especializados apenas para navegar no labirinto regulatório:

> O Custo-Brasil é comumente apontado como um dos principais problemas para o setor produtivo brasileiro. Trata-se de um conceito amplo, que se refere a um conjunto de ineficiências expressas em legislações e regulamentações inadequadas e em deficiências no provimento de bens públicos. Em suma, são entraves que oneram o ambiente de negócios, afetam as empresas de diversos portes e setores, encarecem produtos e

---

[121] RAMOS, Graciliano. *Relatório ao Governo do Estado de Alagoas relativo ao ano de 1928*. Maceió: Imprensa Oficial, 1929.

serviços, comprometem investimentos e limitam a geração de empregos e renda no país.[...] A estimativa mais recente do Custo-Brasil feita pelo Movimento Brasil Competitivo (MBC), em parceria com a Fundação Getúlio Vargas(FGV), mensurou esse custo em R$ 1,7 trilhão, representando cerca de 19,5% do Produto Interno Bruto (PIB) brasileiro.[122]

No Brasil, desenvolveu-se uma cultura jurídica que privilegia o cumprimento formal e literal da norma em detrimento de sua finalidade. Esta cultura do legalismo se manifesta de várias formas, como o formalismo excessivo (que veremos como uma das culturas a ser combatida pela simplicidade), a interpretação literal, o temor da discricionariedade, a criminalização da administração pública, e até mesmo as contradições nas decisões do Poder Judiciário.

A ironia central deste sistema é que ele falha em seu objetivo primordial. A hiper-regulamentação, teoricamente concebida para aumentar a segurança jurídica e a previsibilidade, acaba gerando o efeito oposto: um ambiente de profunda insegurança onde ninguém pode ter certeza do correto cumprimento de todas as normas aplicáveis.

Ademais, recursos que deveriam ser investidos na melhoria da eficiência dos setores público e privado são desviados para custear a navegação no labirinto regulatório. A solução para este cenário não passa pela simples desregulamentação irrestrita, mas por uma abordagem qualitativa da produção normativa. É necessário que o sistema de produção normativa seja aperfeiçoado, como a partir da revisão e compilação das normas existentes por temas, eliminando redundâncias e contradições e a avaliação de impacto regulatório para produção de novas normas.

Certamente, o principal é a mudança cultural, rompendo a cultura da hiper-regulamentação e o culto ao legalismo. A simplificação normativa não é apenas uma questão técnica ou jurídica, mas pode ser um imperativo democrático: os cidadãos não exercem plenamente seus direitos em um sistema que eles não compreendem.

O desafio é imenso e envolve uma profunda cultura nas instituições brasileiras. Contudo, os benefícios de um ambiente normativo são mais racionais, coerentes e acessíveis justificam amplamente este esforço. Não se trata de regular menos, mas de regular melhor, com foco

---

[122] Resultados da Consulta Pública do Custo-Brasil. Ministério do Desenvolvimento, Indústria, Comércio e Serviços, set. 2023. Disponível em: https://www.gov.br/mdic/pt-br/assuntos/noticias/2023/setembro/mdic-define-oito-eixos-de-atuacao-para-reduzir-custo-brasil/resultados_cp_custo-brasil.pdf. Acesso em: 7 abr. 2025.

na efetividade e na especificamente das normas, não em seu volume ou severamente formal.

3.2.4 Cultura da tecnocracia

A cultura tecnocrática incentiva uma forma particular de pensamento que valorize modelos teóricos abstratos em detrimento da observação empírica das realidades sociais. Servidores formados nessa tradição tendem a buscar soluções em manuais, teorias e modelos préconcebidos, frequentemente importados de contextos distintos, sem a necessidade de adaptação às particularidades locais.

Essa abordagem cria uma geração de servidores que dominam conceitos e teorias sofisticadas, mas que encontram dificuldades em traduzir esse conhecimento em soluções práticas e eficazes para problemas concretos. O resultado é uma administração rica em discurso técnico, mas pobre em efetividade.

Talvez o aspecto mais pernicioso da tecnocracia seja uma desumanização gradual das relações entre Estado e cidadão. Quando as pessoas são reduzidas a números, estatísticas, casos ou processos, perdem a dimensão humana essencial do serviço público.

No livro "Admirável mundo novo" (Aldous Huxley), temos um romance distópico que retrata uma sociedade tecnologicamente avançada onde a eficiência e a estabilidade social são priorizadas acima da liberdade individual; em "1984" (George Orwell), o livro é mais focado no totalitarismo, mas também aborda como a tecnocracia pode ser usada como instrumento de controle social; em "A sociedade do espetáculo" (Guy Debord), há uma análise crítica de como a técnica e a racionalidade instrumental transformam as relações sociais; em "O eclipse da razão" (Max Horkheimer), destaca-se a crítica à racionalidade instrumental que caracteriza a sociedade moderna, incluindo a administração tecnocrática.

Podemos destacar ainda "A técnica e a ciência como ideologia" (Jürgen Habermas), livro que faz uma análise filosófica sobre como o conhecimento técnico se transforma em instrumento de poder e dominação; "A jaula de ferro: os bastidores do governo" (Michael Crozier) tratam de um estudo sociológico sobre a burocracia e seu isolamento da sociedade; "Seeing like a state" (James C. Scott) analisa como projetos estatais tecnocráticos frequentemente falham por ignorarem o conhecimento local. No Brasil, "A utopia tecnocrática" (Roberto Mangabeira Unger) faz uma crítica aos limites do pensamento tecnocrático na política.

No campo do cinema, alguns filmes se destacam no contexto crítico à tecnocracia: "Brasil" (Terry Gilliam, 1985) é um retrato surreal de uma sociedade sufocada pela burocracia tecnocrática disfuncional; "Gattaca" (Andrew Niccol, 1997) apresenta uma sociedade futurista onde as decisões são tomadas com base em determinismo genético, representando o extremo da racionalidade técnica; "Equilibrium" (Kurt Wimmer, 2002) retrata uma sociedade distópica onde as emoções são suprimidas em favor da eficiência e estabilidade.

Em "Metropolis" (Fritz Lang, 1927) se trata de um clássico do cinema expressionista que retrata a desumanização causada pela mecanização e tecnocracia; "Eu, Robô" (Alex Proyas, 2004) questiona os limites da lógica técnica pura quando aplicadas a decisões que afetam seres humanos; em "O teorema zero" (Terry Gilliam, 2013) há o exame da alienação em uma sociedade dominada pela lógica corporativa e técnica; "O show de Truman" (Peter Weir, 1998) explora como a vida pode ser controlada e manipulada por sistemas técnicos aparentemente benevolentes; em "A vida dos outros" (Florian Henckel von Donnersmarck, 2006) retrata o aparelho técnico de vigilância estatal na Alemanha Oriental e sua gradual humanização. Como representante do cinema brasileiro, podemos destacar "O Homem que Virou Suco" (João Batista de Andrade, 1981), que retrata o impacto desumanizador da burocracia na vida de um migrante nordestino.

Essas obras literárias e cinematográficas oferecem diferentes perspectivas sobre como a tecnocracia pode afetar as relações sociais, a democracia e a dignidade humana, oferecendo excelentes pontos de partida para discussão sobre o tema.

A tecnocracia frequentemente cria uma barreira invisível entre administradores e cidadãos. Quando os servidores públicos se veem principalmente como especialistas técnicos e não como servidores da população, estabelece-se uma relação assimétrica de poder. O conhecimento técnico se transforma num instrumento de autoridade que dificulta o diálogo com os não-especialistas.

O cidadão comum, que vivencia diretamente os problemas sociais, tem seu conhecimento experiencial desvalorizado frente ao saber formal e certificado dos tecnocratas. Isso resulta em políticas públicas sofisticadas sob o ponto de vista técnico, mas frequentemente desconectadas das realidades e necessidades locais. No caso da Usina Hidrelétrica de Belo Monte, ela foi projetada por técnicos com sofisticados estudos de engenharia, mas com problemas nas avaliações socioambientais, gerando graves impactos em comunidades ribeirinhas e indígenas. E o que dizer de políticas públicas de encarceramento que priorizam a construção de presídios em regiões remotas, seguindo modelos internacionais, dificultando o acesso de familiares e a reintegração social dos egressos? Políticas públicas desconectadas da realidade social geram projetos técnicos sofisticados que falham por não considerarem aspectos culturais, históricos e sociais das comunidades-alvo. Mas isto será aprofundado no item deste livro sobre cultura do descolamento realístico.

A cultura da tecnocracia gera a desumanização da administração pública, que se manifesta de diversas formas, como no atendimento padronizado que não considera situações individuais, no uso de linguagem técnica inacessível nos comunicados oficiais, na adoção de procedimentos rígidos que não acomodam excepcionalidades, na avaliação de políticas públicas exclusivamente por métodos quantitativos e no foco na eficiência processual em detrimento da efetividade dos resultados.

Pode-se afirmar ainda que a cultura da tecnocracia também gera a alienação do servidor público: ao estimular a compartimentação de funções e a especialização dos papéis, a cultura da tecnocracia cria uma administração fragmentada onde cada servidor conhece profundamente apenas uma pequena parte do processo, perdendo a visão do todo e do propósito maior de seu trabalho. Essa alienação gera servidores técnicos competentes em suas funções específicas, mas desconectados do impacto social final de suas ações. O trabalho se torna um fim em si mesmo, e não um meio para servir à sociedade.

Mas como seria possível humanizar a administração pública? Uma das propostas seria equilibrar o conhecimento técnico com a sensibilidade social, e isto pode ser implementado a partir da simplicidade administrativa, com a adoção de uma governança participativa e deliberativa, com a formação humanística dos servidores, com uma linguagem acessível e comunicação inclusiva e com uma avaliação multidimensional das políticas públicas.

A tecnocracia, quando não equilibrada por uma forte sensibilidade social e compromisso democrático, pode transformar a administração pública em um sistema autocentrado e distante dos cidadãos a quem deveria servir. O desafio não é abandonar o conhecimento técnico, necessário para uma gestão eficiente, mas em complementá-lo com uma visão humanista que reconheça a centralidade das pessoas nos processos administrativos.

Um Estado verdadeiramente a serviço da sociedade precisa de servidores competentes que sejam tanto técnicos quanto socialmente sensíveis e eticamente comprometidos com o bem comum. O isolamento da Administração Pública e a dependência excessiva de métricas quantitativas são consequências diretas da cultura tecnocrática quando levada ao extremo.

Este cenário contribui para aprofundar a crise de legitimidade do Estado contemporâneo, onde instituições técnicas sofisticadas e processos administrativos complexos coexistem com uma crescente desconfiança pública e insatisfação cidadã quanto à capacidade estatal de resolver problemas reais.

Para superarmos este modelo, precisamos de uma administração pública que mantenha o rigor técnico, mas que seja permeável ao controle social, transparente em seus processos decisórios e capaz de integrar múltiplas formas de conhecimento, incluindo aquelas que não são facilmente traduzíveis em métricas quantitativas.

A simplicidade administrativa representa um poderoso contraponto à cultura tecnocrática, oferecendo caminhos para humanizar a gestão pública e a aproximar dos cidadãos, focando nas suas necessidades reais, no reconhecimento de diversos contextos, na recuperação da confiança, na redução da dependência de especialistas, na ampliação do controle social, na valorização de múltiplas formas de conhecimento.

A simplicidade administrativa não é apenas uma questão de eficiência operacional, mas um imperativo democrático. Um Estado que se comunica de forma acessível, que cria processos compreensíveis e que coloca o cidadão no centro de suas preocupações é um Estado que regula a soberania popular não apenas como princípio abstrato, mas como prática cotidiana.

Ao humanizar a cultura tecnocrática através da simplicidade, abrimos caminho para uma administração pública que mantém o rigor necessário à boa gestão, mas que reconhecemos que sua legitimidade deriva não de sua sofisticação técnica, mas de sua capacidade de servir eficazmente ao bem comum de forma acessível a todos.

A verdadeira expertise da administração pública no século XXI talvez esteja justamente em sua capacidade de traduzir complexidade em simplicidade, transformando o conhecimento em serviços públicos humanizados, acessíveis e eficazes.

3.2.5 Cultura do fetichismo tecnológico

Em 2024, foi noticiado na imprensa de todo o mundo que a Finlândia, país considerado uma referência na área de educação, tomou uma decisão pautada no princípio da simplicidade administrativa, mas que foi considerada ousada: voltar a adotar livros, papel e caneta nas salas de aula. Sobre esta mudança, que aponta alguns malefícios no uso das tecnologias digitais:

> As escolas na Finlândia estão a mudar os métodos de aprendizagem. Depois da forte aposta no digital, nos últimos seis anos, há agora um consenso alargado em voltar a usar livros, papel e caneta. No país que é considerado uma referência mundial na área da educação, também está a ser preparada legislação para proibir a utilização de telemóveis durante o horário escolar. Pode parecer uma imagem do passado de uma escola da Finlândia, mas nesta cidade a norte de Helsínquia, livros, papel e caneta voltaram depois de estarem fora das salas de aula desde 2018. Após anos a promover o digital, com o Governo a oferecer portáteis gratuitos a partir dos 11 anos, as escolas repensam agora os efeitos dos ecrãs na vida dos alunos. Os especialistas falam de crianças mais irrequietas e ansiosas e defendem limites ao tempo que passam frente ao digital distrativo. Considerado um dos melhores modelos de aprendizagem do mundo, o sistema educativo na Finlândia está em mudança. O Governo está a preparar legislação para proibir a utilização de dispositivos, como telemóveis, durante o horário escolar para reduzir o tempo de exposição das crianças aos ecrãs.[123]

Apesar do correto relato dos fatos, na reportagem em destaque, o título chama a atenção, ao falar que a Finlândia dá um "passo atrás". Evidentemente, alguém dirá que a referência ao "passo atrás" significa o retorno a algo do passado. Mas também não se pode negar que tal referência representa um quê de fetichismo tecnológico, como se a tecnologia, sendo um ideal a ser alcançado e vivido, não pudesse ceder espaço a soluções mais simples.

Juarez Freitas e Thomas Bellini Freitas já destacavam que "seria, pois, um equívoco ignorar que as máquinas representam perigo à autonomia humana. Nesse panorama, no atinente à IA, justifica-se a disciplina proativa (e, se cabível, a contenção) de inovações algorítmicas potencialmente lesivas, em defesa do humano".[124]

---

[123] Finlândia dá um passo atrás: quer o regresso do papel e da caneta e a proibição de telemóveis nas escolas. SIC Notícias, 12 de setembro de 2024. Disponível em: https://sicnoticias.pt/mundo/2024-09-12-video-finlandia-da-um-passo-atras-quer-o-regresso-do-papel-e-da-caneta-e-a-proibicao-de-telemoveis-nas-escolas-bb0fcde1. Acesso em: 8 abr. 2025.

[124] FREITAS, Juarez; FREITAS, Thomas Bellini. *Direito e inteligência artificial*. Em defesa do humano. Belo Horizonte: Fórum, 2021. p. 51.

Apesar da medida adotada na Finlândia e das advertências da doutrina brasileira, é inegável a presença da cultura do fetichismo tecnológico na administração pública, que se caracteriza pela crença quase mística de que a incorporação de novas tecnologias, por si só, é capaz de solucionar problemas complexos de gestão.

Impõe-se neste trabalho que se examine como essa cultura se manifesta no setor público brasileiro, seus impactos negativos e como o princípio da simplicidade administrativa pode oferecer um contraponto necessário.

Assim, é importante que se diga que o fetichismo tecnológico na gestão pública se manifesta de diversas formas: primeiramente, a partir do solucionismo tecnológico, que é a crença de que para cada problema social ou administrativo existe uma solução tecnológica, muitas vezes digital, que pode resolvê-lo de forma definitiva.

Outra manifestação do fetichismo tecnológico é o deslumbramento com a inovação, que estimula (quase que obriga) a adoção de tecnologias de ponta não por sua necessidade ou adequação real, mas pelo status de "modernidade" que conferem ao órgão ou gestor público. Ninguém quer ser chamado de ultrapassado!

Neste contexto, surge mais uma manifestação, que a inversão meio-fim, que ocorre quando a implementação da tecnologia deixa de ser um meio para atingir objetivos administrativos e se torna o próprio objetivo da gestão. E o dia de lançamento desta nova tecnologia na repartição será muito celebrado, divulgando-se aos quatro cantos que esta gestão é inovadora, tecnológica, digital. Assim, o objetivo principal do gestor público já foi alcançado.

E para adoção destas soluções tecnológicas, muitas vezes ocorre a importação de soluções tecnológicas de realidades distintas (do setor privado, de países desenvolvidos ou de outros órgãos públicos) sem a devida adaptação ao contexto local. O resultado é uma solução tecnológica que não funciona adequadamente.

Esta cultura de endeusa a tecnologia produz consequências problemáticas para a administração pública, da complexificação desnecessária à exclusão digital, da dependência tecnológica à obsolescência programada. Tudo isto sem falar que há a desvalorização da dimensão humana, a partir da negligência no atendimento aos problemas administrativos fundamentais e prioritários, que envolvem pessoas e não máquinas e robôs.

No âmbito da administração pública brasileira, predominam os sistemas de informação fragmentados, que não são comunicados entre si, desenvolvidos de forma isolada por diferentes órgãos. Cidadãos e empresas precisam fornecer repetidamente os mesmos dados para diferentes instâncias governamentais, enquanto os servidores precisam aprender múltiplas interfaces e procedimentos.

Também é importante que haja uma consciência dos riscos do capitalismo de vigilância e do colonialismo digital: o primeiro se trata de um novo modelo econômico baseado na redução, análise e comercialização de dados pessoais em grande escala, o que é potencializado no mundo digital.

Por sua vez, o colonialismo digital se refere às formas como as relações de poder colonial se reproduzem no ambiente digital e tecnológico, especialmente quando nações, corporações e instituições do norte global exercem controle sobre a infraestrutura, dados e narrativas tecnológicas do sul global, gerando uma dependência que impede a capacidade de desenvolvimento local sem a interferência dos atores colonizadores.

Outro problema detectado é o da proliferação de portais e aplicativos governamentais desenvolvidos a alto custo, muitas vezes com baixíssima utilização e valor público questionável. Muitos desses recursos digitais são abandonados após mudanças de gestão ou simplesmente caem no esquecimento por não atenderem às necessidades reais dos usuários.

Com o princípio da simplicidade administrativa, exige-se que os processos e sistemas tecnológicos devam ser tão simples quanto possível. A tecnologia deve ser serva, não senhora da administração pública, sendo empregada apenas quando clara a relação custo-benefício e o valor público gerado. Nesse contexto, soluções diretas e de baixa complexidade devem ser preferidas a abordagens tecnologicamente sofisticadas, mas de dificuldade de compreensão e manutenção. Outra exigência da simplicidade é que a experiência do usuário (cidadão ou servidor) deve prevalecer sobre as tendências técnicas ou teóricas da solução.

Para combater o fetichismo tecnológico a partir da simplicidade administrativa, propõe-se a avaliação crítica de necessidades tecnológicas. Para tanto, devem ser formuladas algumas perguntas fundamentais: este problema realmente precisa de uma solução tecnológica? Existem abordagens mais simples que poderiam resolver a questão? O benefício esperado justifica a complexidade adicionada? A tecnologia está melhorando o serviço público ou apenas adicionando camadas de complexidade?

Também se sugere que implementações de megaprojetos tecnológicos ocorram de forma gradual, aumentando paulatinamente a complexidade do sistema, e que possam ser adotadas metodologias ágeis que permitam ajustes constantes.

Uma iniciativa positiva foi a passagem de centenas de sites governamentais no portal gov.br, com interface padronizada e simplificada. Pode-se dizer que esta unificação e padronização (iniciada pelo Decreto Federal nº 9.756/2019), representou um avanço na direção da simplicidade administrativa, já que a unificação de cadastros e a redução do número de senhas e procedimentos diversos facilitam significativamente a vida do cidadão.

A cultura do fetichismo tecnológico está profundamente enraizada na administração pública contemporânea e, portanto, enfrenta resistências à sua superação, que exige mudança de mentalidade em diferentes níveis, das lideranças políticas aos gestores públicos, de fornecedores a usuários.

O combate ao fetichismo tecnológico não implica em destruição da tecnologia, mas sim em sua recontextualização como instrumento de serviço da administração pública e do cidadão. A simplicidade administrativa nos lembra que a verdadeira inovação nem sempre é a adoção da tecnologia mais avançada, mas que resolve problemas reais da forma mais direta e acessível. E mais: uma tecnologia mais sofisticada não é necessariamente a mais adequada; a melhor solução é aquela que atende seu propósito com a menor complexidade possível.

A administração pública precisa desenvolver uma relação mais madura e crítica com a tecnologia, pautada pelo pragmatismo e pelo valor público gerado, não pelo encantamento com a novidade. Ao adotar o princípio da simplicidade administrativa como guia para suas escolhas tecnológicas, o Estado brasileiro poderá construir uma infraestrutura digital mais sustentável, inclusiva e eficaz ao serviço do cidadão, superando o fetichismo tecnológico em favor de uma abordagem mais humana e funcional da inovação no setor público.

3.2.6 Cultura do tecnicismo linguístico

Já houve um tempo em que falar latim ou grego era um importante diferencial daquele que tivesse tal capacidade, que lhe abriria as portas para determinados contextos profissionais, religiosos e intelectuais; depois foi a vez do francês, e mais recentemente do inglês. Todavia, para falar com a administração pública, ou mesmo entendê-la, bastava o cidadão falar a língua oficial daquele Estado. Isto era suficiente. Na contemporaneidade, entretanto, surgiu um novo problema: a administração pública passou a falar vários "idiomas" que não estão compreendidos entre aqueles adotados oficialmente pelo Estado.

A comunicação entre o Estado e seus cidadãos constitui um dos pilares fundamentais da democracia. Quando essa comunicação é comprometida pelo uso excessivo de linguagem técnica e especializada, cria-se um abismo que fragiliza o exercício pleno da cidadania.

A administração pública brasileira, ao longo de sua formação histórica, desenvolveu não apenas um, mas múltiplos "dialetos" tecnocráticos que funcionam como verdadeiras barreiras linguísticas entre o poder público e a população.

Estas características, que podemos denominar tecnicismo linguístico administrativo, transcendem a mera utilização de terminologia especializada. Representa uma manifestação de poder e exclusão, criando uma relação assimétrica onde o cidadão comum é tratado como estrangeiro em sua própria nação, incapaz de compreender as regras que regem sua vida em sociedade.

Para agravar a situação do cidadão, a Administração Pública não fala apenas um idioma técnico, mas uma constelação deles, cada qual com sua terminologia, complexidades e efeitos excludentes. Provavelmente, o principal e mais conhecido destes idiomas técnicos é o juridiquês, a língua do poder normativo.

O juridiquês é próprio de uma sociedade que cultua o bacharelismo. Tal idioma técnico se caracteriza pelo uso de arcaísmos linguísticos, incluindo expressões latinas (por exemplo, *"ad hoc"*, *"animus abandonandi"*, *"a priori"*, *"a posteriori"*, *"conditio sinequa non"*, *"exofficio"*, *"extunc"*, *"erga omnes"*, *"juris tantun"*, *"data vênia"*, *"mutatis mutandis"*) e termos obsoletos na linguagem cotidiana.

Também são comuns frases que se estendem por parágrafos inteiros, com múltiplas orações subordinadas, estilo rebuscado e pomposo, que dá preferência a expressões complexas quando existem equivalentes mais simples.

O juridiquês também causa confusão na imprensa e entre os próprios estudantes de Direito: não é fácil diferenciar cargos como Procurador de Justiça,[125] Procurador de Estado,[126] Procurador do

---

[125] Membro do Ministério Público do Estado que atua no segundo grau (Tribunal de Justiça).
[126] Integrante da Advocacia Pública dos Estados.

Trabalho,[127] Procurador da República[128] e Procurador Federal[129] (lembrando que alguns destes cargos fazem parte da Advocacia Pública e outros do Ministério Público). Para complicar mais: e se eu disser que ainda tem Procurador que é do Tribunal de Contas? Sim, o Procurador do Ministério Público junto aos Tribunais de Contas.

O impacto deste idioma técnico é vasto, afetando desde a compreensão de leis e regulamentos até documentos básicos como multas, intimações e requisitos para acesso a serviços públicos. Sobre o juridiquês, seu uso é ainda mais intenso na administração da Justiça. Ainda timidamente, já existem algumas iniciativas para sua eliminação:

> Se o idioma oficial do Brasil é o português, a língua predominante na Justiça, ao longo dos tempos, tem sido o "juridiquês" – uma mistura de palavreado técnico com estilo rebuscado e doses abundantes de termos em latim, muito ao gosto dos profissionais do direito, mas de difícil compreensão para o público leigo. No dia a dia dos processos, uma norma que se aplica a situações passadas tem efeito *ex tunc*; a repetição de uma situação jurídica é *bis in idem*; e, se for apenas para argumentar, pode-se dizer *ad argumentandum tantum*. E nem só de latim vive a complicação: denúncia virou exordial increpatória; inquérito policial, caderno indiciário; petição inicial, peça incoativa. Ciente da importância da informação para o exercício da cidadania, o Superior Tribunal de Justiça (STJ) tem adotado, ao longo do tempo, uma série de medidas para levar o conhecimento sobre as decisões judiciais para além dos profissionais especializados, tornando mais abrangente sua comunicação com a sociedade – o que inclui a opção por uma linguagem bem diferente daquela que se consagrou no cotidiano forense. A mais recente iniciativa da corte nessa direção foi o lançamento, na última terça-feira (19), de uma nova ferramenta em seu portal na internet, destinada a facilitar a compreensão dos julgamentos pelo público não familiarizado com a linguagem jurídica: agora, as notícias trazem um resumo simplificado, que apresenta o ponto principal da matéria em termos acessíveis para o leigo e está disponível em um ícone logo abaixo do título de cada texto. A medida está alinhada com as diretrizes do Pacto Nacional do Judiciário pela Linguagem Simples, lançado em dezembro de 2023 pelo Conselho Nacional de Justiça (CNJ), mas integra uma política de aproximação com o cidadão que o STJ já vem seguindo há bastante tempo.[130]

---

[127] Membro do Ministério Público do Trabalho.
[128] Membro do Ministério Público Federal.
[129] Integrante da Advocacia Pública da União que atua nas autarquias e fundações públicas federais.
[130] STJ na luta contra o juridiquês e por uma comunicação mais eficiente com a sociedade. Superior Tribunal de Justiça (STJ), 24 de março de 2024. Disponível em: https://www.

Outro idioma técnico largamente usado na administração pública é o "economês", a língua das políticas públicas econômicas e fiscais que afetam diretamente a vida dos cidadãos. Esta língua se caracteriza pelo uso de jargões econômicos, como "superávit primário", "meta inflacionária" ou "política anticíclica". Geralmente são repetidos sem a contextualização adequada. Também há muitas siglas e índices econômicos: SELIC, PIB, IPCA, IOF e referências a indicadores proliferam nos textos e pronunciamentos administrativos sem explicação de seu significado prático. Outro costume é a utilização de eufemismos técnicos como "ajuste fiscal", "realinhamento de preços" ou "contribuição provisória" que mascaram realidades como cortes orçamentários, aumentos de preços ou novos impostos.

Para piorar, faz-se uso com profusão de abstrações quantitativas: números e estatísticas são apresentados sem referência a impactos concretos na vida cotidiana dos cidadãos. Por exemplo: o PIB cresceu 2%, mas a inflação anual foi de 10%. E então cidadão: isto foi bom ou ruim para sua vida? O resultado é que muitos brasileiros não compreendem como decisões econômicas do governo afetam diretamente seu orçamento familiar, trabalho e acesso a serviços.

Quando a administração pública procura cumprir o dever constitucional de transparência, ela passa a falar o "contabilês": demonstrativos contábeis e fiscais, essenciais para o controle social, são apresentados em linguagem técnica que inviabiliza seu entendimento pelo cidadão comum.

Se você não é um contador (e com conhecimento da contabilidade pública), dificilmente vai entender a terminologia contábil especializada: expressões como "restos a pagar não processados", "superávit financeiro apurado em balanço patrimonial" ou "despesa de exercícios anteriores"; códigos e classificações orçamentárias, que aparecem como números e códigos sem explicação de significado (por exemplo, "elemento de despesa 3.3.90.39") e outros dados são apresentados em formatos compreensíveis apenas pelos especialistas em contabilidade pública.

Vale lembrar que muitos destes demonstrativos contábeis estão padronizados por normas técnicas. Todavia, os citados relatórios, ainda que cumpram os critérios legais, falham em comunicar eficazmente ao cidadão, destinatário da atividade administrativa.

---

cnj.jus.br/gestao-da-justica/acessibilidade-e-inclusao/pacto-nacional-do-judiciario-pela-linguagem-simples/. Acesso em: 8 abr. 2025.

Temos ainda na administração pública pessoas que falam o "tecniquês", a língua da tecnologia da informação, cada vez mais utilizada com a digitalização crescente dos serviços públicos. Se o juridiquês flerta com o latim, o tecniquês namora com o inglês: *startup, stakeholders, design thinking, deadline, chat, link*, são algumas das palavras que são utilizadas com naturalidade, sem se dar conta de que, muitas vezes, isto gera uma nova barreira linguística para o cidadão.

Além destas expressões em língua inglesa, há o vocabulário técnico da informática: termos como "API", "token de acesso", "certificação digital" ou "autenticação em dois fatores" sem usados sem explicação adequada.

Problema ainda maior ocorre quando o cidadão precisa utilizar as tecnologias da informação para acessar algum serviço público e as instruções procedimentais são complexas ou pelo menos pressupõem conhecimento prévio de informática.

Este idioma técnico cria uma dupla exclusão: a linguística e a digital, especialmente prejudicial para populações já marginalizadas, que são exatamente as que mais precisam de alguns serviços, como na área social (saúde, educação, previdência).

As consequências da cultura do tecnicismo linguístico são nefastas, pois a comunicação estatal é comprometida pelo uso de múltiplos idiomas técnicos, o que gera efeitos profundamente profundos à democracia e à eficiência administrativa, a começar pela exclusão cidadã, que impede o acesso a direito e o exercício do controle social.

Com a desigualdade informacional, aprofundam-se as desigualdades sociais; a participação social é comprometida, esvaziando instâncias participativas quando apenas especialistas conseguem compreender os temas em discussão.

Mais uma vez, é a simplicidade administrativa que servirá como antídoto à cultura do tecnicismo linguístico, à medida que passa a exigir uma maior reflexão sobre a forma como o Estado se comunica, priorizando a experiência do cidadão, e não do especialista.

Assim, a adoção de linguagem clara deve ser uma política de Estado, a partir do estabelecimento de leis e normas que exijam linguagem acessível em comunicações oficiais, de orientações práticas sobre como simplificar a linguagem administrativa, e da formação de servidores, divulgando a cultura da clareza e da linguagem cidadã.

É evidente que o Estado não deixará completamente de se utilizar de algum grau de especificidade técnica em seus textos, mas que isto aconteça somente de forma excepcional e sempre com a preocupação inclusiva.

Já existem algumas experiências promissoras de simplificação linguística no Estado brasileiro, como o Programa Nacional do Judiciário pela Linguagem Simples, desenvolvida a partir de uma iniciativa do Conselho Nacional de Justiça (CNJ), que consiste na "adoção de ações, iniciativas e projetos a serem desenvolvidos em todos os segmentos da Justiça e em todos os graus de jurisdição, com o objetivo de adotar linguagem simples, direta e compreensível a todos os cidadãos na produção das decisões judiciais e na comunicação geral com a sociedade".[131]

As medidas propostas no citado Programa e que visam à simplicidade administrativa (não apenas linguística) são as seguintes:

> Eliminar termos excessivamente formais e dispensáveis à compreensão do conteúdo a ser transmitido; adotar linguagem direta e concisa nos documentos, comunicados públicos, despachos, decisões, sentenças, votos e acórdãos; explicar, sempre que possível, o impacto da decisão ou julgamento na vida do cidadão; utilizar versão resumida dos votos nas sessões de julgamento, sem prejuízo da juntada de versão ampliada nos processos judiciais; fomentar pronunciamentos objetivos e breves nos eventos organizados pelo Poder Judiciário; reformular protocolos de eventos, dispensando, sempre que possível, formalidades excessivas; utilizar linguagem acessível à pessoa com deficiência (Libras, audiodescrição e outras) e respeitosa à dignidade de toda a sociedade.[132]

E não para por aí: "o movimento da linguagem simples no setor público brasileiro vem ganhando força nos últimos anos. Essa mobilização é liderada principalmente pela iniciativa de laboratórios de inovação pública e pela expansão da Rede Linguagem Simples Brasil".[133]

Iniciativas como o GNova (Laboratório de Inovação em Governo, da Escola Nacional de Administração Pública –Enap[134]) e laboratórios estaduais e municipais têm trabalho de simplificação de documentos e processos, incorporando metodologias de *design thinking* e participação cidadã.

---

[131] Pacto Nacional do Judiciário pela Linguagem Simples, Conselho Nacional de Justiça (CNJ). Disponível em: https://www.cnj.jus.br/gestao-da-justica/acessibilidade-e-inclusao/pacto-nacional-do-judiciario-pela-linguagem-simples/. Acesso em: 8 abr. 2025.

[132] Pacto Nacional do Judiciário pela Linguagem Simples, publicado no sítio eletrônico do Conselho Nacional de Justiça (CNJ). Disponível em: https://www.cnj.jus.br/gestao-da-justica/acessibilidade-e-inclusao/pacto-nacional-do-judiciario-pela-linguagem-simples/. Acesso em: 08 abr. 2025.

[133] Linguagem Simples e Inovação, publicado no sítio eletrônico do INMETRO. Disponível em: https://www.gov.br/inmetro/pt-br/assuntos/inovacao/inovinmetro/linguagem-simples-e-inovacao. Acesso em: 08 abr. 2025.

[134] GNovaLab – Laboratório de Inovação em governo. Disponível em: https://www.enap.gov.br/pt/servicos/gnova-laboratorio-de-inovacao-em-governo. Acesso em: 8 abr. 2025.

O desafio da simplicidade linguística na administração pública não está em eliminar completamente os idiomas técnicos – que têm seu valor e utilidade em contextos adequados – mas em criar uma administração pública capaz de manter o rigor interno técnico enquanto se comunica com a sociedade em linguagem acessível e inclusiva.

A verdadeira expertise do servidor público no século XXI talvez esteja justamente nesta capacidade de tradução entre mundos linguísticos, compreendendo que a autoridade óbvia não deriva da complexidade da expressão, mas da capacidade de tornar o complexo compreensível.

Quando o Estado fala um idioma que seus cidadãos não compreendem, não é apenas uma comunicação que se rompe, mas o próprio pacto democrático. A simplicidade linguística não é mero aprimoramento estilístico, mas condição fundamental para uma cidadania plena e uma administração pública benéfica ao serviço da sociedade.

Uma administração que fala a língua do cidadão é uma administração que confirma sua verdadeira razão de ser: servir à comunidade política em nome da qual existe e atua. Superar o tecnicismo linguístico é, portanto, muito mais que uma reforma administrativa – é um imperativo democrático.

3.2.7 Cultura do controle disfuncional

A redemocratização do Brasil e a promulgação da Constituição Federal de 1988 representaram um marco fundamental para a construção de uma administração pública mais republicana e transparente. A Carta Magna distribuiu um robusto sistema de controle da administração pública, fortalecendo instituições como o Ministério Público, os Tribunais de Contas e ampliando os mecanismos de controle social.

Este movimento, inicialmente virtuoso e necessário para combater o histórico de patrimonialismo e corrupção no país, acabou, entretanto, desenvolvendo-se com alguns problemas ao longo das décadas seguintes: o que deveria ser um sistema de controle voltado para a promoção da eficiência e da probidade administrativa se transformou, em muitos aspectos, em uma cultura de controle disfuncional, onde prevalece a lógica do "quanto mais controle, melhor", o que compromete a simplicidade administrativa e a própria capacidade do Estado brasileiro de entregar resultados à sociedade.

Outro aspecto a ser considerado é que a atual Constituição brasileira, por ser principiológica (o que em vários aspectos é algo positivo), passou a proporcionar uma maior judicialização das questões que envolvem a administração pública e um maior ativismo judicial. "Vive-se hoje um ambiente de "geleia geral" no direito público brasileiro, em que princípios vagos podem justificar qualquer decisão",[135]

Um dos principais reflexos da cultura do controle disfuncional é o surgimento do chamado "Direito Administrativo do Medo", caracterizado pela aversão extrema ao risco por parte dos gestores públicos. Este conceito, desenvolvido por autores como Carlos Ari Sundfeld e Floriano de Azevedo Marques Neto,[136] identifica um ambiente administrativo onde o temor das avaliações predomina sobre o compromisso com resultados.

Ao tratar dos abusos praticados em torno da lei de improbidade administrativa, Rodrigo Valgas ressaltou: "os excessos em matéria de improbidade por vezes violam a mais comezinha ideia do princípio da insignificância, não raro movendo a máquina estatal em quantias vultosas por ninharias".[137]

O gestor público brasileiro se encontra frequentemente diante de um dilema perverso: deve inovar e assumir riscos para resolver problemas públicos complexos, mas se sujeitando a avaliações severas por parte dos órgãos de controle ou deve adotar posturas conservadoras e formalistas que, embora ineficientes, oferecem maior segurança jurídica pessoal? Não surpreendentemente, a segunda opção se torna predominante, consolidando uma administração pública covarde.

Ademais, bons gestores e honestos governantes se sentem receosos em atuar frente à Administração Pública, tamanha a vulgarização do controle no âmbito do cenário por alguns denominado Direito Administrativo do Medo. O resultado disso é nefasto: o engessamento e a paralisação da gestão pública".[138]

Neste contexto, a simplicidade administrativa torna-se quase impossível, já que cada decisão precisa ser cercada de pareceres, estudos, consultas e formalidades que, embora nem sempre agreguem valor substantivo, servem como escudos contra punições futuras.

---

[135] SUNDFELD, Carlos Ari. *Direito administrativo para céticos*. São Paulo: Malheiros, 2014. p. 205.

[136] SUNDFELD, Carlos Ari; MARQUES NETO, Floriano de Azevedo. Uma nova lei para aumentar aqualidade jurídica das decisões públicas e de seu controle. In: SUNDFELD, Carlos Ari (org.). *Contratações públicas e seu controle*. São Paulo: Malheiros, 2013.

[137] SANTOS, Rodrigo Valgas. *Direito Administrativo do Medo*: risco e fuga da responsabilização dos agentes públicos. São Paulo: Thomson Reuters Brasil, 2020. p. 195.

[138] CAVALCANTI, Caio Mário L. *Comentários à Lei de Improbidade Administrativa*. Rio de Janeiro: Editora CEEJ, 2020. p. 266-267.

A expressão "apagão das canetas" ganhou notoriedade no debate público brasileiro ao descrever a crescente relutância dos gestores em tomar decisões e repassar documentos, especialmente em áreas sensíveis como licitações e contratações públicas. Esta é uma consequência direta da hipertrofia dos órgãos de controle e da severidade desproporcional das avaliações impostas, muitas vezes por irregularidades formais sem demonstração de má-fé ou dano efetivo ao erário.

A paralisia decisória resultante deste cenário se manifesta de diversas formas: protelação de decisões, excesso de instâncias decisórias, preferência por soluções conservadoras e terceirização da decisão. Este ambiente de paralisia compromete frontalmente a simplicidade administrativa. Processos que poderiam ser resolvidos de forma célere e objetiva se tornam labirintos burocráticos onde o importante não é a efetividade da solução, mas a blindagem do gestor contra futuras responsabilizações.

Outras questões derivadas da cultura do controle disfuncional são a sobreposição de órgãos de controle e a disputa por protagonismo: o sistema de controle da administração pública brasileira se caracteriza por uma multiplicidade de instituições com competências por vezes sobrepostas, como os Tribunais de Contas, Controladorias, Ministério Público, Polícia Federal, Comissões Parlamentares, Ouvidorias, Corregedorias, Controladorias, Advocacia Pública, entre outros.

Esta arquitetura institucional, embora ambientalmente robusta, muitas vezes opera de forma descoordenada. Cada órgão de controle tende a estabelecer seus próprios procedimentos, interpretações normativas e prioridades, muitas vezes sem diálogo adequado com os demais. Não raramente, observa-se uma competição por visibilidade e protagonismo entre estas instituições, resultando em ações redundantes ou contraditórias que ampliam a insegurança jurídica e a complexidade administrativa.

A busca pela notoriedade institucional frequentemente incentiva posturas mais punitivas e midiaticamente atrativas, em detrimento de abordagens preventivas e colaborativas que poderiam ser mais eficazes para aprimorar a gestão pública. O gestor, por sua vez, precisa se adaptar simultaneamente a critérios específicos e por vezes conflitantes de múltiplos órgãos fiscalizadores, o que torna a simplicidade administrativa virtualmente impossível.

Cristiana Fortini e Lívia Sales Magnani Henriques apresentaram alguns casos de controle disfuncional que chamam a atenção:

> Vários são os casos de ações esdrúxulas que se tem verificado na seara da improbidade administrativa oriundas dessa judicialização exacerbada, dentre as quais, podemos destacar: Ação de Improbidade Administrativa contra o Prefeito do Município de Gravataí/RS pelo uso de 05 (cinco) folhas de papel timbrado [...]
> Ação de Improbidade Administrativa aforada em 2018 e condenação do ex-Prefeito de São Paulo João Dória, pela 11ª Vara da Fazenda Pública de SP, ao pagamento de multa e à perda dos direitos políticos por 4 anos pelo uso do slogan: "SP Cidade Linda". [...]
> Ação de Improbidade Administrativa ajuizada pelo MPMG em 2014 por promoção pessoal contra vereador que, utilizando recursos próprios, distribuiu carta contendo os seus feitos, autorizada como propaganda pela Justiça Eleitoral [...].[139]

Um aspecto crítico da cultura do controle disfuncional no Brasil é o desequilíbrio entre as dimensões preventivas e punitivas. O sistema privilegia desproporcionalmente o controle *ex post facto*, dedicando recursos limitados à orientação preventiva e ao aprimoramento da gestão.

A lógica predominante é busca por irregularidades que possam ser sancionadas, em vez do trabalho colaborativo para evitar que problemas ocorram. Esta abordagem tem pelo menos três consequências negativas para a simplicidade administrativa: foco excessivo em aspectos formais, cultura defensiva e desperdício de recursos. Um sistema de controle equilibrado, que priorizasse a prevenção e a educação, poderia facilitar práticas administrativas mais simples e diretas, focadas em resultados e não apenas em procedimentos.

Ademais, o arcabouço normativo que fundamenta as avaliações administrativas no Brasil se desenvolveu de forma fragmentada e muitas vezes desproporcional. A cultura punitiva que se distribui após operações anticorrupção de grande visibilidade midiática contribuiu para a criação de um ambiente onde qualquer falha, mesmo sem dolo ou prejuízo efetivo, pode resultar em deliberações severas para o gestor. A Lei de Improbidade Administrativa (Lei nº 8.429/1992), embora importante instrumento de proteção da probidade, foi por muitos anos aplicada de forma abrangente, enquadrando como improbidade condutas que representavam, no máximo, irregularidades formais ou erros de gestão. As recentes alterações na legislação, promovidas pela

---

[139] FORTINI, Cristiana; HENRIQUES, Lívia Sales Magnani. O controle disfuncional da Administração Pública. *Revista de Ciências do Estado*, Belo Horizonte, v. 7, n. 2, 2022. Disponível em: https://periodicos.ufmg.br/index.php/revice/article/view/e40349/e40349. Acesso em: 8 abr. 2025.

Lei nº 14.230/2021, buscaram corrigir alguns desses excessos, exigindo a comprovação de dolo específico para configuração de improbidade e estabelecendo prazos prescricionais mais razoáveis. Essas mudanças, embora em alguns aspectos até excessivas, representam um passo importante para o reequilíbrio do sistema, mas ainda são insuficientes para transformar a cultura do controle disfuncional.

Uma revisão mais ampla do Direito Administrativo Sancionador brasileiro deveria considerar proporcionalidade das avaliações, avaliação contextualizada, distinção clara entre erro e dolo e busca pela segurança jurídica. Outro aspecto frequentemente negligenciado no debate sobre o controle da administração pública é a necessidade de maior deferência às decisões técnicas e discricionárias dos gestores. Os órgãos de controle, embora fundamentais para a fiscalização da legalidade e probidade, não devem substituir-se ao administrador na avaliação de mérito e oportunidade das políticas públicas.

O princípio da deferência administrativa, bem desenvolvido em jurisdições como a norte-americana (Doutrina Chevron[140]), permite que o gestor público, legitimamente investido em função executiva, possua a competência primária para fazer escolhas dentro do espaço discricionário que a lei lhe confere. O controle deve garantir que essas escolhas ocorram dentro dos limites legais e éticos, sem pretender determinar qual seria a "melhor decisão" entre as várias possíveis. A ausência desta cultura de deferência no Brasil resulta frequentemente em controle substitutivo, insegurança decisória e judicialização excessiva.

O desafio para o Brasil não é eliminar ou enfraquecer os mecanismos de controle da administração pública, mas transformá-los em instrumentos que promovam, em vez de obstaculizarem, a simplicidade administrativa e a efetividade das políticas públicas.

Para isso, seria necessário seguir em direção a algumas situações, como a coordenação interinstitucional, a adoção de um controle baseado em riscos (priorização da fiscalização em áreas de maior

---

[140] "Conhecida, no Brasil, como Doutrina Chevron, o caso Chevron U.S.A., Inc. vs. Natural Resources Defense Council, Inc., decidido pela Suprema Corte dos Estados Unidos em 1984, estabelecia limites para o controle jurisdicional dos atos praticados pelas agências reguladoras. [...] No entanto, no final do mês de junho, a Suprema Corte dos EUA superou esse precedente no julgamento do caso Loper Bright Enterprises et al. vs. Raimondo, Secretary of Commerce et al., entendendo-se pela possibilidade de o Judiciário rever atos de agências independentes, não lhes competindo o monopólio do preenchimento das lacunas legais, mesmo em matéria técnica". (GIAMUNDO NETO, Giuseppe; LEONI, Fernanda. Superação da Doutrina Chevron nos EUA e seus impactos no Brasil. *Consultor Jurídico*, 17 jul. 2014. Disponível em: https://www.conjur.com.br/2024-jul-17/superacao-da-doutrina-chevron-nos-eua-e-seus-impactos-no-brasil/. Acesso em: 8 abr. 2025).

vulnerabilidade, simplificando procedimentos em setores de menor risco), ênfase em resultados, abordagem educativa e preventiva e valorização da segurança jurídica. Neste último contexto, as normas que passaram a fazer parte da Lei de Introdução às Normas do Direito Brasileiro (LINDB) buscaram garantir uma redução das decisões baseadas em valores abstratos, reforçaram a ideia de consequencialismo e destacaram a necessidade de análise do contexto e obstáculos do gestor público como norte para os órgãos de controle.

A simplicidade administrativa não significa ausência de controle, mas sim um controle inteligente, proporcional e focado no que realmente importa: a entrega de valor público à sociedade. O controle disfuncional, ao contrário, gera complexidade desnecessária, paralisia decisória e formalismo excessivo.

A transformação da cultura do controle no Brasil é, portanto, condição necessária para seguirmos em direção a uma administração pública mais simples e eficaz. Isso exigiu mudanças não apenas normativas, mas culturais e institucionais profundas, com o reconhecimento de que o propósito último do controle não é punir, mas contribuir para uma boa governança pública.

Um novo equilíbrio entre controle e gestão permitirá que os gestores públicos brasileiros possam inovar com responsabilidade, simplificar procedimentos necessários e concentrar seus esforços no que realmente importa: resolver os problemas complexos que afetam a sociedade brasileira.

3.2.8 Cultura do processualismo estéril

A cultura do processualismo estéril é caracterizada pela valorização excessiva dos procedimentos formais em detrimento dos resultados efetivos na administração pública. Institui-se uma tramitação labiríntica, kafkiana, sem que muitas vezes haja necessidades reais a serem atendidas.

Esta cultura foi enraizada na administração pública brasileira por diversas razões, como a herança burocrática, a tradição jurídica formalista e a desconfiança institucionalizada, que impõe a existência de processos baseados na presunção de má-fé que estimulam múltiplos controles e verificações.

Há de ser diferenciada a processualidade na administração pública, algo positivo, que gera segurança jurídica e participação cidadã antes das decisões administrativas, da cultura do processualismo estéril, algo disfuncional. A processualidade na administração pública representa um avanço civilizatório importante e é caracterizada pela garantia de direitos fundamentais, sendo assegurado o devido processo legal, ampla defesa e contraditório; pela racionalidade decisória; pela transparência e responsabilização e pela segurança jurídica.

Com a processualidade, garante-se a legitimação democrática das decisões administrativas, qualifica-se o debate e, consequentemente, o processo decisório, interdita-se a arbitrariedade e se garante a construção colaborativa na formulação de políticas públicas. Por sua vez, o processualismo estéril é a degeneração de natureza disfuncional da processualidade, transformando o que seria instrumento de garantia em obstáculos à efetividade:

A cultura do processualismo estéril se manifesta pelo culto a um ritualismo vazio: há o cumprimento mecânico de formalidades desconectadas de seu propósito original. Assim, o procedimento se transforma, de meio para fim em si mesmo.

E como se manifesta este processualismo estéril? São vários os problemas detectados, da exigência repetitiva de comprovações e certificações já disponíveis à fragmentação decisória; da participação social simulada à realização de etapas processuais parasitárias.

Dentre as consequências desta romaria processual cega, surda e muda, que parece existir apenas por obrigação legal e para atender a órgãos de controle, podem-se ser citadas a criação de barreiras de acesso especialmente para populações vulneráveis, o prolongamento excessivo do tempo decisório dos processos administrativos sem ganho qualitativo e a perda de vista do objetivo público em favor do procedimento. Neste cenário, não se pode esquecer que a *via crucis* processual pela qual tem que passar cidadãos e empresas é um estímulo para a corrupção.

Como evitar o processualismo estéril? Desde logo, os processos administrativos precisam passar por uma espécie de teste de qualidade. A primeira providência é analisar se cada etapa do processo tem função clara conectada aos seus objetivos finais. Neste sentido, não se justifica a manutenção de etapas processuais por tradição, sem que ela tenha uma função substantiva identificável.

Neste contexto, seguem alguns exemplos de fases processuais que deveriam ser suprimidas em prestígio à simplicidade administrativa: múltiplas autenticações de documentos; tramitações hierárquicas desnecessárias; redundâncias documentais; burocracia física em tempos digitais; análises sequenciais que poderiam ser paralelas; instâncias recursais duplicadas; rituais formais sem impacto decisório e verificações universais sem análise de risco.

Outra medida para evitar o processualismo estéril é o teste de proporcionalidade: deve-se indagar se a complexidade processual é proporcional à complexidade da matéria tratada. No caso, quanto mais simples a questão, mais simples deve ser o processo. Uma terceira medida é o teste de valor agregado: deve-se questionar se à cada nova fase processual se adiciona informação ou garantia relevante para a decisão. Em caso negativo, a citada nova fase deve ser eliminada.

A quarta medida é o teste de acessibilidade: a pergunta a ser feita é se os procedimentos são compreensíveis e navegáveis pelo cidadão comum. Caso os ritos sejam opacos ou excessivamente complexos, deve haver um esforço para aumentar sua compreensibilidade. A quinta e última medida sugerida é o teste de eficiência: indague se há o um equilíbrio ótimo entre garantias processuais e celeridade decisória. Caso tais garantias sacrifiquem demais a eficiência em nome de formalismos excessivos, deve-se substituir tais procedimentos por outros mais céleres (sem comprometer a segurança jurídica).Assim, o papel da simplicidade administrativa não é de se opor à processualidade, mas de atuar como princípio calibrador que impede a degeneração do processo em processualismo estéril.

Ressalte-se que a supressão de etapas desnecessárias deve ser encarada como uma garantia para o cidadão, posto que a simplificação busca favorecer o exercício dos direitos fundamentais, criar mecanismos de participação social mais substantivos e menos formais e realizar uma desburocratização responsável, eliminado os excessos sem comprometer a segurança jurídica

Ademais, considerando que os processos administrativos estão em boa parte se digitalizando, é importante lembrar que a tecnologia está a serviço da cidadania. Assim, o uso de ferramentas digitais ocorre para facilitar, e não para complicar o cidadão. O desafio da administração pública contemporânea não é em escolher entre processualidade e simplicidade, mas em desenvolver uma processualidade simplificada – aquela que preserva todas as garantias essenciais enquanto elimina os excessos do processualismo estéril. A verdadeira processualidade administrativa, quando calibrada pelo princípio da simplicidade, torna-se não um obstáculo, mas um facilitador da boa administração pública, garantindo simultaneamente legitimidade democrática, segurança jurídica e eficiência administrativa, sem sacrificar nenhum valor em nome dos demais.

CAPÍTULO 4

HUMILDADE ADMINISTRATIVA

4.1 Conteúdo(s) do princípio da humildade administrativa

A humildade, em sua essência, é uma virtude que envolve o reconhecimento sincero de nossas limitações, falibilidade e incompletude. Não se trata de autodepreciação ou subserviência, mas de uma percepção realista de si mesmo em relação ao mundo e aos outros. Ter humildade significa manter uma mente aberta, considerar que não se detém todo o conhecimento, estar disposto a aprender e corrigir erros, e valorizar as contribuições e perspectivas alheias.

A pessoa humilde é aquela que reconhece suas limitações sem diminuir suas capacidades, mantém-se aberta a críticas e está interessada em rever posições, valoriza o conhecimento e a experiência dos outros, não coloca seu ego acima da verdade ou do bem comum e que entende que a excelência é fruto do esforço coletivo, não da genialidade ou do carisma individual. Recorrendo à etimologia:

> a palavra "humildade" tem sua origem no grego antigo, e sua fonte foge um pouco do conceito que temos do termo. A palavra que originou "humildade" foi a grega HUMUS, que significa "terra". Este mesmo vocábulo da antiga Grécia também deu origem as palavras "homem" e "humanidade". Significando primeiramente "terra fértil" e "criatura nascida da terra", se desenvolveu até ter o significado que conhecemos hoje. "Humilde", obviamente tem a mesma origem em HUMUS, e vem do grego HUMILIS, que significava literalmente "aquele/aquilo que fica no chão".[141]

---

[141] Etimologia de "humildade", encontrada no sítio eletrônico Gramática Net. Disponível em: https://www.gramatica.net.br/etimologia-de-humildade/. Acesso em: 10 abr. 2025.

Quando transpomos o conceito em comento para o campo da administração pública, temos a humildade administrativa, que emerge como um valor fundamental que exige o reconhecimento de que as instituições públicas, servidores e autoridades devem adotar uma postura de serviço e que são falíveis, limitados e passíveis de erros.

Tal reconhecimento deve se traduzir na abertura de espaços específicos para participação social, na disposição para ouvir e incorporar diferentes perspectivas, e na capacidade de consideração e de reconsideração, corrigindo rumos quando necessário.

A humildade administrativa compreende vários conteúdos. Um deles é, portanto, o reconhecimento institucional da falibilidade, com a correspondente aceitação de que políticas públicas, por mais bem projetadas que sejam, podem falhar e precisar de ajustes. Outro conteúdo é a compreensão de que o conhecimento técnico-burocrático é importante, mas limitado, e precisa ser complementado por outros saberes, especialmente vindos da sociedade civil, inclusive da sabedoria popular.

Um dos principais conteúdos da humildade administrativa é a postura de serviço que deve ser adotada pelo Estado e por seus agentes. As expressões "serviço público" e "servidor público" destacam exatamente este entendimento de que o papel da administração pública é servir à sociedade, não o contrário.

E para bem servir, as entidades administrativas devem estar genuinamente dispostas a aprenderem continuamente, afastando-se de posturas arrogantes e prepotentes. E qual a melhor maneira de a administração pública aprender? A partir da permeabilidade social, que é a capacidade de se deixar influenciar pelas demandas e contribuições da sociedade civil.

Certamente, o princípio da humildade é um dos menos respeitados pelas autoridades e servidores públicos, que, ao contrário do que postula o citado princípio, adotam uma postura autoritária e arrogante, consideram-se superiores, e, em alguns casos, infalíveis. Ao invés de se abrirem para a sociedade, dela desconfiam; ao invés de as entidades públicas buscarem o diálogo se isolam, são autorreferentes e impõe suas opiniões e decisões de forma verticalizada; e, ao invés de buscarem servir o público, procurar prestigiar seus próprios interesses corporativistas.

Se o princípio da simplicidade administrativa já vem sendo exigido em determinados contextos, como nas mudanças legislativas que buscam eliminar a burocracia excessiva, o princípio da humildade administrativa raramente é tratado de forma direta (com esta nomenclatura) na doutrina, na legislação e na jurisprudência brasileiras.

Todavia, em alguns casos, decorrências oriundas do valor humildade administrativa estão contempladas em leis, como na Lei de Acesso à Informação (Lei Federal nº 12.527/2011), ao impor o dever de transparência ativa, lembrando o Estado que ele não é o proprietário das informações públicas, mas apenas seu guardião; na Lei do Processo Administrativo Federal (Lei Federal nº 9.784/1999), quando exige a motivação das decisões administrativas, recordando a Administração Pública que ela deve prestar contas à sociedade; no Código de Defesa do Usuário de Serviços Públicos (Lei Federal nº 13.460/2017), ao prever a obrigação de se disponibilizar ferramentas para que os usuários avaliem os serviços; na Lei de Licitações e Contratos (Lei Federal nº 14.133/2021), ao tratar do diálogo competitivo, nova modalidade que permite que o poder público defina a melhor solução técnica a partir das contribuições do mercado; e na Lei das Agências Reguladoras (Lei Federal nº 13.848/2019), ao exigir a obrigatoriedade de consultas públicas para expedição de normas regulatórias.

É fato que o princípio da humildade administrativa não costuma ser lembrado entre os princípios clássicos do Direito Administrativo brasileiro, o que faz com que não seja autonomamente desenvolvido nos manuais tradicionais da disciplina. Entretanto, elementos deste princípio podem ser identificados de forma fragmentada e implícita em construções doutrinárias nacionais, especialmente naquelas que buscam ressaltar o papel de serviço da Administração Pública, destacando o protagonismo cidadão. Isto acontece, por exemplo, com administrativistas já consagrados, como Celso Antônio Bandeira de Mello, Maria Sylvia Zanella di Pietro, Diogo de Figueiredo Moreira Neto, Vanice do Valle e Juarez Freitas, e com juristas da nova geração que, em contraposição a uma abordagem neoliberal, vêm adotando o conceito de Direito Administrativo Social,[142] como Daniel Wunder

---

[142] "Fundada em 2018, a REDAS - Rede de Pesquisa em Direito Administrativo Social é uma rede nacional formada por grupos institucionais de pesquisa registrados no Diretório do CNPq e vinculados a Programas de Pós-Graduação stricto sensu em Direito, cuja temática de investigação se enquadra entre as seguintes: a) Mecanismos de implementação do Estado Social; b) Efetividade dos direitos sociais por intermédio da Administração Pública; c) Instrumentos de defesa dos fundamentos clássicos do Estado de Direito e, principalmente, do devido processo legal; d) Elaboração, implementação e avaliação de políticas públicas promotoras de direitos fundamentais; e) Desenvolvimento humano e promoção do interesse público pela Administração Pública; f) Eficiência e legitimidade da atuação do Estado na vida privada; g) Limites e possibilidades de atuação do Poder Judiciário no controle dos atos administrativos.; h) Intervenção pública para a remoção de obstáculos

Hachem, Emerson Gabardo, Irene Nohara, Adriana Schier, Caroline Bitencourt Janriê Reck, Vivian Valle, entre outros. Estes juristas, ainda que sem utilizar especificamente esta nomenclatura, abordaram alguns aspectos que compõem o que podemos chamar de princípio da humildade administrativa.

No campo da Ciência da Administração Pública, o conceito encontra maior ressonância, especialmente nas correntes que emergiram como crítica ao modelo burocrático weberiano. A Nova Gestão Pública e, posteriormente, o Novo Serviço Público, desenvolvido por Janet e Robert Denhardt,[143] enfatizam elementos como a abertura à participação cidadã, a transparência decisória e o serviço como vocação do administrador público, todos relacionados à noção de humildade institucional.

Robert K. Greenleaf, em sua teoria da "Liderança Servidora" (Servant Leadership[144]), trouxe contribuições relevantes que se alinham ao conceito de humildade administrativa, destacando como os verdadeiros líderes são aqueles que se colocam a serviço dos liderados, não o contrário.

Como construção teórica em desenvolvimento, o princípio da humildade administrativa pode ser definido como a diretriz que impõe à Administração Pública o reconhecimento de limitações cognitivas, a partir da aceitação de que o Estado não detém conhecimento absoluto

---

à igualdade de gênero, cor, orientação sexual, etnia e origem; i) Atuação estatal em prol da redistribuição de riqueza e redução da desigualdade econômica em nível nacional e regional; j) Aprimoramento do serviço público como instrumento do Estado social para a consagração de direitos subjetivos; k) Reformas orgânicas e funcionais do Estado para combater o patrimonialismo e obter maior eficiência da atividade administrativa a partir do modelo burocrático". (Informações transcritas do site do Núcleo de Pesquisa em Políticas e Desenvolvimento Humano da PUCPR - NUPED. Disponível em: https://www.nuped.com.br/parceria/1/redas-rede-de-pesquisa-em-direito-administrativo-social/. Acesso em: 03 maio 2025).

[143] DENHARDT, Janet V.; DENHARDT, Robert. O Novo Serviço Público: Uma Abordagem para a Reforma. *Revista Internacional de Administração Pública*, v. 8, n. 1, p. 3-10, 2003; e DENHARDT, V. J.; DENHARDT, B. R. *O Novo Serviço Público*: Servindo, Não Dirigindo. Nova York e Londres: ME Sharpe, 2007.

[144] "Robert K. Greenleaf cunhou o termo liderança servidora em seu ensaio seminal de 1970, "O Servidor como Líder". O conceito de líder servidor exerceu uma influência profunda e duradoura em muitas ideias e práticas de liderança moderna nas últimas três décadas. [...]. Greenleaf, falecido em 1990, foi autor de inúmeros livros e ensaios sobre o tema do servidor como líder. Seus livros publicados disponíveis agora incluem The Servant-Leader Within (2003), Servant-Leadership (2002, 1977), The Power of Servant-Leadership (1998), On Becoming a Servant-Leader (1996) e Seeker and Servant (1996), juntamente com muitos outros ensaios publicados separadamente que estão disponíveis no The Greenleaf Center" (Robert Greeleaf sobre liderança servidora. *Gonzaga University*, 26.09.2023. Disponível em: https://www.gonzaga.edu/news-events/stories/2023/9/26/robert-greenleaf-servant-leadership. Acesso em: 2 maio 2025).

ou completo sobre todas as questões sociais complexas; a abertura ao aprendizado institucional, incentivando a disposição para aprender com erros e incorporar novas informações, inclusive aquelas provenientes dos cidadãos; a postura de serviço genuíno, mediante a compreensão de que o exercício do poder administrativo se justifica apenas como instrumento para realização de direitos fundamentais e bem-estar coletivo; a necessária superação da presunção de superioridade técnica, a partir do reconhecimento do valor dos diversos saberes sociais, não apenas o técnico-burocrático; e o compartilhamento do poder decisório, com uma firme disposição para incluir os destinatários das políticas públicas em sua formulação, implementação e avaliação.

A consolidação da humildade como princípio administrativo representa uma verdadeira revolução paradigmática, capaz de transformar a gramática das relações entre Estado e sociedade. Ao invés de uma Administração Pública que se coloca como tutora da sociedade, emerge uma Administração parceira, que reconhece a inteligência coletiva e se coloca como instrumento, não como fim em si mesma. Esta abordagem não diminui a autoridade legítima do Estado, mas a reposiciona em bases mais sólidas e democráticas, superando tanto o autoritarismo quanto o populismo administrativo, em favor de uma gestão pública genuinamente republicana e dialogal.

Pode-se afirmar que o princípio da humildade administrativa se deriva de alguns princípios constitucionais. O primeiro deles é o princípio republicano, previsto no art. 1º da Constituição Federal: na res pública (coisa pública), a Administração não pertence aos administradores, mas à coletividade, e os agentes públicos são servidores da sociedade civil, devendo, portanto, prestar contas (*accountability*) perante os verdadeiros titulares do poder. Assim, com o Estado de Direito, há a limitação e responsabilidade do Poder, já que a soberania pertence ao povo. Diante desta situação, deve o exercício do poder marcado pela alternância e pela escolha via eleições (pois o dono do poder deve escolher quem vai agir em seu nome); daí também resulta a temporariedade dos mandatos e funções, e o reconhecimento da falibilidade das atuações administrativas.

Ainda no espectro do princípio republicano, pode-se acrescentar que a impossibilidade de personalização do poder público (interdição ao autoritarismo) faz surgir a exigência de impessoalidade administrativa, sendo esta mais uma das fontes do princípio da humildade na administração pública.

Também neste mesmo contexto dos princípios fundamentais do Estado brasileiro, o princípio democrático, também consagrado no art. 1º da Constituição de 1988, ao estabelecer que "todo o poder emana do povo", fundamenta a humildade administrativa em múltiplas dimensões: a soberania popular, a participação social e o pluralismo político. Assim, a humildade administrativa derivada do reconhecimento de que a legitimidade democrática exige que a administração esteja aberta ao diálogo com a sociedade, reconhecendo que as soluções mais adequadas emergem frequentemente da deliberação coletiva, não da imposição unilateral.

O clássico princípio da finalidade, considerado implícito no art. 37, caput, da Constituição, e explicitado no art. 2º da Lei Federal nº 9.784/1999, estabelece que a administração deve buscar em todas as suas atuações o interesse público, o que implica que a Administração Pública é um instrumento, u meio, e não um fim em si mesma. Assim, a vontade administrativa deve estar subordinada ao bem comum, e seus atos somente se legitimar se buscarem dar efetividade aos direitos fundamentais.

Pode-se ainda acrescentar que a humildade administrativa mantém relações de complementaridade e reforço mútuo com diversos outros princípios jurídico-administrativos. Citemos três exemplos: a relação da humildade com o princípio da motivação se dá porque a Administração Pública humilde reconhece seu dever de explicar suas decisões de forma clara e acessível, não se escondendo atrás de tecnicismos ou argumentos de autoridade. Com o princípio da proporcionalidade, vê-se que a postura humilde gera a consciência dos limites do poder estatal leva a uma aplicação mais cuidadosa e contextualizada das intervenções administrativas. Por fim, no tocante ao princípio da consensualidade, é intuitivo perceber que a Administração Pública que pratica a humildade tende a privilegiar soluções negociadas em vez de imposições unilaterais, reconhecendo o valor da construção compartilhada de decisões.

A humildade administrativa emerge da compreensão de que o cumprimento da finalidade pública exige uma postura de constante autoavaliação e correção de rumos, confirmando que o interesse público não é algo que a administração defina sozinha, mas algo que ela deve buscar no diálogo com a sociedade.

Também representa uma profunda transformação paradigmática na administração pública, um ambiente carregado de vaidades, especialmente daqueles líderes que, em vez de darem o exemplo, atuam com arrogância e soberba. Ao reconhecer suas limitações e se abrir ao escrutínio e à participação social, o Estado não se enfraquece – pelo contrário, fortalece sua legitimidade e efetividade.

Uma administração pública humilde é aquela que, paradoxalmente, alcança maior autoridade por consideração de suas limitações, maior eficiência por estar aberta ao aprendizado, e maior legitimidade por servir genuinamente à sociedade. É um Estado que não pretende saber todas as respostas, mas se compromete a buscá-las em diálogo permanente com os cidadãos.

Em última análise, a humildade administrativa não diminui o papel do Estado, mas o reposiciona em uma relação mais horizontal e colaborativa com a sociedade – uma relação baseada não na imposição ou na presunção de superioridade, mas no reconhecimento mútuo, no aprendizado constante e no compromisso compartilhado com o bem comum.

4.2 As frentes de luta do princípio da humildade administrativa

Conforme veremos a seguir, existem diversas culturas instaladas na administração pública (em especial no contexto brasileiro) que são obstáculos à instalação da humildade administrativa.

Neste contexto, é importante que se ressalte que todos os valores, traduzidos em princípios jurídico-constitucionais, que se impõem à administração pública serão absorvidos até determinado grau. Por isto, conforme ensina Robert Alexy, os princípios jurídicos são mandados de otimização.[145]

Assim, uma administração pública que atue de forma totalmente humilde (e que realize todos os conteúdos da humildade administrativa) parece ser uma meta que nunca será plenamente alcançada, especialmente porque a administração pública é composta por seres humanos (como diz a Bíblia, "Vaidade de vaidades, diz o pregador, vaidade de vaidades! Tudo é vaidade"[146]).

Todavia, é inconcebível que sejam normalizadas culturas nefastas que, indiscutivelmente, são prejudiciais à sociedade, pois negam a efetivação de direitos fundamentais. Neste contexto, a humildade administrativa não será instalada automaticamente, sem que haja muitos esforços do Estado e dos cidadãos.

No contexto destas frentes, há algumas práticas que poderão facilitar a efetivação da humildade administrativa, como a escuta ativa

---

[145] ALEXY, Roberto. *Direito e razão prática*. México: Fontamara, 1993. p. 87.
[146] Eclesiastes, capítulo 1, versículo 2.

(com a criação de mecanismos eficazes para ouvir usuários, servidores e sociedade civil), a experimentação responsável (disposição para testar soluções em pequena escala antes de generalizar), a transparência de processos (a partir da explicação clara dos critérios decisórios e abertura para questionamentos), a avaliação participativa (com a inclusão dos beneficiários na avaliação das políticas públicas), a adoção de processos decisórios inclusivos (com a ampliação da diversidade de vozes nos espaços de decisão), a gestão do erro (mediante o desenvolvimento de mecanismos para identificar, considerar e aprender com erros) e a capacidade de revisão (que se exercita mediante a disposição institucional para reverter decisões quando necessário).

Também é importante assentar a ideia de que a humildade deve ser vivenciada por todos aqueles que fazem parte da vida orgânica do Estado: os gestores públicos precisam compreender que seu papel não é de proprietários, mas de servidores temporários de uma estrutura que transcende mandatos individuais;[147] os servidores públicos devem reconhecer suas próprias limitações, incrementar sua capacidade de aprendizado e participar de formações continuadas que qualifiquem sua atuação; e os controladores públicos precisam desenvolver uma humildade institucional que reconheça que o controle não é um fim em si mesmo, mas um instrumento de aprimoramento da gestão pública.

4.2.1 Cultura do autoritarismo

A administração pública brasileira carrega em seu DNA marcas profundas de uma formação social autoritária que remonta ao período colonial. Diferentemente de países onde as instituições administrativas evoluíram sob a égide de valores democráticos, no Brasil, o aparelho burocrático surgiu em uma sociedade marcadamente hierarquizada e se consolidou como instrumento de dominação a serviço de oligarquias agrárias e, posteriormente, de elites econômicas urbanas.

O Estado brasileiro se caracterizou historicamente por um patrimonialismo enraizado, onde a distinção entre público e privado é nebulosa, e o poder administrativo foi exercido como extensão do poder pessoal dos governantes. Neste contexto:

---

[147] A humbição é um neologismo que representa a capacidade de ser simultaneamente humilde e ambicioso (TAYLOR, William C. Are you "humbitious" enough to lead? *Leader to Leader*, n. 61, p. 23-28, 2011).

O Estado não é sentido como o protetor dos interesses da população, o defensor das atividades dos particulares. Ele será, unicamente, monstro sem alma, o titular da violência, o impiedoso cobrador de impostos, o recrutador de homens para empresas com as quais ninguém se sentirá solidário. Ninguém com ele colaborará — salvo os buscadores de benefícios escusos e de cargos públicos, infamados como adesistas a uma potência estrangeira.[148]

Se Raymundo Faoro considera que é no Estado (e nos donos do poder) que está o foco dos problemas, já que ele "pela cooptação sempre que possível, pela violência se necessário, resiste a todos os assaltos, reduzido, nos seus conflitos, à conquista dos membros graduados de seu estado-maior",[149] Jessé Souza faz o contraponto, ressaltando que nossas mazelas vêm "dessas tiranias privadas, quando se transmitem da esfera da família e da atividade sexual para a esfera pública das relações políticas e sociais", e "tornam-se evidentes na dialética de mandonismo e autoritarismo de um lado, mais precisamente no lado das elites, e no abandono e no desprezo das massas por outro".[150]

Seja no Estado ou na sociedade, a realidade é que o autoritarismo brasileiro está presente em todas as nossas manifestações de nossa história e chega aos dias de hoje com muita força. Com acerto, Lilia Schwarcz alerta que não se deve relegar apenas a um passado distante os problemas do país como autoritarismo, violência, intolerância, racismo, patrimonialismo, mandonismo, sexismo, discriminação etc. "Nosso presente anda, mesmo, cheio de passado, e a história não serve como prêmio de consolação. No entanto, é importante enfrentar o tempo presente, até porque não é de hoje que voltamos ao passado acompanhados das perguntas que forjamos na nossa atualidade".[151]

Lilia Schwarcz arremata, reforçando a relação do patrimonialismo com o autoritarismo:

> A contaminação de espaços públicos e privados é uma herança pesada de nossa história, mas é também um registro do presente. A concentração da riqueza, a manutenção dos velhos caciques regionais, bem como o surgimento dos "novos coronéis" e o fortalecimento de políticos

---

[148] FAORO, Raymundo. *Os donos do poder*. Formação do patronato político brasileiro. 3. ed. Rio de Janeiro: Globo, 2001. p. 197.

[149] FAORO, Raymundo. *Op. cit.*, p. 887

[150] SOUZA, Jessé. *A elite do atraso*: da escravidão à Lava Jato. Rio de Janeiro: Leia, 2017. p. 56.

[151] SCHWARCZ, Lilia. *Sobre o autoritarismo brasileiro*. São Paulo: Companhia das Letras, 2017. p. 25.

corporativos mostram como é ainda corriqueiro no Brasil lutar, primeiro, e antes de mais nada, pelo benefício privado". Acrescenta a autora: "Essa é uma forma autoritária e personalista de lidar com o Estado, como se ele não passasse de uma generosa família, cujo guia é um grande pai, que detém o controle da lei, é bondoso com seus aliados, mas severo com seus oponentes, os quais são entendidos como inimigos.[152]

Dentre as manifestações contemporâneas da cultura autoritária na administração pública, algumas explícitas, outras sutis, mas igualmente nocivas à gestão pública democrática, podem ser destacadas o centralismo decisório exacerbado, a opacidade deliberada, a impermeabilidade ao contraditório e o fetichismo da autoridade.

Por sua vez, as consequências dessa cultura autoritária para as políticas públicas são devastadoras e decisivas para sua inefetividade crônica. Isto acontece porque as políticas formuladas sob a égide do autoritarismo administrativo tendem a sofrer de um descolamento cognitivo profundo em relação às realidades que pretendem transformar. Concebidas em gabinetes isolados, com base em diagnósticos parciais ou ideologicamente invejados, muitas vezes desconsideram a complexidade dos problemas sociais e os múltiplos fatores contextuais que condicionam sua eficácia.

Ademais, a implementação autoritária de políticas públicas gera resistências legítimas por parte dos destinatários, que não encontram nelas respostas adequadas às suas necessidades reais. O distanciamento entre formuladores e beneficiários compromete a legitimidade das disciplinas estatais, aumentando os custos de execução e reduzindo significativamente as chances de sucesso.

No plano de avaliação de políticas públicas, o autoritarismo se manifesta na resistência a processos avaliativos independentes e na manipulação de indicadores para justificar a continuidade de programas ineficazes. A gestão autoritária não admite falhas e não quer ser fiscalizada. Por estas razões, a ausência de mecanismos de retroalimentação genuínos impede o aprendizado institucional e a correção de rumores, perpetuando erros e desperdícios.

Neste contexto, a humildade administrativa serve como antídoto ao autoritarismo, já que a superação da cultura autoritária na administração pública brasileira passa necessariamente pela incorporação do referido princípio como vetor axiológico fundamental. Trata-se de consideração, no plano epistemológico, dos limites intrínsecos do

---

[152] SCHWARCZ, Lilia. *Op. cit.*, p. 87.

conhecimento administrativo e da falibilidade inerente a qualquer processo decisório estatal.

A humildade administrativa exige a democratização radical das estruturas e processos administrativos, pressupondo o reconhecimento da multiplicidade de saberes legítimos e necessários para a compreensão e enfrentamento de problemas públicos complexos, a criação e o fortalecimento de espaços e mecanismos de diálogo genuíno entre Administração e cidadãos, a transparência radical, a responsividade permanente, a descentralização reflexiva e o fortalecimento do controle social.

A superação da cultura autoritária representa um desafio civilizatório para o Brasil. Não se trata apenas de reformar procedimentos ou estruturas administrativas, mas de promover uma transformação cultural profunda na relação entre Estado e sociedade. O princípio da humildade administrativa, ao reconhecer os limites cognitivos e legitimatórios da burocracia estatal, oferece um caminho promissor para essa transformação.

Uma administração pública verdadeiramente democrática não é aquela que apenas cumpre formalmente os costumes eleitorais, mas aquela que incorpora em sua práxis cotidiana os valores do diálogo, da inclusão e do respeito à pluralidade. É aquela que, registrando sua própria falibilidade, abre-se continuamente ao escrutínio e à contribuição dos cidadãos, não por concessão paternalista, mas por imperativo democrático e epistemológico.

O princípio da humildade administrativa nos convida, assim, a reimaginar radicalmente o exercício da função administrativa no Estado Democrático de Direito, substituindo a arrogância tecnocrática e o autoritarismo burocrático por uma postura de aprendizagem permanente colaborativa com a sociedade.

4.2.2 Culturas da arrogância e infalibilidade

Em uma sociedade hierarquizada como a brasileira, aqueles que vêm de uma origem ou adquirem um status mais privilegiado, não raras vezes, adotam comportamentos caracterizados por uma suposta superioridade moral, social ou intelectual, assumindo atitude prepotente ou de desprezo com relação aos outros.

Roberto DaMatta afirma que para deixar claro o exclusivismo reivindicado pela elite brasileira, a discriminação, inclusive o racismo, é utilizada "como instrumento desviado e certamente pervertido para restabelecer a hierarquia, num meio em que, jurídica e socialmente, a igualdade é parte do credo oficial".[153]

Como ambiente de poder e dominação inserido neste contexto, a administração pública brasileira, em sua trajetória histórica e em suas práticas contemporâneas, tem sido frequentemente marcada por duas patologias institucionais interconectadas: a cultura da arrogância e o mito da infalibilidade. Estes elementos, profundamente enraizados no *ethos* burocrático nacional, configuram obstáculos significativos à concretização de uma gestão pública democrática eficaz, responsiva e eficiente.

Convém que sejam analisados seus impactos deletérios sobre a qualidade das políticas públicas e sobre a relação entre Estado e cidadãos, para então seja apreciado como o princípio da humildade administrativa pode oferecer caminhos para sua superação.

Primeiramente, a cultura da arrogância administrativa se caracteriza fundamentalmente pela presunção de superioridade cognitiva e moral por parte dos agentes públicos em relação aos cidadãos e às comunidades às quais devem servir.

Esta arrogância se manifesta em múltiplas dimensões da atuação administrativa: no plano epistemológico, a arrogância se revela na (falsa) verdade de que o saber técnico-burocrático, circunscrito aos gabinetes e aos corredores das repartições públicas, possui primazia absoluta sobre outras formas de conhecimento, especialmente aquelas oriundas da experiência e sabedoria populares.

Enquanto o conhecimento técnico é sacralizado (conforme vimos no item sobre a cultura da tecnocracia), os saberes populares, tradicionais ou comunitários são sistematicamente desqualificados ou, na melhor das hipóteses, tratados como anedóticos e irrelevantes para a formulação de políticas públicas: "ouvir os indígenas na formulação de projetos que visam atender seus interesses? Não precisa. Eles são ignorantes e não querem ser incomodados", diria algum gestor público; "dar voz aos idosos em debates sobre os problemas que afetam a terceira idade? Não, não vamos incomodar os velhinhos, que estão muito cansados e não querem perder tempo com burocracia", diria outra autoridade pública; "convocar uma audiência pública para escutar as demandas dos pequenos proprietários rurais? Não há motivo para isto, nós sabemos mais que estes matutos como formular políticas

---

[153] DAMATTA, Roberto. *Carnavais, malandros e heróis*. Para uma sociologia do dilema brasileiro. 6. ed. Rio de Janeiro: Rocco, 1997. p. 164.

públicas para a agricultura", falaria um servidor de um órgão técnico da administração pública.

Esta hierarquização arbitrária de saberes não apenas empobrece os diagnósticos que fundamentam a atuação estatal, como também reproduzem padrões históricos de dominação epistêmica, onde determinados grupos sociais veem seus modos de compreender e interpretar a realidade invalidadas a priori pelo aparato burocrático.

A arrogância administrativa também se expressa na linguagem hermética, técnica e puramente inacessível que caracteriza a comunicação estatal. Documentos oficiais, regulamentos, editais e comunicados são frequentemente redigidos em jargão especializado que, longe de ser uma necessidade técnica, funciona como instrumento de poder e de exclusão. A opacidade linguística estabeleceu barreiras cognitivas que limitaram ajudaram a capacidade dos cidadãos comuns de compreenderem, questionarem ou participarem das decisões que afetam diretamente suas vidas.

No plano comportamental, a arrogância se manifesta no tratamento de desprezo e de menosprezo dispensados aos cidadãos em suas interações cotidianas com os serviços públicos. Atitudes condescendentes, falta de escuta ativa, impaciência com questionamentos e resistência sistemática a críticas são sintomas frequentes dessa patologia institucional. O cidadão não é tratado como titular de direitos ou como participante legítimo da esfera pública, mas como um peticionário subalterno, cuja relação com o Estado é marcada pela deferência e pela sujeição.

Em sua dimensão institucional, a arrogância se manifesta no desenho e no funcionamento de órgãos e serviços públicos que parecem concebidos para afirmar o poder estatal, não para servir ao público. Estruturas físicas imponentes e intimidadoras, processos burocráticos labirínticos e horários de funcionamento incompatíveis com as necessidades da população são manifestações arquitetônicas e organizacionais dessa arrogância estrutural.

A arrogância na gestão pública pode se manifestar de diversas formas: recusa em aceitar críticas, desrespeito a instituições democráticas, tratamento depreciativo a opositores e mídia, entre outros comportamentos que comprometem o diálogo democrático e a transparência na administração pública.

Intimamente relacionada à arrogância, a cultura da infalibilidade se caracteriza pela resistência sistemática a consideração de erros, limitações ou falhas no processo de formulação e implementação de políticas públicas. Este mito se apoia em pilares específicos:

Esta crença de onisciência se acentua em tempos de fetichismo tecnológico (conforme já analisado): é preocupante a crença cega de que decisões baseadas em expertise técnica e especialmente as legitimadas pela tecnologia são adicionalmente superiores e imunes a equívocos, desconsiderando os inevitáveis vieses cognitivas, limitações informacionais e pressupostos valorativos que permeiam qualquer processo decisório.

Em ambiente arrogante e que se considera imune a falhas, há uma verdadeira aversão patológica à incerteza. a admissão de dúvidas, hesitações ou lacunas de conhecimento é considerada extremamente desconfortável. Isto se agrava em tempos em que os políticos com cargos públicos de gestão em permanente campanha eleitoral e admitir erros é uma confissão de fraqueza que pode gerar perdas eleitorais. Ainda que a admissão de falhas pudesse favorecer as correções, prioriza-se a preservação de reputações individuais em detrimento do interesse público.

Ademais, há um temor (causado pela cultura do controle disfuncional) de que a admissão de erros possa gerar responsabilizações jurídicas, alimentando uma cultura de evasão de responsabilidades e de transferência de culpas.

O culto à infalibilidade produz efeitos perversos para a qualidade da gestão pública. Primeiramente, porque é um obstáculo ao aprendizado institucional, uma vez que, ao não assumir erros, a administração pública perde oportunidades preciosas de aprendizado, perpetuando equívocos e impedindo o aprimoramento contínuo de suas práticas. Em segundo lugar, porque gera o desperdício de recursos públicos, a partir do momento em que se insiste indevidamente em políticas e programas comprovadamente ineficazes. Por sua vez, tudo isto conduz à erosão da confiança pública, pois não serão todos os cidadãos que vão acolher este mito de infalibilidade. Ao contrário, cada vez há mais pessoas críticas, céticas e desconfiadas em relação às instituições estatais.

Acrescente-se que o temor de errar (ou pior, a crença de que não se erra) inibe a experimentação e a inovação, fossilizando práticas administrativas e impedindo a modernização da gestão pública.

Diante deste diagnóstico crítico, o princípio da humildade administrativa emerge como contraponto necessário e urgente às culturas da arrogância e da infalibilidade. Este princípio, mais que uma disposição psicológica individual, configura-se como uma postura ética e institucional que regula os limites intrínsecos do conhecimento administrativo, assumindo-se sem traumas a falibilidade como algo inerente a qualquer processo decisório estatal.

A superação das culturas da arrogância e da infalibilidade representa um desafio profundo e estrutural para a administração pública brasileira. Não se trata simplesmente de adotar novas metodologias ou procedimentos técnicos, mas de promover uma transformação cultural que afete os valores, pressupostos e comportamentos que orientam a ação estatal.

O princípio da humildade administrativa oferece um horizonte normativo para uma administração pública reflexiva – consciente de suas limitações, aberta à pluralidade de saberes, comprometida com o aprendizado contínuo e genuinamente orientada pelo serviço ao público.

Ademais, em sociedades complexas, plurais e marcadas por problemas públicos multifacetados, a pretensão de infalibilidade não é apenas arrogante, mas fundamentalmente irracional. Portanto, a postura humilde é a mais racional e inteligente das atitudes que a administração pública pode assumir. Neste contexto, a humildade administrativa emerge, assim, como condição de possibilidade para uma administração pública simultaneamente mais eficaz em sua capacidade de resolver problemas concretos e mais legítima em sua relação com os cidadãos – uma administração que, paradoxalmente, torna-se mais potente à medida que reconhece suas limitações e mais respeitadas quando admite sua falibilidade.

4.2.3 Culturas da opacidade e do sigilo

Em prefácio de livro dedicado à lei de acesso à informação pública, o professor Celso Antônio Bandeira de Mello registrou que "a democracia depende, em larga escala, não apenas da eleição dos governantes pelos governados, mas da ativa presença destes últimos, quando menos com um fator de real e efetiva pressão sobre os exercentes do Poder".[154] A questão crucial que se apresenta é como podem os governados pressionar os governantes se aqueles não sabem o que estes estão fazendo?

A resposta é simples: não podem. É exatamente por esta razão que o controle das informações (para que estas não sejam divulgadas) sempre foi uma preocupação daqueles que detêm o poder e não

---

[154] MELLO, Celso Antônio Bandeira. Prefácio do livro. *In:* VALIM, Rafael; MALHEIROS, Antônio Carlos; BACARIÇA, Josephina. *Acesso à informação pública.* Belo Horizonte: Fórum, 2015. p. 13.

querem ser fiscalizados. Nesta linha de raciocínio, Bobbio já dizia que a democracia é o "governo do poder público em público", ressaltando a necessidade de transparência.

Acrescenta o jurista italiano "que todas as decisões e mais em geral os atos dos governantes devam ser conhecidas pelo povo soberano sempre foi considerado um dos eixos do regime democrático, definido como o governo direto do povo ou controlado pelo povo (e como poderia ser controlado se se mantivesse escondido?)".[155]

Na administração pública brasileira, as culturas do sigilo e da opacidade se manifestam como direta contraposição ao princípio da humildade administrativa. Enquanto a humildade pressupõe transparência, abertura ao diálogo e reconhecimento dos limites do poder estatal, as práticas de sonegação informacional representam uma postura de arrogância institucional que distancia o Estado do cidadão.

A humildade administrativa, como princípio, exige que o poder público se reconheça como mero gestor de interesses coletivos, sem superioridade intrínseca sobre os administrados. Quando a administração pública esconde informações ou dificulta seu acesso, assume implicitamente uma posição de superioridade hierárquica indevida - decidindo unilateralmente quais informações o cidadão "merece" ou "está preparado" para receber.

Esta postura revela uma administração que não se vê como servidora do interesse público, mas como detentora de um poder que transcende a mera delegação popular. A humildade exigiria justamente o oposto: o reconhecimento de que toda informação pública pertence primordialmente ao povo, sendo o Estado mero custodiante temporário.

Embora muitas vezes apliquem juntas e se reforcem mutuamente, a cultura do sigilo e a cultura da opacidade possuem características distintivas que merecem uma análise específica: enquanto a cultura do sigilo se caracteriza pela retenção deliberada e ativa de informações que deveriam ser públicas, havendo uma decisão consciente de não permitir o acesso à informação, a cultura da opacidade se manifesta não pela negação formal do acesso, mas pela criação de obstáculos práticos que inviabilizam a compreensão efetiva da informação.

A cultura da opacidade se baseia na ideia de que o cidadão comum não possui capacidade técnica para compreender ou utilizar informações específicas. Ela opera nas brechas e silêncios normativos, muitas vezes caracterizada por uma postura passiva, de não facilitação,

---

[155] BOBBIO, Norberto. *O futuro da democracia*: uma defesa das regras do jogo. 6. ed. Tradução de Marco Aurélio Nogueira. São Paulo: Paz e Terra, 1986. p. 7.

que se manifesta pela ausência de esforço para tornar a informação acessível. Na cultura da opacidade, a informação pode estar disponível em termos técnicos, mas praticamente inacessível ou incompreensível.

Na prática administrativa brasileira, essas culturas frequentemente coexistem e se reforçam mutuamente: enquanto a cultura do sigilo cria barreiras formais ao acesso à informação, a cultura da opacidade atua sobre as informações que ultrapassam essas barreiras, tornando-as de difícil compreensão ou utilização. Juntas, formam um sistema de proteção contra o controle social eficaz, onde mesmo quando o cidadão supera as barreiras do sigilo, encontra-se diante do desafio da opacidade.

Pode-se afirmar ainda que se cultura do sigilo representa uma arrogância explícita, pois assume que o Estado pode decidir unilateralmente quais informações o cidadão pode acessar, a cultura da opacidade representa uma arrogância implícita, pois assume que o Estado não precisa se esforçar para ser compreendido pelo cidadão comum.

Diversas são as situações que exemplificam como as culturas do sigilo e da opacidade contrariam o princípio da humildade administrativa. Em relação à primeira, ocorre seja quando há descumprimento do dever de transparência ativa por parte do Estado, quando este deixa de, espontaneamente, divulgar as informações públicas em seus portais, seja quando o Poder Público nega o acesso a informações diante de pedidos formulados pelos cidadãos, restando violado o dever de transparência passiva. Neste último caso, as hipóteses de negativa de acesso ocorrem por diversas razões, como a alegação de que a informação solicitada não está nos registros administrativos ou mesmo quando há o excesso de classificações sigilosas no tocante às informações públicas.

Utilizando-se das situações legais, a administração pública brasileira, quando quer manter uma informação sob segredo, abusa das filigranas da lei para indeferir pedidos formulados pelos interessados, alegando que tais pedidos são genéricos, desproporcionais, desarrazoados ou que exigem muito trabalho adicional para sua obtenção. Em outros casos, alega que a informação solicitada deve ser protegida pelo sigilo, seja este bancário, fiscal, industrial, decorrente de direitos autorais, empresarial, segredo de justiça, ou necessário à segurança nacional.

A propósito, uma exceção prevista na lei, que permite o sigilo de até cem anos,[156] vem sendo utilizada com grande frequência e

---

[156] Segundo a Lei de Acesso à Informação (Lei Federal nº 12.527/2011): *"Art. 31.§ 1º As informações pessoais, a que se refere este artigo, relativas à intimidade, vida privada, honra e imagem: I - terão seu acesso restrito, independentemente de classificação de sigilo e pelo prazo máximo de 100*

exatamente no limite máximo previsto na norma. A adoção de tal prática abusiva tem um efeito nocivo à Nação:

> Isso limitou a possibilidade de pesquisadores, jornalistas e cidadãos em geral de acessarem documentos históricos de grande relevância para o entendimento e análise do passado do país, o que representa um grande prejuízo para toda a sociedade. Ademais, o sigilo de cem anos também prejudicou a construção da memória coletiva e a reconciliação nacional. A falta de acesso aos registros relacionados a épocas de repressão política, violações de direitos humanos e crimes contra a humanidade impediu que a sociedade do Brasil encarasse seu passado e adquirisse conhecimento a partir dos equívocos ocorridos. Essa falta de acesso aos documentos históricos ainda gera lacunas na compreensão da história e dificulta a construção de uma narrativa mais completa e precisa.[157]

Por sua vez, dentre as situações que exemplificam como a cultura da opacidade contraria o princípio da humildade administrativa, podem ser citadas algumas práticas, como a disponibilização de dados em formatos inacessíveis, linguagem deliberadamente hermética (como já vimos ao tratar da cultura do tecnicismo linguístico), fragmentação deliberada da informação, respostas evasivas e genéricas, interfaces digitais confusas e até mesmo publicações em horários estratégicos.

Sobre esta última prática, a Administração Pública brasileira tem realizado a publicação de informações potencialmente controversas em vésperas de feriados ou finais de semana, ou em horários noturnos, buscando minimizar repercussões negativas. Isto aconteceu, por exemplo, com o Decreto Federal nº 9.246, de 21 de dezembro de 2017, que concedeu o indulto natalino naquele ano (e ampliou significativamente os benefícios a condenados por corrupção), tendo sido publicado na véspera do Natal, em 22 de dezembro, quando a atenção pública estava voltada para as festividades.

Essas publicações estratégicas revelam uma administração que busca deliberadamente reduzir o escrutínio público sobre decisões potencialmente impopulares ou controversas. Tal postura contraria diretamente o princípio da humildade administrativa, que pressupõe uma relação de respeito com o cidadão e reconhecimento do dever de prestar contas de forma clara e acessível.

(cem) anos a contar da sua data de produção, a agentes públicos legalmente autorizados e à pessoa a que elas se referirem; [...]"

[157] BRITO, Ketilly Andrade. *O sigilo de cem anos face ao princípio constitucional da publicidade dos atos da administração pública*. Monografia (Trabalho de Conclusão de Curso em Direito) – Universidade Federal de Alagoas, Faculdade de Direito de Alagoas, Maceió, 2024. p. 38.

A administração verdadeiramente humilde não teme o debate público sobre suas decisões, independentemente de sua popularidade, pois confirma que a legitimidade de suas ações deriva justamente da transparência e do diálogo franco com a sociedade. A superação de ambas as culturas exige não apenas reformas normativas, mas uma profunda transformação na mentalidade administrativa, reconhecendo que a verdadeira humildade institucional se manifesta na capacidade de ser transparente e acessível a todos os cidadãos, independentemente de sua formação técnica ou capacidade de navegação em sistemas complexos.

4.2.4 Cultura da verticalidade

Até certa medida, a verticalidade administrativa tem aspectos positivos (ou, ao menos, neutros): caracteriza-se pela estruturação hierárquica das organizações públicas, com fluxos decisórios predominantemente descendentes e concentração de poder nos níveis superiores.

Neste contexto, há estruturas organizacionais piramidais com muitos níveis hierárquicos, processos decisórios centralizados nos escalões superiores, valorização da subordinação e do cumprimento estrito de ordens, além de uma baixa autonomia decisória dos agentes públicos operacionais. Tudo muito inerente à burocracia e à hierarquia.

Todavia, há de se destacar que a cultura da verticalidade é formada pelas disfunções que a hierarquia gera, comprometendo a eficiência da administração pública. Esta cultura é caracterizada pela presunção de superioridade cognitiva daqueles que ocupam postos superiores.

Assim, crê-se injustificadamente que os ocupantes de cargos elevados possuem necessariamente maior capacidade de tomar melhores decisões, independentemente de sua proximidade e intimidade com os problemas concretos da sociedade que precisam ser enfrentados pela administração pública.

Neste sentido, a concentração sistemática de poder decisório nos altos escalões compromete ações administrativas que seriam enfrentadas de forma mais adequada a partir da tomada de decisões por aqueles que tivessem os melhores conhecimentos ou experiência.

Este culto à autoridade hierarquicamente superior é uma manifestação cultural da sociedade brasileira que já convive com a hierarquização em outros ambientes. Não custa lembrar que as altas posições na administração pública nesta terra de doutores costumam ser ocupadas por pessoas vindas das classes mais abastadas.

Outra questão a ser destacada é que, embora relacionadas, as culturas da verticalidade e do autoritarismo possuem uma distinção importante. No caso, a cultura da verticalidade se refere a um modelo organizacional que pode existir mesmo em administrações não autoritárias, uma vez que a organização administrativa pode ser estruturada verticalmente, com destaque absoluto às autoridades superiores, sem necessariamente ser autoritária (no sentido de arbitrária) em suas práticas relacionais.

De toda forma, em ambas, manifesta-se uma arrogância institucional diametralmente oposta à virtude da humildade, criando obstáculos sistemáticos à construção de uma administração pública dialógica e eficaz.

E quais são os impactos negativos na administração pública quando prevalece a cultura da verticalidade? Um deles é o de silenciar vozes essenciais, no caso, primeiramente, a dos servidores públicos que lidam diretamente com as políticas públicas (professores, enfermeiros, assistentes sociais, policiais etc.) e que as conhecem com propriedade, pois são os agentes públicos que permanecem na administração pública por vários anos, ao contrário de seus chefes, que, muitas das vezes, fazem parte do governo, que, em virtude da alternância, não têm a memória institucional de seus subordinados.

Também são silenciadas as vozes dos cidadãos têm suas percepções e sugestões sistematicamente desconsideradas, simplesmente não se pode esquecer que a verticalidade administrativa também tem outro sentido: o da imposição unilateral das decisões da administração pública aos administrados.

Neste contexto, deve ser destacado que a transição da verticalidade para a consensualidade administrativa representa uma profunda transformação paradigmática na gestão pública, baseada no princípio da humildade. Esta transição não ocorre abruptamente, mas através de um processo gradual que envolve mudanças em múltiplas dimensões organizacionais.

A primeira mudança fundamental ocorre na concepção do processo decisivo. A verticalidade faz parte da definição de que decisões legítimas emanam da autoridade hierárquica, enquanto a consensualidade enfatiza que decisões mais robustas emergem do diálogo genuíno entre diferentes perspectivas e saberes.

Assim, a verdadeira transformação da verticalidade para a consensualidade administrativa não se limita às relações internas da administração pública, mas se estende à interação com a sociedade civil. Se a administração pública vertical opera por atos administrativos unilaterais nascidos a partir de monólogos descendentes, a administração pública consensual favorece a integração de múltiplas perspectivas numa compreensão mais integral dos desafios públicos. Fábio Medina Osório ressalta:

> Recorde-se que, em seu nascedouro, o Direito Administrativo era extremamente verticalizado e legitimava amplos espaços discricionários aos administradores públicos, com escasso controle jurisdicional. Tais fatores ensejavam alguns sintomas — concentração de prerrogativas no Executivo e Legislativo em detrimento do Judiciário, autoritarismo decisório e ausência de controles. Hoje é diferente, novos atores estão em cena. A judicialização se incrementou, e a sociedade passou a fiscalizar tudo, fortalecendo-se os princípios da participação, transparência, probidade, eficiência e impessoalidade administrativa. A separação dos poderes é um princípio constitucional estruturante das democracias contemporâneas, e o Executivo e o Legislativo continuam a ser protagonistas centrais nos processos decisórios. Todavia, as administrações públicas adotaram outros formatos. Devem justificar seus atos, ostentar maior visibilidade e assumir outro patamar de diálogo com a sociedade.[158]

Comunicação não-violenta, escuta ativa, desenvolvimento de habilidades de mediação de conflitos, treinamento em metodologias participativas de análise de problemas e construção de soluções são algumas das possibilidades de se viabilizar a substituição da cultura da verticalidade pela cultura da consensualidade.

Uma administração verdadeiramente modesta, por possuir a sabedoria necessária para enfrentar desafios públicos complexos, sabe que mais importante que o respeito às posições hierárquicas específicas é a articulação respeitosa entre diferentes perspectivas, experiências e conhecimentos, das autoridades públicas com seus servidores subordinados e com a população. Trata-se da valorização da inteligência coletiva.

Esta transformação não significa abolir toda a estrutura organizacional ou negar a necessidade de hierarquia, mas sim redefinir o papel da autoridade humilde: abrir espaços de escuta e participação, e identificar as melhores soluções, independentemente de quem as tenha proposto ou se surgiram a partir do diálogo.

Ademais, ancorada no princípio da humildade, a autoridade administrativa se legítima (interna e externamente) não pela posição

---

[158] OSÓRIO, Fábio Medina. Paradigmas da administração pública. *Jornal O Globo*, 12 de outubro de 2016. Disponível em: https://oglobo.globo.com/opiniao/paradigmas-da-administracao-publica-2030506. Acesso em: 16 abr. 2025.

hierárquica que impõe, mas pela capacidade de articular diferentes perspectivas e construir entendimentos compartilhados. Tudo isto sem falar que tais decisões, enriquecidas pela diversidade, terão maiores condições de alcançar a finalidade maior da administração pública, que é atender os interesses da população.

4.2.5 Culturas da desconfiança e da impermeabilidade

Para começar este item, passemos a citar algumas práticas cotidianas que demonstram como é imensa a desconfiança que a Administração Pública tem em relação aos cidadãos e aos seus próprios servidores, e destes dois grupos em relação àquela. No primeiro segmento de exemplos, podemos mencionar o excesso de autenticações e reconhecimentos de firma, verificações duplas ou triplas de informações, presença física obrigatória, declarações de próprio punho, excesso de documentação comprobatória.

Por sua vez, em relação à desconfiança da Administração em relação aos seus próprios servidores, a lista começa com o controle de ponto biométrico, a necessidade de autorização da chefia para advogados públicos deixarem de ingressar com recursos judiciais, manuais procedimentais extremamente detalhados que eliminam qualquer margem para julgamento profissional, presumindo incapacidade ou má-fé, e auditorias internas focadas em detecção de fraudes.

Mas, conforme prometido, também existem muitos casos de desconfiança do cidadão em relação à Administração Pública. A lista começa com a exigência de protocolos (comprovantes físicos) de cada solicitação formulada, com o temor de que os pedidos sejam "perdidos" intencionalmente. Há ainda os registros de reclamações em múltiplos canais (ouvidoria, e-mail, redes sociais e até imprensa para um único problema), por não confiar na resposta institucional, gravação de atendimentos, preferência por informações por escrito, com o receio de que orientações verbais sejam futuramente não confirmadas. E o que dizer do cidadão que procura servidores conhecidos, para lhes avisar que há processos em andamento, pois desconfiam que o fluxo normal não será adequado?

No tocante à desconfiança de servidores público em relação à Administração, não raro se constata que servidores frequentemente mantêm cópias e registros de todas as suas atividades para "se proteger" de eventuais acusações. Ainda neste contexto, há um excesso de consultas a órgãos jurídicos, mesmo para decisões rotineiras, buscando "blindagem" contra responsabilizações futuras. Tal temor gera ainda resistência a inovações processuais, interpretação restritiva de normas e comunicações formais para questões simples.

Não importa quem se sente desconfiado de quem: estas manifestações de desconfiança criam ciclos viciosos que dificultam a implementação de uma administração pública mais eficiente, dialógica e baseada no princípio da humildade administrativa que apresentamos. A desconfiança institucionalizada se torna um obstáculo significativo à construção de relações mais horizontais tanto internamente quanto com a sociedade.

Pode-se afirmar que a cultura da desconfiança na administração pública é caracterizada pela presunção sistemática de má-fé nas relações entre o Estado e os cidadãos, entre os diferentes órgãos públicos e mesmo entre servidores. Manifesta-se através de procedimentos excessivamente burocráticos, múltiplas instâncias de verificação e uma obsessão por controles formais que frequentemente sacrificam a eficiência e a qualidade do serviço prestado.

Esta cultura parte do pressuposto de que, sem uma rigorosa vigilância, os cidadãos sempre tentarão fraudar o sistema, e que os próprios servidores públicos, sem constante monitoramento, serão negligentes ou corruptos. O resultado é um aparato estatal enrijecido por procedimentos que visam primordialmente evitar desvios, em vez de promover resultados.

Os impactos negativos são evidentes: morosidade administrativa, desmotivação dos servidores, afastamento dos cidadãos e perda de legitimidade das instituições. Além disso, paradoxalmente, ao criar tantos procedimentos de controle, muitas vezes se abrem mais brechas para a corrupção sofisticada, enquanto se dificulta a vida do cidadão e do servidor honestos.

Por sua vez, a cultura da impermeabilidade se caracteriza pelo isolamento da administração pública em relação às contribuições externas. É a resistência sistemática à participação social e à incorporação de críticas, ideias e inovações provenientes da sociedade civil, academia ou mesmo de outros setores do próprio Estado.

Enquanto a desconfiança cria barreiras preventivas, a impermeabilidade ergue muros intransponíveis que impedem o diálogo e a cooperação. Esta cultura se manifesta na falta de canais efetivos de participação, na resistência a audiências públicas substantivas, na opacidade das decisões e na arrogância institucional que pressupõe que o Estado sabe o que é melhor.

Os danos causados incluem o distanciamento entre as políticas públicas e as reais necessidades da população, o desperdício de capital social e intelectual que poderia contribuir para soluções mais efetivas, e a perpetuação de práticas obsoletas frente a novos desafios sociais.

Embora distintas, estas culturas ora sob análise frequentemente coexistem e se reforçam mutuamente. A desconfiança justifica a impermeabilidade ("não podemos abrir nossos processos porque haveria risco de fraude"), enquanto a impermeabilidade alimenta a desconfiança ("se não nos escutam, é porque têm algo a esconder").

A desconfiança tende a operar no nível dos procedimentos, enquanto a impermeabilidade atua mais no campo das mentalidades e das práticas de poder. A primeira cria obstáculos tangíveis; a segunda, barreiras invisíveis mas igualmente eficazes contra a participação e o controle social.

Conforme se verá a seguir, as culturas da desconfiança e da impermeabilidade são fundamentalmente incompatíveis com o princípio da humildade administrativa, contrariando-o em múltiplos aspectos.

Em relação à cultura da desconfiança, esta ofende o princípio da humildade administrativa à medida que presume infalibilidade nas regras e controles, rejeita a autocrítica institucional e porque cria hierarquias de poder moral, ao considerar que os fiscalizadores são moralmente superiores aos fiscalizados, contradizendo a perspectiva igualitária que a humildade promove.

Por sua vez, a cultura da impermeabilidade contradiz o princípio da humildade administrativa porque presume a autossuficiência do conhecimento institucional, resiste ao reconhecimento de erros, estabelece uma relação de superioridade cognitiva da burocracia sobre os cidadãos, ignorando o valor das experiências vividas dos usuários dos serviços públicos e descarta conhecimentos, experiências e perspectivas da sociedade civil, contradizendo o reconhecimento da diversidade de saberes que a humildade abraça.

Quando ambas as culturas coexistem, como frequentemente ocorre, seus efeitos contra o princípio da humildade administrativa são intensificados se privilegiam a animosidade e a sanção em detrimento do diálogo e do acolhimento, criam-se instituições percebidas pela sociedade como arrogantes (algo advindo da impermeabilidade) e excessivamente burocrática e hostil (algo resultante da desconfiança), o que corrói a confiança cidadã necessária à democracia.

A superação dessas culturas nocivas exige justamente abraçar o princípio da humildade administrativa como valor orientador, reconhecendo que instituições são construções humanas, falíveis e perfectíveis apenas através do diálogo aberto e do aprendizado contínuo com a sociedade.

O princípio da humildade administrativa oferece poderosos antídotos para ambas as culturas nocivas. Para combater a desconfiança, a humildade permite reconhecer que controles excessivos podem ser contraproducentes e que é necessário confiar mais nas pessoas; e favorece o reconhecimento de que a presunção de boa-fé pode ser mais eficaz que a presunção constante de má-fé.

Enquanto isto, para combater a impermeabilidade, a humildade instiga a abertura ao reconhecer que o conhecimento e as soluções não são monopólio da administração pública, promove a valorização da experiência e sabedoria coletivas como fontes legítimas para o aprimoramento da gestão e incentiva a criação de estruturas participativas genuínas, não apenas formais.

4.2.6 Culturas da autorreferência e do descolamento realístico

Diz o ditado popular que "o pior cego é aquele que não quer ver". No campo da administração pública, existem duas posturas de cegueira deliberada: uma em que as autoridades públicas sequer olham em direção à sociedade, pois estão ocupadas tão somente com seus próprios interesses e validações internas (autorreferência); e a outra em que, tal qual como míopes, até olham para além de seus próprios muros, mas não têm olhos apurados para ver direito o que não está tão perto (descolamento realístico).

Pode-se afirmar que a cultura da autorreferência se caracteriza pela tendência de a administração pública de orientar suas ações, processos e estruturas a partir de suas próprias necessidades e lógicas burocráticas, relegando para um segundo plano as demandas, necessidades e realidades dos cidadãos. Neste paradigma de isolamento institucional, a administração se torna o seu próprio referencial prioritário, estabelecendo um circuito fechado onde o aparato administrativo se justifica por e para si mesmo.

A administração pública, ao procurar atender suas próprias demandas internas (por melhores instalações físicas, por melhores condições de trabalho para os servidores, por maiores arrecadações etc.) não estaria atuando de forma inadequada, se tivesse em mente que tais demandas se justificam para viabilizar sua razão de existir, que é bem servir ao público.

Na verdade, o que acontece na cultura da autorreferência é que a administração pública valoriza muito mais os meios que os fins, olvidando que não adianta ter uma estrutura administrativa de altíssima qualidade se esta não proporciona resultados favoráveis aos cidadãos.

Por sua vez, a cultura do descolamento realista se manifesta quando a administração pública opera a partir de pressupostos, diagnósticos e modelos que não atendem às condições concretas da realidade social. Caracteriza-se pela cegueira tecnocráticas e pelo distanciamento entre as formulações técnico-burocráticas e os contextos reais de sua implementação, gerando políticas públicas e serviços dissociados das necessidades efetivas da população. Por tal razão, a teoria não se aplica na prática.

As culturas administrativas ora sob análise possuem alguns elementos comuns: derivam de um isolamento institucional, geram um profundo déficit democrático, surgem a partir de uma postura de arrogância epistêmica, acabam preferindo a perpetuação de privilégios que a transformação da realidade e aumentam o distanciamento da administração em relação ao cidadão.

Todavia, existem alguns pontos distintos entre as culturas em comento. Na cultura de autorreferência, o foco está nas necessidades do aparato administrativo, enquanto na cultura do descolamento realista o foco se encontra em concepções abstratas e idealizadas da realidade. Se a primeira prioriza a comodidade organizacional, a segunda prioriza modelos teóricos ou importados acriticamente.

A autorreferência se manifesta principalmente nos procedimentos e rotinas, ao passo que o descolamento realístico se manifesta principalmente no planejamento e na concepção de políticas públicas. Se a primeira peca pelo problema de orientação (para onde se dirige) e tende à autoperpetuação burocrática, a segunda tem o problema de fundamentação (em que se baseia) e tende ao fracasso de implementação.

Existem diversas manifestações concretas e exemplos de autorreferência na administração brasileira: horários de atendimento incompatíveis com as necessidades cidadãs (muitas repartições funcionam apenas em horário comercial, impossibilitando acesso de trabalhadores), exigência de múltiplas atuações do cidadão, como a obrigação de retorno várias vezes ao mesmo órgão para completar um único processo administrativo, reorganizações institucionais baseadas em disputas internas de poder, não em melhorias de serviço, linguagem administrativa inacessível em formulários e comunicações públicas, fragmentação de serviços relacionados em diferentes órgãos, obrigando o cidadão a percorrer diversas repartições para resolver questões relacionadas.

Já o descolamento realístico na administração brasileira acontece em situações como a elaboração de planos diretores a partir de modelos padronizados vendidos no mercado, que não levam em consideração às dinâmicas reais de ocupação territorial e condições socioeconômicas daquela cidade, a informatização de serviços sem atenção à exclusão digital de parcelas significativas da população, a adoção de políticas educacionais padronizadas que desconsideram diversidades regionais profundas, o transplante acrítico de modelos gerenciais do setor privado ou de outros países sem adaptação ao contexto brasileiro e metas orçamentárias dissociadas das condições reais de execução e das capacidades institucionais existentes.

As culturas da autorreferência e do descolamento realístico geram profundos e negativos reflexos em várias áreas da administração pública. Em primeiro lugar, produzem um forte impacto nas políticas públicas, que terão baixa efetividade, pois falham em seus resultados, que não atendem às necessidades reais das pessoas; que geram desperdício de recursos e que levam à descontinuidade de políticas.

Também impactam negativamente na relação Estado-sociedade, pois irão causar a erosão da legitimidade estatal, considerando a percepção cidadã de uma administração desinteressada em suas necessidades reais. Também causarão a desconfiança institucional (ceticismo quanto à capacidade e interesse do Estado em resolver problemas concretos), a cidadania reativa (relação antagonista onde o cidadão vê o Estado como obstáculo a ser superado) e até mesmo uma judicialização excessiva (transferência de conflitos administrativos para a esfera judicial).

Os impactos das citadas culturas chegam a afetar a própria burocracia estatal, pois produzem servidores desconectados do sentido público de seu trabalho, o ritualismo burocrático, onde o foco passa a ser o cumprimento de procedimentos em detrimento de resultados, a desmotivação, já que há uma percepção de inutilidade do trabalho realizado, e a resistência à inovação.

Tais culturas ofendem frontalmente o princípio da humildade administrativa, seja porque a autorreferência administrativa representa arrogância institucional, seja porque o descolamento realista pressupõe que modelos teóricos ou abstratos são superiores ao conhecimento derivado da experiência concreta, dos contextos locais, do saber das comunidades e das condições reais de implementação.

Mas como pode haver o combate a tais culturas pela via da humildade administrativa? Contra a autorreferência, a humildade propõe que o destinatário seja o foco das ações administrativas (servir, servir e servir), e não a conveniência organizacional. Sugere ainda uma desburocratização humilde, com a simplificação que permita que procedimentos existam para servir ao cidadão, não o contrário. Contra o descolamento realista, a humildade administrativa propõe que os diagnósticos que geram a elaboração de políticas públicas ocorram a partir do conhecimento compartilhado entre técnicos e destinatários, valorizando o conhecimento local e a avaliação realista, com a construção de indicadores de acordo com as condições concretas e as expectativas dos cidadãos.

Já existem iniciativas positivas para adoção da humildade administrativa como antídoto contra as referidas culturas. Em relação à autorreferência, pode-se citar a ampliação de horários de atendimento de órgãos públicos, como escolas públicas e unidades de saúde com funcionamento noturno e nos fins de semana. Como superação do descolamento realístico, podem ser citados os orçamentos participativos, que buscar incorporar as contribuições cidadãs na definição de prioridades de investimento.

As culturas da autorreferência e do descolamento realístico representam manifestações complementares de arrogância institucional que comprometem a efetividade e a legitimidade da administração pública brasileira. Ambas podem ser compreendidas como desvios que colocam lógicas internas (autorreferência) ou modelos abstratos (descolamento realístico) acima das necessidades concretas e realidades vividas pelos cidadãos.

O princípio da humildade administrativa oferece não apenas uma crítica ética a estas culturas, mas fundamentos práticos para sua superação, ao reposicionar a administração como serviço orientado ao cidadão (contra a autorreferência) e como atividade fundamentada na realidade concreta, não em abstrações (contra o descolamento).

A transformação destas culturas requer mudanças não apenas em procedimentos específicos, mas na própria concepção do que administrar significa: não um exercício de poder sobre os administrados, mas um serviço prestado com eles e para eles, a partir de suas realidades concretas e necessidades efetivas.

4.2.7 Cultura do corporativismo

A cultura do corporativismo na administração pública pode ser conceituada como um conjunto de valores, práticas e estruturas institucionais que privilegiam a defesa dos interesses particulares de grupos profissionais ou setores específicos da burocracia estatal em detrimento do interesse público mais amplo.

Neste contexto, há a prevalência do interesse de categorias sobre o interesse coletivo. Isto acontece a partir da priorização sistemática das vantagens, benefícios e prerrogativas de determinados grupos profissionais sobre as necessidades gerais da sociedade ou a eficiência administrativa.

Ao contrário do que possa parecer, tudo isto acontece de uma forma muito "profissional", já que os grupos favorecidos atuam com habilidade na defesa de interesses corporativos, fazendo uso até mesmo de uma linguagem de interesse público.

Ademais, dentro de tais grupos (ou entre os grupos), prevalece a solidariedade, com a defesa intransigente de membros do grupo corporativo contra críticas externas, independentemente do mérito das questões.

O corporativismo na administração pública representa, em essência, uma colonização do espaço público por interesses particulares que se institucionalizam e se legitimam através de estruturas formais do Estado, criando zonas de privilégio protegidas por barreiras legais, processuais e discursivas que as tornam resistentes a reformas e ao controle democrático.

Esta cultura compromete a capacidade do Estado de se adaptar a novas demandas sociais e de distribuir recursos de forma equitativa, uma vez que cristaliza arranjos de poder que beneficiam determinados grupos em posições estratégicas da burocracia estatal.

A cultura corporativista na administração pública brasileira tem raízes históricas profundas que remontam a herança patrimonialista colonial, onde não havia uma clara separação entre o público e o privado e onde os cargos públicos eram tratados como propriedades pessoais ou familiares. Isto se agrava com o crescimento da burocracia estatal, que empoderou a chamada classe dos letrados:

> Para cobrar e controlar, vigiar e punir seus súditos, submetendo-os ao cumprimento de uma série de novas obrigações civis, os Estados modernos emergentes se viram na contingência de criar vastos e complexos aparelhos burocráticos – um conjunto de órgãos e servidores responsáveis pelo funcionamento e manutenção do sistema judiciário, do fisco e das forças armadas –, ou seja, o corpo administrativo como um todo. Um paradoxo instaurou-se então no seio desses Estados progressivamente centralizados e autônomos: o rei e seus colaboradores mais próximos (no caso de Portugal, os homens que constituíam o Conselho Régio) tornaram-se, virtualmente, reféns de uma burocracia estatal tentacular que florescia à sombra do crescente poderio do Estado. Com o passar dos anos, desembargadores, juízes, ouvidores, escrivães, meirinhos,

cobradores de impostos, vedores, almoxarifes, administradores e burocratas em geral – os chamados "letrados" – encontraram-se em posição sólida o bastante para instituir uma espécie de poder paralelo, um "quase Estado" que, de certo modo, conseguiria arrebatar das mãos do rei as funções administrativas. Esse funcionalismo tratou de articular também fórmulas legais e informais para se transformar em um grupo autoperpetuador, na medida em que os cargos eram passados de pai para filho, ou então para parentes e amigos próximos.[159]

Raymundo Faoro destaca o papel dos letrados quando os Estados português e brasileiro tiveram que aumentar sua complexidade administrativa:

> Quem delimita as fronteiras, que o Estado patrimonial não lograra firmar, são os juristas, agora com o primeiro lugar nos conselhos da Coroa. A tradição, que o direito romano derramara, em resíduos sem coerência, ganha caráter racional, consciente, concertado - graças à palavra, acatada, respeitada, dos juristas. Há um rumor antiaristocrático na reorganização política e administrativa do reino, antiaristocrático com o sentido de oposição à nobreza territorial, sem caracterizar um movimento democrático. Uma aristocracia nova ocupará o lugar da velha aristocracia, incapaz esta, em todo o curso da história portuguesa, de ordenar o Estado à sua feição, instrumento, numa oportunidade, da política do rei contra o clero, vítima, mais tarde, da aliança do soberano com a burguesia. Agora, as categorias tradicionais - clero, nobreza territorial, burguesia - se reduzem, pelo predomínio da Coroa, a celeiros de recrutamento nos conselhos e nos círculos ministeriais. Articulados junto ao trono, não atuam mais com o caráter e os estilos do clero, nobreza e burguesia: recebem o cunho de uma camada de domínio, a ela se amoldam, como a prata se dobra à impressão dos caracteres que a fazem moeda. As Cortes de 1385 distinguem quatro ordens de pessoas, capazes de tomar assento no plenário das decisões políticas: prelados, fidalgos, letrados, cidadãos. Ao lado das outras três categorias, ganha relevo o letrado, cuja matéria-prima constituirá o aparelho público da fazenda, justiça e administração superior.[160]

Durante o período imperial e na República Velha, o acesso ao Estado era visto como forma de garantir vantagens econômicas e sociais para grupos específicos. Com a introdução de modelos mais modernos

---

[159] BUENO, Eduardo. *A coroa, a cruz e a espada*. Lei, ordem e corrupção no Brasil Colônia. Rio de Janeiro: Editora Objetiva, 2006. p. 34.
[160] FAORO, Raymundo. *Os donos do poder*. Formação do patronato político brasileiro. 3. ed. Rio de Janeiro: Globo, 2001. p. 61.

de administração pública (como na era Vargas), o corporativismo se torna mais organizado, a partir da criação de estruturas que protegiam interesses de categorias profissionais específicas. A partir dos anos 1950, a criação de "ilhas de excelência" na administração pública gerou corpos técnicos que, ao se fortalecerem, também desenvolveram mecanismos de autopreservação e defesa de seus interesses corporativos.

O corporativismo se manifesta de diversas formas na administração pública brasileira: ao contrário de carreiras mais voltadas para o atendimento direto à população (como as de educação, saúde e assistência social), as carreiras jurídicas e fiscais conseguiram, ao longo do tempo, garantias e benefícios muito superiores aos demais servidores (como auxílio-moradia, auxílio-livro, férias estendidas).

Embora algumas tentativas de reforma administrativa (como a proposta em 2020) usem o discurso do combate ao corporativismo para desmontar o Estado, é inegável que existem privilégios que devem ser combatidos.

Até mesmo órgãos de controle (como Tribunais de Contas, Ministério Público, Poder Judiciário, Advocacia Pública, Defensoria Pública etc.) têm postura corporativista, quando priorizam benefícios internos excessivos enquanto fiscalizam rigorosamente outros órgãos públicos.

Os principais beneficiários dessa cultura são a elite do funcionalismo público, especialmente as carreiras com maior poder político e capacidade de pressão sobre os três poderes, sindicatos e associações de classe, parlamentares que representam interesses específicos dessas carreiras em troca de apoio eleitoral e até mesmo gestores das próprias instituições, que frequentemente utilizam o discurso da autonomia institucional para blindar seus órgãos de fiscalização externa.

O corporativismo é particularmente difícil de combater porque as carreiras corporativistas possuem influência direta sobre parlamentares e ministros. Ademais, fazem uso de um discurso técnico-legal sofisticado, permitindo que o corporativismo se disfarce da necessidade de proteção técnica ou jurídica a tais profissionais, usando argumentos complexos que dificultam o debate público.

Outra questão preocupante é que muitas práticas corporativistas são vistas se consolidam como direitos adquiridos ou tradições inquestionáveis. E, por mais incrível que pareça, estão ganhando cada vez mais força nos dias de hoje. Neste sentido, a previsão de recessos além das férias, estas mais prolongadas, o ressurgimento de licenças há muito tempo extintas, a criação de auxílios e adicionais que os demais servidores não recebem, jornadas de trabalho diferenciadas, a manutenção da impossibilidade de demissão na via administrativa etc. são situações comuns na atualidade.

O fortalecimento institucional do sistema de justiça, por sua vez, garantiu aos membros das carreiras jurídicas as condições para consolidar e até mesmo expandir uma série de prerrogativas e benefícios exclusivos dentro na máquina pública. Somada ao estatuto especial já afiançado pelos regulamentos próprios de cada carreira, a primazia de interesses corporativos concorreu para assegurar privilégios funcionais e remuneratórios que apartaram magistrados, procuradores e promotores de justiça, advogados públicos e defensores do restante da burocracia estatal.[161]

É importante registrar que também existe corporativismo na administração pública para proteger interesses de outros grupos, além dos servidores. O corporativismo se manifesta quando estes outros grupos conseguem estabelecer relações privilegiadas e estáveis com setores da administração pública, criando canais de influência não acessíveis à população em geral e convertendo recursos ou políticas públicas em benefícios específicos para seus membros, muitas vezes sob a aparência de atendimento ao interesse público.

Dentre tais grupos, estão fornecedores habituais que desenvolvem relacionamentos privilegiados com setores da administração, empreiteiras e construtoras que se especializam em obras públicas, empresas de consultoria que mantêm contratos recorrentes com determinados órgãos, setores industriais específicos que obtêm proteção regulatória, produtores agrícolas que conseguem políticas favoráveis via órgãos específicos, instituições financeiras com acesso privilegiado a fundos públicos, partidos políticos que colonizam determinadas áreas da administração, bases eleitorais de parlamentares que recebem atenção privilegiada e até mesmo movimentos sociais específicos com canais preferenciais de acesso.

Mas em que contexto o corporativismo ofende a humildade administrativa? Primeiramente, quando o corporativismo prioriza interesses de grupo sobre o interesse público, olvidando assim a missão de servir conferida à administração pública. Em segundo lugar, ao presumir uma superioridade técnica de uns agentes públicos em

---

[161] AQUINO, Luseni Aquino; GARCIA, Luciana Silva. Reformas do Estado no Brasil: trajetórias, inovações e desafios, IPEA, p. 182. In: CAVALCANTE, Pedro Luiz Costa; SILVA, Mauro Santos (org.). *Reformas do Estado no Brasil*: trajetórias, inovações e desafios. Disponível em: https://repositorio.ipea.gov.br/bitstream/11058/10553/1/ReformadoEstadoSistemadeJusticaCarreirasJuridicas_cap6.pdf. Acesso em: 17 abr. 2025.

relação a outros, não considerando que deveria existir uma maior isonomia entre aqueles que fazem parte do Estado. Acrescente-se ainda que, ao defender interesses de grupos econômicos específicos, criando verdadeiros feudos de privilégios, a administração pública esquece e se afasta de sua vocação republicana.

Mas como a humildade administrativa pode enfrentar o corporativismo? A resposta é oferecendo caminhos para enfrentar esta cultura: da transparência radical à avaliação por resultados, da participação social ampliada à educação para cidadania. Outro caminho seria a liderança baseada em exemplo, quando gestores públicos abrem mão voluntariamente de privilégios corporativos, o que pode criar um efeito especular importante (assim fizeram Papa Francisco e Pepe Mujica).

A humildade administrativa, em essência, propõe que servidores e instituições se vejam como instrumentos para o bem comum, não como fins em si mesmos – perspectiva fundamentalmente contrária à lógica corporativista que privilegia a autopreservação institucional e de categoria sobre o interesse público mais amplo.

4.2.8 Cultura do messianismo administrativo

Em um país onde a religião sempre esteve presente na base da sociedade e do Estado, como dizia Erico Veríssimo em uma de suas obras, "basta um homem morrer para logo ser promovido a santo".[162] Na realidade, não raramente, já em vida, muitas pessoas que se destacam como líderes logo são divinizadas pela população, de maneira que seus atos são considerados inspirados e abençoados diretamente pelo Criador, a ponto de não serem sequer questionados.

A cultura do messianismo administrativo pode ser conceituada como um conjunto de crenças, práticas e estruturas na administração pública e na sociedade civil que privilegia soluções centradas em indivíduos supostamente excepcionais, em detrimento de abordagens institucionais, coletivas e sistêmicas.

A gestão se reduz à figura do gestor, a partir da personalização da função pública. Tal cultura faz com que se atribua capacidades quase sobrenaturais a determinadas pessoas, consideradas indispensáveis e insubstituíveis para o sucesso de políticas, programas ou instituições.

Como a população aguarda por salvadores da pátria, os marketeiros políticos (nas eleições e durante as gestões) abusam de

---

[162] VERISSIMO, Érico. *Incidente em Antares*. 18. reimp. São Paulo: Companhia das Letras, 2006.

uma narrativa de ruptura salvacionista, alimentando a crença de que problemas administrativos complexos podem ser resolvidos por meio da ação extraordinária de um líder que rompe radicalmente com o passado institucional.

Como tais líderes são carismáticos, por supostamente deterem virtudes ou capacidades singulares, acaba-se por substituir mecanismos colegiados e processos deliberativos democráticos por decisões individuais. E pior: ao invés de se valorizar o trabalho contínuo e a colaboração de todos os envolvidos nas políticas públicas, incentiva-se o imediatismo transformador, sendo renovadas promessas de transformações profundas em curtos períodos, desconsiderando a complexidade dos problemas públicos e a necessidade de acúmulos institucionais graduais. O resultado geralmente é a frustração, pois "uma andorinha só não faz verão".

Para os que acham que este fenômeno é coisa do passado, o século vinte e um tem produzido muitos líderes com pretensões messiânicas, apresentando-se como salvadores únicos capazes de resolver problemas complexos de seus países ou regiões. No cenário mundial, figuras como Donald Trump[163] (EUA), que cultivou uma imagem de outsider que sozinho poderia "fazer a América grande novamente", frequentemente sugerindo que apenas ele tinha capacidade para resolver problemas nacionais; Vladimir Putin (Rússia), que construiu uma narrativa de restaurador da grandeza russa após o colapso soviético, apresentando-se como indispensável para a estabilidade e soberania do país; Viktor Orbán (Hungria), que se posiciona como defensor único da identidade nacional húngara contra ameaças externas, justificando concentração de poderes; Recep Tayyip Erdoğan (Turquia), que se projeta como líder indispensável para a recuperação da influência turca e guardião dos valores tradicionais; Nicolás Maduro (Venezuela), que após Chávez, assumiu o manto de defensor da revolução bolivariana, como único capaz de proteger o país contra "inimigos externos".

---

[163] "O presidente Donald Trump disse em seu discurso de posse nesta segunda-feira (20) que sua "vida foi salva" pela graça de Deus para tornar a América grande novamente, em referência à tentativa de assassinato feita contra ele em um comício no ano passado. Trump pontuou que crê ainda mais que a vida dele foi salva "por um motivo". "Eu fui salvo por Deus para fazer a América grande novamente". Disse o republicano, que foi ovacionado por muitos dos presentes no Capitólio e outras pessoas que assistiam ao discurso na Capital One Arena. Trump transmitiu imagens religiosas após a tentativa de assassinato na Convenção Nacional Republicana no ano passado, fazendo outra referência a sua sobrevivência como intervenção divina". (TRUMP: minha vida foi "salva por Deus para tornar a América grande de novo". *CNN*. Disponível em: https://www.cnnbrasil.com.br/internacional/eleicoes-nos-eua-2024/trump-minha-vida-foi-salva-por-deus-para-tornar-a-america-grande-de-novo/. Acesso em: 17 abr. 2025).

No contexto brasileiro, o messianismo não foi cultivado apenas por líderes do passado como Getúlio Vargas, Jânio Quadros e Fernando Collor. Figuras atuais como Jair Bolsonaro[164] (com o lema "Brasil acima de tudo e Deus acima de todos") e até mesmo Luiz Inácio Lula da Silva (que chegou a dizer que não era um ser humano, mas uma ideia) são considerados por muitos como líderes messiânicos. Neste sentido, "o messianismo apenas mudou de registro. Lula é Messias da esquerda brasileira, enquanto Jair Bolsonaro é o da direita".[165] Como esta aproximação entre pessoas tão distintas pode ser reducionista e simplista, é importante que se registre que se Lula é adorado por parcela do eleitorado e visto por muitos como a salvação, podendo-se afirmar que a devoção popular é que cultua o messianismo mais que o próprio líder político o faz, no caso de Bolsonaro, este se utiliza deliberadamente de um discurso fortemente marcado pela religião, rancor e salvacionismo, o que torna possível se aduzir que, no bolsonarismo, o messianismo está tanto do lado do citado líder político da extrema-direita como de parcela da própria sociedade.

Não esqueçamos de personagens como Sergio Moro, que durante e após a Operação Lava Jato, considerava que detinha poderes quase heroicos de "limpeza" institucional; João Doria, que em sua campanha para governador de São Paulo, vendeu-se como gestor excepcional capaz de transformar a administração pública através de suas qualidades pessoais do setor privado, e de Wilson Witzel, que ao concorrer para governador do Rio de Janeiro, cultivou imagem de "xerife" que pessoalmente resolveria a crise de segurança pública.

Esses líderes, em maior ou menor grau, compartilham características do messianismo político-administrativo: personalização extrema da função pública, promessas de transformações radicais e rápidas, centralização decisória, e a sugestão de que possuem qualidades pessoais extraordinárias que os tornam indispensáveis para enfrentar crises ou promover mudanças estruturais.

---

[164] Sobre o projeto político defendido pelo líder da extrema-direita brasileira: "Trata-se, pois, de um projeto político excludente e próprio de um espectro político autoritário que o enunciador-presidente, por meio de um apelo messiânico, busca vincular a um plano divino para "salvar" uma nação que, destinada à grandeza desde a sua origem, estaria sendo degradada" (BRITO, Clebson Luiz de; LARA, Gláucia Muniz Proença. Elementos de messianismo em pronunciamentos de Jair Bolsonaro. *DELTA 39*, n. 3, 2023. Disponível em: https://doi.org/10.1590/1678-460X2023393.Acesso em: 17 abr. 2025).

[165] SABINO, Mario. O Messias da esquerda e o Messias da direita. *Metrópoles*, 07.07.2024. Disponível https://www.metropoles.com/colunas/mario-sabino/o-messias-da-esquerda-e-o-messias-da-direitaem: https://www.metropoles.com/colunas/mario-sabino/o-messias-da-esquerda-e-o-messias-da-direita.Acesso em: 17 abr. 2025.

É importante notar que a eficácia desse tipo de narrativa depende significativamente de contextos de crise (econômica, social ou identitária) e de fragilidades institucionais que tornam populações mais receptivas a figuras que prometem soluções simples para problemas complexos.

A construção e promoção da imagem do gestor como figura heroica, cujos atributos pessoais sobrepõem-se à relevância dos desenhos institucionais e do trabalho coletivo se baseia na retórica da excepcionalidade individual: os sucessos se devem a qualidades pessoais extraordinárias do líder, enquanto fracassos são explicados por obstáculos externos ou resistências institucionais.

O messianismo administrativo representa, em essência, a crença de que problemas complexos da gestão pública podem ser solucionados mais pela virtude, visão ou carisma de líderes específicos do que por desenhos institucionais adequados, processos coletivos de decisão, capacidade técnica distribuída e aprendizado organizacional contínuo. Esta cultura compromete a maturidade institucional ao colocar indivíduos acima de sistemas, personalidades acima de processos, e expectativas mágicas acima de transformações graduais e sustentáveis.

No contexto atual da administração pública brasileira, o messianismo se manifesta de diversas formas: no "gestor-herói", no "técnico salvador", no "reformador radical", no "gestor-celebridade" (que analisaremos mais a fundo no capítulo da sobriedade administrativa), no "purificador institucional".

O messianismo administrativo é fundamentalmente incompatível com a humildade administrativa por várias razões: a primeira delas é pela negação da complexidade, já que o messianismo simplifica problemas complexos, sugerindo que um indivíduo excepcional pode resolver questões que, na realidade, exigem abordagens sistêmicas e colaborativas. Também pela desvalorização do conhecimento distribuído, pois ao se centralizar decisões em figuras "iluminadas", ignora-se o conhecimento distribuído nas equipes e na experiência institucional acumulada. O aprendizado da humildade cede ao imediatismo do líder messiânico, que promete soluções rápidas e dramáticas, enquanto a humildade administrativa reconhece a necessidade de aprendizado contínuo e ajustes incrementais.

O personalismo nega a institucionalidade, pois enquanto a humildade valoriza o fortalecimento de instituições que transcendem indivíduos específicos, o messianismo prioriza personalidades sobre processos. Acrescente-se que o gestor messiânico raramente admite erros ou limites em seu conhecimento, característica essencial da postura de humildade administrativa.

A humildade administrativa oferece caminhos concretos para combater a cultura messiânica: o primeiro deles é a distribuição de protagonismo, valorizando sistemas onde o sucesso é atribuído às equipes e às instituições, não a indivíduos "heroicos". Outro caminho é valorização do conhecimento acumulado nas instituições, evitando a "reinvenção da roda" que frequentemente acompanha a chegada de líderes messiânicos. A adoção de processos decisórios participativos, que estruturem mecanismos de decisão que incorporem múltiplas perspectivas e conhecimentos, limitando o poder discricionário de figuras individuais, é outro norte.

A humildade administrativa não propõe a eliminação de lideranças fortes, mas o protagonismo da inteligência institucional e coletiva, a partir da valorização do conhecimento e atuação dos servidores, das equipes e das instituições públicas. Essa mudança cultural exige esforços conscientes tanto de gestores quanto da sociedade que os avalia, para construir uma administração pública mais resiliente, institucional e efetivamente transformadora.

CAPÍTULO 5

SOBRIEDADE ADMINISTRATIVA

5.1 Conteúdo(s) do princípio da sobriedade administrativa

No uso cotidiano, a sobriedade se refere primariamente a um estado de temperança, contenção e clareza mental. Originalmente associada à ausência de embriaguez por álcool ou outras substâncias, a palavra expandiu seu significado para abarcar uma postura de moderação e equilíbrio em diversos aspectos da vida. Uma pessoa sóbria é aquela que mantém o autocontrole, a lucidez e a capacidade de discernimento mesmo em situações de pressão ou tentação ao excesso.

A sobriedade também carrega conotações estéticas e comportamentais: sugere simplicidade, ausência de exageros ornamentais, elegância discreta e uma certa gravidade ou seriedade na conduta. No vestuário, na arquitetura, ou em eventos sociais, o que é sóbrio distingue-se pelo despojamento de elementos supérfluos, privilegiando a funcionalidade e a essência sobre a aparência e o espetáculo.

Em seu sentido mais profundo, a sobriedade constitui uma virtude relacionada à prudência e à temperança, representando um meio-termo aristotélico entre a austeridade severa e a indulgência desenfreada. É um estado de consciência plena que permite avaliar situações com clareza, sem distorções emocionais ou cognitivas que poderiam comprometer o julgamento.

Transposto para o domínio da administração pública, o princípio da sobriedade administrativa pode ser definido como a condução dos assuntos públicos com moderação, racionalidade e equilíbrio, priorizando a essência do interesse público sobre manifestações superficiais ou espetaculares de poder e autoridade. É uma postura ética e gerencial que orienta o administrador público a buscar a justa medida nas decisões, nos gastos, na comunicação e na relação com os diversos atores sociais.

A sobriedade administrativa se manifesta como contraponto necessário à tendência de personalização excessiva da função pública, à espetacularização da política, à adoção de práticas passionais e à utilização de recursos públicos de maneira ostentatória ou desproporcional. Representa o compromisso com uma gestão centrada mais em resultados concretos para a cidadania do que em demonstrações simbólicas de poder ou protagonismo pessoal.

Em sua essência, esse princípio reconhece que o administrador público é um gerenciador temporário de recursos que pertencem à coletividade, devendo exercer essa função pública com o senso de responsabilidade e proporcionalidade que o cargo exige, sem confundir a autoridade institucional com privilégios pessoais ou oportunidades de autopromoção.

Dentre os conteúdos da sobriedade administrativa, podem ser destacados a moderação no uso de recursos públicos, buscando o equilíbrio entre o necessário para o bom funcionamento institucional e o dispêndio excessivo de recursos que poderiam ser melhor empregados em benefício direto da sociedade.

O citado princípio também significa o equilíbrio nas decisões e políticas públicas, que seria a capacidade do gestor público de considerar múltiplas perspectivas e interesses legítimos quando da formulação e implementação de políticas públicas. A administração sóbria recusa tanto o imobilismo quanto o voluntarismo imprudente, buscando caminhos intermediários que contemplem ponderação entre urgências imediatas e necessidades de longo prazo.

O administrador equilibrado evita posições extremadas ou dogmáticas, reconhecendo a complexidade dos problemas públicos e a necessidade de soluções que integrem diferentes interesses, valores e perspectivas.

Um terceiro conteúdo da sobriedade administrativa é a discrição e foco no interesse público, contrapondo-se à personalização excessiva e à espetacularização da função pública. O administrador discreto compreende que sua função é servir ao interesse público, não construir um culto à personalidade ou projetar-se midiaticamente.

Um quarto conteúdo se traduz na exigência de que uma administração sóbria se fundamenta em processos decisórios racionais, ancorados em evidências e análises técnicas consistentes. O gestor sóbrio resiste à tentação de decisões impulsivas, ideologicamente enviesadas ou baseadas primordialmente em intuições pessoais não verificáveis.

Assim, pode-se afirmar que o princípio da sobriedade administrativa procura atuar em quatro dimensões: a primeira seria a sobriedade material e orçamentária; a segunda seria a sobriedade comunicacional; a terceira a relacional, e a quarta a procedimental e decisória.

É importante deixar claro que este princípio não deve ser confundido com ausência de ousadia, ambição de transformação ou inovação na gestão pública. Ao contrário, a sobriedade cria condições para as mudanças mais profundas e sustentáveis por privilegiar a substância sobre a aparência, o diálogo sobre a imposição, e o interesse público de longo prazo sobre ganhos imediatos de popularidade ou visibilidade.

Em um contexto de crescente polarização política e espetacularização da função pública, a sobriedade administrativa emerge como virtude essencial para reconstruir a confiança nas instituições e resgatar o sentido original do serviço público como dedicação ao bem comum, não como plataforma para projeção pessoal ou sectária.

Mas qual o fundamento jurídico-constitucional do princípio da sobriedade administrativa? Embora não esteja expressamente mencionado na Constituição Federal ou em leis específicas, o princípio da sobriedade administrativa pode ser derivado de vários fundamentos jurídicos estabelecidos, cada um deles se relacionando com determinado conteúdo daquele.

Em primeiro lugar, deve ser destacada a relação com o princípio republicano (art. 1º, CF/88), pois este ressalta a ideia de que os gestores públicos são administradores temporários da coisa pública, o que exige sobriedade material, relacional, decisória e comunicacional.

Em relação aos princípios constitucionais da administração pública, pode-se citar o princípio da eficiência (art. 37, caput, CF/88), ao se destacar o uso racional e equilibrado dos recursos públicos. Em relação ao princípio da moralidade administrativa (art. 37, caput, CF/88), registre-se que a sobriedade manifesta uma dimensão ética da administração pública, vinculada às expectativas de comportamento moderado e equilibrado. Por sua vez, o princípio da sobriedade administrativa também é uma decorrência do princípio da impessoalidade (art. 37, caput, CF/88), uma vez que a discrição e a não-personalização dos atos administrativos, elementos da sobriedade, relacionam-se diretamente com este princípio. Com o princípio da economicidade (art. 70, caput, CF/88), a sobriedade se relaciona, na medida em que em ambos se busca a moderação nos gastos públicos.

Outro princípio muito afim à sobriedade é a proporcionalidade, uma vez que esta, enquanto critério de controle da atuação administrativa, exige adequação, necessidade e proporcionalidade em sentido estrito. A sobriedade se aproxima deste princípio ao demandar que a Administração calibre suas intervenções, evitando excessos. A jurisprudência do STF e do STJ em matéria de controle de atos administrativos frequentemente recorre a argumentos que, embora não explicitamente, incorporam elementos do que poderíamos chamar de sobriedade administrativa.

Quanto à presença do princípio da sobriedade administrativa na legislação infraconstitucional, algumas leis já contemplam os valores decorrentes do citado princípio. Neste contexto, a Lei de Responsabilidade Fiscal (LC nº 101/2000) estabelece normas de gestão fiscal responsável, com planejamento e equilíbrio das contas públicas, refletindo valores da sobriedade; a Lei de Improbidade Administrativa (Lei nº 8.429/1992) tipifica como improbidade atos que atentam contra princípios da administração pública e causam lesão ao erário, frequentemente ligados a ausência de sobriedade.

Por sua vez, a Lei de Licitações e Contratos (Lei nº 14.133/2021) estabelece em seu art. 5º princípios como julgamento objetivo, planejamento e economicidade que refletem aspectos da sobriedade administrativa. Até mesmo o Código de Ética do Servidor Público Federal (Decreto nº 1.171/1994)contém preceitos relacionados à moderação e decoro no exercício da função pública.

No tocante ao reconhecimento do princípio sob análise pela doutrina brasileira de Direito Administrativo, convém ressaltar que, com a denominação específica de sobriedade administrativa, não há menções nos estudos doutrinários. No entanto, seus conteúdos são frequentemente abordados sob outras denominações ou como desdobramentos de princípios expressamente reconhecidos. Assim, como aspecto da moralidade administrativa, autores como Juarez Freitas e Marçal Justen Filho abordam elementos como moderação e proporcionalidade; como elemento da boa administração, Diogo de Figueiredo Moreira Neto e Vanice Regina Lírio do Valle têm trabalhado com tal conceito, que engloba elementos da sobriedade.

Em síntese, embora a sobriedade administrativa como princípio autonomamente denominado não tenha ainda amplo reconhecimento na doutrina administrativa brasileira tradicional, seus conteúdos estão presentes em diversas discussões doutrinárias relacionadas a outros princípios expressamente reconhecidos.

Sua formulação como princípio autônomo representaria uma contribuição importante para o direito administrativo brasileiro contemporâneo, especialmente em tempos de personalização excessiva da função pública e uso de recursos públicos para projeção pessoal dos administradores.

A incorporação expressa do princípio da sobriedade em normas administrativas, a exemplo do que já ocorre com princípios como eficiência e publicidade, poderia fortalecer sua aplicação. A presença explícita do princípio da sobriedade administrativa em normas específicas que limitem gastos com publicidade governamental, estabeleçam parâmetros para eventos públicos e disciplinem o uso de símbolos e marcas de governo representariam avanços concretos.

Para além das mudanças normativas, é essencial promover transformação na cultura administrativa brasileira. Programas de formação de servidores públicos que valorizem a ética da moderação e do serviço, não a do poder e da ostentação, são fundamentais. As escolas de governo têm papel crucial neste processo. Ademais, nos compêndios, manuais e artigos de Direito Administrativo, os administrativistas poderiam fazer menção expressa à sobriedade e a seus conteúdos.

O princípio da sobriedade administrativa emerge como elemento fundamental para a qualificação da gestão pública brasileira em tempos de polarização, espetacularização da política e recursos escassos. Mais que simples moderação nos gastos, a sobriedade representa um *ethos* administrativo abrangente, que privilegia o essencial sobre o supérfluo, o diálogo sobre a imposição, o equilíbrio sobre o excesso. Neste contexto, a sobriedade administrativa se diferencia radicalmente da austeridade. Enquanto a austeridade frequentemente serve como justificativa para desmonte de políticas públicas, a sobriedade busca otimização e uso criterioso dos recursos.

Sua efetivação depende tanto de arranjos institucionais adequados quanto de mudanças culturais profundas, que reposicionem o Estado brasileiro como instrumento de efetivação de direitos fundamentais, não como palco para projeções personalistas ou disputas ideológicas extremadas. Neste sentido, a sobriedade não representa apenas uma virtude moral desejável, mas condição necessária para a legitimidade e efetividade da administração pública em uma sociedade democrática complexa.

A sobriedade administrativa se apresenta como antídoto fundamental contra algumas grandes patologias contemporâneas da gestão pública, conforme se verá a seguir.

5.2 As frentes de luta do princípio da sobriedade administrativa

Em poucas palavras, a sobriedade administrativa funciona como antídoto aos excessos. Por esta razão, contrapõe-se a diversas tendências nocivas frequentemente observadas na gestão pública. A primeira delas é o consumismo e a ostentação.

A ostentação na administração pública manifesta-se em edifícios suntuosos desproporcionais à sua função, veículos luxuosos, mobiliário excessivamente custoso, eventos faustosos e outros símbolos materiais de status e poder. Esta ostentação não apenas desperdiça recursos públicos escassos, mas também cria distanciamento simbólico entre administração e cidadãos, contradizendo o ideal republicano de serviço público. Se deve então ser combatida a cultura do luxo, também deve ser a do lixo, denominação para as práticas de desperdício do dinheiro público.

O princípio da sobriedade administrativa, ao valorizar a funcionalidade, a proporção e a adequação, combate estas manifestações de esbanjamento e personalismo. Promove uma estética institucional que reflete a seriedade e o compromisso com o bem comum, sem recorrer a símbolos custosos de autoridade ou prestígio.

Também busca combater o antagonismo e a polarização, questões cada vez mais críticas no atual cenário político-administrativo, frequentemente caracterizado pela intensificação de antagonismos e pela polarização do debate público, com a consequente dificuldade de construção de consensos mínimos necessários para a governabilidade democrática. Administradores públicos por vezes alimentam estas divisões, privilegiando bases de apoio específicas e demonizando adversários ("nós contra eles"). Neste contexto de belicosidade, estão ainda as práticas de intimidação e revanchismo.

A sobriedade administrativa também tem que empreender uma batalha contra a espetacularização da função pública. A crescente midiatização da política tem levado à transformação da administração pública em espetáculo contínuo, com gestores mais preocupados com sua imagem e presença midiática do que com a efetividade substantiva de suas políticas. Esta espetacularização se manifesta em anúncios grandiosos de programas com nomes impactantes, mas implementação precária, eventos midiáticos que substituem o trabalho cotidiano de gestão, e a personalização extrema de políticas públicas, com o uso das redes sociais como cenário para alimentar a vaidade do gestor.

O princípio da sobriedade administrativa, ao valorizar a discrição e o foco no interesse público substantivo, contraria esta tendência ao espetáculo. O administrador sóbrio comunica-se de maneira clara e acessível, mas privilegia o conteúdo sobre a forma, a substância sobre a imagem, reconhecendo que a função pública não é palco para protagonismo pessoal, mas espaço institucional para o serviço à coletividade.

Por fim, a sobriedade deve ainda lidar com a cultura da assimetria administrativa, que consiste no desequilíbrio de a atuação estatal, que muitas vezes não consegue distribuir suas com ponderação: enquanto algumas áreas são excessivamente contempladas, outras são injustificadamente esquecidas.

Em definitiva, são inimigas da sobriedade administrativa práticas culturais como a ostentação, a beligerância institucional, o antagonismo sistemático, a combatividade institucional, a contenciosidade excessiva, a polarização extremada, a litigiosidade administrativa, a belicosidade institucional, o espírito de rivalidade, as disputas intransigentes, a animosidade institucionalizada, o sectarismo administrativo, a intransigência relacional, o espírito contencioso, a cultura do enfrentamento, a hostilidade institucional, o temperamento combativo, o desperdício, o consumismo, a espetacularização administrativa, o sensacionalismo, o revanchismo, a intimidação, a vaidade administrativa, o estrelismo, dentre outras situações que minam as energias, a eficiência, a credibilidade e a legitimidade da administração pública.

5.2.1 Culturas do apego ao poder e do patrimonialismo

A primeira cultura a ser combatida pelo princípio da sobriedade administrativa é a do apego ao poder, que se caracteriza pela luta sem limites éticos para se alcançar posições políticas importantes, e, posteriormente, para se perpetuar nestas posições.

Para quem quer chegar ao poder ou nele se manter, recorre-se a práticas clientelistas, instrumentaliza-se a utilização da máquina pública e até mesmo se faz uso da violência contra quem surja como ameaça ao projeto de poder.

Como canta Caetano Veloso, "enquanto os homens exercem seus podres poderes, morrer e matar de fome, de raiva e de sede são tantas vezes gestos naturais". E indaga: "Será que nunca faremos senão confirmar a incompetência da América católica, que sempre precisará de ridículos tiranos? Será, será que será, que será, que será, será que essa minha estúpida retórica terá que soar, terá que se ouvir por mais zil anos?".[166]

Neste quadro de ganância por poder, há consequências traumáticas para a administração pública, quando, por exemplo, adversários conseguem suplantar o gestor de plantão. Neste caso, a transição não ocorre de forma pacífica e civilizada, gerando uma indesejada descontinuidade administrativa. Neste quadro, servidores e cidadãos vivem sob tensão e sob medo, pois opiniões críticas serão vistas como ameaças.

Mas por que razão se tem tanto apego ao poder? Primeiramente, pelo fato de o poder inebria. A questão do poder e seu efeito sobre os seres humanos é um tema central na filosofia política e na psicologia. Vários pensadores importantes ofereceram perspectivas sobre porque o poder parece transformar aqueles que o detêm. De Platão e Aristóteles a Maquiavel e Hobbes, observou-se que o desejo de poder é parte da natureza humana e que, pragmaticamente, o poder oferece segurança em um mundo perigoso, e que o medo de o perder leva os poderosos a ações extremas para mantê-lo.

Nietzsche via a vontade de poder (*Der Wille zur Macht*) como uma força motriz fundamental da natureza humana – um desejo instintivo não apenas de sobreviver, mas de exercer controle sobre o ambiente e outras pessoas.[167]

Montesquieu alertou que, por sua natureza, o poder precisa ser limitado por outros poderes, reconhecendo a tendência humana de abusar de posições de autoridade. Disse ainda o que leva a pessoas a ansiarem pelo poder:

> A ambição na ociosidade, a baixeza no orgulho, o desejo de enriquecer sem trabalhar, a aversão pela verdade, a lisonja, a traição, a perfídia, o abandono de todos os compromissos, o desprezo pelos deveres do cidadão, o medo pela virtude do príncipe, a esperança em suas fraquezas e, mais do que tudo isso, o perpétuo ridículo lançado sobre a virtude, formam creio, o caráter da maioria dos cortesãos, observados em todos os lugares e em todos os tempos. Ora, é muito lamentável que a maioria dos principais de um Estado sejam pessoas desonestas e que seus inferiores sejam pessoas de bem: que aqueles sejam mentirosos e só aceitam ser tolos.[168]

---

[166] VELOSO, Caetano. Podres poderes. *In: Velô*, 1984.
[167] NIETZSCHE, Friedrich. *Assim falou Zaratustra*: um livro para todos e para ninguém. Tradução, notas e posfácio de Paulo César de Souza. São Paulo: Companhia das Letras, 2011. p. 28.
[168] MONTESQUIEU. *Espírito das Leis*, Livro Décimo Primeiro, capítulo V.

Max Weber examinou como o poder legítimo se transforma em autoridade, mas também como facilmente se degenera em dominação.[169] Hannah Arendt, ao analisar o totalitarismo, mostrou como o poder desvinculado de princípios morais e legitimidade democrática leva à banalidade do mal – pessoas comuns cometendo atos terríveis quando inseridas em sistemas de poder corrompidos.[170]

Estas análises convergem na ideia de que o poder, embora potencialmente construtivo, facilmente desregula nossos mecanismos normais de autocontrole e empatia. Sem limitações institucionais e culturais fortes, a tendência humana é explorar o poder para benefício próprio ou de grupos restritos, em detrimento do bem comum que deveria ser seu propósito legítimo.

É neste contexto que se insere a cultura do patrimonialismo, que representa a confusão entre os espaços (e interesses) público e o privado. Nela, aqueles que deveriam servir a população com zelo tratam os recursos e instituições públicas como sua propriedade particular.

O patrimonialismo se manifesta pela apropriação de recursos públicos, pela prática de nepotismo, clientelismo, favoritismo e revanchismo, ostentação com recursos públicos, dentre outras práticas nocivas que desvirtuam os ideais republicanos, comprometendo severamente a administração pública. No século XVII, o poeta Gregório de Matos (o Boca do Inferno) já analisava o patrimonialismo brasileiro em seu segundo século de vida:

EPÍLOGOS[171]
Juízo anatômico dos achaques que padecia o corpo da República em todos os membros, e inteira definição do que em todos os tempos é a Bahia.

Que falta nesta cidade?... Verdade.
Que mais por sua desonra?... Honra.
Falta mais que se lhe ponha?... Vergonha.
O demo a viver se exponha,
Por mais que a fama a exalta,
Numa cidade onde falta

---

[169] WEBER, Max. *Economía y Sociedad*: esbozo de sociología comprensiva. Tradução de José Medina Echevarria. México: Fondo de Cultura Económica, 1992.
[170] ARENDT, Hannah. *Origens do totalitarismo*: antissemitismo, imperialismo e totalitarismo. Tradução de Roberto Raposo. 8. ed. São Paulo: Companhia das Letras, 2007.
[171] MATOS, Gregório de. *Seleção de Obras Poéticas*.

Verdade, honra, vergonha.
Quem a pôs neste socrócio?... Negócio.
Quem causa tal perdição?... Ambição.
E no meio desta loucura?... Usura.
Notável desaventura
De um povo néscio e sandeu,
Que não sabe que perdeu
Negócio, ambição, usura.
Quais são seus doces objetos?... Pretos.
Tem outros bens mais maciços?... Mestiços.
Quais destes lhe são mais gratos?... Mulatos.

Dou ao Demo os insensatos,
Dou ao Demo o povo asnal,
Que estima por cabedal,
Pretos, mestiços, mulatos.
Quem faz os círios mesquinhos?... Meirinhos.
Quem faz as farinhas tardas?... Guardas.
Quem as tem nos aposentos?... Sargentos.
Os círios lá vêm aos centos,
E a terra fica esfaimando,
Porque os vão atravessando
Meirinhos, guardas, sargentos.
E que justiça a resguarda?... Bastarda.
É grátis distribuída?... Vendida.
Que tem, que a todos assusta?... Injusta.
Valha-nos Deus, o que custa
O que El-Rei nos dá de graça.
Que anda a Justiça na praça
Bastarda, vendida, injusta.
Que vai pela clerezia?... Simonia.
E pelos membros da Igreja?... Inveja.
Cuidei que mais se lhe punha?... Unha
Sazonada caramunha,
Enfim, que na Santa Sé
O que mais se pratica é
Simonia, inveja e unha.
E nos frades há manqueiras?... Freiras.
Em que ocupam os serões?... Sermões.
Não se ocupam em disputas?... Putas.
Com palavras dissolutas

Me concluo na verdade,
Que as lidas todas de um frade
São freiras, sermões e putas.
O açúcar já acabou?... Baixou.
E o dinheiro se extinguiu?... Subiu.
Logo já convalesceu?... Morreu.
À Bahia aconteceu
O que a um doente acontece:
Cai na cama, e o mal cresce,
Baixou, subiu, morreu.
A Câmara não acode?... Não pode.
Pois não tem todo o poder?... Não quer.
É que o Governo a convence?... Não vence.
Quem haverá que tal pense,
Que uma câmara tão nobre,
Por ver-se mísera e pobre,
Não pode, não quer, não vence.

Para Sérgio Buarque de Holanda, em alusão às raízes de nosso patrimonialismo, predominam, "em toda vida social, sentimentos próprios à comunidade doméstica, naturalmente particularista e antipolítica, uma invasão do público pelo privado, do Estado pela política".[172]

Neste quadro degradante, recursos públicos são desviados de finalidades prioritárias para sustentar privilégios, gerando a perda de confiança pública nas instituições diante de uma corrupção sistêmica, que normaliza práticas que confundem público e privado. Por exemplo, quem se espanta com o enriquecimento meteórico dos gestores públicos?

Enquanto o patrimonialismo representa um sistema histórico-cultural de organização do Estado, o apego ao poder é uma disposição comportamental que pode se manifestar em diversos contextos políticos. No Brasil, estes fenômenos frequentemente se sobrepõem e se reforçam mutuamente, criando um ciclo persistente de apropriação privada do público.

Estas culturas substituem a moderação pela ostentação, geram decisões que passam a privilegiar a manutenção do poder,

---

[172] HOLANDA, Sérgio Buarque de. *Raízes do Brasil*. 26. ed. São Paulo: Companhia das Letras, 1995. p. 82.

e não o interesse público, comprometem o diálogo e abandonam a racionalidade decisória, com a substituição dos critérios técnicos por pessoais. Ou seja, afrontam diretamente a sobriedade administrativa.

Mas como o princípio da sobriedade administrativa pode combater estas culturas? Em contraposição ao apego ao poder, a sobriedade demanda a despersonalização do exercício do cargo público, a partir de medidas que enfatizem a instituição, não a pessoa do servidor.

Da mesma forma, deve-se reforçar que os agentes públicos são meros servidores do povo, não donos do poder. Neste contexto, deve-se valorizar a alternância dos governos, a periodicidade dos mandatos, o caráter temporário das funções de autoridade, a continuidade administrativa independente de pessoas determinadas.

Em palavras mais diretas, a sobriedade impõe que a figura do gestor público seja colocada em seu devido lugar, sem qualquer protagonismo arrogante que faça sombra à administração pública. A sobriedade e a impessoalidade devem andar de mãos dadas, baixando a bola de autoridades públicas que se apegam ao poder.

Por sua vez, contra o patrimonialismo, a sobriedade administrativa exige o reforço da ideia de que a função pública somente pode ser exercida para a promoção exclusiva do bem comum, sem espaço para ostentação, exibição pessoal, vaidade e, especialmente, atos ilícitos que busquem atender interesses pessoais. Para tanto, exige-se a transparência radical nos gastos públicos, despersonalização de políticas públicas (que são dos entes e não dos gestores públicos), o combate à corrupção, a adoção de rituais republicanos e a fiscalização cidadã.

A sobriedade administrativa, como princípio orientador, estabelece um padrão cultural que desnaturaliza práticas patrimonialistas e de apego ao poder. Quando a moderação, o equilíbrio, o diálogo e a racionalidade se tornam valores institucionais celebrados, cria-se um ambiente onde comportamentos que confundem o público com o privado ou que instrumentalizam o cargo para benefício pessoal se tornam culturalmente desviantes e socialmente reprovados.

Implementar a sobriedade administrativa requer não apenas reformas normativas, mas transformações culturais profundas, que comecem com a exemplaridade das lideranças e se consolidem através de práticas cotidianas, sistemas de incentivos apropriados e celebração pública de comportamentos que encarnem os valores da república e do Estado Democrático de Direito.

5.2.2 Culturas do consumismo e da ostentação

Em uma sociedade cada vez mais influenciada por exigências do mercado, que, por sua vez, está cada vez mais sedento e agressivo, predomina a cultura do consumismo, que pode ser definida como um conjunto de valores, comportamentos e práticas sociais que priorizam a aquisição e o consumo de bens e serviços como forma de satisfação pessoal e status social.

Nesta cultura, o "ter" vale mais que o "ser". Por esta perspectiva, enfatiza-se e se estimula a aquisição de bens materiais e a ostentação como formas de medir o valor e o sucesso de uma pessoa. Todavia, esta promessa é enganosa:

> As pessoas estão ligadas a metas de vida inalcançáveis. Os anúncios estão sempre nos dizendo que seremos mais felizes se escolhermos esse carro, essa nova cozinha. Dizem até que ficaremos mais atraentes se usarmos este xampu ou aquele desodorante. O consumismo e a pressão pelo sucesso estão criando uma epidemia de infelicidade para pessoas que não conseguem alcançar as metas colocadas à sua frente.[173]

O mercado promete e o indefeso cidadão acredita na promessa que lhe é feita. Como diria uma canção do rock nacional, "propaganda é a arma do negócio, no nosso peito bate um alvo muito fácil, mira a laser, miragem de consumo, latas e litros de paz teleguiada, estou ligado a cabo, a tudo que eles têm para oferecer".[174]

A cultura do consumismo tem uma influência significativa na administração pública, moldando não apenas as práticas administrativas, mas também as expectativas da sociedade em relação ao governo.

A influência da cultura do consumismo na administração pública ocorre em vários contextos. Primeiramente, por gerar expectativas na sociedade contemporânea, que, imersa na cultura do consumismo, tende a esperar que o governo forneça serviços públicos com a mesma eficiência e inovação que as empresas privadas. Isso leva a uma pressão para o Estado gastar excessivamente em compras, serviços, obras e projetos que não necessariamente atendem às necessidades reais da população, mas que são populares ou visíveis.

---

[173] LANE, John. Revista *Vida Simples*, n. 26, p. 54, mar. 2005.
[174] GESSINGER, Humberto; CASARIN, Paulo. Música "A promessa", dos Engenheiros do Hawaii, faixa do álbum Simples de coração, 1995.

Se a população pressiona de um lado, do outro a administração pública sofre o influxo das estratégias do mercado como indutor de demandas, visto que o setor privado sabe que o Poder Público é geralmente seu maior comprador. Neste contexto, produtos e serviços são desenvolvidos pelas empresas especificamente para o Estado. É o caso de consultorias, sistemas de informática, produtos farmacêuticos, seminários, cursos de capacitação, treinamentos corporativos, kits escolares, dentre outros.

O mercado emprega táticas de marketing agressivas para transferência dessas contratações: primeiro, criando um senso de urgência, depois promovendo "cases de sucesso", para em seguida ofertar "soluções completas". Estas práticas são particularmente eficazes quando encontram gestores públicos ansiosos por resultados imediatos e midiáticos, equipes técnicas sobrecarregadas ou processos decisórios fragmentados que dificultam uma avaliação criteriosa da real necessidade e adequação das contratações propostas.

Outra questão gerada pela cultura do consumismo é a da obsolescência programada institucional, que é uma adaptação das práticas de obsolescência programada do mercado consumidor para o contexto das instituições públicas. É uma estratégia deliberada por parte de fornecedores para criar ciclos artificiais de substituição de produtos, sistemas e serviços dentro da administração pública.

Na área de tecnologia, acontece a partir da descontinuidade estratégica de suporte, com fornecedores anunciando o fim do suporte técnico para sistemas ainda funcionais, interrompendo atualizações de segurança para versões anteriores de softwares, deixando de fornecer peças de reposição para equipamentos que poderiam ter uma vida útil mais longa, prevendo incompatibilidade intencional entre versões e novos sistemas que não se integram adequadamente com infraestruturas existentes.

Os cidadãos também exercem pressão consumista sobre a administração pública. Vale lembrar que o mesmo cidadão que crítica a burocracia e a alta carga tributária também é o que exige a modernização e melhoria contínua dos serviços públicos sem consideração de custos.

Um exemplo de situação em que a sociedade demanda projetos nem sempre compatíveis com a realidade diz respeito a diversas cidades brasileiras com população entre 500 milhões e 1 milhão de habitantes, em que há pressão constante por sistemas de metrô, mesmo quando a densidade populacional não justifica o alto investimento e os fluxos de trânsito seriam mais bem atendidos por BRTs (*Bus Rapid Transit*) ou VLTs (Veículo Leve sobre Trilhos). Ressalte-se que custo do metrô é muitas vezes superior às alternativas mencionadas. Exemplo emblemático é o caso da mobilidade urbana da cidade de Cuiabá (MT): previsto para ser entregue antes da Copa do Mundo de 2014, o sistema de VLT, depois de ter sido iniciado e consumido muito dinheiro público, foi substituído por um sistema de BRT. Estudos técnicos indicaram que a demanda projetada de passageiros e os custos de implantação não justificavam um sistema metroviário tradicional.[175]

Por sua vez, em cidades que já possuem metrô, muitas vezes existe pressão para expandir linhas em áreas de alto poder aquisitivo (mas de baixa densidade populacional), quando análises técnicas indicariam prioridade para outras regiões.

Esta aparência exemplifica perfeitamente como a administração pública é pressionada a adotar soluções "premium" mesmo quando alternativas mais sóbrias seriam técnicas mais específicas, demonstrando como o consumismo institucional é frequentemente impulsionado pelas expectativas e pressões sociais.

A busca incessante por satisfazer as demandas de uma sociedade consumista pode resultar em desperdício de recursos públicos. Projetos superfaturados, contratações de serviços desnecessários e a priorização de iniciativas que geram impacto visual em detrimento de soluções sustentáveis são exemplos claros dessa problemática.

Tudo isso se agrava com a cultura da ostentação administrativa, que pode ser definida como aquela em que gestores e instituições públicas priorizam a aparência, o status e a grandiosidade em detrimento da funcionalidade, economia e eficiência na aplicação dos recursos públicos.

Aparentar grandiosidade passa ser relevante na medida em que isto se torna uma demonstração de poder. Se na cultura do consumismo o "ter" é mais importante que o "ser", na cultura da ostentação, o "aparentar", o "parecer ser" fala mais alto que o "ser", e isto se reflete em decisões administrativas que valorizam a opulência, a monumentalidade, o alto padrão, a modernidade, independentemente da necessidade real.

---

[175] "As obras do projeto de implantação do VLT custaram mais de R$ 1 bilhão para os cofres públicos do estado, à época da Copa do Mundo de 2014, quando era para ter sido entregue. O VLT foi projetado para a Copa do Mundo de 2014 no Brasil e foi marcado pela corrupção e entraves judiciais. A obra previa 22 quilômetros de extensão entre Cuiabá e Várzea Grande, região metropolitana da capital. Em dezembro de 2014, as obras foram interrompidas. Em 2018, o governo do estado rompeu o contrato com o consórcio VLT e, depois, decidiu substituir o modal pelo Ônibus de Trânsito Rápido (BRT)" (Vagões do VLT de MT começam a ser transferidos para BA nesta terça-feira (15), G1, 15.10.2024 https://g1.globo.com/mt/mato-grosso/noticia/2024/10/15/vagoes-do-vlt-de-mt-comecam-a-ser-transferidos-para-ba-nesta-terca-feira-15.ghtml.

A arquitetura dos prédios públicos no Brasil é extremamente influenciada pela cultura da ostentação, especialmente quando estamos falando dos edifícios suntuosos que abrigam a elite da burocracia estatal, como as sedes dos Poderes Executivo, Legislativo, Judiciário, Ministério Público, Tribunal de Contasetc., que são verdadeiros palácios (e assim muitas vezes se autodenominam),que consomem bilhões do suado orçamento público. E tudo isto sem falar que:

> Num mundo cada vez mais informatizado e digital, onde o trabalho presencial é substituído cada vez mais pelo home office (trabalho remoto) e a papelada cede lugar aos arquivos digitais em nuvens, os espaços de trabalho estão cada vez mais enxutos e compartilhados. No mundo privado preza-se pela eficiência dos recursos pois tem alguém que paga a conta, seja o proprietário, sócio ou acionista. No público quem paga a conta é somente o contribuinte. Mas quem faz e executa o orçamento parece ignorar este fato. [...] Serviços públicos devem ser enxutos e eficientes. Sem ostentação. O poder público deveria parar de atrapalhar a vida do cidadão e investir nosso dinheiro em obras que tragam melhorias reais para a população.[176]

Este padrão comportamental se alimenta tanto da vaidade institucional quanto da pressão social por símbolos de desenvolvimento, criando um ciclo vicioso onde a simplicidade e a sobriedade estão erroneamente associadas à ineficiência ou ao atraso.

Todavia, quando o Estado brasileiro se propõe a construir equipamentos públicos sociais, como escolas, hospitais e creches, a qualidade geralmente é insuficiente. Da mesma fora, quando são construídas casas populares pela administração pública, problemas diversos são detectados, da deficiência de infraestrutura (água, saneamento, energia elétrica) à falta de planejamento (ausência de linhas de ônibus, creches, escolas), da precariedade dos materiais utilizados à baixa qualidade do projeto (sem ventilação, área reduzida, dentre outros fatores).

Esta mesma lógica se aplica a aquisições de veículos pela administração pública: enquanto os órgãos que lidam com questões sociais dispõem de poucos e precários meios de transporte, os órgãos de cúpula do Estado adquirem veículos caros, a fim de que as autoridades públicas possam ostentar seu poder à população. Tais autoridades terão direito a outras regalias, como motoristas, celulares, tablets, notebooks, e outros símbolos de status e distinção.

---

[176] MORAES, Vinícius Alves. Templos ao desperdício. *Gaz*, 12 de novembro de 2019. Disponível em: https://www.gaz.com.br/templos-ao-desperdicio/. Acesso em: 20 abr. 2025.

A cultura da ostentação representa, assim, uma apropriação de lógicas consumistas pelo setor público, onde o valor simbólico das aquisições e obras muitas vezes supera seu valor funcional, comprometendo a sustentabilidade fiscal e desvirtuando a função primordial do Estado de atender às necessidades coletivas com recursos limitados.

A citada cultura gera o distanciamento entre administração e cidadãos comuns, desvio de recursos de finalidades essenciais para elementos superficiais, deterioração da imagem e confiança nas instituições públicas, perpetuação de desigualdades sociais e privilégios no setor público e estabelecimento de padrões insustentáveis de consumo institucional.

Assim, se a cultura do consumismo administrativo contradiz diretamente o princípio da sobriedade ao promover o excesso, a desnecessidade e o desperdício, a ostentação também representa o oposto da sobriedade, pois substitui a funcionalidade pela aparência, a essência pela exterioridade.

A sobriedade administrativa preconiza que os recursos públicos sejam direcionados à maximização do valor público gerado, enquanto a ostentação valoriza elementos superficiais e simbólicos que não são atrativos para a efetividade da administração. Ademais, a sobriedade administrativa propõe uma abordagem mais crítica e consciente da gestão pública, buscando equilibrar as demandas da sociedade com a responsabilidade fiscal e ética. As culturas do consumismo e da ostentação representam desafios significativos para a administração pública, mas a sobriedade administrativa oferece um caminho viável para enfrentar essas pressões.

Por fim, a sobriedade administrativa, ao promover uma cultura de moderação, suficiência e propósito público, oferece um contraponto necessário às tendências de consumo e ostentação. Ela reorienta a administração para seus valores fundamentais: servir ao bem comum com respeito aos limites dos recursos disponíveis e às necessidades reais da sociedade.

5.2.3 Culturas da vaidade e do estrelismo

Se na cultura da ostentação administrativa se prioriza o luxo e grandiosidade nas estruturas e aquisições públicas, pois o valor está na demonstração de poder através do excesso e da opulência, isto se deve não apenas pela existência da cultura do consumismo.

Neste contexto, há de se destacar a cultura da vaidade e do estrelismo na administração pública. A primeira está centrada na necessidade de autoafirmação das instituições, que buscam reconhecimento, aceitação e admiração. Por sua vez, na segunda, personaliza-se a gestão pública, transformando gestores e servidores em "celebridades administrativas", que, a partir do culto à personalidade, apropriam-se individualmente de conquistas coletivas.

Se a cultura da vaidade se busca é alimentada pelo ego inflado das instituições públicas que querem ser aceitas como protagonistas na sociedade, a cultura do estrelismo se nutre da busca pelos holofotes para promoção pessoal de agentes públicos com vistas a fins políticos.

Na administração pública contemporânea, observamos com preocupação crescente a manifestação de comportamentos que se afastam dos ideais republicanos e da ética do serviço público. Entre estas manifestações, as práticas oriundas das culturas da vaidade e do estrelismo se destacam, negativamente por óbvio, pois comprometem a eficiência administrativa e desviam o foco da finalidade essencial do Estado, que é servir com impessoalidade ao interesse público. O princípio da sobriedade administrativa surge, neste contexto, como um importante parâmetro normativo capaz de orientar condutas e políticas públicas na direção ao verdadeiro interesse coletivo.

Na cultura da vaidade na administração pública, há uma preocupação excessiva com a autopromoção institucional, a partir do uso excessivo da publicidade institucional, gerando gastos desproporcionais com propaganda e divulgação de atos administrativos.

No capítulo sobre a humildade administrativa, destacamos que a administração pública brasileira vive sob as culturas do sigilo e da opacidade. Assim, poderia o leitor indagar se não seria um contrassenso afirmar agora que também vive o Estado sob uma cultura que investe exageradamente em publicidade.

A questão é a forma e finalidade destas divulgações excessivas: primeiramente, faz-se uso abusivo de solenidades oficiais, cerimônias pomposas e celebrações que consomem recursos públicos em demasia.

Assim, vê-se que a cultura da vaidade é essencialmente institucional e coletiva, embora possa ser impulsionada por gestores individualmente. Manifesta-se através da própria estrutura administrativa, que passa a valorizar mais sua imagem perante a sociedade do que os resultados concretos de suas ações.

Em segundo lugar, as finalidades destas ações publicitárias não são educativas, informativas ou de orientação social, conforme determina o §1º, art. 37 da Constituição Federal. Na verdade, o que se busca é o enaltecimento da imagem institucional. E o pior é que isto é a única coisa que parece importar.

Se algum desavisado procurar conhecer a realidade de um ente público apenas pelas peças publicitárias que são veiculadas, acreditará que se vive em situações que não passam de idealizações. Afinal, como disse (e se arrependeu de ter dito) o ex-ministro da Fazenda Rubens Ricupero, em entrevista dada em 1º de setembro de 1994, "o que é bom a gente fatura; o que é ruim, esconde".[177]

Por sua vez, acultura do estrelismo na administração pública possui um caráter mais individualizado e personalista, embora também afete toda a estrutura administrativa. Trata-se da promoção pessoal de agentes públicos, especialmente aqueles em posição de liderança, em detrimento da impessoalidade que deve reger a administração pública.

Com grande frequência, há a vinculação de ações estatais a agentes públicos específicos, o que caracteriza autopromoção vedada pela Constituição Federal (§1º, art. 37), pois se faz uso da máquina pública para projeção pessoal do gestor. Há um indiscutível culto à personalidade a partir da exaltação excessiva de qualidades pessoais de líderes administrativos, que querem aumentar sua popularidade a todo custo.

A propósito, a definição de políticas públicas muitas vezes acontece com base em ganhos de imagem pessoal, não em critérios técnicos. Ademais, acontece a apropriação individual do mérito coletivo, pois os casos de sucessos administrativos veiculados são, na verdade, fruto de esforços institucionais. Utilizando a frase vinda da sabedoria popular, eles procurar "fazer cortesia com o chapéu alheio".

O estrelismo representa uma violação direta ao princípio constitucional da impessoalidade, pois é transferido para agentes específicos o reconhecimento por ações que deveriam ser atribuídas à instituição pública enquanto entidade coletiva.

Uma das principais razões que levam à prática do estrelismo é o apego ao poder, como já visto. Especialmente diante da possibilidade de reeleição ou de eleição para outros cargos políticos, gestores públicos fazem uso do dever constitucional de divulgação das ações administrativas para realizar uma verdadeira e camuflada propaganda eleitoral, o que desequilibra as disputas políticas.

A propaganda oficial e a comunicação institucional representam ferramentas essenciais para o cumprimento do princípio constitucional da publicidade na administração pública. No entanto, o advento e a massificação das redes sociais possibilitaram o surgimento de uma

---

[177] AGÊNCIA FOLHA. Ricupero diz que esconde "o que é ruim" e pede para ir ao "Fantástico". Folha de S. Paulo, 3 set. 1994. Disponível em: https://www1.folha.uol.com.br/fsp/1994/9/03/caderno_especial/1.html. Acesso em: 21 abr. 2025.

situação bastante preocupante: a migração do estrelismo administrativo para o ambiente digital pessoal dos gestores públicos. Esta prática cria uma zona cinzenta normativa onde o agente público, valendo-se de suas redes sociais particulares, promove uma personificação das ações estatais, burlando os controles tradicionais e as limitações legais impostas à publicidade institucional. E como isto acontece? Um cidadão quando busca se informar sobre as ações administrativas de um determinado ente público as tem encontrado nas redes sociais pessoais no gestor público.

Ora, a vedação à propaganda oficial para a promoção pessoal de autoridades ou servidores públicos no §1º do artigo 37 da Constituição Federal geralmente era associado ao uso de material impresso oficial, outdoors e placas de obras públicas, campanhas publicitárias em veículos de comunicação, eventos e solenidades oficiais.

Hoje em dia, as redes sociais introduziram uma nova dimensão neste cenário, caracterizada pelo acesso direto entre gestores e cidadãos, contas pessoais que veiculam conteúdo oficial, publicações efêmeras que dificultam o controle, alcance massivo das divulgações e resultados superiores às mídias tradicionais. "Mas isto não é propaganda oficial", alegarão os gestores públicos midiáticos.

A questão é ouso das redes sociais pessoais para a promoção do agente público configura uma estratégia sofisticada de contorno das restrições legais, pois alcança o resultado vedado na Constituição, que é a apropriação indevida pelo gestor de realizações coletivas. Tais autoridades repetem em suas contas pessoais "eu fiz", "eu consegui", "eu realizei", "eu aprovei", quando, na realidade, quem fez, conseguiu, inaugurou, realizou e aprovou foi a Administração Pública.

É importante que se enfatize que anúncios de políticas públicas, nomeações ou investimentos em canais pessoais criam uma percepção na sociedade de protagonismo individual. E são praticamente todos os gestores públicos que fazem isto, de ministros e secretários divulgando em suas redes de investimentos públicos, a prefeitos e governadores anunciando em perfis pessoais políticas públicas em primeira mão.

E quem paga pela produção destes conteúdos que costumam ter altíssima qualidade? Na maior parte das vezes, arrisco dizer que é o contribuinte, pois as equipes de comunicação dos gestores para gestão de suas mídias pessoais são remuneradas pelos cofres públicos, caracterizando o desvio de função de servidores de comunicação institucional.

Há até mesmo uma distribuição calculada de conteúdo entre canais oficiais e pessoais: enquanto as notícias negativas ou burocráticas são veiculadas em canais institucionais (rede social da Prefeitura, por exemplo), as realizações e entregas positivas são divulgadas em perfis pessoais (no caso, na rede social do Prefeito). Neste contexto, os anúncios de grande repercussão midiática são reservados para os canais particulares.

São preocupantes o vácuo jurídico-legislativo e a inércia doutrinária e dos órgãos de controle no enfrentamento da questão. Neste contexto, observa-se a insuficiência das leis a este respeito, já que a legislação de comunicação pública é anterior à revolução digital. A Lei de Improbidade Administrativa (Lei nº 8.429/1992) com hipóteses não expressamente adaptadas ao contexto digital. Quando se cria alguma lei sobre o uso das redes sociais pelos agentes públicos, normalmente isto acontece tão somente para proibir que servidores públicos de baixo escalão divulguem ações administrativas em suas redes sociais, havendo um silêncio eloquente sobre os gestores públicos.

Da mesma forma, há uma escassez de obras doutrinárias abordando especificamente o tema. Raros são os artigos científicos e pesquisas empíricas sobre a promoção pessoal de agentes públicos a partir do uso das redes sociais.[178]

Conforme se vê a seguir, estas questões já estão chegando ao Poder Judiciário:[179]

> Outro desafio diz respeito à natureza dos perfis e contas criados nas plataformas. O perfil pessoal de um agente público, ocupante de mandato ativo, teria natureza privada? Nos Estados Unidos, o caso do banimento do ex-presidente Donald Trump no Twitter resultou no entendimento que não haveria como distinguir uma conta pessoal de uma institucional, quando o autor da postagem é presidente da República. Isto porque o ex-presidente veiculava rotineiramente informações de interesse público geral, atuando sob o véu institucional e não pessoal. No Brasil, a discussão já se encontra no Supremo Tribunal Federal (STF). Há dois mandados de segurança pendentes de julgamento que discutem exatamente a mesma questão da natureza da conta pessoal quando o utilizador é um agente político. O primeiro caso foi impetrado por um cidadão, advogado, que teve seu perfil bloqueado da conta do presidente da República, em 2020, após postagem de um comentário crítico ao mandatário na rede Instagram. O segundo caso foi impetrado pela Associação Brasileira de Jornalismo Investigativo (Abraji) contra

---

[178] Vide SILVA, Ingrid Chaves da. *O uso das redes sociais por agentes públicos como elemento de promoção pessoal em desatendimento ao princípio da impessoalidade.* Monografia (Graduação em Direito) – Instituto de Ciências da Sociedade, Universidade Federal Fluminense de Macaé, Macaé (RJ), 2022.

[179] Supremo Tribunal Federal (STF), Mandado de segurança nº 37.132 e Mandado de segurança nº 38.097.

o bloqueio no Twitter de 65 jornalistas da conta oficial do presidente Jair Bolsonaro. Na ação, os impetrantes reforçam o caráter de interesse público do perfil do presidente, o direito de acesso à informação e o agravamento da situação considerando que os bloqueados são jornalistas. Os diversos exemplos de problemas suscitam desafios para o jurista, legislador e regulador no tema das redes sociais. O caso brasileiro envolve uma grande máquina pública funcional, com usuários ativos e atuantes nas redes, sendo as plataformas do uso cotidiano da administração de natureza privada.

O estrelismo digital perpetua a personalização da função pública, comprometendo o caráter republicano da administração e confundindo o cidadão sobre a verdadeira natureza institucional das políticas públicas. Ademais, gera um indiscutível desequilíbrio eleitoral, pois a divulgação de informações e realizações administrativas nas redes sociais pessoais dos gestores serve para construção de capital político pessoal, criando assimetrias em relação a potenciais oponentes eleitorais.

O relativo silêncio da comunidade jurídica diante deste fenômeno cria uma perigosa sensação de naturalidade e legitimidade destes comportamentos, que são incompatíveis com a ética republicana. Urge, portanto, que doutrinadores, legisladores, magistrados e órgãos de controle desenvolvam mecanismos adequados para compreender, regular e fiscalizar esta nova fronteira do estrelismo administrativo.

O princípio da sobriedade administrativa, neste contexto, apresenta-se como importante vetor hermenêutico capaz de orientar tanto a produção normativa quanto a interpretação jurisprudencial sobre o tema. Mais que uma questão de mera formalidade legal, o combate ao estrelismo digital constitui elemento fundamental para a preservação do caráter republicano e democrático da administração pública brasileira em tempos de hiperconectividade.

Em resumo, o princípio da sobriedade administrativa se apresenta como antítese às culturas da vaidade e do estrelismo. Fundamentado nos pilares constitucionais da moralidade, eficiência, economicidade e impessoalidade, a sobriedade administrativa propõe a utilização racional e comedida dos recursos, para garantir a dignidade institucional com modéstia e discrição, e sem que haja a vinculação entre ações estatais e figuras pessoais.

5.2.4 Culturas do sensacionalismo e da espetacularização

Depois de analisadas as culturas da ostentação, da vaidade e do estrelismo, em uma análise mais apressada, pode parecer que esses assuntos da linguagem e da comunicação da administração pública com a sociedade civil já foram totalmente contemplados. No entanto, no plano do simbolismo e da imagética, ainda existe muito o que ser analisado para garantir uma atuação administrativa pautada na sobriedade.

Neste sentido, é importante ressaltar as culturas do sensacionalismo, que privilegia o impacto emocional imediato sobre análises técnicas profundas, e da espetacularização, que transforma ações administrativas em eventos performáticos que valorizam mais o aspecto visual que o impacto real sobre a vida das pessoas.

Assim, é importante registrar que, no universo da comunicação e das relações entre a Administração Pública e sociedade civil, a análise das culturas da ostentação, da vaidade e do estrelismo revelou apenas uma parte do complexo mosaico de desvios simbólicos que comprometem a sobriedade administrativa. Para além dessas características já caracterizadas, insista-se, emergem duas outras manifestações igualmente nocivas ao interesse público (sensacionalismo e espetacularização) que representam distorções comunicacionais e comportamentais que, embora relacionadas com as culturas estudadas anteriormente, possuem características próprias e merecem análise específica.

O sensacionalismo administrativo se configura como a prática deliberada de comunicar atos, decisões e políticas públicas de forma exagerada, apelativa e emocionalmente carregada, buscando provocar ações intensas no público e amplificando artificialmente a importância ou o impacto das ações governamentais. Trata-se de um desvirtuamento do princípio da publicidade que substitui a informação clara, objetiva e educativa por narrativas hiperbólicas e dramatizadas.

Nessa seara, o discurso administrativo é utilizado de forma parcial e carregado de emoções (muitas vezes de ódio) para alcançar o convencimento, a adesão e a aprovação da população. Para tanto, faz-se uso de expedientes escusos. Tudo em nome da propagação de ideias.

Adolf Hitler e o Ministério da Propaganda Nazista, liderado por Joseph Goebbels, são exemplos históricos extremos e paradigmáticos do uso sistemático tanto do sensacionalismo quanto da espetacularização como ferramentas de controle político e manipulação da opinião pública. Hitler era conhecido por seus discursos inflamados com exageros deliberados sobre ameaças (especialmente relacionados a judeus, comunistas e potências estrangeiras). Ele manipulava estatísticas e fatos, que eram frequentemente distorcidos para exagerar os sucessos do regime e as falhas da República de Weimar.

Ademais, o apelo emocional extremo era uma das estratégias da comunicação nazista, assim como a simplificação de questões complexas.

Neste contexto, os problemas socioeconômicos multifacetados eram reduzidos a explicações simplórias, com a que punha a culpa em inimigos, como os judeus. Outro expediente utilizado era a criação de estados de emergência pelo regime, que fabricava ou exagerava crises para justificar medidas extremas (o incêndio do Reichstag é um exemplo clássico).

Em relação à espetacularização no regime nazista, aquela foi elevada a um patamar sofisticado: de manifestações públicas grandiosas e ritualizadas, com formações militares precisas, saudações, cantos, uniformes e simbologias específicas, à estética militarizada que destacava presença visual do Estado em uniformes da SS, nos carros oficiais e nos prédios públicos.

Hitler transformava decisões governamentais em momentos teatrais, frequentemente com anúncios dramatizados em eventos públicos. Destaque ainda para ouso da suástica e outras simbologias, redesenhadas e amplificadas para criar impacto visual máximo. O Ministério da Propaganda, oficialmente "Ministério do Reich para Esclarecimento Público e Propaganda", sob comando de Joseph Goebbels, foi o primeiro ministério dedicado exclusivamente à comunicação governamental na história moderna. Suas principais inovações incluíram ações na rádio, cinema, artes, literatura, imprensa, dentre outros meios que impuseram uma narrativa nacional única, eliminando sistematicamente vozes discordantes.

O legado dessas práticas foi tão profundo que grande parte dos estudos acadêmicos modernos sobre propaganda política, comunicação de massa e manipulação da opinião pública tem suas raízes na análise das técnicas nazistas. O caso do Terceiro Reich demonstra o potencial extremamente destrutivo do sensacionalismo e da espetacularização quando aplicado de forma sistemática na comunicação estatal.

Estas práticas representam a antítese absoluta do princípio da sobriedade administrativa, pois substituíram completamente a verdade, a racionalidade e o interesse público por considerações de eficácia propagandística e controle social.

A propósito, dizia Joseph Goebbels, Ministro da Propaganda da Alemanha Nazista, que "uma mentira repetida mil vezes torna-se verdade". Esta frase está cada dia mais atual, diante da proliferação do uso das *fake news* (notícias falsas). "Como se vê a *fake news* como ferramenta política só ganhou escala e velocidade com as redes sociais e os aplicativos de mensagem. A difícil questão é: como combater a mentira sem agredir a liberdade de expressão?".[180] Atualmente, surge a chamada pós-verdade, que tem total conexão com as culturas do sensacionalismo e da espetacularização:

> O termo composto pós-verdade, destacado como palavra do ano pelo Dicionário Oxford, em 2016, é entendido aqui como acontecimento discursivo e gera controvérsias tanto sobre seu significado quanto sobre os elementos gramaticais que a compõem. Após o contexto do Brexit e das eleições presidenciais nos Estados Unidos, tal dicionário destacou a palavra afirmando que deixara de ser um termo periférico para se tornar um pilar em comentários políticos, tornando-se, assim, um termo com força própria. Na publicação, foi definida como um adjetivo "relacionado a ou denotando circunstâncias nas quais fatos objetivos são menos influentes na formação da opinião pública do que apelos à emoção e à crença pessoal" (Oxford Language, 2016, tradução nossa).[181]

O princípio da sobriedade administrativa se apresenta como importante instrumento para conter as culturas do sensacionalismo e da espetacularização, pois prioriza dados objetivos sobre narrativas emocionais, somente autoriza a divulgação de informações reais, a partir de uma comunicação clara e compreensível, valorizando a efetividade sobre a visibilidade e adotando procedimentos diretos e despidos de elementos cênicos desnecessários.

As culturas do sensacionalismo e da espetacularização representam desvios significativos dos princípios republicanos que deveriam orientar a comunicação e o comportamento da administração pública. Ao priorizar o impacto emocional e a performatividade sobre a informação objetiva e a efetividade substantiva, estas culturas comprometem a relação de confiança entre Estado e cidadãos, além de promoverem distorções na alocação de recursos e no próprio funcionamento institucional.

O princípio da sobriedade administrativa emerge como importante vetor interpretativo e prático para reorientar a comunicação pública e o comportamento institucional. Em um contexto social marcado pela hiperconectividade, pelo excesso de informações e pela estetização generalizada da vida pública, a sobriedade administrativa não constitui

---

[180] PESTANA, Marcus. Notícias falsas e democracia, 01.02.2025. Disponível em: https://www.congressoemfoco.com.br/coluna/105990/noticias-falsas-e-democraciahttps://www.congressoemfoco.com.br/coluna/105990/noticias-falsas-e-democracia. Acesso em: 21 abr. 2025.

[181] MORAES, Maíra. A criação do "mercado da verdade" na era da pós-verdade. *In:* JORGE, Thaís de Mendonça. *Desinformação.* O mal do século. Distorções, inverdades, fake news:a democracia ameaçada. STF, UnB, 2023. p. 148.

mera opção estilística, mas condição necessária para a preservação da racionalidade pública e da integridade comunicacional entre Estado e sociedade.

5.2.5 Culturas do antagonismo e da polarização

Após análise das frentes de luta da sobriedade administrativa no que diz respeito à questão comunicacional, chegou a vez de tratarmos da influência do citado princípio no aspecto relacional da administração pública. Neste sentido, convém ressaltar mais uma vez que a sobriedade exige equilíbrio, ponderação e temperança no tratamento conferido pelo Estado aos cidadãos, evitando, sempre que possível, ações que criem ou intensifiquem tensões e conflitos, ou que gerem ou estimulem divisões.

Nesse contexto, ressalte-se inicialmente a cultura do antagonismo, que pode ser compreendida como um comportamento administrativo que privilegia a oposição, onde gestores e instituições públicas pautam suas condutas primordialmente por aquilo a que se opõem, em vez de por aquilo a que se propõem construir.

Esta cultura se caracteriza pela criação da dinâmica do "nós contra eles", dificultando a cooperação e o diálogo. Em um ambiente político-administrativo marcado pelo antagonismo, levantar muros é considerado muito mais prioritário que construir pontes. Neste contexto, "construir" dar muito mais trabalho que "destruir":

> O processo de construção requer muito esmero e capacidade de diálogo, sempre caminhando pela linha tênue do conflito de interesses, onde é preciso ceder ao ponto de fomentar a construção pleiteada. Os muros políticos inviabilizam todo o processo, não cabe a um plano exitoso o isolamento, isso contraria a lógica política de juntar sempre. O convívio com antagônicos faz parte do processo de construção política, que requer maturidade na construção das pautas que convergem, no sentido de exaltar mais os pontos que unem, do que os que apartam. Em política, é válido ressaltar, que a derradeira raiva é a que fica. A edificação de mais pontes do que muros, nos remete a um processo de construção que deve viabilizar aquilo que une, e não aquilo que divide.[182]

Mas em que consiste o antagonismo? Sua principal noção tem relação direta com a exclusão, onde as diferenças falam mais alto que as identidades:

---

[182] Texto "Em política é preciso construir mais pontes do que muros", de Cristiano Silva, 11 de abril de 2023, no site *O Estado*.

Antagonismo é definido a partir de uma relação de exclusão entre duas formações discursivas. De forma simplificada, podemos afirmar que "A" é o que "B" não é. No entanto antagonismo também é compreendido como constituidor dos discursos. Entendemos então que "A" só é "A" pela negação de "B". Há aqui duas evidências claras: posições antagônicas não compartilham conteúdos comuns e, por isso, não produzem sentidos iguais, e ambas dependem uma da outra para se constituir.[183]

Na cultura do antagonismo, não é privilegiada a abertura de espaços para diálogo e conciliações entre pessoas que têm visões diversas. Ao invés de ser vista como riqueza, a diversidade é encarada como ameaça.

Ademais, a cultura do antagonismo na administração pública se caracteriza pela postura institucional deliberadamente confrontativa e pela adoção sistemática de uma lógica adversarial nas relações intra e interinstitucionais. Trata-se de uma abordagem que entende a gestão pública como um campo de batalha permanente onde instituições, poderes e esferas governamentais se veem como adversários em competição, não como componentes complementares de um sistema integrado. O antagonismo institucionalizado converte desacordos técnicos e divergências legítimas em confrontos existenciais, substituindo a colaboração pela hostilidade como modo operacional padrão.

Por sua vez, a cultura da polarização representa um fenômeno ainda mais profundo e grave, constituindo-se como um processo de concentração de opiniões, perspectivas e práticas administrativas em extremos opostos do espectro político-ideológico. Sua principal característica é o esvaziamento do centro moderado e a consequente redução dos espaços de diálogo e consenso pragmático.

Enquanto a cultura do antagonismo pode existir mesmo sem polarização extrema, manifestando-se como tática política em ambientes relativamente moderados, na cultura da polarização se tem um fenômeno mais estrutural, relacionado à distribuição de posições políticas na sociedade. Acrescente-se que diferentemente do antagonismo, que estabelece uma lógica adversarial entre instituições, a polarização opera principalmente no campo das ideias, valores e concepções de políticas públicas, criando falsas dicotomias e eliminando o espaço para consensos possíveis. Substitui-se o debate técnico avançado pela simplificação binária, muitas questões complexas a escolhas entre extremos artificialmente construídos.

---

[183] FREITAS, Felipe Corral de. A Política como antagonismo: a irredutibilidade do conflito político. *Cad. CRH* 34, 2021.

Na cultura do antagonismo, há a negação sistemática da continuidade Administrativa, com a descontinuidade deliberada de programas exitosos apenas por terem sido iniciados em gestões anteriores; relações institucionais beligerantes, com a recusa sistemática de cooperação interinstitucional por razões político-ideológicas; uso da narrativa de "terra arrasada" para desqualificar heranças administrativa, chegando-se ao ponto de uma infantilização do debate administrativo com simplificações do tipo "bons versus maus".

Por sua vez, na cultura da polarização, as discussões técnicas são enfrentadas em termos ideológicos simplificados, eliminando-se a possibilidade de propostas moderadas do debate público. Há ainda o fenômeno do sequestro temático, que ocorre quando há a apropriação exclusiva de temas e valores por determinados grupos. Isto faz com que haja a caracterização de certas áreas de política pública como territórios exclusivos de uma visão do mundo (como um líder de esquerda não poder defender uma privatização de uma estatal e o da direita não poder levantar a bandeira dos direitos humanos). Rotulações e estereótipos acabam criando amarras ideológicas à administração pública polarizada.

Estas culturas compartilham a visão maniqueísta da realidade social e política, a desvalorização do diálogo e da construção de consensos, a primazia de considerações ideológicas sobre aspectos técnicos e o empobrecimento do debate público sobre políticas de Estado.

Tudo isso gera múltiplos reflexos, como a descontinuidade administrativa exacerbada, políticas públicas como instrumentos de demarcação ideológica, deterioração da capacidade de coordenação interinstitucional, instrumentalização política de órgãos técnicos e a erosão da confiança pública.

Estas culturas contradizem frontalmente o princípio da sobriedade administrativa em vários aspectos. Primeiramente, porque substituem a moderação pelo extremismo. Também deve ser destacado o abandono da prudência e do diálogo, qualidades essenciais para a construção de consensos e decisões públicas acertadas.

O princípio da sobriedade administrativa oferece caminhos para contrapor-se a estas culturas. Certamente o mais importante é o da tolerância e da institucionalização do diálogo. Destaque-se ainda a promoção da continuidade administrativa, com o estabelecimento de mecanismos que garantam a persistência de políticas públicas bem-sucedidas, independentemente de mudanças governamentais. Por fim, mediante o fortalecimento de instâncias mediadoras, com a valorização de órgãos e procedimentos concebidos para mediar conflitos entre diferentes visões e interesses.

A sobriedade administrativa, com sua ênfase na moderação, equilíbrio e diálogo, ao lembrar que a administração pública não deve ter inimigos, constitui-se assim não apenas como um princípio ético, mas como recurso estratégico fundamental para aquela enfrentar os desafios impostos pelas culturas do antagonismo e da polarização, garantindo que a gestão pública possa cumprir sua missão essencial: servir ao bem comum de forma eficiente e equitativa. Em definitiva, a sobriedade traz à tona algo que está em falta na administração pública contemporânea: o respeito.

5.2.6 Culturas da intimidação e do revanchismo

Uma conclusão que já se pode tirar a esta altura a partir da análise de tantas culturais prejudiciais à administração pública é que elas se entrelaçam, retroalimentando-se umas às outras.

Neste contexto, a título de ilustração, o patrimonialismo conduz ao autoritarismo, e este, por sua vez, produz o ambiente adequado para instalação das culturas da intimidação e do revanchismo. E não dá para negar que estas são cada vez mais reforçadas quando também estão presentes em seu entorno as culturas do antagonismo, da polarização e até mesmo da verticalidade.

Há pouco dissemos que a administração pública não deve ter inimigos. Isto está no plano do dever ser. Todavia, na realidade, não raramente gestores e entidades públicas declaram guerra a determinadas pessoas, físicas e jurídicas, seja mediante intimidações, ou até mesmo pelo uso de práticas revanchistas.

A cultura da intimidação se caracteriza pelo uso sistemático de ameaças, pressões e coações pela Administração Pública para obter conformidade dos administrados. Estas práticas decorrem do uso abusivo do poder e da autoridade pública para gerar medo.

Em um ambiente de intimidação, questionamentos, críticas e debates abertos não são bem-vindos. Ao contrário, aqueles que manifestarem alguma discordância, ainda que no campo das ideias, terão que se indispor com gestores prepotentes e autoritários que confundem liderança com imposição. Em muitos casos, é comum a intimidação envolver situações de assédio moral institucionalizado.

Por sua vez, na cultura do revanchismo, não há apenas pressões e ameaças, mas também retaliações contra servidores, administrados ou grupos que contrariarem interesses daqueles que ocupam posições de poder. Gestores públicos tomaram decisões não com a mente, mas com o fígado, movidos por desavenças pessoais ou institucionais, que são levadas as mais graves consequências, em um verdadeiro acerto de contas, que nada tem de republicano. A propósito, no clássico *Raízes do Brasil*, Sérgio Buarque de Holanda ressalta a figura do homem cordial, referência que faz ao brasileiro. Cordial não é aquele que atua com bondade, mas com o coração, do qual provêm emoções diversas, algumas relacionadas ao bem e outras tantas ao mal:

> Já se disse, numa expressão feliz, que a contribuição brasileira para a civilização será a cordialidade – daremos ao mundo o "homem cordial". A lhaneza no trato, a hospitalidade, a generosidade, virtudes tão gabadas por estrangeiros que nos visitam, representam, com efeito, um traço definido no caráter do brasileiro, na medida, ao menos, em que permanece ativa e fecunda a influência ancestral dos padrões de convívio humano, informados no meio rural e patriarcal. Seria engano supor que essas virtudes possam significar "boas maneiras", civilidade. São antes de tudo expressões legítimas de um fundo emotivo extremamente rico e transbordante.[184]

Assim, o agente público revanchista, quando tem seu orgulho (leia-se vaidade) ferido, passa a utilizar os recursos públicos e estrutura administrativa para realizar perseguições. Isto gera a deterioração do clima organizacional e da saúde mental dos servidores e dos administrados, a autocensura e o conformismo excessivo que prejudicam a inovação, a redução da produtividade devido ao estresse constante, a perda de talentos pela evasão de servidores qualificados que não preferem se afastar da fonte do problema ou que são desligados do serviço público por decisões arbitrárias, e, o que provavelmente é o mais grave, decisões técnicas comprometidas pelo medo de contrariar superiores.

Não apenas servidores e administrados são vítimas das práticas revanchistas. Há muitos casos em que gestores anteriores serão os alvos preferidos. Isto acontece a partir de ação mesquinha que estabelece uma memória institucional seletiva, que se instrumentaliza a partir da reescrita da história institucional para minimizar ou eliminar contribuições de gestões anteriores, renomeação de programas e projetos

---

[184] HOLANDA, Sérgio Buarque. *Raízes do Brasil*. 26. ed. São Paulo: Companhia das Letras, 1995. p. 147.

bem-sucedidos apenas para desassociá-los de seus criadores originais e omissão deliberada de menções a conquistas de gestões passadas em relatórios e comunicações oficiais.

Entre as culturas da intimidação e do revanchismo, existem alguns pontos comuns, dentre os quais se destacam o desvio de finalidade da função pública, que é instrumentalizada para o alcance de fins particulares, a personalização da administração pública e prejuízos à eficiência administrativa.

Por sua vez, entre os pontos distintivos, podemos ressaltar que enquanto a motivação da intimidação é o controle e submissão futura; o revanchismo busca vingança por situações anteriores. Quanto aos destinatários (alvos), a intimidação pode ser generalizada; o revanchismo costuma ter alvos específicos. Por fim, quanto à manifestação, a intimidação é frequentemente explícita; o revanchismo pode ser velado, disfarçado de decisões técnicas (como uma remoção de ofício de um servidor que está "incomodando" o gestor, como forma de neutralizar sua influência, mas no ato administrativo constará que é para atender as necessidades do serviço público).

As culturas da intimidação e do revanchismo ofendem a sobriedade administrativa por subordinarem o interesse público a interesses pessoais ou de grupos, que, via ações administrativas, dão azo a práticas odiosas que comprometem a racionalidade e objetividade das decisões administrativas. A sobriedade também fica comprometida porque os atos em questão desviam recursos e energia institucional para dinâmicas improdutivas, contaminam a imparcialidade necessária ao serviço público e promoverem um ambiente hostil à transparência.

Assim, considerando que as culturas de intimidação e revanchismo se manifestam concretamente no cotidiano administrativo brasileiro, comprometendo a impessoalidade, a eficiência e a continuidade das políticas públicas, somente a partir da aplicação do princípio da sobriedade administrativa, o que demanda o enfrentamento corajoso destas práticas mesquinhas, poderão ser reduzidos os vieses ameaçador e retaliador da administração pública, abrindo-se caminho para a pacificação.

5.2.7 Culturas do luxo e do lixo

A sobriedade em sentido vulgar muitas vezes é associada à austeridade, e, em alguns contextos, de forma equivocada, à pobreza. Todavia, é importante ressaltar mais uma vez que a sobriedade exige equilíbrio, e que, no âmbito administrativo, isto significa o combate aos excessos. Neste sentido, tanto o luxo, como o lixo devem ser evitados pela administração pública.

A cultura do luxo na administração pública se caracteriza pela aquisição e utilização de bens, serviços e estruturas desnecessariamente caros, sofisticados ou ostensivos, e que representam um desvio da finalidade administrativa, pois prioriza a aparência, o status ou o conforto excessivo em detrimento da eficiência e economicidade que devem orientar os gastos públicos.

Por sua vez, a cultura do lixo se manifesta pela opção sistemática por soluções, estruturas e serviços de qualidade insuficiente ou inadequada, guiados exclusivamente pelo menor preço sem considerar a durabilidade, eficácia ou adequação ao fim público pretendido.

Se a cultura do luxo tem uma profunda relação com as culturas da ostentação, do consumismo, da vaidade, do patrimonialismo e da espetacularização, a cultura do lixo é muito íntima das culturas da mediocridade, da precariedade, do imediatismo e do improviso.

Se a cultura do luxo viola a sobriedade quando conduz a administração pública a gastar com o supérfluo, a cultura do lixo se equivoca por valorizar uma falsa economia. Nos dois casos, geram desperdício de recursos públicos: no primeiro, porque não se precisava gastar tanto naquele momento da aquisição, no segundo porque se terá que gastar mais no futuro, devido à necessidade de substituições frequentes, manutenções constantes ou pela própria ineficiência operacional.

Vê-se, portanto, que a sobriedade administrativa se posiciona como o ponto de equilíbrio entre estes dois extremos nocivos. Ela tanto repele o luxo por reconhecer que recursos públicos são escassos e devem ser aplicados com razoabilidade, proporcionalidade e parcimônia, como rejeita o lixo por compreender que a eficiência administrativa demanda ferramentas e estruturas adequadas e duráveis.

Na lei de licitações e contratos administrativos, no art. 11, inciso III, estão consignados como objetivos do processo licitatório "evitar contratações com sobrepreço ou com preços manifestamente inexequíveis e superfaturamento na execução dos contratos", e o art. 59, inciso III, determina que serão desclassificadas as propostas que "apresentarem preços inexequíveis ou permanecerem acima do orçamento estimado para a contratação". Busca-se, assim, a otimização da relação entre custo e benefício nas contratações públicas.

A sobriedade quando se relaciona com a questão do gasto público se orienta por dois valores: o da funcionalidade real e não pela aparência ou status, e o da responsabilidade para com os recursos públicos.

Dentre os vários exemplos que a administração pública brasileira apresenta no tocante à cultura do luxo, podem ser citadas as despesas com bens duráveis (como mobiliário, decoração (como obras de arte) e veículos oficiais de alto padrão), ou com a realização de gastos com cerimônias institucionais com buffets sofisticados e atrações culturais dispendiosas, viagens oficiais ao exterior[185]em primeira classe, com hospedagem em hotéis de categoria superior à necessária, brindes institucionais de marcas prestigiadas sem justificativa funcional.[186] Também podem ser mencionadas as aquisições de dispositivos tecnológicos de última geração para funções básicas que não demandam tal potencial, como celulares,[187] tablets e notebooks.

Ressalte-se que a Lei nº 14.133/2021 passou a determinar que "Art. 20. Os itens de consumo adquiridos para suprir as demandas das estruturas da Administração Pública deverão ser de qualidade comum, não superior à necessária para cumprir as finalidades às quais se destinam, vedada a aquisição de artigos de luxo". Na regulamentação, o art. 2º do Decreto 10.818/21 previu que bem de luxo é "bem de consumo com alta elasticidade-renda da demanda, identificável por meio de características tais como: a) ostentação; b) opulência; c) forte apelo estético; ou d) requinte" (art. 2º).

Enquanto isto, a cultura do lixo também produz as suas pérolas: construção de equipamentos públicos com instalações físicas inadequadas que comprometem a saúde e a segurança dos servidores, manutenção predial insuficiente gerando deterioração acelerada e custos maiores a longo prazo, mobiliário de baixa qualidade que precisa ser substituído frequentemente e aquisição de materiais de consumo de qualidade inferior que prejudicam o desempenho das funções administrativas.

Todavia, uma questão que não pode ser esquecida diz respeito à qualidade dos serviços públicos prestados no Brasil. "O índice que avalia a prestação de serviço à população, incluindo educação, saúde, saneamento, transporte, eletricidade, internet e outros, classifica o Brasil na 124ª colocação, em um total de 177 países considerados".[188]

---

[185] Vide "Câmara banca farra de deputados no exterior", publicada no site Folha PE, em 06.05.2024.

[186] Vide "STF gasta R$ 38,4 mil com gravatas personalizadas que serão dadas de presente por ministros", publicada no site UOL em 10.02.2025.

[187] Vide "CNJ suspende compra de 50 celulares iPhone 16 para desembargadores do Tribunal de Justiça do MA", publicada no site G1 em 12.03.2025.

[188] Vide "Brasil tem menos funcionários públicos que EUA, Europa e vizinhos e presta serviço de pior qualidade, mostra estudo", publicada no site CNN, em 05.08.2023.

O princípio da sobriedade administrativa se propõe a combater as culturas do luxo e do lixo, seja a partir da criação de normas jurídicas que estabeleçam parâmetros objetivos de qualidade e preço para aquisições públicas, regulamentem padrões de durabilidade mínima para bens permanentes, implementem análises obrigatórias de ciclo de vida dos produtos nas licitações e vedem aquisições desnecessárias que só são realizadas por razões de ostentação.

Todavia, ainda mais importantes são as medidas culturais que valorizem a simplicidade funcional e a sobriedade qualitativa, desnaturalizando o luxo como símbolo de autoridade na administração pública, mas também combatendo a visão de que o mínimo esforço ou o mínimo gasto são necessariamente positivos.

A sobriedade administrativa constitui o caminho do meio entre a cultura do luxo e a cultura do lixo. Ela busca o equilíbrio entre qualidade e custo, adequação e simplicidade, durabilidade e economicidade.

Ao repelir tanto o desnecessariamente caro quanto o prejudicialmente barato, a administração pública pode alcançar a excelência no uso responsável dos recursos públicos, atendendo ao princípio constitucional da eficiência sem comprometer os demais valores que devem nortear a função administrativa.

5.2.8 Cultura da assimetria administrativa

Se a palavra-chave da sobriedade na administração pública é equilíbrio, não poderíamos deixar de abordar a cultura da assimetria administrativa, que se caracteriza pelo desequilíbrio estrutural na organização do Estado, manifestando-se simultaneamente em dois fenômenos aparentemente contraditórios: o superdimensionamento de determinadas estruturas burocráticas e o subdimensionamento de setores essenciais ao atendimento direto ao cidadão.

Este desbalanceamento revela uma distorção das prioridades administrativas, onde a máquina pública se expande onde não deveria e se contrai onde seria mais necessária sua robustez.

Em relação ao superdimensionamento, constata-se com frequência a multiplicação excessiva de cargos comissionados em áreas-meio, nos Poderes Legislativo, Judiciário, Ministério Público, Tribunal de Contas. Pela prática do empreguismo e do nepotismo, muitos servidores acabam ficando ociosos.

Também se de verifica a previsão de órgãos (inclusive de controle) com sobreposição de competências, estruturas hierárquicas desnecessariamente complexas (como já vimos na análise das culturas da burocracia excessiva e da complexidade) e a proliferação de órgãos colegiados apenas por seu valor simbólico, mas sem efetividade prática.

Por outro lado, no tocante ao subdimensionamento, é lugar comum encontrar um quadro de carência crônica de servidores nas linhas de frente do serviço público, que são as áreas sociais. Ademais, muitos órgãos que prestam atendimento direto aos cidadãos têm uma infraestrutura precária.

Outra situação alarmante é que muitos servidores em áreas finalísticas acabam sendo sobrecarregados, como acontece com profissionais da saúde e da educação. As condições de trabalho também são inadequadas, com uma limitação severa de recursos financeiros, materiais e tecnológicos. Se nos órgãos superdimensionados e bem aquinhoados sobram recursos, nos subdimensionados sobram problemas.

Estas culturas acabam gerando o distanciamento entre a administração pública e as necessidades reais da população, a ineficiência na prestação de serviços públicos essenciais, a desmotivação dos servidores alocados em áreas subdimensionadas, custos administrativos desproporcionais aos resultados entregues e o desperdício de recursos públicos em estruturas que não entregam o que poderiam.

Vale ainda registrar que, dentro da mesma entidade pública, passam a coexistir órgãos tratados com grande prestígio e outros que são totalmente esquecidos pelas autoridades que comandam a Administração Pública. Este contraste tende a aumentar, gerando uma procura maior pelos postos de trabalho nos órgãos de melhor estrutura e com maiores remunerações, e a fuga dos melhores profissionais daqueles órgãos que são esquecidos.

A sobriedade administrativa, enquanto princípio orientador da gestão pública, opõe-se frontalmente à cultura da assimetria. Ela busca o equilíbrio racional entre os meios administrativos e os fins públicos, rejeitando tanto o inchaço desnecessário quanto a escassez prejudicial.

Ao promover a adequação estrutural às necessidades reais do serviço público, a sobriedade reorienta a administração para sua verdadeira finalidade: servir ao cidadão com eficiência, qualidade e dignidade.

A superação da cultura da assimetria demanda não apenas reformas estruturais, mas uma profunda mudança na concepção do papel do Estado e de sua organização. A valorização de órgãos públicos pressupõe, em primeiro lugar, a valorização de carreiras públicas e de seus integrantes.

Trata-se de estabelecer um novo paradigma administrativo onde o tamanho e a configuração da máquina pública sejam determinados não por interesses corporativos ou políticos, mas pela natureza e volume das demandas sociais a serem atendidas, sempre com racionalidade e proporcionalidade.

CAPÍTULO 6

SUSTENTABILIDADE ADMINISTRATIVA

6.1 Conteúdo(s) do princípio da sustentabilidade administrativa

A adoção da simplicidade, da humildade e da sobriedade administrativas permite que a administração pública possa conjugar, respectivamente, três verbos: facilitar, servir e equilibrar.

A essas exigências, deve ser somada a sustentabilidade, o valor que impõe a preocupação com o futuro e com as futuras gerações, que se preocupa não só com as conquistas sociais, mas com sua manutenção e aperfeiçoamento, que privilegia a qualidade administrativa, que se mede a partir da real solução dos problemas que afetam as pessoas.

Mas qual verbo passaria a ser conjugado a partir da adoção da sustentabilidade? A escolha de um verbo que sintetize a essência da sustentabilidade administrativa não é uma tarefa simples. Na verdade, o problema é escolher apenas um verbo. Poderíamos optar por "perdurar", que enfatizaria a continuidade e a capacidade de se manter ao longo do tempo, destacando a dimensão temporal da sustentabilidade administrativa; "preservar", que ressaltaria o aspecto de conservação de recursos, conquistas e capacidades para as gerações futuras; "prosperar", que sugeriria não apenas a manutenção, mas o desenvolvimento contínuo e a melhoria progressiva das instituições e serviços públicos.

E a lista segue: a escolha por "harmonizar" destacaria a necessidade de equilibrar interesses presentes e futuros, assim como as diferentes dimensões da sustentabilidade, "perpetuar" enfatizaria a transmissão intergeracional dos benefícios da boa administração pública. Outras opções relevantes seriam "transformar", pois destacaria o caráter dinâmico da sustentabilidade, que não se limita a conservar, mas também a reinventar de forma responsável; "integrar", que ressaltaria a necessidade de considerar simultaneamente aspectos ambientais, sociais, econômicos e institucionais; "renovar", que apontaria para a capacidade de regeneração contínua sem esgotamento de recursos ou energias; "desenvolver", que destacaria a necessidade de aperfeiçoamento das ações estatais para melhorar as condições de vida das pessoas, e, por fim, "responsabilizar", que destacaria o aspecto ético da sustentabilidade como compromisso com o futuro. Deixo ao leitor a escolha de um único verbo que possa condensar a riqueza das ideias que giram em torno da sustentabilidade administrativa.

A sustentabilidade administrativa emerge no cenário jurídico contemporâneo como um princípio fundamental que transcende a mera preocupação ambiental para constituir um paradigma orientador da atuação estatal em suas múltiplas dimensões. A sustentabilidade administrativa pode ser conceituada como o princípio que determina a adoção de práticas, procedimentos e políticas na administração pública que assegurem a continuidade, efetividade e aprimoramento dos serviços e funções estatais ao longo do tempo, garantindo o atendimento das necessidades presentes sem comprometer a capacidade de satisfação das demandas futuras.

Este princípio se fundamenta em uma visão prospectiva e intergeracional da atuação administrativa, exigindo que as decisões e ações governamentais considerem seus impactos a curto, médio e longo prazos em diferentes esferas da realidade social, econômica, ambiental, cultural e institucional.

A sustentabilidade administrativa implica, essencialmente, na responsabilidade do Estado em assegurar que sua atuação seja duradoura (capaz de produzir resultados que persistam ao longo do tempo), adaptável (flexível o suficiente para responder a mudanças de contexto), integrada (articulada entre diferentes setores e níveis de governo), intergeracional (respeitosa com os direitos das gerações futuras) e efetiva (orientada para a solução real dos problemas públicos). Na concepção de Juarez Freitas, o princípio da sustentabilidade é:

> Princípio constitucional que determina, com eficácia direta e imediata, a responsabilidade do Estado e da sociedade pela concretização solidária do desenvolvimento material e imaterial, socialmente inclusivo, durável e equânime, ambientalmente limpo, inovador, ético e eficiente, no intuído de assegurar, preferencialmente de modo preventivo e precavido, no presente e no futuro, o direito ao bem-estar.[189]

---

[189] FREITAS, Juarez. *Sustentabilidade*: direito ao futuro. 4. ed. Belo Horizonte: Fórum, 2019. p. 45.

Por sua vez, a professora Vanice do Valle nos lembra a origem da associação da sustentabilidade ao desenvolvimento:

> A associação entre o termo sustentabilidade e desenvolvimento se dá pela primeira vez, por intermédio do chamado Informe Brundtland - "Our Common Future", Report of the World Commission on Environment and Development: Our Common Future —, que em 1987 denunciava as preocupações atinentes à imperiosidade de se promover uma conciliação entre crescimento econômico e políticas que possam preservar e mesmo ampliar os recursos naturais em nosso planeta. Desenvolvimento sustentável é aquele que atende às necessidades do presente, sem com prometer a habilidade das futuras gerações de satisfazer às suas próprias precisões; de outro lado, o reconhecimento pelos Estados de sua própria responsabilidade em garantir um meio ambiente adequado em favor das gerações presentes e futuras é um importante passo no rumo desse mesmo objetivo.[190]

No campo jurídico amplo, a sustentabilidade evoluiu de um conceito primordialmente ambiental para um princípio jurídico multi-dimensional. Esta evolução pode ser observada em documentos internacionais seminais como o Relatório Brundtland (1987), a Declaração do Rio (1992) e, mais recentemente, na Agenda 2030 da ONU com seus Objetivos de Desenvolvimento Sustentável. Sobre esta:

> Declaração
> Introdução
> 1. Nós, chefes de Estado e de Governo e altos representantes, reunidos na sede das Nações Unidas em Nova York de 25 a 27 de setembro de 2015 no momento em que a Organização comemora seu septuagésimo aniversário, decidimos hoje sobre os novos Objetivos de Desenvolvimento Sustentável globais.
> 2. Em nome dos povos que servimos, nós adotamos uma decisão histórica sobre um conjunto de Objetivos e metas universais e transformadoras que é abrangente, de longo alcance e centrado nas pessoas. Comprometemo-nos a trabalhar incansavelmente para a plena implementação desta Agenda em 2030. Reconhecemos que a erradicação da pobreza em todas as suas formas e dimensões, incluindo a pobreza extrema, é o maior desafio global e um requisito indispensável para o desenvolvimento sustentável. Estamos empenhados em alcançar o desenvolvimento sustentável nas suas três dimensões – econômica, social e ambiental – de forma equilibrada e integrada. Também vamos

---

[190] VALLE, Vanice Regina Lírio do. Sustentabilidade das escolhas públicas: dignidade da pessoa trazida pelo planejamento público. A&C – *Revista de Direito Administrativo & Constitucional*, Belo Horizonte, ano 11, n. 45, p. 127-149, jul./set. 2011.

dar continuidade às conquistas dos Objetivos de Desenvolvimento do Milênio e buscar atingir suas metas inacabadas.

3. Nós resolvemos, entre agora e 2030, acabar com a pobreza e a fome em todos os lugares; combater as desigualdades dentro e entre os países; construir sociedades pacíficas, justas e inclusivas; proteger os direitos humanos e promover a igualdade de gênero e o empoderamento das mulheres e meninas; e assegurar a proteção duradoura do planeta e seus recursos naturais. Resolvemos também criar condições para um crescimento sustentável, inclusivo e economicamente sustentado, prosperidade compartilhada e trabalho decente para todos, tendo em conta os diferentes níveis de desenvolvimento e capacidades nacionais.

4. Ao embarcarmos nesta grande jornada coletiva, comprometemo-nos que ninguém será deixado para trás. Reconhecendo a dignidade da pessoa humana como fundamental, queremos ver os Objetivos e metas cumpridos para todas as nações e povos e para todos os segmentos da sociedade. E faremos o possível para alcançar, em primeiro lugar, aqueles que ficaram mais para trás.

5. Esta é uma Agenda de alcance e significado sem precedentes. Ela é aceito por todos os países e é aplicável a todos, levando em conta diferentes realidades nacionais, capacidades e níveis de desenvolvimento e respeitando as políticas e prioridades nacionais. Estes são objetivos e metas universais que envolvem todo o mundo, igualmente os países desenvolvidos e os em desenvolvimento. Eles são integrados e indivisíveis, e equilibram as três dimensões do desenvolvimento sustentável.

6. Os Objetivos e metas são o resultado de mais de dois anos de consulta pública intensiva e envolvimento junto à sociedade civil e outras partes interessadas em todo o mundo, prestando uma atenção especial às vozes dos mais pobres e mais vulneráveis. Esta consulta incluiu o valioso trabalho realizado pelo Grupo de Trabalho Aberto sobre Objetivos de Desenvolvimento Sustentável da Assembleia Geral e pelas Nações Unidas, cujo secretário-geral apresentou um relatório síntese em dezembro de 2014.[191]

No ordenamento jurídico brasileiro, a sustentabilidade permeia diversos ramos do Direito: do Constitucional, como princípio implícito derivado da proteção intergeracional, ao Ambiental, como princípio estruturante da proteção ecológica; do Econômico, como diretriz do desenvolvimento sustentável, ao Urbanístico, como orientador da política urbana sustentável; do Financeiro, como norteador da responsabilidade fiscal, ao do Consumidor, como fundamento da

---

[191] Agenda 2030 para o Desenvolvimento Sustentável. Organização das Nações Unidas (ONU), 15 de setembro de 2015.

proteção das relações de consumo duradouras e Previdenciário, como base da sustentabilidade do sistema de previdência. Esta inserção da sustentabilidade nos diversos campos jurídicos evidencia seu caráter transversal e sua consolidação como um metaprincípio que orienta a interpretação e aplicação do Direito como um todo.

No âmbito específico do Direito Administrativo, a sustentabilidade adquire contornos peculiares, transformando-se em um princípio que impõe à administração pública o dever de atuar de forma equilibrada, responsável e prospectiva. Ela se materializa como sustentabilidade administrativa, orientando tanto a estruturação dos órgãos e entidades públicas quanto o exercício da função administrativa.

> adotando o Poder Público, efetivamente, o paradigma da sustentabilidade (que é, também, imperativo constitucional, conforme visto), em relação à Administração Público e ao Direito Administrativo, surgem também novos reflexos e mudanças significativas, podendo-se cogitar, inclusive, de um novo Direito Administrativo, qual seja, o Direito Administrativo Sustentável, que aplica e conjuga o princípio da sustentabilidade com os demais princípios inerentes a tal ramo do direito, fazendo com que o desenvolvimento seja aquele apto a produzir o bem estar duradouro, individual e coletivo, sob pena, inclusive, de desvio de finalidade do ato administrativo.[192]

O princípio da sustentabilidade administrativa estabelece um novo paradigma para a gestão pública, exigindo que a atuação da Administração Pública seja permanentemente avaliada quanto à sua capacidade de produzir resultados duradouros, utilizar recursos de forma responsável, promover equidade intergeracional, fortalecer instituições resilientes, garantir a continuidade dos serviços públicos, promover inclusão social e participação cidadã e preservar o patrimônio público em suas múltiplas dimensões.

A sustentabilidade administrativa representa uma evolução no próprio conceito de interesse público, que passa a incorporar a dimensão temporal, reconhecendo a existência de interesses públicos presentes e futuros que devem ser igualmente tutelados pela administração.

Embora a Constituição Federal de 1988 não utilize expressamente o termo "sustentabilidade administrativa", este princípio encontra sólido embasamento em diversas disposições constitucionais, como o

---

[192] BRÜNING, Rafael. Reflexos do princípio da sustentabilidade no Direito Administrativo. Texto publicado no site do Tribunal Regional Eleitoral de Santa Catarina, jan./jun. 2015.

art. 3º, II e IV, que define como objetivos fundamentais da República garantir o desenvolvimento nacional e promover o bem de todos, sem preconceitos ou discriminações; o art. 37, caput, que Consagra os princípios da eficiência, moralidade e impessoalidade, que se correlacionam com a ideia de sustentabilidade administrativa; o art. 170, VI, que inclui a defesa do meio ambiente como princípio da ordem econômica; o art. 174, que atribui ao Estado o papel de agente normativo e regulador da atividade econômica; os arts. 182 e 183, que estabelecem diretrizes para a política urbana sustentável; os arts. 216 e 216-A, que dispõem sobre a proteção do patrimônio cultural brasileiro e instituem o Sistema Nacional de Cultura; e o art. 225, que estabelece o direito ao meio ambiente ecologicamente equilibrado, impondo ao poder público e à coletividade o dever de defendê-lo e preservá-lo para as presentes e futuras gerações. A interpretação sistemática destes dispositivos revela o compromisso constitucional com a sustentabilidade em suas múltiplas dimensões, fundamentando o princípio da sustentabilidade administrativa.

No plano infraconstitucional, diversos diplomas normativos contribuem para a densificação do princípio da sustentabilidade administrativa. A Lei de Responsabilidade Fiscal (LC nº 101/2000) estabelece normas de finanças públicas voltadas para a responsabilidade na gestão fiscal, com ênfase no equilíbrio das contas públicas e na preservação do patrimônio público; a Lei de Licitações e Contratos (Lei nº 14.133/2021) incorpora expressamente o desenvolvimento nacional sustentável como objetivo das licitações e contratações públicas (art. 5º); a Lei da Política Nacional do Meio Ambiente (Lei nº 6.938/1981) estabelece a preservação, melhoria e recuperação da qualidade ambiental, incluindo a ação governamental; o Estatuto da Cidade (Lei nº 10.257/2001) define diretrizes gerais da política urbana, incluindo a garantia do direito a cidades sustentáveis; a Lei de Acesso à Informação (Lei nº 12.527/2011) promove a transparência pública, essencial para a sustentabilidade institucional; e o Código de Defesa do Usuário do Serviço Público (Lei nº 13.460/2017) fixa parâmetros de qualidade e efetividade na prestação de serviços públicos. Este arcabouço normativo, interpretado de forma sistemática e teleológica, confere densidade normativa ao princípio da sustentabilidade administrativa, orientando concretamente a atuação da administração pública.

Andreas Krell destaca que o desenvolvimento sustentável representa, portanto, "um autêntico princípio da ordem constitucional brasileira, no sentido de que as normas da legislação ordinária de todos os níveis federativos devam ser interpretadas de acordo com sua axiologia, especialmente as que tratam de assuntos ligados à proteção ambiental e ao desenvolvimento urbano".[193]

A doutrina jurídica contemporânea reconhece a multidimensionalidade da sustentabilidade administrativa, que se manifesta em diferentes aspectos complementares. Embora a Agenda 2030 da ONU faça referência às dimensões ambiental, social e econômica, a doutrina brasileira cita ainda outras dimensões, como a ético-política, a jurídico-institucional, a cultural e a tecnológica.

A dimensão ambiental, certamente a mais lembrada, determina a incorporação de critérios ecológicos nas decisões administrativas, a minimização dos impactos ambientais das atividades estatais e a promoção de políticas que assegurem a proteção dos recursos naturais. Manifesta-se em obras públicas sustentáveis, compras públicas verdes, gestão adequada de resíduos, eficiência energética em prédios públicos e preservação de áreas verdes.

A dimensão econômico-financeira se refere-se à gestão responsável dos recursos financeiros, à estabilidade fiscal e à eficiência alocativa que assegure a viabilidade econômica das políticas públicas ao longo do tempo. Engloba temas como o equilíbrio orçamentário intergeracional, a avaliação de custo-benefício e retorno social, o planejamento financeiro de longo prazo, a transparência fiscal e o combate ao desperdício de recursos

Por sua vez, a dimensão social implica na promoção da equidade, inclusão social e bem-estar coletivo como objetivos da atuação administrativa, assegurando que os benefícios das políticas públicas alcancem a população de forma justa e duradoura. Abrange demandas como o acesso universal a serviços públicos de qualidade, políticas de inclusão e acessibilidade, promoção da diversidade no serviço público, participação social nas decisões administrativas e proteção aos grupos vulneráveis.

A dimensão ético-política da sustentabilidade se relaciona à integridade, transparência e legitimidade democrática da administração pública, bem como à sua capacidade de promover valores republicanos e democráticos. Contempla exigências como o combate à corrupção e promoção da integridade, o fortalecimento dos mecanismos de controle social, a responsabilização de agentes públicos, a promoção da cultura ética no serviço público e a transparência ativa e incentivo à participação cidadã.

---

[193] KRELL, Andreas J. *Desenvolvimento sustentável às avessas nas praias de Maceió/AL*: a liberação de "espigões" pelo novo código de urbanismo e edificações. Maceió: EDUFAL, 2008. p. 37.

A dimensão jurídico-institucional impõe que haja consideração com questões como a estabilidade, coerência e efetividade do ordenamento jurídico-administrativo e a construção de instituições fortes e adaptáveis. Por estas razões, reivindica segurança jurídica nas relações administrativas, desenvolvimento institucional planejado, gestão do conhecimento e memória institucional, simplificação normativa e redução da complexidade, e cooperação interinstitucional e federativa.

Na dimensão cultural, busca-se a preservação e promoção da diversidade cultural, da identidade e memória coletivas e dos valores civilizatórios que constituem o patrimônio imaterial da sociedade. Abrange a preservação do patrimônio histórico-cultural, a promoção da diversidade cultural, incentivo às manifestações artísticas e culturais, valorização das tradições e saberes locais e educação e cidadania cultural.

Por fim, a dimensão tecnológica se relaciona à inovação, modernização e apropriação de tecnologias que potencializem a eficiência administrativa sem gerar dependências tecnológicas insustentáveis. Contempla temáticas que estão na ordem do dia, como a transformação digital inclusiva, o uso sustentável da inteligência artificial, o desenvolvimento de soluções tecnológicas abertas, a segurança e soberania digital, a acessibilidade tecnológica e a proteção de dados.

Estas dimensões interagem de forma dinâmica e interdependente, demandando uma abordagem holística e integrada da sustentabilidade administrativa, em que cada aspecto reforça e complementa os demais na busca por uma administração pública efetivamente sustentável. Outra constatação é que a sustentabilidade será atendida em maior grau a partir da aplicação cada vez mais intensa dos outros princípios abordados neste trabalho: a simplicidade, a humildade e a sobriedade administrativas.

Ademais, a sustentabilidade administrativa vem aos poucos se consolidando como princípio estruturante do Direito Administrativo contemporâneo, impondo uma reorientação paradigmática na concepção e operacionalização da função administrativa.

As perspectivas de desenvolvimento da sustentabilidade administrativa apontam para sua crescente relevância na conformação de um novo modelo de administração pública, caracterizado pela responsabilidade intergeracional, pela qualidade das prestações estatais e pela efetiva solução dos problemas que afetam a sociedade.

Em um contexto de crises múltiplas e complexidade crescente, a sustentabilidade administrativa emerge não apenas como imperativo jurídico, mas como condição existencial para a preservação da própria capacidade estatal de responder aos desafios contemporâneos e futuros, consolidando-se como princípio indispensável para a construção de uma administração pública justa, eficiente e duradoura.

6.2 As frentes de luta do princípio da sustentabilidade administrativa

A sustentabilidade administrativa representa um dos pilares fundamentais para as instituições públicas que buscam longevidade e impacto positivo. Diferentemente da visão restrita à questão ambiental, a sustentabilidade na administração pública engloba práticas que garantem a saúde organizacional a longo prazo, considerando aspectos sociais, econômicos, ambientais e institucionais.

Todavia, apesar do princípio da sustentabilidade administrativa parecer ser a panaceia que resolverá todos os problemas da função estatal mais próxima da cidadania, para alcançarmos sua concretização, há uma difícil missão: é necessário enfrentar de forma incessante e obstinada culturas enraizadas que atuam como obstáculos ao desenvolvimento sustentável no âmbito estatal.

A primeira destas culturas é a do imediatismo, que privilegia resultados de curto prazo em detrimento do planejamento estratégico de longo alcance. Caracteriza-se pela pressão constante por entregas rápidas, mudanças frequentes de direção e abandono de projetos antes de seu amadurecimento. Esta atitude gera ciclos viciosos em que iniciativas são constantemente iniciadas e descontinuadas, impedindo a sedimentação de práticas sustentáveis. A propósito, há de ser enfrentada a cultura da descontinuidade administrativa, especialmente após transições políticas, onde comumente se desperdiça recursos e conhecimento acumulado e se compromete a confiança das partes interessadas, tornando-se um dos maiores entraves à sustentabilidade organizacional.

As culturas do improviso e do amadorismo também são grandes ameaças à sustentabilidade administrativa. O improviso como método de trabalho permanente reflete uma cultura que valoriza apagar incêndios em vez de preveni-los. Embora a capacidade de adaptação seja importante, a improvisação constante indica falhas no planejamento e na previsão de cenários. Esta abordagem amadorística prioriza soluções paliativas que apresentam consequências sistêmicas, desperdiçando recursos e gerando problemas recorrentes. O amadorismo se manifesta na resistência à profissionalização, na versão a metodologias estruturadas e no desprezo pelo conhecimento técnico especializado, comprometendo a qualidade dos processos e resultados organizacionais.

Por sua vez, as culturas da precariedade e da mediocridade também devem ser combatidas de forma enérgica. A normalização da precariedade se manifesta em condições acessíveis de trabalho, infraestrutura deficiente e recursos insuficientes como estado permanente. Esta cultura promove a mediocridade, estabelecendo padrões mínimos de qualidade como aceitáveis e desencorajando a excelência. A combinação de precariedade estrutural com baixas expectativas de desempenho cria um ciclo vicioso de subdesenvolvimento que mina qualquer esforço de sustentabilidade administrativa.

Convém ainda destacar as culturas do negacionismo e da desinformação: no negacionismo institucional, rejeitam-se evidências científicas e dados objetivos quando estes contrariam opiniões alternativas ou interesses de curto prazo. Esta cultura se manifesta na resistência a diagnósticos realistas sobre problemas organizacionais e na promoção deliberada de desinformação para decisões institucionais questionáveis. Organizações dominadas por esta mentalidade tendem a distorcer indicadores, suprimir dados desfavoráveis e criar narrativas alternativas que impeçam a identificação e resolução efetiva de problemas estruturais, impossibilitando a implementação de práticas verdadeiramente sustentadas em evidências.

E como é possível alcançar a sustentabilidade administrativa se não forem anulados os efeitos nocivos das culturas da negligência e do risco? A negligência administrativa é caracterizada pela omissão deliberada diante de riscos conhecidos e pela ausência de mecanismos de prevenção e mitigação de problemas previsíveis. Esta cultura promove uma gestão de riscos deficiente onde ameaças são ignoradas até se transformarem em crises. Paralelamente, desenvolve-se uma sistemática fuga de responsabilidade, onde os fracassos são atribuídos a fatores externos e as decisões arriscadas são tomadas sem considerar suas consequências. A combinação destas práticas cria frágeis, incapazes de responder a desafios complexos e de aprender com experiências passadas.

A cultura do isolacionismo organizacional se manifesta na recusa em estabelecer parcerias, compartilhar conhecimentos ou participar de redes colaborativas. Esta atitude considera toda forma de abertura como ameaça potencial, promovendo silos internos e barreiras à cooperação interinstitucional. Organizações isoladas desperdiçam oportunidades de aprendizagem coletiva, o que limita seu potencial de inovação. Em um mundo cada vez mais interconectado e complexo, o isolamento representa uma barreira significativa à sustentabilidade administrativa, pois impede o acesso a recursos complementares e perspectivas diversas para enfrentar desafios sistêmicos.

Por fim, merecem registros as culturas da desigualdade, da discriminação e da exclusão. Elas se manifestam em práticas discriminatórias e criam ambientes hostis à diversidade. A exclusão sistemática de vozes marginalizadas empobrece a tomada de decisões e limita a capacidade organizacional de atender diferentes públicos. Além do evidente prejuízo ético, as organizações que mantêm essas práticas enfrentam crescentes riscos sociais, riscos jurídicos e dificuldades para prejudicar e reter talentos diversos, comprometendo sua sustentabilidade no longo prazo.

A construção de uma administração pública verdadeiramente sustentável exige o enfrentamento consciente e sistemático destas culturas adversárias. Este processo não exige apenas mudanças em procedimentos e estruturas, mas uma profunda transformação nos valores e opiniões que orientam a gestão estatal. O compromisso com simplicidade, humildade e sobriedade administrativa oferece um contraponto valioso a estas culturas financeiras, abrindo caminho para organizações mais resilientes, éticas e capazes de prosperar em um mundo de crescente complexidade e incerteza.

6.2.1 Culturas do imediatismo e da descontinuidade

Se a sustentabilidade é o direito ao futuro, para as gerações atuais e as vindouras, as primeiras duas culturas que precisam ser enfrentadas são aquelas que não têm qualquer compromisso com o dia de amanhã.

Neste contexto, a cultura do imediatismo na administração pública se caracteriza pela priorização extrema de resultados de curto prazo, negligenciando planejamento estratégico e consequências futuras. Consagra uma mentalidade que valoriza a velocidade em detrimento da consistência, preferindo soluções rápidas e visíveis a abordagens estruturantes que exigem tempo para maturação.

O imediatismo é ainda mais profundo nos tempos atuais, onde as pessoas não querem "perder tempo". Tudo é fugaz e efêmero, surge e desaparece rapidamente: as emoções, as conquistas, as relações. Bauman[194] utilizou a metáfora da "liquidez" para caracterizar a condição pós-moderna em que vivemos, onde as estruturas sociais, instituições e

---

[194] BAUMAN, Zygmunt. *Modernidade Líquida*. Tradução de Plínio Dentzien. Rio de Janeiro: Jorge Zahar, 2001.

relações humanas perderam sua solidez, tornando-se fluidas, instáveis e em constante mutação. Diferentemente da "modernidade sólida" anterior, desenhada por estruturas estruturais e previsíveis, a modernidade líquida se define pela impermanência, fluidez e mudança acelerada.

Na modernidade líquida ocorre uma variação do tempo, onde o "agora" é valorizado acima de tudo. O imediatismo reflete esta atualização temporal, priorizando resultados instantâneos sobre processos. O diagnóstico de Bauman oferece uma importante chave interpretativa para compreender como a cultura do imediatismo não é apenas um problema gerencial, mas um reflexo de transformações sociais mais amplas que afetam todas as instituições contemporâneas. A administração pública sustentável precisa, portanto, desenvolver estratégias para navegar neste contexto de liquidez, criando "ilhas de solidez" que permitem a consecução de objetivos de longo prazo em um ambiente social cada vez mais orientado para o instantâneo.

No âmbito da administração pública, existem alguns fatores que concorrem para a valorização do imediatismo: ciclos políticos curtos, com mandatos de quatro anos criam pressão para apresentar resultados visíveis antes da próxima eleição. E, no caso de ministros e secretários estaduais e municipais, muitas vezes este prazo é bem menor (são meses para mostrar resultados). Isto tudo se agrava com a lógica eleitoral, que faz com que as políticas públicas com resultados imediatos gerem maior retorno político que investimentos estruturantes de longo prazo. Também pode ser citada a pressão midiática, seja via cobertura jornalística ou pelas redes sociais, que bloqueiam respostas instantâneas a problemas complexos. Tudo isto agrava com a cultura da falta de planejamento, que faz com que as instituições públicas tenham capacidade limitada de elaborar e executar planos de longo prazo.

A cultura do imediatismo gera muitos efeitos prejudiciais à administração pública. De políticas públicas superficiais, cujas ações tratam sintomas, não causas, de problemas estruturais, ao desperdício de recursos, com a alocação ineficiente de verbas públicas em iniciativas com visibilidade, mas baixo impacto; de decisões precipitadas, pois não foram precedidas da análise adequada de riscos e consequências; à fragilidade institucional, que é a incapacidade de desenvolver capacidades administrativas rigorosas.

Entre os exemplos de práticas imediatistas na Administração Pública Brasileira, podemos citar as operações "tapa-buracos" nas vias públicas, geralmente realizadas em períodos pré-eleitorais; inaugurações precipitadas, com equipamentos públicos entregues sem finalização adequada para atender calendários políticos; uso excessivo de contratações emergenciais (sem licitação) para resolver problemas previsíveis; medidas reativas a crises como respostas improvisadas a problemas que poderiam ter sido prevenidas com planejamento adequado.

Por sua vez, a cultura da descontinuidade administrativa se manifesta na interrupção frequente de programas, projetos e políticas, especialmente após transições de gestão. Revela-se no abandono de iniciativas em andamento e na constante reinvenção de práticas administrativas, ignorando o conhecimento institucional acumulado e as experiências anteriores, mesmo quando bem-sucedidas.

Diz o ditado popular que "em time que está ganhando não se mexe". Todavia, na cultura da descontinuidade, esta sabedoria é totalmente desprezada. Isto acontece por uma série de causas. A primeira delas é o personalismo administrativo, que faz com que se associe políticas públicas a gestores específicos, não a necessidades institucionais permanentes. Neste contexto, cada gestor público quer deixar sua marca pessoal, abandonando iniciativas anteriores, ainda que importantes para a sociedade.

Tudo isto também acontece porque não existem mecanismos eficazes que asseguram a continuidade de políticas exitosas. Na verdade, deve-se substituir as "políticas de Governo" por "políticas de Estado". Registre-se que:

> Considera-se que políticas de governo são aquelas que o Executivo decide num processo elementar de formulação e implementação de determinadas medidas e programas, visando responder às demandas da agenda política interna, ainda que envolvam escolhas complexas. Já as políticas de Estado são aquelas que envolvem mais de uma agência do Estado, passando em geral pelo Parlamento ou por instâncias diversas de discussão, resultando em mudanças de outras normas ou disposições preexistentes, com incidência em setores mais amplos da sociedade.[195]

A cultura da descontinuidade é aprofundada quando há rivalidade política (vide as culturas do antagonismo e da polarização). O novo gestor público passa a rejeitar automaticamente todas as iniciativas de governos anteriores quando estes eram comandos por adversários políticos.

---

[195] OLIVEIRA, Dalila Andrade. Das políticas de Governo à política de Estado: reflexões sobre a atual agenda educacional brasileira. *Educ. Soc.*, Campinas, v. 32, n. 115, p. 323-337, abr.-jun. 2011. p. 329.

Dentre os efeitos que a descontinuidade gera, podemos mencionar o desperdício econômico, com a perda de recursos investidos em projetos abandonados antes de sua conclusão; o descrédito institucional; a desmotivação dos servidores, que se frustram com a perda de seu trabalho; a incapacidade de aprender com experiências administrativas anteriores; e a impossibilidade de consolidação de conquistas administrativas, o que viola frontalmente o paradigma da sustentabilidade.

Alguns casos de descontinuidade administrativa no Brasil já se tornaram famosos: programas habitacionais sendo interrompidos e reformulados (como de "Minha casa minha vida" para "Casa verde e amarela"); reformas educacionais, com disciplinas e conteúdos entrando e saindo dos currículos escolares a cada nova gestão ministerial; programas de transferência de renda sendo modificados (de "Bolsa Família" para "Auxílio Brasil", e deste para "Bolsa Família" novamente); mudanças em políticas ambientais, com oscilação entre períodos de fortalecimento e enfraquecimento de mecanismos de proteção ambiental, conforme mudanças governamentais (ora se combate os garimpos ilegais, ora se libera).

As culturas do imediatismo e da descontinuidade comprometem a sustentabilidade administrativa porque impossibilitam o planejamento e execução de transformações estruturais que exigem horizontes temporais amplos. Ademais, promovem o uso ineficiente de recursos escassos, priorizando visibilidade sobre efetividade.

Outra ofensa à sustentabilidade pelo imediatismo e descontinuidade ocorre quando não valorizam a memória institucional, o que dificulta o acúmulo de conhecimento e aprendizagem organizacional.

No tocante ao ciclo das políticas públicas, gera-se um completo desalinhamento, uma vez que quando chega o momento de uma determinada política ser implementada, outra contrária passa a ser formulada. Assim, praticamente, nunca se consegue chegar às fases de monitoramento e avaliação.

Outra situação preocupante é com o ambiente de insegurança jurídica e institucional que compromete investimentos mais altos e de longo prazo. Líderes políticos insensatos, precitados e imprudentes, que se afastam da sobriedade (e, portanto, do equilíbrio) sabotam as administrações públicas em sua luta pelo desenvolvimento sustentável.

Mas como a sustentabilidade administrativa pode combater estas culturas do imediatismo e da descontinuidade? Primeiramente, a partir da adoção de algumas medidas institucionais, como o fortalecimento de carreiras de Estado, profissionalizando a burocracia e valorizando o conhecimento técnico acumulado e a memória institucional;

fortalecendo as leis orçamentárias, institucionalizando avaliações de impacto, sistemas de governança participativa e mecanismos de blindagem institucional, para proteger programas estratégicos de Estado contra descontinuidades arbitrárias.

Todavia, defendemos que as medidas mais relevantes envolvem transformações culturais. Isto pode acontecer a partir da valorização da educação para sustentabilidade administrativa, com um olhar especial para a formação de gestores e servidores públicos com visão de longo prazo e comprometimento com a continuidade.

Também deve haver a valorização do legado positivo, a partir do reconhecimento explícito de contribuições de gestões anteriores, adotando-se a humildade administrativa para superar a lógica da "terra arrasada".

Também deve ser estimulada a criação de uma agenda nacional, estadual e municipal, feita a partir do diálogo interpartidário sobre políticas de Estado não sujeitas a alternância de poder.

Em poucas palavras, a superação das culturas do imediatismo e da descontinuidade requer uma transformação profunda na administração pública brasileira, combinando reformas institucionais, novas práticas gerenciais e mudanças nos valores que orientam a ação estatal. Este processo depende da mobilização de diferentes atores – políticos, servidores, academia, sociedade civil – em torno de uma visão compartilhada de Estado, capaz de transcender ciclos eleitorais e garantir o desenvolvimento sustentável de longo prazo.

6.2.2 Cultura do improviso

Em um contexto em que a sustentabilidade deve vigorar, equivoca-se não apenas que não pensa no amanhã (agindo com imediatismo), mas também aquele que não se prepara adequadamente para enfrentar os problemas (recorrendo ao improviso).

A cultura do improviso na administração pública brasileira se caracteriza pela normalização de práticas gerenciais não planejadas, reativas e assistemáticas que substituem métodos estruturados de gestão. Diferente da capacidade de adaptação – virtude necessária em qualquer organização – o improviso como método habitual se manifesta na ausência de planejamento prévio, na resposta emergencial a situações previsíveis e na valorização simbólica da capacidade de resolver problemas em detrimento da capacidade de prevenção.

Ter a capacidade de improviso pode até ser considerado algo positivo, pois revela criatividade diante de situações inesperadas.

Todavia, conforme destacado, a cultura do improviso ocorre quando se normaliza ou se recorre frequentemente a tal expediente, o que impede uma resposta administrativa mais refletida sobre as demandas.

Já se disse que "não há vento favorável para navegador que, mesmo com bom vento e bom barco, não sabe onde está e aonde quer chegar. Não acredito em improviso. É a antessala do desperdício e do fracasso".[196]

O professor João Maurício Adeodato destaca a figura do jeitinho, conceituando-o como "um procedimento erístico que procura adaptar as normas jurídicas estatais abstratas ao caso concreto e simultaneamente manipulá-las segundo interesses e vantagens casuísticos".[197]Também já se destacou que "o jeitinho é o típico processo por meio do qual alguém atinge um dado objetivo a despeito de determinações contrárias (leis, ordens, regras etc.). Ele é usado para "driblar" determinações que, se fossem levadas em conta, impossibilitariam a realização da ação pretendida pela pessoa que o solicita, valorizando, assim, o pessoal em detrimento do universal".[198]

De fato, quem improvisa reiteradamente é casuístico e irresponsavelmente arrogante, pois confia mais em sua capacidade pessoal de solucionar os problemas (quase um dom divino), que nos benefícios do planejamento.

A cultura do improviso apresenta algumas características marcantes: a primeira delas, conforme já destacado, é a glorificação do jeitinho, quando se considera que a capacidade de contornar obstáculos procedimentais como uma virtude administrativa, em oposição ao aperfeiçoamento dos procedimentos em si.

Outra característica é que ela gera a necessidade de gerir crises permanentemente, pois a Administração Pública passa a operar continuamente em modo emergencial, mesmo para lidar com demandas recorrentes e previsíveis.

Destaque-se ainda a informalidade processual, com o predomínio de acordos verbais, decisões não documentadas e fluxos de trabalho

---

[196] Frase proferida por Paulo Hartung, economista, ex-prefeito de Vitória, ex-governador do Espírito Santo e ex-diretor do BNDES (Banco Nacional de Desenvolvimento Econômico e Social), ao defender o planejamento como uma das principais ferramentas de administrações exitosas. (Texto "Improviso é "antessala do fracasso", diz ex-governador sobre falta de planejamento", publicado no site do TCESP, em 08.02.2023)

[197] ADEODATO, João Maurício. *Uma teoria (emancipatória) da legitimação para países subdesenvolvidos*. Anuário do Mestrado em Direito da Universidade Federal de Pernambuco, n. 5, 1992, Recife-PE. p. 233.

[198] MOTTA, Fernando C. Prestes; ALCADIPANI, Rafael. Jeitinho Brasileiro, Controle Social e Competição. *Revista de Administração de Empresas*, São Paulo, v. 39, n. 1, p. 6-12, 1999. p. 6.

não padronizados. Ou seja, a institucionalização da bagunça e do caos administrativos.

Na cultura do improviso, desconsidera-se a presença dos riscos (o que veremos a seguir, ao tratarmos da cultura do risco). Ademais, ao invés de se valorizar o trabalho coletivo, conta-se com a atuação salvadora de talentos individuais, que nem sempre conseguirão fazer milagres. Geralmente, quem improvisa somente tem seu foco nas necessidades emergenciais, negligenciando totalmente as consequências de médio e longo prazo.

Sobre as causas da cultura do improviso, podem-se destacadas as derivadas de fatores históricos, estruturais e culturais: dentre as primeiras, há a tradição patrimonialista na qual o aparelho estatal serve a interesses privados, dispensando racionalidade administrativa, a técnica e a profissionalização. Dentre as causas estruturais, a que mais chama a atenção é escassez de recursos financeiros (como hospitais públicos sem materiais e equipamentos adequados) e de recursos humanos (o que faz com que um servidor tenha que fazer o serviço de vários). Por sua vez, no tocante às causas culturais, a principal delas é a aversão ao planejamento, que por sua vez decorre de uma baixa consideração com as consequências futuras ("amanhã daremos um jeito").

Os exemplos da manifestação da cultura do improviso na Administração Pública brasileira são diversos: elaboração de peças orçamentárias desconectadas da realidade fiscal, exigindo ajustes improvisados durante a execução, uso excessivo de contratações temporárias e outros vínculos precários para funções permanentes, utilização reiterada de servidores em desvios de função para cobrir deficiências estruturais, nomeações baseadas em critérios políticos para funções que excluem expertise específica.

Outros exemplos da cultura do improviso são as contratações emergenciais em larga escala, equipamentos públicos em instalações provisórias (escolas em contêineres, hospitais de campanha permanentes), o predomínio da manutenção corretiva sobre a preventiva, e a ausência de gerenciamento de riscos para identificação e mitigação de ameaças previsíveis.

A cultura do improviso compromete frontalmente a sustentabilidade administrativa em seus diversos pilares. Em sua dimensão institucional, por comprometer a continuidade administrativa; na dimensão econômica, por gerar o desperdício de recursos em soluções provisórias e retrabalho constante; na dimensão social, principalmente por precarizar os serviços públicos prestados à população; na dimensão ambiental, por negligenciar a prevenção.

Mas como a sustentabilidade administrativa pode enfrentar a cultura do improviso? Considerando que tal cultura prejudica a sustentabilidade em várias dimensões, convém que haja estratégias em diversas frentes. Na institucional, deve-se investir na capacidade de formulação estratégica com visão de longo prazo, formalizando e padronizando fluxos administrativos críticos, como as contratações emergenciais e as reposições de servidores que se aposentam.

Na frente cultural, a sustentabilidade impõe a valorização da prevenção e o fortalecimento do compromisso com as consequências futuras das decisões atuais. A Administração Pública brasileira precisa desenvolver competências para planejamento e para gerir situações de crises, pré-estabelecendo protocolos, como diante das consequências das chuvas, secas e outros eventos climáticos, que tendem a se repetir com maior frequência diante das mudanças geradas a partir do aquecimento global.

Também deve a Administração Pública investir na formação de gestores capazes de equilibrar respostas a demandas imediatas com visão estratégica, e na educação para a sustentabilidade, sensibilizando agentes públicos e a sociedade civil sobre impactos sistêmicos e intertemporais da ação administrativa.

A superação da cultura do improviso representa um dos principais desafios para a construção de uma administração pública sustentável no Brasil. Esta transformação exige mais que reformas pontuais, demandando uma reorientação profunda nas práticas e valores que norteiam a gestão pública.

A sustentabilidade administrativa oferece um paradigma alternativo, fundado na responsabilidade intergeracional, na visão sistêmica e no compromisso com resultados duradouros. Sua implementação, no entanto, não será por decreto ou reforma legislativa isolada, mas por um processo gradual de transformação institucional e cultural. O caminho para essa transformação passa pelo fortalecimento da capacidade estatal, pela profissionalização da administração pública e pela valorização de práticas gerenciais cientificamente fundamentadas. Mais que uma questão técnica, trata-se de um imperativo ético: a responsabilidade de construir instituições capazes de servir não apenas às necessidades imediatas, mas também às gerações futuras.

6.2.3 Cultura do amadorismo

Imaginemos que a Administração Pública brasileira um dia desperte de seu estado de letargia e passe a adotar medidas efetivas para superar as culturas do imediatismo e do improviso. Ela passaria a ter a consciência de que suas ações repercutem no amanhã, o que exige um maior compromisso e responsabilidade com o futuro. Ela também compreenderia que precisa planejar suas ações, seguindo protocolos que valorizam a prevenção. Apesar de isto tudo ser um alento, seria de pouca relevância se não existirem servidores capacitados para implementar todas estas medidas.

Sobre esta questão, transcreva-se um comentário a respeito da gestão da área cultural na administração pública no Brasil:

> a vontade política de fazer a cultura florescer em clima democrático e plural tem dois pré-requisitos institucionais. Primeiro, que haja um mínimo de continuidade político-administrativa; segundo, que se ofereça um mínimo de profissionalização a técnicos e a dirigentes da área. O nível adequado de continuidade político-administrativa para a área cultural será certamente aquele que evite a perpetuação de uma orientação conservantista extremada e esclerosada e, no extremo oposto, a substituição incessante, injustificada e anárquica de diretrizes e prioridades, assim como a interrupção abrupta de projetos e programas. O grau adequado de profissionalização de técnicos e dirigentes será certamente aquele que evite que a área cultural seja vítima do voluntarismo amadorístico de duas personagens bem características. Uma delas é a mulher do presidente, do governador ou do alcaide; a outra é o intelectual ou artista de extremo prestígio em sua área específica (o grande escritor, o filólogo de renome ou o compositor de sucesso).[199]

A administração pública brasileira tem enfrentado, ao longo de sua história, diversos desafios estruturais que comprometem sua eficiência e eficácia. Entre esses desafios, destaca-se a cultura do amadorismo, que pode ser conceituada como a falta de preocupação com o conhecimento técnico na atuação administrativa.

Quando tratamos da simplicidade administrativa, ressaltamos que acultura da tecnocracia, que privilegia soluções técnicas complexas sobre a compreensão das necessidades reais da população, é um mal do qual a Administração Pública brasileira padece. Todavia, se o excesso de preocupação com aspectos técnicos é um problema, sua falta é ainda mais.

Uma das principais implicações da cultura do amadorismo ocorre na ausência de planejamento com a política de pessoal da Administração

---

[199] DURAND, José Carlos Garcia. Profissionalizar a administração da cultura. *Revista de Administração de Empresas* / EAESP / FGV, São Paulo, Brasil, 1996. p. 8.

Pública, gerando problemas no provimento dos postos de trabalho e a deficiência na formação e na capacitação técnica dos profissionais a serviço da Administração Pública, que estando desqualificados sob o ponto de vista técnico, praticam atos e tomam decisões administrativas ilegais ou equivocadas. O escritor Lima Barreto já ironizava como os cargos públicos eram providos no Brasil em 1922:

> — O senhor quer ser diretor do Serviço Geológico da Bruzundanga? pergunta o Ministro.
> — Quero, Excelência.
> — Onde estudou geologia?
> — Nunca estudei, mas sei o que é vulcão.
> — Que é?
> — Chama-se vulcão a montanha que, de uma abertura, em geral no cimo, jorra turbilhões de fogo e substâncias em fusão.
> — Bem. O senhor será nomeado.[200]

Neste contexto específico, a questão do amadorismo tem causas que remontam ao patrimonialismo, que ainda deixa suas marcas na atualidade, caracterizada, sob o ponto de vista teórico, pelo mérito e respeito à diversidade no acesso à função pública:

> No contexto brasileiro, após uma fase de apogeu do processo de universalização do acesso meritório à função pública (especialmente após a Constituição de 1988), a era do mérito passa ser contaminada por nova onda de favorecimentos, que muitas vezes vêm sendo perpetrados a partir da utilização indevida e excessiva de expedientes legitimados pelo ordenamento jurídico-constitucional, como são os casos do cargo em comissão e da contratação temporária. [...] Também devem ser destacadas outras figuras jurídicas que vêm gerando a diminuição no número de concursos públicos (e de servidores públicos de carreira) na Administração Pública brasileira: a terceirização e a contratação de entidades do terceiro setor. Perceba-se que tais expedientes foram potencializados nas últimas duas décadas, viabilizando admissão de pessoal no setor público com quase nenhuma preocupação com a impessoalidade e com a eficiência (com a diversidade, nem de longe).[201]

---

[200] BARRETO, Lima. *Os Bruzundangas*. Rio de Janeiro, 1922. p. 64.
[201] CARVALHO, Fábio Lins de Lessa. Do mérito à diversidade: a nova era do provimento dos cargos públicos no Brasil. *Revista Sequência Jurídica*, UFSC, v. 45, 2024. p. 12.

O amadorismo também ocorre com a presença de servidores com alta capacidade profissional, quando a estrutura administrativa do órgão não é adequada. No caso, a qualidade dos serviços prestados à população não depende apenas da qualificação dos agentes públicos, mas de uma série de fatores institucionais, como a eficiência na alocação de recursos (financeiros, materiais, humanos) e a racionalidade na organização administrativa, o que demanda, inclusive e principalmente, a valorização e motivação dos servidores públicos. E que isto não se traduza apenas em boa remuneração (o que também é essencial, como se viu na análise da cultura da assimetria administrativa). É necessário que o servidor público participe de capacitações permanentes, que tenha uma carreira atrativa, que sua produtividade seja valorizada, que seu ambiente de trabalho seja estimulante.

Neste contexto relacionado à falta de estrutura da administração pública brasileira, pode ser apresentado um exemplo que traduz uma triste realidade: na educação pública, se a matriz curricular está defasada, se as escolas públicas estão abandonadas, se os benefícios da tecnologia da informação ainda não estão presentes, se os salários dos profissionais docentes e administrativos são baixos, se as políticas públicas para atração e manutenção dos alunos na rede não são adequadas, se a gestão do Ministério e das Secretarias estaduais e municipais de educação é amadora, os professores, por mais qualificados que sejam, não farão milagres.

O amadorismo na administração pública viola frontalmente o princípio da sustentabilidade administrativa, que preconiza a capacidade de manutenção e aperfeiçoamento contínuo dos serviços públicos, garantindo sua continuidade e eficácia ao longo do tempo.

Assim, para enfrentar a cultura do amadorismo, a administração pública brasileira precisa fortalecer os alicerces da sustentabilidade administrativa por meio da profissionalização da gestão pública, e isto ocorre, dentre outras medidas, com o fortalecimento de carreiras técnicas e redução do número de cargos de livre nomeação, com o aperfeiçoamento do concurso público,[202] com a modernização dos planos de cargos e carreiras, com o uso da tecnologia e da inovação e

---

[202] A Lei Federal nº 14.965/2024 passou a prever que:
   Art. 2º O concurso público tem por objetivo a seleção isonômica de candidatos fundamentalmente por meio da avaliação dos conhecimentos, das habilidades e, nos casos em que couber, das competências necessárias ao desempenho com eficiência das atribuições do cargo ou emprego público, assegurada, nos termos do edital do concurso e da legislação, a promoção da diversidade no setor público.

com a previsão de políticas de capacitação dos servidores. Sobre esta última, resta indubitável que o ordenamento jurídico pátrio impõe um dever a todo gestor público: promover a capacitação dos servidores públicos, medida administrativa essencial à concretização do princípio da eficiência (CF, art. 37, caput), uma vez que viabiliza a uma maior profissionalização dos agentes estatais.

Registre-se que, neste contexto, a Constituição Federal determina expressamente, no §2º do art. 39 (dispositivo inserido a partir da EC 19/98), que os entes públicos instituam políticas públicas para formação e aperfeiçoamento dos servidores públicos: "a União, os Estados e o Distrito Federal manterão escolas de governo para a formação e o aperfeiçoamento dos servidores públicos, constituindo-se a participação nos cursos um dos requisitos para a promoção na carreira, facultada, para isso, a celebração de convênios ou contratos entre os entes federados".

Durante muito tempo, as Administrações Públicas negligenciaram este dever constitucional. Como regra geral, muitas gestões simplesmente faziam vista grossa em relação à necessidade de qualificarem aqueles que são os maiores responsáveis pelo sucesso ou fracasso da ação estatal, os servidores públicos. Acerca desta temática, destaque-se texto produzido pela Escola Nacional de Administração Pública (Enap):

> A consolidação da democracia e do regime da Constituição de 1988, no Brasil, trouxe a pressão pela melhoria do desempenho dos governos, profissionalização da administração pública e sua revitalização com quadros de perfil gerencial e capacidade de inovação e liderança. A dinâmica democrática desencadeou novas demandas sobre o estado, sobretudo aquelas relacionadas com as agendas da desigualdade social, da competitividade da economia e da recuperação da infraestrutura produtiva do país [...] O segmento das escolas de governo está em expansão, no Brasil: constata-se a proliferação deste perfil de instituições em todos os poderes e níveis de governo. Ela é também uma evidência da importância alcançada pelos temas de formação do servidor na agenda dos governos estaduais e municipais. A Rede Nacional de Escolas de Governo, que conta atualmente com mais de 200 instituições em todo o país, distribuídas entre os três níveis de governo é uma evidência do dinamismo desse segmento.[203]

A cultura do amadorismo representa um obstáculo significativo ao desenvolvimento da administração pública brasileira, comprometendo

---

[203] Artigo "Escolas de Governo: conceito, origens, tendências e perspectivas para sua institucionalização no Brasil", de Ciro Campos Christo Fernandes, ENAP.

sua eficiência, eficácia e, principalmente, sua sustentabilidade. Superar esse desafio requer mudanças estruturais e culturais profundas, que valorizem o conhecimento técnico, o planejamento estratégico e a continuidade administrativa.

A construção de uma administração pública sustentável, capaz de responder melhor às demandas sociais presentes e futuras, passa necessariamente pelo enfrentamento do amadorismo. Isso implica não apenas reformas institucionais, mas também uma mudança de mentalidade que reconheça o valor da profissionalização e da técnica na gestão pública, sem negligenciar a dimensão política inerente ao Estado democrático.

Apenas com uma administração pública profissional e comprometida e com resultados de longo prazo será possível garantir a sustentabilidade administrativa e, consequentemente, a qualidade e continuidade dos serviços públicos essenciais à população brasileira.

6.2.4 Culturas da precariedade e da mediocridade

No item anterior, ressaltamos que o amadorismo se caracteriza pela pouca valorização do conhecimento técnico, do profissionalismo e da capacitação adequada. Diferentemente da precariedade (que pode ocorrer mesmo com profissionais bem formados) e da mediocridade (que pode existir em ambientes com alta capacitação técnica), o amadorismo está ligado diretamente à falta de preparo e formação.

A cultura da precariedade pode ser entendida como um estado de gestão administrativa em que os recursos são constantemente insuficientes e a prestação de serviços é feita de maneira improvisada e insuficiente. Caracteriza-se pela normalização da escassez e pela perpetuação de condições condicionantes de trabalho e atendimento ao público.

Por outro lado, a cultura da mediocridade se refere a um ambiente institucional que aceita e perpetua o desempenho médio ou abaixo do padrão como norma aceitável. Nela, há pouca ou nenhuma aspiração à excelência, e existe uma tolerância sistêmica à baixa qualidade nos serviços e resultados.

Embora pareçam semelhantes, a distinção fundamental é que a precariedade frequentemente decorre de limitações materiais e estruturais (ainda que muitas vezes artificialmente mantidas), enquanto a mediocridade está mais relacionada a deficiências culturais, comportamentais e de mentalidade institucional.

Dentre as causas da cultura da precariedade, podem ser destacadas questões jurídico-institucionais, como o subfinanciamento específico de serviços essenciais, a ausência ou insuficiência de políticas públicas em determinadas áreas sociais e a má gestão tributária, orçamentária e financeira. Todas estas situações podem ser solucionadas a partir do esforço do Estado e da sociedade civil.

Por outro lado, a precariedade também pode ser causada por questões políticas e econômicas, inclusive de âmbito regional ou global, como guerras, situações de emergência climática, falta de dinamismo da economia por causas naturais (como em áreas de frio intenso ou com escassez de água), crises mundiais, embargos econômicos, dentre outras situações que, em alguns contextos, não conseguem ser enfrentadas e solucionadas tão somente a partir de uma atuação administrativa isolada, ainda que eficiente.

Quanto aos efeitos, a cultura da precariedade (especialmente a causada por limitações materiais e estruturais atribuídas ao próprio Estado) gera a ineficiência sistêmica na prestação de serviços públicos, a deterioração física de equipamentos e infraestrutura, a desmotivação e adoecimento de servidores, a normalização do improviso como método de trabalho.

Transbordam os exemplos da cultura da precariedade na Administração Pública brasileira. De hospitais públicos que funcionam com equipamentos obsoletos, falta de medicamentos e profissionais sobrecarregados a escolas com infraestrutura deficiente, sem materiais didáticos adequados e com professores submetidos a situações de estresse e até mesmo violência; de delegacias de polícia operando sem recursos básicos de investigação a presídios que funcionam em condições insalubres e que atentam contra a dignidade da pessoa humana; de tribunais com acúmulo de processos devido à falta de pessoal e tecnologia adequada a órgãos ambientais sem recursos para fiscalização e monitoramento adequado.

Por sua vez, a cultura da mediocridade parece estar sempre relacionada a problemas que existem na própria administração pública: desvalorização do acesso meritório à função pública, sistemas de avaliação de desempenho deficientes ou inexistentes, ausência de políticas de diversidade, acomodação institucional e resistência à inovação, protecionismo político de servidores com baixo desempenho, baixas expectativas normalizadas ao longo do tempo (banalizando a mediocridade).

Em relação aos efeitos gerados pela cultura da mediocridade, esta produz consequências nefastas (mas evitáveis): a estagnação institucional e tecnológica, a deterioração gradual da qualidade dos serviços públicos, a perpetuação de práticas obsoletas e de burocracias injustificáveis, a fuga de talentos e dificuldade de retenção e a perda da credibilidade da administração pública perante a sociedade civil.

No tocante aos exemplos da cultura da mediocridade na Administração Pública brasileira, saltam aos olhos as repartições públicas onde o atendimento ao cidadão é desidioso e demorado sem justificativa técnica; processos administrativos que tramitam por anos sem solução por falta de compromisso ou competência; obras públicas com baixa qualidade e necessidade constante de reparos; bens aquiridos de péssima qualidade e que logo são descartados; e servidores com baixíssima assiduidade e produtividade e sem compromisso com o serviço público.

Tanto a cultura da precariedade quanto a da mediocridade são frontalmente favoráveis ao princípio da sustentabilidade administrativa, que preconiza a eficiência no uso de recursos. Perceba-se que ambas as culturas desperdiçam recursos públicos, seja por improvisação constante (precariedade) ou pela satisfação com baixos padrões de desempenho (mediocridade). Também violam a sustentabilidade porque não garantem a continuidade dos serviços: enquanto a precariedade ameaça constantemente a continuidade dos serviços por crises recorrentes, a mediocridade compromete a qualidade constante ao longo do tempo.

Registre-se ainda que ambas as culturas frequentemente mascaram suas deficiências por meio de justificativas institucionalizadas ("heranças malditas", "crises sem fim", "ausência de qualificação do mercado de trabalho"). Ademais, tanto a precariedade quanto a mediocridade impedem o ciclo de melhoria contínua essencial à sustentabilidade administrativa e fragilizam a capacidade das instituições de se adaptarem a crises e mudanças contextuais.

O princípio da sustentabilidade administrativa pode combater estas culturas através de medidas institucionais e culturais. Dentre tais medidas, podem ser citadas a transparência e a prestação de contas, e a avaliação de desempenho, evitando a normalização da baixa qualidade (para superar a mediocridade); incorporação de práticas que maximizam o uso dos recursos disponíveis e a busca por soluções inovadoras de baixo custo (para superar a precariedade). Como já falado na análise da cultura do amadorismo, também deve haver uma constante preocupação com a profissionalização da gestão e da função pública, promovendo a capacitação constante e a valorização do mérito.

A implementação eficaz do princípio da sustentabilidade administrativa representa uma mudança paradigmática capaz de romper com os ciclos viciosos da precariedade e da mediocridade, promovendo uma administração pública mais eficiente, responsável e orientada a resultados de qualidade.

6.2.5 Culturas do negacionismo e da desinformação

Os desafios que se impõem diante da necessidade de efetivação da sustentabilidade administrativa são imensos, assim como são seus obstáculos. Dentre estes, devem ser destacadas algumas características da sociedade neste primeiro quarto do século vinte e um.

A primeira delas é a erosão da confiança institucional, que gera o descrédito generalizado nas instituições democráticas, incluindo órgãos técnicos, universidades, imprensa e sistema judicial, que passam a ser bombardeados por informações e críticas muitas vezes infundadas, pois não baseadas em evidências fáticas (desinformação) e científicas (negacionismo).

Aqueles que se recusam a chancelar a verdade e ciência tentam impor realidades paralelas que, não raramente, comprometem ações do Estado e da sociedade civil, como vem acontecendo com as vacinas. Trata-se de uma consequência nefasta destes tempos de polarização em que há o aprofundamento de divisões sociais e políticas, transformando diferenças ideológicas legítimas em confrontos de discursos e visões de mundo.

Neste contexto, a administração pública contemporânea enfrenta desafios significativos derivados das culturas do negacionismo e da desinformação, fenômenos que comprometem a sustentabilidade administrativa e a própria efetividade das políticas públicas. Assim, em um cenário onde fatos científicos são contestados e informações falsas são difundidas em ritmo acelerado, torna-se imperativo compreender como estas culturas se manifestam, seus impactos sobre a gestão pública e as estratégias de enfrentamento compatíveis com o princípio da sustentabilidade administrativa.

O negacionismo em geral pode ser caracterizado como a rejeição deliberada de fatos ou evidências científicas estabelecidas, substituindo-as por crenças infundadas ou teorias alternativas desprovidas de base empírica. Distintamente do ceticismo científico saudável, que questiona para aprimorar o conhecimento, o negacionismo rejeita evidências consolidadas em prol de interpretações que frequentemente atendem a interesses específicos ou visões ideológicas pré-concebidas.

No âmbito da administração pública, a cultura do negacionismo institucional se manifesta quando gestores ou instituições públicas rejeitam ou ignoram deliberadamente conhecimentos técnico-científicos em seus processos decisórios, substituindo-os por concepções alinhadas a interesses políticos, ideológicos ou econômicos particulares.

Já a cultura da desinformação consiste na disseminação intencional de informações falsas, incompletas ou distorcidas com o objetivo de manipular a opinião pública ou influenciar processos decisórios. Diferencia-se da *"misinformation"* (informação errônea) pelo caráter deliberado e estratégico de sua propagação.

Na esfera administrativa, a desinformação institucionalizada ocorre quando órgãos públicos produzem, reproduzem ou legitimam informações falsas ou distorcidas em suas comunicações oficiais, relatórios ou justificativas para políticas públicas. Em tempos de pós-verdade, contexto cultural em a divulgação midiática de apelos emocionais e crenças pessoais tem maior influência na formação da opinião pública do que fatos objetivos, a desinformação é utilizada como uma estratégia política (no pior sentido da palavra) valiosa.

Com a polarização político-ideológica, há a exacerbação de antagonismos políticos, o que incentiva a rejeição de dados e evidências que contrariem posições ideológicas prévias. Até mesmo fatos históricos são revistos, o que, a princípio, é legítimo, pois o revisionismo histórico, quando conduzido com metodologia científica rigorosa, é parte legítima e necessária do desenvolvimento historiográfico. No entanto, quando instrumentalizado de forma maliciosa e tendenciosa, transforma-se em uma ferramenta perigosa que distorce a compreensão coletiva do passado e pode servir a agendas político-ideológicas problemáticas. Um dos mais notórios exemplos de revisionismo malicioso envolve tentativas de negar ou minimizar o genocídio sistemático de aproximadamente seis milhões de judeus pelo nazismo, durante a Segunda Guerra Mundial.

No Brasil, também se busca promover um revisionismo da ditadura militar (1964-1985), com a tentativa de caracterização do golpe de Estado como revolução ou movimento democrático: nega-se ou se minimiza torturas e desaparecimentos forçados, apesar da extensa documentação da Comissão Nacional da Verdade, relativiza-se o autoritarismo pela exaltação seletiva de realizações econômicas e se apresenta o regime como resposta necessária a uma suposta ameaça comunista, amplificando desproporcional e anacronicamente este risco. Também se busca o revisionismo da escravidão e suas consequências, a partir da romantização da escravidão como sistema brando ou benevolente no Brasil, ignorando documentação sobre castigos, separação de famílias e condições desumanas, minimizando os impactos estruturais do sistema escravocrata na formação das desigualdades contemporâneas e se levantando bandeiras como a democracia racial, que ignoram evidências de racismo estrutural persistente. Todas essas situações de revisionismo histórico tendencioso são manifestações tanto do negacionismo como da desinformação.

É importante registrar que tais culturas não apenas procuraram emplacar suas maldades na sociedade civil. Grupos de interesse com significativo poder econômico ou político também procuram influenciar instituições públicas para que adotem narrativas convenientes, mesmo quando contraditórias com evidências científicas e com a própria verdade. Tudo isto foi potencializado nos ecossistemas digitais, pois as plataformas digitais e as redes sociais facilitam a disseminação rápida de desinformação e reforçam crenças sem respaldo científico.

Para obterem êxito, os que cultivam o negacionismo e a desinformação procuram enfraquecer e deslegitimar instituições tradicionalmente responsáveis pela verificação e validação de informações (imprensa, academia, órgãos técnicos). É neste contexto que se fomenta o ódio às universidades públicas:

> Nas pesquisas que estamos realizando pelo SoUCiência sobre a percepção das universidades públicas pela sociedade brasileira, um dos levantamentos abordou a propagação da palavra *Balbúrdia* nas redes sociais e manifestações de rua, coletando reações após o pronunciamento do então Ministro Weintraub em 30 de abril de 2019 para justificar cortes no orçamento de universidades federais. [...] Levantamentos de opinião pública do SoUCiência e grupo focal recém realizados pelo Centro de Estudos comprovaram que a visão sobre a universidade pública é gritantemente distinta entre bolsonaristas (que avaliam o governo como ótimo ou bom) e anti-bolsonaristas (que avaliam como ruim ou péssimo). Enquanto estes últimos retratam a universidade pública como espaço de ensino qualificado e de pesquisa científica, os bolsonaristas consideram que as instituições públicas são lugares de doutrinação, esquerdismo, politicagem, bebedeira, drogas, balbúrdia e pouco estudo.[204]

Um caso emblemático (para não dizer trágico) de desinformação e de negacionismo aconteceu com a gestão da pandemia de COVID-19, em que o Governo brasileiro rejeitou sistematicamente recomendações científicas sobre medidas de contenção da pandemia, resultando em políticas públicas contraditórias e ineficazes. E como falar em sustentabilidade sem falar nas graves consequências da relativização dos danos ambientais causados pelas mudanças climáticas e pela ação de

---

[204] Texto "O ódio às universidades públicas", publicado em 14.12.2021 no site da Unifesp.

grupos econômicos que vêm devastando o meio ambiente no Brasil e no mundo?

Convém ressaltar que as culturas ora sob análise podem gerar uma comunicação governamental enviesada e esta a divulgação seletiva de dados e estatísticas para criar percepções favoráveis a determinadas políticas públicas, omitindo resultados negativos ou contraditórios.

Também são preocupantes as práticas de assédio institucional que muitas vezes ocorre, impondo pressão sobre servidores e pesquisadores de instituições públicas para alterar ou suprimir dados e conclusões técnicas incômodas ao governo, e de censura técnica, a partir da restrição à divulgação de dados e estudos produzidos por órgãos públicos quando contrariam narrativas oficiais.

Tais culturas ofendem a sustentabilidade administrativa porque o negacionismo e a desinformação atacam diretamente o cerne do processo decisório racional na administração pública, pois substituem a análise técnica e a evidência empírica por preferências ideológicas ou interesses políticos momentâneos.

O princípio da sustentabilidade administrativa deve incorporar o compromisso com a integridade informacional e a racionalidade técnico-científica como elementos essenciais para garantir a qualidade da gestão pública e sua capacidade de atender às necessidades presentes sem comprometer as gerações futuras.

Enfrentar o negacionismo e a desinformação na administração pública não é apenas uma questão técnica ou gerencial, mas um imperativo ético e constitucional que demanda o compromisso de todos os atores públicos com a verdade, a ciência e o interesse público genuíno.

6.2.6 Cultura do risco

As culturas disfuncionais já analisadas comprometem os postulados da sustentabilidade administrativa, pois um Estado que atua com imediatismo, improviso, amadorismo, precariedade, mediocridade, negacionismo e desinformação jamais conseguirá consolidar políticas públicas.

Mas não para por aí: além das mencionadas culturas institucionais problemáticas, destaca-se a ainda a cultura do risco, que, no Brasil, manifesta-se de forma paradoxal: se por um lado adota a extrema aversão a riscos legítimos e necessários para inovação e eficiência administrativa; por outro, verifica-se a tolerância institucional a riscos inaceitáveis relacionados à corrupção, improbidade e danos socioambientais.

No tocante à primeira questão (a aversão ao risco da inovação), em outra oportunidade, destaquei que "ainda bastante impregnada pelas disfunções da burocracia, como a superconformidade a rotinas, o apego aos regulamentos, o excesso de formalismo e a resistência a mudanças, a Administração Pública brasileira precisa se abrir à inovação".[205]

Irene Nohara ressalta que "sem a força da inovação não há como pensar em soluções estratégicas para os desafios que as Administrações Públicas enfrentam no cenário atual, sendo que a gestão pública deve dar soluções distintas às novas circunstâncias que surgem", até mesmo porque "soluções antigas dificilmente solucionarão novos problemas."[206]

Conforme destacado, por outro lado, o mesmo Estado que não quer assumir o (bom) risco da inovação, não zela pelos riscos que precisam ser geridos. Esta cultura se caracteriza pela ausência de mecanismos adequados de avaliação, mensuração e gestão de riscos, pela tomada de decisões sem base em evidências sobre probabilidades e impactos, e pela transferência sistemática de riscos para o futuro (tanto administrativo quanto geracional).

Distingue-se de meras falhas de gerenciamento por configurar um padrão sistemático onde riscos são ignorados, transferidos ou amplificados em função de interesses imediatistas, sem consideração apropriada de suas consequências a médio e longo prazos. Além de negligenciar com a gestão dos riscos, o gestor público omisso busca a transferência sistemática de problemas estruturais para outros entes ou mesmo para outras gestões, evitando enfrentar questões relevantes.

Esta é a questão da fuga da responsabilidade, que constitui um fenômeno institucional onde se normaliza o esvaziamento sistemático da imputabilidade por ações ou omissões administrativas. Caracteriza-se pela construção deliberada de mecanismos institucionais, procedimentais e discursivos que visam difundir responsabilidades a ponto de torná-las inapreensíveis. Manifesta-se através de estratégias como a diluição decisória excessiva, a fragmentação de

---

[205] CARVALHO, Fábio Lins de Lessa. *Raul Seixas e a administração pública*: Uma abordagem musical dos grandes desafios do Direito Administrativo no Brasil. Belo Horizonte: Fórum, 2022. p. 75.
[206] NOHARA, Irene Patrícia. *Desafios de inovação na Administração Pública contemporânea*: "destruição criadora" ou "inovação destruidora" do Direito Administrativo?, 24 de abril de 2020. Disponível em: https://direitoadm.com.br/desafios-de-inovacao-na-administracao-publica-contemporanea-destruicao-criadora-ou-inovacao-destruidora-do-direito-administrativo/. Acesso em: 25 abr. 2025.

processos administrativos que impede a visualização da totalidade, a judicialização preventiva para transferência de responsabilidade, e o uso de linguagem administrativa deliberadamente ambígua para evitar responsabilização. Este fenômeno transcende a mera falta de *accountability*, configurando um sistema complexo onde a própria arquitetura institucional é moldada para dificultar a atribuição clara de responsabilidades. Segundo Rodrigo Valgas:

> No Direito Administrativo o conceito de risco para além de seus domínios tradicionais no âmbito da responsabilidade civil da Administração Pública tem sido mais recentemente estudado na chamada gestão do risco[...] A introdução da gestão de risco na Administração Pública certamente pode ser importante ferramenta com a finalidade de se evitar a responsabilização pessoal do gestor. Afinal, riscos bem identificados e tratados evitam não apenas problemas para a Administração Pública, mas ao próprio administrador, na medida em que o preserva de eventual discussão quanto à sua responsabilidade.[207]

A gestão orçamentária e fiscal brasileira exemplifica claramente a cultura do risco normalizado. O histórico de crises fiscais estaduais demonstra como os estados sistematicamente se endividam além da capacidade de pagamento, concedem benefícios fiscais sem estudos de impacto e assumem riscos fiscais proibidos pela Lei de Responsabilidade Fiscal, transferindo custos para futuras administrações e gerações.

No licenciamento ambiental, a flexibilização sistemática de processos em projetos de grande impacto, como verificado em diversas usinas hidroelétricas na Amazônia, exemplifica a aceitação institucionalizada de riscos socioambientais graves. Estudos de impacto não realizados (como no caso do afundamento de diversos bairros de Maceió pela atuação de uma mineradora[208]), incompletos ou ignorados, consultas públicas formalizadas sem efetividade, e condicionantes descumpridas sem consequências criam uma cultura de risco normalizado que compromete o patrimônio ambiental para gerações futuras.

A cultura do risco afeta diretamente a sustentabilidade institucional do Estado brasileiro, gerando prejuízos do ponto de vista econômico-financeiro, já que a não prevenção de risco gera custos extraordinários com reparações evitáveis e emergências previsíveis;

---

[207] SANTOS, Rodrigo Valgas. *Direito Administrativo do Medo*: risco e fuga da responsabilização dos agentes públicos. 2. ed. São Paulo: Thomson Reuters Brasil, 2020. p. 315.
[208] Vide CARVALHO, Fábio Lins de Lessa; GOMES, Filipe Lôbo; EHRHARDT JÚNIOR, Marcos. *O caso Pinheiro*: Diálogos jurídicos, sociais e econômicos. Maceió: Edufal, 2023.

prejuízos do ponto de vista socioambiental, com a transferência de passivos ambientais para gerações futuras; prejuízos do ponto de vista ético da sustentabilidade administrativa, ao normalizar a indiferença com o sofrimento humano evitável.

O combate à cultura do risco demanda a implementação de sistemas abrangentes de identificação, avaliação e tratamento de riscos em todos os níveis da administração pública. O desenvolvimento de programas de compliance público efetivo, transcendendo o aspecto formal para integrar considerações éticas e de resultado, fortalece o controle preventivo. Adicionalmente, a avaliação sistemática de impactos de longo prazo das decisões administrativas, especialmente em infraestrutura e políticas estruturantes, incorpora a perspectiva intergeracional na gestão de riscos.

Experiências concretas mostram caminhos possíveis para a superação desta cultura disfuncional. No âmbito federal, a implementação do Sistema de Gestão de Riscos está disciplina na Instrução Normativa Conjunta MP/CGU nº 01/2016, que prevê que "os órgãos e entidades do Poder Executivo federal deverão implementar, manter, monitorar e revisar o processo de gestão de riscos, compatível com sua missão e seus objetivos estratégicos, observadas as diretrizes estabelecidas nesta Instrução Normativa" (art. 13), e que "são objetivos da gestão de riscos: assegurar que os responsáveis pela tomada de decisão, em todos os níveis do órgão ou entidade, tenham acesso tempestivo a informações suficientes quanto aos riscos aos quais está exposta a organização, inclusive para determinar questões relativas à delegação, se for o caso; aumentar a probabilidade de alcance dos objetivos da organização, reduzindo os riscos a níveis aceitáveis; e agregar valor à organização por meio da melhoria dos processos de tomada de decisão do tratamento adequado dos riscos e dos impactos negativos decorrentes de sua materialização" (art. 15).

O desafio central reside na transformação de práticas administrativas arraigadas, o que demanda não apenas reformas normativas, mas transformações profundas na formação dos agentes públicos, nos incentivos institucionais e nos valores que orientam a administração pública.

A sustentabilidade administrativa emerge, neste contexto, não como um conceito abstrato ou modismo gerencial, mas como princípio estruturante capaz de reorientar a gestão pública em direção à responsabilidade intergeracional, à efetividade duradoura e ao compromisso ético com o bem comum.

6.2.7 Cultura do isolacionismo

A cultura do isolacionismo representa um fenômeno organizacional pernicioso, caracterizado pelo afastamento de órgãos públicos em relação aos demais componentes da estrutura estatal e seu insulamento em relação à sociedade civil.

Considerando que o insulamento administrativo que o afasta da sociedade civil já foi apreciado quando da análise da cultura da autorreferência, passemos à análise do afastamento em relação a outras instituições públicas. Trata-se de um padrão comportamental no qual unidades administrativas criam barreiras à comunicação, compartilhamento de informações e colaboração interinstitucional, operando como ilhas desconectadas dentro do próprio sistema que integram.

Este isolamento não se manifesta apenas na dimensão estrutural, mas também epistemológica, quando determinadas áreas da Administração Pública rejeitam conhecimentos, metodologias e inovações provenientes de outras esferas do saber ou de diferentes setores administrativos.

O isolacionismo se caracteriza, portanto, pela resistência à integração sistêmica, elementos que comprometem significativamente a coesão administrativa e a efetividade das políticas públicas.

A gênese do isolacionismo administrativo no Brasil remonta à própria formação do Estado brasileiro, marcada por um modelo patrimonialista, que passou a sofrer a influência da burocracia, gerando a fragmentação do poder político, ao invés de priorizada uma atuação harmônica e coordenada.

Diversos fatores concorrem para a consolidação desta cultura no aparelho estatal contemporâneo: um deles é a estruturação departamentalizada da administração pública, herança do modelo burocrático weberiano, que estabeleceu fronteiras rígidas entre órgãos e setores que, com o tempo, transformaram-se em verdadeiros feudos administrativos. Esta compartimentalização, embora inicialmente concebida para aprimorar a especialização funcional (com os fenômenos da descentralização política e administrativa, e da desconcentração), degenerou-se em fonte de disputas por recursos e poder.

A ausência de mecanismos eficazes de coordenação intergovernamental e intersetorial agrava este quadro. O federalismo brasileiro, caracterizado pela distribuição de competências muitas vezes concorrentes entre União, Estados e Municípios, favorece a sobreposição de iniciativas e a desarticulação entre políticas públicas nos diferentes níveis federativos.

Outro fator determinante reside nas práticas de gestão que privilegiam indicadores e metas setoriais em detrimento de resultados sistêmicos. Quando o desempenho de cada órgão é avaliado isoladamente, sem considerar sua contribuição para objetivos coletivos mais amplos, estabelece-se um incentivo perverso à atuação isolada e autocentrada. Isto gera até mesmo um clima de competição e rivalidade entre os órgãos públicos.

A cultura do corporativismo administrativo também alimenta o isolacionismo, pois carreiras e grupos profissionais tendem a defender prerrogativas e territórios institucionais, resistindo a iniciativas que possam diluir seu controle sobre determinados processos ou recursos. Esta dinâmica se expressa na defesa de reservas técnicas e na desqualificação de contribuições oriundas de outros campos do conhecimento ou segmentos administrativos.

Por fim, a digitalização desigual e a fragmentação dos sistemas de informação governamentais criam barreiras tecnológicas à integração administrativa. Bancos de dados incompatíveis, plataformas que não se comunicam e soluções tecnológicas desenvolvidas sem perspectiva de interoperabilidade reforçam as tendências isolacionistas. Neste contexto, até para o combate à criminalidade, somente em 2025 é que se encaminhou ao Congresso emenda constitucional para garantir uma maior integração entre as polícias. Ainda sobre os sistemas de informação, a cultura isolacionista gera a multiplicação de cadastros e bases de dados governamentais que não dialogam entre si.

Outro caso emblemático é a desarticulação entre políticas ambientais e de desenvolvimento econômico ilustra outra manifestação relevante. Licenciamentos ambientais são frequentemente concebidos como obstáculos a superar, e não como instrumentos de compatibilização entre imperativos econômicos e ecológicos, evidenciando a incapacidade de integração entre diferentes dimensões da atuação estatal. Neste contexto, destaque-se o caso do embate entre Petrobrás e IBAMA sobre a exploração de petróleo na margem equatorial da foz do rio Amazonas.

O isolacionismo se manifesta em múltiplas dimensões da gestão pública brasileira, produzindo efeitos deletérios para a coerência e efetividade da ação estatal: na formulação de políticas públicas, observa-se a prevalência de abordagens setoriais que desconsideram interfaces com outras áreas, resultando em iniciativas parciais incapazes de enfrentar a complexidade dos problemas contemporâneos. Questões intrinsecamente multidimensionais como segurança pública, desenvolvimento urbano ou saúde coletiva são artificialmente fragmentadas em intervenções desarticuladas.

No campo orçamentário, o isolacionismo traduz-se na competição predatória por recursos, na duplicação de estruturas e na ineficiência alocativa. Órgãos resistem ao compartilhamento de infraestruturas e recursos humanos, mesmo quando subutilizados, enquanto reproduzem estruturas administrativas redundantes.

A judicialização excessiva de conflitos intragovernamentais ilustra outra face deste fenômeno. Divergências entre órgãos e entidades públicas, que poderiam ser dirimidas por mecanismos administrativos de concertação, são frequentemente transferidas ao Poder Judiciário, sobrecarregando-o e evidenciando a fragilidade dos instrumentos de coordenação administrativa.

No sistema nacional de ciência, tecnologia e inovação, observa-se a desconexão entre a produção de conhecimento nas instituições de pesquisa e as necessidades do setor produtivo, bem como entre ambos e as prioridades de desenvolvimento nacional. Esta fragmentação compromete o potencial transformador do conhecimento científico e tecnológico para o desenvolvimento socioeconômico.

A multiplicidade de programas sociais com objetivos semelhantes, geridos por diferentes órgãos e níveis federativos, sem articulação efetiva, exemplifica o isolacionismo nas políticas de proteção social. Tal sobreposição gera ineficiências, dificulta o monitoramento e a avaliação dos resultados e compromete o alcance dos objetivos de inclusão e redução de desigualdades.

O isolacionismo também se manifesta na gestão de infraestruturas urbanas, quando órgãos responsáveis por transporte, habitação, saneamento e ordenamento territorial operam sem coordenação, produzindo cidades disfuncionais e exacerbando problemas como segregação espacial, mobilidade precária e degradação ambiental.

A cultura do isolacionismo compromete frontalmente os diferentes pilares da sustentabilidade administrativa. Na dimensão econômico-financeira, o isolacionismo gera ineficiências alocativas, elevando o custo de funcionamento da máquina pública sem correspondente ganho de efetividade. Do ponto de vista institucional, o isolacionismo corrói a legitimidade do Estado ao produzir políticas públicas fragmentadas, incoerentes e de baixo impacto. Na perspectiva socioambiental, o isolacionismo impede a formulação e implementação de políticas integradas para o desenvolvimento sustentável. Em termos de inovação e adaptabilidade, o isolacionismo constitui obstáculo à renovação de práticas administrativas, pois bloqueia a circulação de conhecimentos e experiências, reduzindo a capacidade de aprendizagem organizacional e de adaptação a contextos dinâmicos. Na dimensão democrática, o isolacionismo fragmenta os espaços de participação social e dificulta o controle cidadão sobre a ação estatal. A compartimentalização excessiva impede que a sociedade compreenda e incida sobre o conjunto da atuação governamental, reduzindo o potencial democratizante da participação.

O enfrentamento da cultura isolacionista demanda estratégias multidimensionais ancoradas nos princípios da sustentabilidade administrativa. Neste contexto, a implementação de modelos de governança colaborativa representa alternativa promissora à departamentalização rígida. O desenvolvimento de competências transversais nos quadros administrativos, mediante formação interdisciplinar e trajetórias profissionais que atravessem diferentes setores e níveis de governo, contribui para a superação das barreiras epistemológicas e culturais do isolacionismo.

A institucionalização de processos decisórios participativos, que incorporem múltiplas perspectivas e saberes – inclusive não técnicos – enriquece a compreensão dos problemas públicos e favorece abordagens mais integradas e sustentáveis.

A gestão do conhecimento como política institucional permanente, promovendo sistematicamente a identificação, registro, difusão e aproveitamento de aprendizados organizacionais, combate o isolacionismo epistemológico e potencializa a inteligência coletiva da administração pública.

A superação da cultura do isolacionismo constitui imperativo para a construção de uma administração pública à altura dos desafios contemporâneos. Em um contexto marcado pela complexidade crescente dos problemas públicos, pela interdependência entre fenômenos sociais, econômicos e ambientais, e pela escassez de recursos fiscais, a fragmentação e desarticulação administrativas representam luxo (na verdade, lixo) que a sociedade brasileira não pode mais se permitir.

A sustentabilidade administrativa emerge, neste cenário, como paradigma orientador da necessária transformação cultural e institucional. Para além de sua dimensão estritamente ambiental, a noção de sustentabilidade incorpora os princípios de integração sistêmica, visão de longo prazo, equilíbrio dinâmico e adaptabilidade – exatamente os antídotos ao isolacionismo e à fragmentação.

Construir uma administração pública integrada e sustentável exige não apenas reformas estruturais e normativas, mas profunda renovação da cultura organizacional do Estado brasileiro. Trata-se de desafio complexo, que demanda esforço persistente e multidimensional, mas cujo enfrentamento constitui condição incontornável para a efetividade da ação estatal e para a própria legitimidade democrática do poder público.

6.2.8 Culturas da desigualdade, da discriminação e da exclusão

As culturas da desigualdade, discriminação e exclusão constituem fenômenos interrelacionados que permeiam estruturas, processos e práticas da administração pública brasileira, configurando os mais graves obstáculos sistêmicos à concretização do princípio da sustentabilidade administrativa.

Embora conceitualmente distintas, estas manifestações culturais frequentemente se entrelaçam, reforçando-se mutuamente no tecido institucional do Estado. As três culturas funcionam em um ciclo de retroalimentação: a da desigualdade cria condições propícias para práticas discriminatórias, a da discriminação aprofunda a exclusão de determinados grupos; e a da exclusão perpetua e amplia as desigualdades existentes. Assim, não se trata de características isoladas, mas de um sistema integrado de práticas e estruturas que se reforçam mutuamente.

A cultura da desigualdade se caracteriza pela naturalização e perpetuação de assimetrias no tratamento dispensado a diferentes grupos sociais e indivíduos, tanto no âmbito interno da administração quanto na sua interface com a sociedade. Manifesta-se através de estruturas hierárquicas excessivamente rígidas, disparidades remuneratórias injustificáveis entre carreiras equiparáveis (o que vai foi analisado nas culturas do corporativismo e da assimetria), e na distribuição desproporcional de recursos e serviços públicos entre territórios e segmentos populacionais.

A cultura da discriminação, por sua vez, materializa-se em práticas administrativas que distinguem, excluem ou restringem pessoas com base em características como raça, gênero, orientação sexual, deficiência, origem socioeconômica, territorial ou étnica. Diferentemente da desigualdade, que pode resultar de processos históricos não intencionais, a discriminação pressupõe um elemento volitivo ou sistêmico de diferenciação ilegítima, embora frequentemente velada sob o manto da neutralidade técnica ou da discricionariedade administrativa.

Já a cultura da exclusão representa o estágio mais avançado deste processo pernicioso, caracterizando-se pela invisibilização completa de determinados grupos sociais nos processos decisórios, na formulação de políticas públicas e no próprio imaginário institucional da administração. Grupos excluídos não apenas recebem tratamento desigual ou discriminatório, mas são efetivamente apagados da própria concepção de público-alvo da ação estatal.

As raízes destas culturas nocivas remontam à própria formação do Estado brasileiro, marcada pelo colonialismo, pela escravidão e por um modelo de modernização conservadora que nunca rompeu efetivamente com estruturas de dominação e exclusão. A administração pública brasileira, em suas diversas fases evolutivas, incorporou e institucionalizou estas distorções, ainda que sob vernizes de modernidade e racionalidade técnica.

O patrimonialismo originário, caracterizado pela indistinção entre público e privado, estabeleceu as bases para uma cultura administrativa que naturaliza privilégios e tratamentos diferenciados conforme o status social. A reforma burocrática, embora orientada formalmente para a impessoalidade, não conseguiu eliminar as práticas discriminatórias, apenas revestindo-as de procedimentos aparentemente neutros e técnicos. Por fim, a reforma gerencial, com sua ênfase na eficiência e resultados, muitas vezes negligenciou questões de equidade e inclusão em prol de métricas puramente quantitativas. No plano sociológico, estas culturas refletem e reproduzem desigualdades estruturais da sociedade brasileira. A historiadora Lilia Schwarcz já advertia que:

> a despeito de a estimativa de 2018 mostrar que pardos e negros correspondem a 55% da população, 130 anos após a abolição a inclusão social ainda é deficitária no Brasil. O longo período de pós-emancipação, o qual, de alguma maneira, não acabou até agora, levou à perpetuação da exclusão social herdada dos tempos da escravidão, pois não houve investimentos na formação dessas populações recém-libertas ou em sua capacitação para competir no mercado de empregos. O resultado, tantos anos depois, é um país que gosta de se definir a partir da mestiçagem e da inclusão cultural – presente nos ritmos, nos esportes e na sua culinária misturada – mas desenvolve um racismo dissimulado, cuja prática inclui o ato de delegar à polícia o papel de performar a discriminação[209]

Assim, a administração pública, longe de constituir espaço imune às dinâmicas sociais, incorpora e frequentemente amplifica padrões de desigualdade, discriminação e exclusão presentes no tecido social.

---

[209] SCHWARCZ, Lilia Moritz. *Sobre o autoritarismo brasileiro*. São Paulo: Companhia das Letras, 2019. p. 178.

Quando naturaliza estas distorções sob o manto da técnica administrativa ou da tradição institucional, o aparelho estatal legitima e perpetua injustiças sociais, contradizendo sua missão constitucional.

As culturas da desigualdade, discriminação e exclusão se manifestam em múltiplas dimensões da administração pública brasileira: no âmbito da gestão de pessoas, conforme já tratado, observa-se a persistência de disparidades significativas na composição dos quadros funcionais, especialmente nos níveis hierárquicos superiores. Na formulação e implementação de políticas públicas, a insensibilidade às diversidades socioterritoriais produz intervenções padronizadas que desconsideram especificidades culturais, étnicas e regionais. Isto frequentemente resulta em políticas públicas que, sob aparência de neutralidade, atendem prioritariamente às necessidades e características dos grupos sociais hegemônicos, enquanto negligenciam demandas específicas de populações vulnerabilizadas.

No desenho institucional dos serviços públicos, a localização de equipamentos, os horários de funcionamento e os procedimentos administrativos muitas vezes ignoram as condições concretas de acesso das populações mais vulneráveis. Na alocação orçamentária, a cultura da desigualdade se manifesta na distribuição desproporcional de recursos entre estados e políticas públicas, privilegiando sistematicamente áreas e setores vinculados a grupos sociais de maior poder econômico e político. Na dimensão simbólica e comunicacional, observa-se a reprodução de estereótipos e preconceitos no discurso institucional, na iconografia e nos materiais de comunicação pública. A invisibilização de determinados grupos nos símbolos, exemplos e narrativas oficiais reforça sua condição de marginalidade no imaginário estatal.

As culturas da desigualdade, discriminação e exclusão comprometem frontalmente a sustentabilidade administrativa em suas múltiplas dimensões: no plano da legitimidade institucional, a percepção social de um Estado que reproduz e amplifica injustiças corrói a confiança pública nas instituições administrativas. Em termos de eficiência alocativa, estas culturas prejudicam a identificação precisa de necessidades sociais e a calibragem adequada de intervenções públicas.

Organizações públicas marcadas pela exclusão tendem à reprodução de padrões decisórios elitistas e à impermeabilidade a perspectivas alternativas, limitando sua capacidade de resposta a contextos complexos e dinâmicos. Com o incremento do uso de novas tecnologias (inclusive a inteligência artificial), isto pode se agravar ainda mais, com os famosos vieses discriminatórios.

Na dimensão da efetividade das políticas públicas, a incapacidade de alcançar determinados grupos sociais compromete o cumprimento dos objetivos fundamentais da República, como a erradicação da pobreza, a redução das desigualdades e a promoção do bem-estar universal.

O enfrentamento das culturas da desigualdade, discriminação e exclusão demanda uma concepção robusta de sustentabilidade administrativa, que transcenda dimensões meramente econômico-financeiras para incorporar imperativos de justiça social, equidade e democratização. Nessa perspectiva, a sustentabilidade administrativa emerge como paradigma transformador capaz de reorientar práticas e estruturas institucionais.

A dimensão ética da sustentabilidade administrativa exige o reconhecimento de que a legitimidade estatal depende fundamentalmente de sua capacidade de promover tratamento equitativo e inclusivo. A administração sustentável reconhece que a perpetuação de desigualdades, discriminações e exclusões compromete sua própria razão de existir enquanto expressão institucional do interesse público.

A superação das culturas da desigualdade, discriminação e exclusão demanda estratégias multidimensionais, como a institucionalização de programas de ação afirmativa na composição dos quadros administrativos, especialmente em posições decisórias; a formação continuada dos servidores públicos em temas como diversidade, equidade e direitos humanos contribui para desnaturalizar desigualdades e práticas discriminatórias; a institucionalização da participação social qualificada, com adoção de metodologias que garantam representatividade efetiva de grupos historicamente excluídos, permite incorporar perspectivas diversas nos processos decisórios.

A superação das culturas da desigualdade, discriminação e exclusão na administração pública brasileira constitui imperativo ético-político incontornável para a concretização dos princípios constitucionais da dignidade humana, da cidadania e da construção de uma sociedade livre, justa e solidária. Quando o Estado, em suas práticas administrativas cotidianas, naturaliza e reproduz injustiças, contradiz sua própria razão de existir enquanto expressão institucional do interesse público e instrumento de efetivação do projeto constitucional.

A administração pública sustentável, neste sentido, é necessariamente uma administração republicana – comprometida com o bem comum e avessa a privilégios – e democratizante – orientada para a ampliação contínua da cidadania substantiva. Sua legitimidade deriva não apenas da legalidade formal ou da eficiência econômica, mas fundamentalmente de sua capacidade de promover igualdade, reconhecimento e inclusão efetiva de todos os grupos que compõem a comunidade política.

A transformação institucional necessária transcende reformas pontuais para constituir verdadeira refundação da cultura administrativa brasileira. Este projeto ambicioso, complexo e necessariamente coletivo demanda compromisso persistente e multidimensional, mas representa condição incontornável para a construção de um Estado efetivamente democrático, que não apenas declare formalmente a igualdade de todos perante a lei, mas atue cotidianamente para materializar este princípio nas vidas concretas dos cidadãos e cidadãs.

NOTAS FINAIS

Como a simplicidade, a humildade, a sobriedade e a sustentabilidade nas vidas e nas gestões de Papa Francisco e de Pepe Mujica podem criar um Direito Administrativo Humanizado?

A humanidade deve muito ao Papa Francisco e a Pepe Mujica porque ambos representam uma raridade no mundo contemporâneo: líderes que dedicaram suas vidas a causas coletivas relevantes, mas tão esquecidas; que transformaram suas posições de poder em espaços de serviço genuíno; que demonstraram que é possível exercer autoridade com simplicidade, humildade, sobriedade e sustentabilidade. Isso não é pouca coisa.

Considero, todavia, que o motivo de maior relevância para justificar o reconhecimento planetário dos dois personagens abordados neste livro é a mensagem de esperança que transmitiram incansavelmente às pessoas de todo o mundo. E isso aconteceu em um período de tanto desânimo da civilização humana, abatida e sujeita a um modelo econômico, político e social avassalador e que simplesmente não a considera em seus planos.

Ao concluirmos este percurso investigativo sobre as trajetórias de Papa Francisco e de José Mujica, emerge uma constatação fundamental: o Direito Administrativo se encontra diante da possibilidade de uma profunda atualização paradigmática, emergindo o Direito Administrativo Humanizado.

Os quatro valores encarnados por essas duas figuras emblemáticas – simplicidade, humildade, sobriedade e sustentabilidade – não são especificamente meros atributos pessoais dignos de nota, mas princípios operacionais capazes de reconfigurar as bases normativas e práticas da gestão pública contemporânea, tornando-a mais humanizada.

Conforme já advertíamos no preâmbulo, urge que se adote nos estudos de Direito Administrativo e de Administração Pública a metodologia pedagógica do efeito especular, qual seja, a da valorização da aprendizagem a partir do conhecimento e espelhamento de biografias (com considerações dos seus aspectos pessoais e institucionais) que revelam uma coerência transformadora capaz de renovar e ressignificar os fundamentos do atual sistema administrativo.

A simplicidade que ambos abraçaram não se manifestou apenas como uma questão estética ou de estilo pessoal, mas como um compromisso profundo ético com a acessibilidade dos direitos. Quando Papa Francisco abandonou os sapatos vermelhos tradicionais e as vestes pomposas, ou quando Mujica se recusou a habitar o palácio presidencial, ambos comunicaram uma mensagem fundamental: as instituições devem servir às pessoas, e não o contrário. Este princípio, transposto ao Direito Administrativo, exige o desmantelamento da burocracia excludente e o desenvolvimento de estruturas que facilitem o acesso do cidadão aos serviços públicos. Não se trata meramente de simplificar procedimentos, mas de reconfigurar a própria compreensão da relação entre Estado e cidadão, eliminando barreiras artificiais que distanciam as pessoas do exercício de seus direitos.

A humildade que caracterizou tanto Francisco quanto Mujica se manifestou na capacidade de considerar os próprios limites e abrir espaço para o diálogo autêntico. Quando o Papa admite publicamente falhas da Igreja ou quando Mujica confirma erros em sua gestão, ambos demonstram que as instituições não são entidades infalíveis ou abstratamente perfeitas, mas construções humanas passíveis de aprimoramento constante. O Direito Administrativo Humanizado deve incorporar esta dimensão, adotando uma postura de abertura ao controle social e à participação popular. A verdadeira autoridade não se afirma pela imposição vertical, mas pela capacidade de escuta e pelo reconhecimento da incompletude institucional.

A sobriedade que ambos encarnam emerge como um contraponto necessário à cultura do excesso e da ostentação que muitas vezes permeia as instituições públicas. Quando Papa Francisco opta por um automóvel modesto ou quando Mujica destina grande parte de seu salário presidencial a causas sociais, ambos questionam a lógica do desperdício e do luxo institucional. Para o Direito Administrativo, este princípio se traduz na obrigação de moderação no uso dos recursos públicos, na priorização das necessidades essenciais da população e na recusa ao espetáculo político-administrativo que busca mais a visibilidade do que a efetividade. A administração sóbria é aquela que reconhece seus limites materiais e direciona seus esforços para o que realmente importa.

A sustentabilidade que fundamenta as visões de mundo tanto de Francisco quanto de Mujica transcende a mera dimensão ambiental para alcançar uma compreensão integral do desenvolvimento humano. Quando o Papa publica a Encíclica *Laudato Si'* ou quando Mujica defende nos fóruns internacionais um novo modelo de desenvolvimento, ambos estão alertando para a necessidade de uma gestão que considere não apenas o presente imediato, mas o futuro das próximas gerações. O Direito Administrativo Humanizado deve incorporar essa temporalidade expandida, superando o imediatismo eleitoreiro para desenvolver políticas de Estado que garantam a continuidade do bem comum e a preservação dos recursos naturais e culturais.

O legado conjunto destes dois líderes oferece ao Direito Administrativo a possibilidade de uma redefinição profunda, não apenas em seus procedimentos ou estruturas formais, mas em seus próprios fundamentos axiológicos. Não estamos diante de meras reformas incrementais ou ajustes técnicos, mas de uma verdadeira revolução paradigmática que questiona a própria administração pública. Tanto Papa Francisco quanto Pepe Mujica demonstraram, por suas vidas e gestos, que é possível promover o interesse público com eficiência sem perder a dimensão humana, que é viável governar com autoridade sem sucumbir ao autoritarismo, que é factível exercer o poder sem ser por ele prejudicado.

A comunidade jurídica tem diante de si o desafio de incorporar essas lições não como elementos periféricos ou ornamentais, mas como princípios estruturantes de um novo Direito Administrativo. Este debate deve transcender os círculos acadêmicos para alcançar os espaços de formação profissional, como as instâncias legislativas e os tribunais. A simplicidade, a humildade, a sobriedade e a sustentabilidade não são meros valores abstratos, mas critérios concretos de legitimação da ação estatal, parâmetros efetivos para o controle jurisdicional dos atos administrativos e diretrizes objetivas para a elaboração legislativa.

O Direito Administrativo Humanizado que emerge dos exemplos de Francisco e Mujica não representa uma utopia irrealizável, mas uma possibilidade concreta demonstrada por líderes que ocuparam algumas das posições de maior poder institucional em seus respectivos âmbitos. Se um Papa e um Presidente foram capazes de transformar instituições seculares marcadas pelo peso da tradição e da burocracia, não há razão para que o Direito Administrativo permaneça engessado em paradigmas formalistas que o distanciam de sua última finalidade: servir ao bem comum e à dignidade humana.

A redefinição do Direito Administrativo a partir destes quatro princípios não implica o abandono de conquistas técnicas importantes, mas sua reorientação teleológica. A eficiência administrativa continua sendo um valor fundamental, mas agora subordinada à efetividade social; a segurança jurídica permanece essencial, mas agora compreendida como proteção dos direitos fundamentais e não como mera previsibilidade formal; a legalidade segue sendo um pilar imprescindível, mas agora interpretada à luz dos princípios constitucionais que consagram a dignidade humana como centro do ordenamento jurídico.

Em resumo, o legado conjunto de Papa Francisco e Pepe Mujica oferece ao Direito Administrativo não apenas novos princípios, mas uma nova alma. Um Direito Administrativo que seja simples sem ser simplório, humilde sem ser fraco, sóbrio sem ser austero e sustentável sem ser estagnado. Um Direito Administrativo que reconheça a pessoa humana – especialmente as mais vulneráveis - sua razão de ser e seus títulos últimos de legitimidade. Um Direito Administrativo, enfim, que realize em suas normas, instituições e práticas o melhor da condição humana representada por estes dois líderes contemporâneos extraordinários.

REFERÊNCIAS

ADEODATO, João Maurício. Uma teoria (emancipatória) da legitimação para países subdesenvolvidos. *Anuário do Mestrado em Direito da Universidade Federal de Pernambuco*, Recife-PE, n. 5, 1992.

ALEXY, Roberto. *Direito e razão prática*. México: Fontamara, 1993.

ALVÍDREZ, Saul. *Sobrevivendo ao século XXI*. Chomsky & Mujica. Tradução de Maria Cecília Brandi. 4. ed. Civilização brasileira, 2025.

AQUINO, Luseni Aquino; GARCIA, Luciana Silva. Reformas do Estado no Brasil: trajetórias, inovações e desafios, IPEA, p. 182. *In*: CAVALCANTE, Pedro Luiz Costs; SILVA, Mauro Santos (org.). *Reformas do Estado no Brasil*: trajetórias, inovações e desafios. Disponível em: https://repositorio.ipea.gov.br/bitstream/11058/10553/1/ReformadoEstadoSistemadeJusticaCarreirasJuridicas_cap6.pdf. Acesso em: 17 abr. 2025.

ARENDT, Hannah. *Origens do totalitarismo*: antissemitismo, imperialismo e totalitarismo. Tradução de Roberto Raposo. 8. ed. São Paulo: Companhia das Letras, 2007.

BARRETO, Lima. *Os Bruzundangas*, Rio de Janeiro, 1922, p. 64. Disponível em: http://www.dominiopublico.gov.br/download/texto/bv000149.pdf. Acesso em: 24 abr. 2025.

BAUMAN, Zygmunt. *Modernidade Líquida*. Tradução de Plínio Dentzien. Rio de Janeiro: Jorge Zahar, 2001.

BERGOGLIO, Jorge Mário. *Esperança, uma autobiografia*. Papa Francisco com Carlo Musso. Tradução de Federico Carotti, Iara Machado Pinheiro, Karina Jannini. São Paulo: Fontanar, 2025.

BETTO, Frei. *Fome de Deus*. Fé e espiritualidade no mundo atual. São Paulo: Paralela, 2013.

BÍBLIA. Bíblia Sagrada. Evangelho de (São) João. 3. ed. Rio de Janeiro: Editora NVI, 2023.

BÍBLIA. Bíblia Sagrada. Evangelho de (São) Lucas. 3. ed. Rio de Janeiro: Editora NVI, 2023.

BÍBLIA. Bíblia Sagrada. Evangelho de (São) Marcos. 3. ed. Rio de Janeiro: Editora NVI, 2023.

BÍBLIA. Bíblia Sagrada. Evangelho de (São) Mateus. 3. ed. Rio de Janeiro: Editora NVI, 2023.

BÍBLIA. Bíblia Sagrada. Livro do Eclesiastes. 3. ed. Rio de Janeiro: Editora NVI, 2023.

Biografia do Santo Padre Francisco, site da Santa Sé, disponível no endereço eletrônico https://www.vatican.va/content/francesco/pt/biography/documents/papa-francesco-biografia-bergoglio.html , acesso em 26 de abril de 2025.

BOBBIO, Norberto. *O futuro da democracia*: uma defesa das regras do jogo. 6. ed. Tradução de Marco Aurélio Nogueira. São Paulo: Paz e Terra, 1986.

BRITO, Clebson Luiz de; LARA, Gláucia Muniz Proença. Elementos de messianismo em pronunciamentos de Jair Bolsonaro. *DELTA 39*, v. 3, 2023. Disponível em: https://doi.org/10.1590/1678-460X202339356744. Acesso em: 17 abr. 2025.

BRITO, Ketilly Andrade. *O sigilo de cem anos face ao princípio constitucional da publicidade dos atos da administração pública.* Monografia (Trabalho de Conclusão de Curso em Direito) – Universidade Federal de Alagoas, Faculdade de Direito de Alagoas, Maceió, 2024.

BRÜNING, Rafael. Reflexos do princípio da sustentabilidade no Direito Administrativo. *Tribunal Regional Eleitoral de Santa Catarina,* jan/jun. 2015. Disponível em: https://www.tre-sc.jus.br/institucional/escola-judiciaria-eleitoral/resenha-eleitoral/revista-tecnica/7a-edicao-jan-jun-2015/reflexos-do-principio-da-sustentabilidade-no-direito-administrativo. Acesso em: 23 abr. 2025.

BUENO, Eduardo. *A coroa, a cruz e a espada. Lei:* ordem e corrupção no Brasil Colônia. Rio de Janeiro: Objetiva, 2006.

CÂNTICO do Irmão Sol, de São Francisco.

CARVALHO, Fábio Lins de Lessa. Do mérito à diversidade: uma nova era do provimento de cargas públicas no Brasil. *Revista Sequência Jurídica,* UFSC, v. 45, 2024.

CARVALHO, Fábio Lins de Lessa. *Raul Seixas e a administração pública.* Uma abordagem musical dos grandes desafios do Direito Administrativo no Brasil. Belo Horizonte: Fórum, 2022.

CARVALHO, Fábio Lins de Lessa; GOMES, Filipe Lôbo Gomes; EHRHARDT JÚNIOR, Marcos. *O caso Pinheiro.* Diálogos jurídicos, sociais e econômicos. Maceió: Edufal, 2023.

CAVALCANTI, Caio Mário L. *Comentários à Lei de Improbidade Administrativa.* Rio de Janeiro: Editora CEEJ, 2020.

DAMATTA, Roberto. *Carnavais, malandros e heróis.* Para uma sociologia do dilema brasileiro. 6. ed. Rio de Janeiro: Rocco, 1997.

DANZA, Andrés; TULBOVITZ, Ernesto. *Uma ovelha negra no poder.* Confissões e intimidações de Pepe Mujica. Rio de Janeiro: Difel, 2024.

DENHARDT, Janet V.; DENHARDT, Robert. O Novo Serviço Público: Uma Abordagem para a Reforma. *Revista Internacional de Administração Pública,* v. 8, n. 1, p. 3-10, 2003.

DENHARDT, V. J.; DENHARDT, B. R. *O Novo Serviço Público:* Servindo, Não Dirigindo. Nova York e Londres: ME Sharpe, 2007.

DURAND, José Carlos Garcia. Profissionalizar a administração da cultura. *Revista de Administração de Empresas/EAESP/FGV,* São Paulo, Brasil, 1996, p. 8. Disponível em: https://www.scielo.br/j/rae/a/JgKsdspq7thqGD8LDk4J9cr/?format=pdf&lang=pt. Acesso em: 24 abr. 2025.

FAORO, Raymundo. *Os donos do poder.* Formação do patronato político brasileiro. 3. ed. Rio de Janeiro: Globo, 2001.

FERNANDES, Ciro Campos Christo. *Escolas de Governo:* conceito, origens, tendências e perspectivas para sua institucionalização no Brasil, ENAP, Disponível em: https://repositorio.enap.gov.br/bitstream/1/2238/1/027.pdf. Acesso em: 24 abr. 2025.

FONTANA, Padre Ricardo. "LIDERANÇA: 12 lições do Papa Francisco". *Vatican News,* 15 de julho de 2022. Disponível em: https://www.vaticannews.va/pt/igreja/news/2022-07/artigo-lideranca-12-licoes-papa-francisco-padre-ricardo-fontana.html. Acesso em: 30 abr. 2025.

FORTINI, Cristiana; HENRIQUES, Lívia Sales Magnani. O controle disfuncional da Administração Pública. *Revista de Ciências do Estado*, Belo Horizonte, v. 7, n. 2, 2022. Disponível em: https://periodicos.ufmg.br/index.php/revice/article/view/e40349/e40349. Acesso em: 8 abr. 2025.

FREITAS, Felipe Corral de. A Política como antagonismo: a irredutibilidade do conflito político. *Cad. CRH 34*, 2021. Disponível em: https://doi.org/10.9771/ccrh.v34i0.34868. Acesso em: 22 abr. 2025.

FREITAS, Juárez. *Direito fundamental à boa administração pública*. 3. ed. São Paulo: Malheiros, 2014.

FREITAS, Juárez. *Sustentabilidade*: direito ao futuro. 4. ed. Belo Horizonte: Fórum, 2019.

FREITAS, Juárez; FREITAS, Tomás Bellini. *Direito e inteligência artificial*. Em defesa do humano. Belo Horizonte: Fórum, 2021.

GIAMUNDO NETO, Giuseppe; LEONI, Fernanda. Superação da Doutrina Chevron nos EUA e seus impactos no Brasil. *Consultor Jurídico*, 17 jul. 2014. Disponível em: https://www.conjur.com.br/2024-jul-17/superacao-da-doutrina-chevron-nos-eua-e-seus-impactos-no-brasil/. Acesso em: 8 abr. 2025.

HOLANDA, Sérgio Buarque de. *Raízes do Brasil*. 26. ed. São Paulo: Companhia das Letras, 1995.

KRAMES, Jeffrey A. *Lidere com humildade*. 12 lições do Papa Francisco. Tradução de Cristina Yamagami, São Paulo: Planeta, 2015.

KRELL, Andreas J. *Desenvolvimento sustentável às avessas nas praias de Maceió/AL*: a liberação de "espigões" pelo novo código de urbanismo e edificações. Maceió: EDUFAL, 2008.

LAUAND, Jean. As dobras da língua. *Ensino Superior*, 2 dez. 2015. Disponível em: https://revistaensinosuperior.com.br/2015/12/02/as-dobras-da-lingua/. Acesso em: 6 abr. 2025.

MATOS, Gregório de. *Seleção de Obras Poéticas*. Disponível em: http://www.dominiopublico.gov.br/download/texto/bv000119.pdf. Acesso em: 18 abr. 2025.

MELLO, Celso Antônio Bandeira. Prefácio. *In*: VALIM, Rafael; MALHEIROS, Antônio Carlos; BACARIÇA, Josephina (org.). Acesso à informação pública. Belo Horizonte: Editora Fórum, 2015.

MONTESQUIEU. *Espírito das Leis*, Livro Décimo Primeiro, capítulo V.

MOTTA, Fernando C. Prestes; ALCADIPANI, Rafael. Jeitinho Brasileiro, Controle Social e Competição. *Revista de Administração de Empresas*, São Paulo, v. 1, p. 6-12, 1999.

MUJICA, José. Discurso do Senador da República Oriental do Uruguai, José Mujica, na Escola de Governo Blavatnik, da Universidade de Oxford. CÊNCIO, Andrés. *Palavras e sentimentos de Pepe Mujica*. 2. ed. El Viejo Topo, 2019.

MUJICA, Pepe. Em KLEIN, Darío; MORÁS, Enrique J. *José Mujica em suas palavras*. Ideias, opiniões e sonhos do presidente mais popular do mundo. Barcelona: Debate, 2024.

NIETZSCHE, Friedrich. *Assim falou Zaratustra*: um livro para todos e para ninguém. Tradução, notas e posfácio de Paulo César de Souza. São Paulo: Companhia das Letras, 2011.

NOHARA, Irene Patrícia. Desafios de inovação na Administração Pública contemporânea: "destruição criadora" ou "inovação destruidora" do Direito Administrativo?, 24 de abril de 2020. Disponível em: https://direitoadm.com.br/desafios-de-inovacao-na-administracao-publica-contemporanea-destruicao-criadora-ou-inovacao-destruidora-do-direito-administrativo/. Acesso em: 25 abr. 2025.

OLIVEIRA, Dalila Andrade. Das políticas de Governo à política de Estado: reflexões sobre a atual agenda educacional brasileira. *Educ. Soc.*, Campinas, v. 115, p. 323-337, abr./jun. 2011.

OSÓRIO, Fábio Medina. Paradigmas da administração pública. *Jornal O Globo*, 12 de outubro de 2016. Disponível em: https://oglobo.globo.com/opiniao/paradigmas-da-administracao-publica-2030506. Acesso em: 16 abr. 2025.

PAPA Francisco. *Carta Encíclica Fratelli Tutti do Santo Padre Francisco sobre a amizade e a fraternidade social*, de 24 de maio de 2015. Disponível em: https://www.vatican.va/content/francesco/pt/encyclals/documents/papa-francesco_20201003_enciclica-fratelli-tutti.html. Acesso em: 30 abr. 2025.

PAPA Francisco. *Carta Encíclica Laudato Si´ do Santo Padre Francisco sobre o cuidado da Casa Comum*, 24 maio 2015. Disponível em: https://www.vatican.va/content/francesco/pt/encyclals/documents/papa-francesco_20150524_enciclica-laudato-si.html. Acesso em: 30 abr. 2025.

PAPA Francisco. Discurso do Papa Francisco na conclusão da XIV Assembleia Geral Ordinária do Sínodo dos Bispos. *Sínodo para a família 2015*, em 24 outubro 2015. Disponível em: https://www.vatican.va/content/francesco/pt/speeches/2015/october/documents/papa-francesco_20151024_sinodo-conclusione-lavori.html. Acesso em: 30 abr. 2025.

PAPA Francisco. *Encíclica Laudato Si´*, do Santo Padre Francisco sobre o cuidado da Casa Comum, publicada em 24 de maio de 2015. Disponível em: https://www.vatican.va/content/francesco/pt/encyclals/documents/papa-francesco_20150524_enciclica-laudato-si.html. Acesso em: 29 abr. 2025.

PAPA Francisco. Exortação Apostólica Gaudete et Exsultate do Santo Padre Francisco sobre a chamada à santidade no mundo atual, de 24 de abril de 2005. Disponível em: https://www.vatican.va/content/francesco/pt/apost_exhortations/documents/papa-francesco_esortazione-ap_20180319_gaudete-et-exsultate.html. Acesso em: 30 abr. 2025.

QUEIROZ, Álvaro. *Noções de História do cristianismo*. Maceió: CBA Editora, 2017.

RAMOS, Graciliano. *Relatório ao Governo do Estado de Alagoas relativo ao ano de 1928*. Imprensa Oficial, Maceió, 1929.

REGRA não bulada de São Francisco, de 1221.

ROBSON, Michael J. P. *Francisco de Assis*. História e herança. Aparecida: Editora Santuário, 2015.

ROSENCOF, Maurício; HULDOBRO, Eleutério Fernández. *Memórias do calabouço*. Tradução de Ana Helena Oliveira e Paloma Santos. Santo André, 2020.

SANTOS, Rodrigo Valgas. *Direito Administrativo do Medo*: risco e fuga da responsabilização dos agentes públicos. São Paulo: Thomson Reuters Brasil, 2020.

SANTOS, Rodrigo Valgas. *Direito Administrativo do Medo*: risco e fuga da responsabilização dos agentes públicos. 2. ed. São Paulo: Thomson Reuters Brasil, 2020.

SCHWARCZ, Lília. *Sobre o autoritarismo brasileiro*. São Paulo: Companhia das Letras, 2017.

SOUZA, Jessé. *A elite do atraso*: da escravidão à Lava Jato. Rio de Janeiro: Leia, 2017.

SUNDFELD, Carlos Ari. *Direito administrativo para céticos*. São Paulo: Malheiros, 2014.

SUNDFELD, Carlos Ari; MARQUES NETO, Floriano de Azevedo. Uma nova lei para aumentar a qualidade jurídica das decisões públicas e de seu controle. *In*: SUNDFELD, Carlos Ari (org.). *Contratações públicas e seu controle*. São Paulo: Malheiros, 2013.

TAYLOR, William. C. Você é "humilde" o suficiente para liderar? De líder para líder, n. 61, p. 23-28, 2011.

VALLE, Vanice Regina Lírio do. Sustentabilidade das escolhas públicas: dignidade da pessoa trazida pelo planejamento público. *A&C – Revista de Direito Administrativo & Constitucional*, Belo Horizonte, ano 11, n. 45, p. 127-149, jul./set. 2011.

VERISSIMO, Érico. *Incidente em Antares*. 18. reimp. São Paulo: Companhia das Letras, 2006.

WEBER, Máx. *Economia e Sociedade*: livro de sociologia abrangente. Tradução de José Medina Echevarria. México: Fundo de Cultura Econômica, 1992.

IMAGENS DOS ENCONTROS ENTRE PAPA FRANCISCO E PEPE MUJICA

2013:

O então presidente do Uruguai, José Mujica, é recebido pelo Papa Francisco no Vaticano em 1º de junho de 2013 (Foto: Alessandra Tarantino/AFP)

O Papa Francisco e o então presidente do Uruguai, José Mujica, em uma reunião privada no Vaticano, no dia 1º de junho de 2013 (Foto: POOL / REUTERS)

2015:

Papa Francisco e José Mujica se encontram no Vaticano em 28 de maio de 2015 (Foto: REUTERS/Osservatore Romano)

Papa Francisco e José Mujica se encontram no Vaticano em 28 de maio de 2015 (Foto: REUTERS/Osservatore Romano)

2016:

Papa Francisco e Pepe Mujica no Auditório Paulo VI, no Vaticano, durante o III Encontro Mundial dos Movimentos Populares. Ao centro, a esposa de Mujica, Lucía Topolansky (Foto: Servizio Fotografico L'Observatore Romano)

Esta obra foi composta em fonte Palatino Linotype, corpo 10
e impressa em papel Offset 75g (miolo) e Supremo 250g (capa)
pela Gráfica Star7.